Val Corbett arbeitete zunächst als Journalistin bei verschiedenen Frauenzeitschriften, leitete eine Fernsehproduktion und hat sich als Drehbuchautorin einen Namen gemacht: Sie schrieb u. a. die Bücher zu der überaus erfolgreichen BBC-Comedy-Serie «Life without George». Sie ist verheiratet und hat eine Tochter.

Joyce Hopkirk ist Journalistin und arbeitete als Ressortleiterin bei der *Sunday Times* und dem *Daily Mirror,* war Chefredakteurin von *Cosmopolitan, Elle* und *She.* Zweimal wurde sie als beste Zeitschriftenredakteurin des Jahres ausgezeichnet. Sie ist verheiratet und hat zwei Kinder.

Eve Pollard ist Journalistin, arbeitete u. a. beim *Daily Mirror,* dem *Observer* und der US-Ausgabe der Zeitschrift *Elle.* Sie war Moderatorin beim Frühstücksfernsehen, bevor sie 1991 Chefredakteurin des *Sunday Express* wurde – die erste Frau an der Spitze einer britischen Zeitungsredaktion. Sie ist verheiratet und hat zwei Kinder.

Im Rowohlt Taschenbuch Verlag erschienen bisher die Romane «Drei Frauen, ein Skandal» (rororo Nr. 13786) und «Die liebste Feindin» (rororo 22178)

Val Corbett
Joyce Hopkirk
Eve Pollard

DER MUTTER-TOCHTER-KRIEG

Roman

Deutsch von Antje Knoop

Rowohlt Taschenbuch Verlag

Die Originalausgabe erschien 1997
unter dem Titel «Double Trouble»
bei Headline Book Publishing, London

Deutsche Erstausgabe
Veröffentlicht im Rowohlt Taschenbuch
Verlag GmbH, Reinbek bei Hamburg,
November 1998

Umschlaggestaltung C. Günther/W. Hellmann
(Foto: ISP/BAVARIA)
Redaktion Stefanie Segatz

Satz Aldus PostScript (PageOne)
Gesamtherstellung Clausen & Bosse, Leck
Printed in Germany
ISBN 3 499 22447 X

DANKSAGUNG

Wir danken unseren amerikanischen Helfern: Jerianne Ritchie, Joan Parker, Don Shea, Lucy Purdy, Clare O'Brien, Jinny und Tim Ditzler. Ebenso gilt unser Dank den britischen Helfern: dem Drehbuchautor und Regisseur Glen Cardno; der Produzentin Ann Webber; dem Fernsehtechniker Harry McGee; dem Finanzgenie John Minshull-Beech; David Webster; dem stellvertretenden Leiter der Abteilung Öffentlichkeitsarbeit (Nachrichten) von New Scotland Yard, Robert Cox; der Fachärztin für plastische Chirurgie Ann Dennis; Dr. Raj Bhamra; Maggie Goodman; Vincent McGarry von Reuters; Judy Wade von der Zeitschrift *Hello!*; Psychoanalytiker CM; Veronica Robinson; Sheila Pratt; Sue Thomas; Sue K. in Frankreich; Linda, Sue, Janine und Irene; Lord Thurso, Gilly Turner und dem gesamten Personal vom *Champneys International Health Resort*; Margarita Riera; Vera Ambrose; Nicholas Lear; Oliver Lloyd; Amy Gregson; unserer Lektorin Marion Donaldson; der Agentin Carole Blake und, wie immer, den uns stets beistehenden Ehemännern Robin Corbett, Bill Lear und Nicholas Lloyd.

DIE WICHTIGSTEN FIGUREN

Katharine Sexton
.... Moderatorin von *Here and Now*

Buzz Newbold
.... ihr Agent

Freddie Hamilton
.... ihr Begleiter

George Hemmings
.... außergewöhnlicher Liebhaber

Nina Spenser
.... ihre Freundin

Milo Lomax
.... ihr Exmann

Sam Wolfe
.... Präsident der Fernsehanstalt ABN

Mike O'Brian
.... Produzent von *Here and Now*

David Crozier
.... ihr Steuerberater

Abbie Lomax
.... Moderatorin von *Tonight*

Mateo (Matt) Nicolaides
.... ihr Agent

Robert Bridges
.... ihr Freund

Ed Dantry
.... Präsident der Fernsehanstalt Globe TV

Chuck Dempsey
.... sein Wachhund

Jeri-Ann Hagerty
.... Produzentin von *Tonight*

PROLOG Die beiden Männer saßen tief hinuntergebeugt, Schulter an Schulter hingen sie förmlich über dem Bildschirm. Fasziniert studierten sie die Bilder, die sie fast mit der Nase berührten. Einem Beobachter mußte es eher so vorkommen, als gierten sie nach etwas. Dem Chefredakteur, der durch den Nachrichtenraum ging, verrieten das tiefe Brummen, das anerkennende Grunzen und die erregten, leuchtenden Augen, daß diese Bilder nur eines zeigen konnten: einen weiblichen Körper. Womöglich den Körper einer berühmten Frau – und mit etwas Glück war sie sogar nackt.

«In Ordnung, laßt mal sehen», sagte er und machte kehrt, um quer durch den Nachrichtenraum zu dem Tisch des Bildredakteurs des *National Planet* zu gehen, des Sensationsblatts mit der höchsten Auflage in den USA.

Sofort reichte man ihm ein Vergrößerungsglas, und er wandte sich den winzigen, gerahmten Dias zu. Ihm stockte der Atem.

«Wow!»

Wie auch sonst konnte man auf den Anblick der berühmtesten Talkmasterin Amerikas, die den festen Körper einer schönen, jungen Frau mit Sonnencreme einrieb, reagieren? Die beiden rekelten sich neben einem tiefblauen Swimmingpool – und zwar wunderbar hemmungslos oben ohne.

Auf anderen Fotos waren Katharine Sexton und ihre Begleiterin beim Spaziergang in einem blühenden Garten zu sehen; sie steckten die Köpfe zusammen, und Katharine schien der jüngeren Frau etwas ins Ohr zu flüstern.

«Ich hab noch nie gehört, daß die Sexton eine Lesbe sein soll», murmelte der Chefredakteur. «Ihr sogenannter Lebensgefährte, wie heißt der noch mal?»

«Freddie Hamilton», sagte sein Stellvertreter. «Besitzt eine Schiffahrtsgesellschaft.»

Der Redakteur runzelte die Stirn. «Wahrscheinlich dient er nur als Alibi.»

«Uns wurde etwas anderes gesagt. Er hat ihr einen sensationellen Diamantring gekauft. Ein riesiges Ding. Der Juwelier hat es uns verraten. Anscheinend wollte sich dieser Kerl verloben, aber sie trägt ihn an der rechten Hand.»

«Vielleicht versucht sie, ihm damit etwas zu sagen.»

Erneut studierten die drei Männer die Dias.

«Vielleicht ist sie bi?» Der Bildredakteur schaute auf. «Sie ist seit Jahren geschieden, hat keine Kinder. Außer Freddie gab es seitdem keinen anderen Kerl in ihrem Leben.»

Der stellvertretende Chefredakteur nickte. «Und sie versteht sich sehr gut mit Nina Spenser, dieser reichen Tussi aus New York. Das könnte von Bedeutung sein, denn die Schickeriatante ist auch Single.» Er zeigte auf eines der Fotos. «Und wer ist dann diese Puppe?»

Der Bildredakteur zuckte mit den Schultern. «Noch nie gesehen. Ich frag bei den Agenturen nach.»

«Katharina die Große steht ganz oben auf der Liste derer, die unsere Auflage pushen», erklärte der Redakteur seinem neuen Chef. «Aber sie leidet nicht unter Starallüren, hat keine Babysitter um sich und sieht sich eher als Journalistin und nicht als Promi. Die trägt nicht mal eine Sonnenbrille.»

«Was können wir denn machen, wenn sie so eine Tarnung wie diesen Freddie Hamilton hat?»

«Wir lassen die Fotos für sich sprechen, Boß», schlug der stellvertretende Chefredakteur vor.

Auf einigen der Fotos dieser Serie war die ursprüngliche Zielscheibe des Fotografen zu sehen: der Hollywood-Star Brad Browning, der unbekümmert rauchte und tief in die Augen der ebenfalls barbusigen Nina Spenser blickte, die Champagner trinkend am Pool saß.

Die drei Zeitungsmenschen schenkten den anderen auf den Fotos kaum Beachtung. Kinder und Ehefrauen waren von geringem Interesse; sie konnten entweder herausgeschnitten oder mit Hilfe des Computers retuschiert werden, falls diese Fotos je veröffentlicht wurden.

«‹Frauenschwarm vergnügt sich in der Ferne?› wäre doch gut auf einer Innenseite.» Der Chefredakteur war stolz darauf, spontan eine Schlagzeile aus dem Ärmel schütteln zu können, und hoffte, daß ihm das Fragezeichen Prozesse vom Hals halten würde. Der englische Journalist war von dem «Boulevard der zerbrochenen Träume», wie die Fleet Street in London genannt wurde, sozusagen mit eingekniffenem Schwanz nach Florida gekommen, nachdem er für die Veröffentlichung einer verleumderischen Äußerung gegen einen hochrangigen britischen Politiker zur Verantwortung gezogen worden war. Trotz der liberaleren Gesetze in den USA war Tony Burns entschlossen, diesen Fehler nicht zu wiederholen. «Browning kandidiert doch für das Gouverneursamt in Kalifornien. Da frage ich mich, wie die Lobby der Nichtraucher auf dieses Bild reagieren wird. Besonders nachdem er all diese Wohltätigkeitsveranstaltungen für Krebskranke durchgeführt hat.» Ein breites Grinsen erschien auf seinem Gesicht. «Das bringen wir ganz groß, damit reißen wir ihn richtig rein.»

«Ja, er sollte eher versuchen, in Virginia gewählt zu werden», meinte sein Stellvertreter lachend. Heimliche Schnappschüsse gelangen selten besser als diese.

«Wer hat sie gemacht?» fragte Tony Burns.

«Gino hat sie heute morgen aus Nizza geschickt.» Der Bildredakteur grinste. «Er hat mir erzählt, daß er auf dem Anwesen am Cap Ferrat so lange in dem Olivenbaum saß, daß sie ihm jetzt schon aus dem Arsch wachsen.»

«Na ja, mit dem Geld, das er mit dieser kleinen Fotoserie verdient, kann er sechs Monate im Baum hocken und nichts tun.»

«Aber wie weit können wir damit gehen, Boß?»

«Weiß nicht. Wir haben acht andere Verfügungen gegen uns laufen, also sollten wir lieber vorsichtig sein, und in Frankreich bestehen strikte Gesetze zum Schutz der Privatsphäre, die Ärger einbringen könnten. Ich frage unsere Anwälte. Bei einer Erhöhung der Auflage könnten wir vielleicht die Zahlungen in Kauf nehmen, aber ich will nicht, daß mir der Eigentümer an den Hals springt. Ich laß es euch wissen.»

«Fragen Sie ihn, was er davon halten würde, wenn der Feind die Fotos in die Hände bekäme», entgegnete der Bildredakteur schlagfertig. «Gino findet schnell einen Abnehmer, wenn wir einen Rückzieher machen.»

«Ich weiß.» Tony richtete sich auf. «Gute Arbeit, Jungs. Macht mir von den besten Aufnahmen einige Abzüge. Ich zeige sie nach der Mittagspause den Anwälten.»

«In Ordnung, Boß, ich mache Ihnen auch eine besonders schöne Vergrößerung für Ihre Schreibtischschublade.» Der Bildredakteur zeigte auf eines der Dias. «Das mit allen vier Titten.»

1. KAPITEL Muskulöse, gebräunte Arme tauchten rhythmisch in perfekten Bögen auf und durchschnitten sensenartig das klare Salzwasser des 50-Meter-Beckens. Zehn Minuten führten sie diese Bewegung noch mit der Präzision einer Maschine aus, bis die Schwimmerin eine Pause einlegte. Das friedliche Rauschen der trägen Wellen unterhalb des Kliffs wurde durch das Geräusch einer Klingel auf der Veranda jäh gestört.

Katharine Sexton schaute auf und erblickte die zierliche Gestalt ihrer Gastgeberin, die ihr eifrig winkend zu verstehen gab, daß das Mittagessen angerichtet war. Angetrieben durch die Freude auf die bevorstehenden Gaumenfreuden, kraulte Katharine in persönlicher Bestzeit zurück zum flachen Ende des Beckens.

Als sie aus dem Pool stieg, zupfte sie ihre winzige Bikinihose zurecht und schlüpfte in glänzende weiße Latschen, die ihre gerade geschnittenen und schillernd weiß lackierten Fußnägel freiließen und einen perfekten Kontrast zu ihren schlanken, gebräunten Beinen bildeten. Sie schüttelte ihren purpurfarbenen Sarong aus, der über einem Liegestuhl lag, und knotete ihn sich über der Brust zusammen. Er klebte an ihrem feuchten Körper, der zwar nicht so dünn wie der eines Models war, der aber immer noch so manche erotische Phantasie auslöste, wie ihre Fanpost zeigte.

Wie erfrischend es doch war, dachte sie, all diese stumpfsinnigen Übungen, die sie normalerweise in ihrem Fitneßraum zu Hause in New York machte, durch eine halbe Stunde strammes Kraulen im Meer oder im Swimmingpool ihrer Gastgeber zu ersetzen – auch wenn sie gar nicht sicher war, ob es den Verzehr all der Köstlichkeiten wettmachte, die zu jeder Mahlzeit angeboten wurden. Selbst aus dieser Entfernung konnte sie den auf dem Holzkohlegrill schmorenden Seewolf riechen, den frisch geangelten Fisch aus der Region, der mit Basilikum und Knoblauch zubereitet wurde und eine Spezialität von Pierre, dem Koch der Villa, war.

Als sie den von Bougainvillea und Geißblatt bedeckten Laubengang entlangeilte, streifte eine Ranke ihre feuchte Schulter und entfaltete ihren durchdringenden Duft. Sie atmete ihn bewußt ein, schauderte genüßlich und fuhr sich mit den Fingern durch ihr dichtes Haar, um die restlichen Wassertropfen abzuschütteln.

Der automatische Sprinkler, der von einem der Brunnen im Boden versorgt wurde, warf einen feinen Wasserdunst über den Rasen und fing die Sonne ein, als sie die ockerfarbenen Stufen zu der um die Jahrhundertwende erbauten Villa hochstieg. Sie glich einem Miniaturschloß, hatte dezente Steintürmchen und in jeder Ecke einen runden Turm, von denen einer Katharines Schlafzimmer beherbergte.

Das Mittagessen zwang einem die erste wichtige Entscheidung des Tages ab, wenn Pierre neben dem Buffettisch darauf wartete, die Bestellungen entgegenzunehmen. Hier auf der Veranda, im Schatten eines von Weinreben bewachsenen Spaliers, warteten er und seine Mitarbeiter nur darauf, jeder Laune der Gäste nachzukommen. Er bot an, seine Spezial-Pastasauce anzurühren oder eine luftige Omelette mit einer Auswahl von zwölf verschiedenen Zutaten zu zaubern. Die Kräuter und Gewürze waren in Steingutschalen kunstvoll im Halbkreis um die schwere gußeiserne Bratpfanne herum aufgestellt.

Die anderen waren schon am Tisch versammelt und nippten an Schalen mit gekühlter Tomatensuppe, die mit warmem, knusprigem Brot serviert wurde.

«Beeil dich, Katie, du liegst 200 Kalorien zurück», scherzte ihre Gastgeberin Verity Browning, die Frau eines der bestverdienenden Schauspieler in Hollywood. Katharine hatte sich mit der Familie angefreundet, nachdem sie vor Jahren ein besonders erfolgreiches Interview mit ihnen in ihrer Sendung geführt hatte.

«Keine Sorge, ich hole schnell auf. Ich schwanke noch zwischen der Pasta und der Omelette aux fines herbes.» Katharine, eine der begehrtesten Dinnergäste in New York, genoß die seltene Gelegenheit, sich natürlich in der Öffentlichkeit bewegen zu können, in vollen Zügen. In Gesellschaft dieser Menschen war sie vollkommen entspannt. Sie kannte sie alle schon seit einigen Jahren und war besonders eng mit einem anderen Gast, Nina Spenser, befreundet, die eine ihrer ersten Nachbarinnen war, nachdem sie nach Amerika gezogen war. Sie hatten sich im Aufzug getroffen, als Nina gerade mit ihrem lebhaften Scotchterrier Angus im Park spazierengehen wollte.

Zu Beginn ihrer Freundschaft war es für Nina interessant gewesen, zu dem gleichen Kreis zu gehören wie die berühmte Katharine, und anfangs genoß sie es, sich in ihrem Ruhm zu sonnen. Aber als sich die beiden Frauen allmählich ihre Probleme und Ängste anvertrauten, vertiefte sich die Beziehung. Beide lebten allein, und Katharine hatte immer öfter die großzügige Gastfreundschaft auf Ninas Anwesen im Canopus Valley in Anspruch genommen. Dort konnte sie ihrem unnachgiebigen Terminkalender entkommen, und sie verbrachten viele gemütliche Nachmittage in der anregenden Landluft und nutzten Katharines freie Tage, um zu faulenzen oder mit Angus lange, belebende Spaziergänge zu machen.

Obwohl sie durch ihre Unterhaltsregelung zu einer ausreichend wohlhabenden Dame geworden war, hatte die bezaubernde Nina, die den Erhalt und die Pflege ihres Körpers fast zu einem Vollzeithobby gemacht hatte, nach der Scheidung wieder die Arbeit als Innenarchitektin aufgenommen. Da sie keine Kinder hatte oder andere Menschen, die von ihr abhängig waren, langweilte sie sich, und das gelegentliche Designen von Wohnungen brachte sie, wie sie Katharine anvertraute, in Kontakt mit potentiellen reichen Ehemännern. Ein offenes, verständnisvolles Ohr in Zeiten der Verletzlichkeit, in denen Männer entweder neue Wohnungen aufpeppen oder alte Erinnerungen loswerden wollten, konnte zum Altar führen, behauptete sie. Bisher war es noch nicht dazu gekommen.

Katharine war die ernsthaftere von beiden, aber Nina war ein willkommener Gegenpol zu der ewigen Schufterei im Fernsehjournalismus. Sie hielt Augen und Ohren offen für den faszinierenden New Yorker Klatsch, und da sie nie im Fernsehgeschäft tätig gewesen war, fühlte sich Katharine sicher, wenn sie ihr etwas anvertraute, und brauchte sich nicht hinter falscher Gutmütigkeit zu verstecken. Mit den Jahren hatte Katharine gelernt, den scharfen Verstand hinter Ninas leicht verrückter Fassade zu schätzen. Da sie oft unaufrichtige Leute um sich hatte, war Ninas Ehrlichkeit um so wichtiger; sie konnte sich darauf verlassen, daß Nina ihr die Wahrheit sagte, ob sie ihr gefiel oder nicht.

Katharine beobachtete bewundernd, wie Pierre die Eier geschickt mit einer Hand zerbrach und mit der anderen die frischen Kräuter einrührte. Als sie ihm erwartungsvoll ihren Teller entgegenhielt, ertönte ein Aufschrei aus dem Inneren der Villa. Brad Browning stürzte mit grimmigem Gesichtsausdruck auf die Veranda und wedelte mit mehreren Faxseiten herum.

«Zum Teufel mit diesen Mistkerlen», rief er. «Wie zum Henker haben die das geschafft?»

Er fuchtelte mit dem Fax und gab es Katharine. Obenauf war eine Kopie der Titelseite des *National Planet* zu sehen. Unter der Überschrift «Katie und ihre Gespielin eng umschlungen in der Sonne» befand sich ein Bild von Katie und einer jungen Frau. Arm in Arm lächelten sie sich vertraut an, während Wassertropfen in der hellen Sonne auf ihren Brüsten schimmerten, welche – bis auf den üblichen schwarzen Balken über den Brustwarzen – entblößt waren. Durch diese amerikanische Art der Zensur wirkte das Bild noch unanständiger. Weitere Fotos aus derselben Serie füllten anscheinend eine Doppelseite im Innenteil der Zeitung.

Katharine glitt der Teller aus der Hand. Laut zersprang er auf den Steinplatten der Terrasse. Nina stand erschrocken auf und ging vorsichtig um die Scherben herum.

«Alles in Ordnung, Katie?»

Katharine gab ihr wortlos das Fax. Nina verzog das Gesicht, als sie die Seite überflog, und gab sie an Brads Frau weiter. Die Ferienstimmung verflüchtigte sich so schnell wie ein Schauer am Mittelmeer.

«Mist, daß die mich ausgerechnet beim Rauchen aufnehmen mußten.» Wie die meisten Schauspieler interessierte es Brad am meisten, welche Publicity er bekam.

Verity betrachtete das Fax nur kurz und meinte bissig: «Es wird dir mehr schaden, mit barbusigen Frauen und ohne deine Ehefrau gesehen zu werden als mit einer qualmenden Zigarette im Mund.»

«Ich habe mich nur ein einziges Mal in die Sonne gelegt, und da warst du genau neben mir», erwiderte er verärgert. «Diese Scheißkerle haben dich aus dem Bild geschnitten.»

In dem Moment kam eine große, schlanke Gestalt in einem schwarzen Bikini und einem dazu passenden hauchdünnen T-Shirt durch die Verandatür.

«Was hat dieser Lärm zu bedeuten?» fragte Abigail Lomax mit aufgerissenen Augen.

«Ich wollte dich gerade suchen», antwortete Katharine. «Das hier wird dir nicht gefallen.» Sie gab ihr das Fax.

«O mein Gott.» Abbie starrte Katharine an. «‹Gespielin›?» Sie stöhnte auf. «Quer über die gesamte Titelseite dieses Käseblatts. Was werden die Leute sagen?»

«Die sagen einfach, daß es erfunden wurde. Die drucken doch alles, nur um die Auflage zu erhöhen», sagte Verity, eine ehemalige Schauspielerin, verbittert. Seit ihrer Heirat vor fünf Jahren waren sie und Brad ein gefundenes Fressen für die Sensationspresse, und sie und ihre Kinder wurden seitdem permanent verfolgt.

«Vielleicht», sagte Abbie, «aber es gibt immer Leute, die der Ansicht sind, daß es ohne Feuer keinen Rauch gibt.»

«Wir müssen ihnen die Wahrheit sagen», meinte Katharine vorsichtig. «Wir haben jetzt keine Wahl mehr.»

«Nach all den Vorsichtsmaßnahmen, die wir getroffen haben? Das Versteckspiel, deine vorsichtigen Interviews – alles umsonst?» seufzte Abbie.

«Leider ist es nun auf diese Weise herausgekommen», sagte Katharine, «aber wir werden lernen, damit umzugehen. Ich hab das ungute Gefühl, daß es letztlich für mich schlimmer werden wird.»

«Da bin ich mir nicht so sicher. Wenn die Leute mich sehen, werden sie immer denken, daß du deine Beziehungen für mich spielen lassen hast.»

«Wie kommt es, daß diese Zeitung ihre Hausaufgaben nicht gemacht und gemerkt hat, daß Abbie deine Tochter ist?» fragte Verity. «Ihr habt zwar verschiedene Nachnamen, aber haben die denn kein Archiv mit Zeitungsausschnitten?»

«Die kämen nicht auf die Idee, dort nachzuschauen. Der *Planet* erscheint in Florida, Schatz», erklärte ihr Mann. «Der Kerl, der diesen Dreck geschrieben hat, kennt Abbie wohl noch nicht vom Bildschirm, weil sie nur im regionalen Fernsehen in Chicago zu sehen ist.» Er runzelte die Stirn. «Ich frage mich nur, warum ihr aus eurer Verwandtschaft solch ein Geheimnis machen wolltet.»

Verity schaute aufmerksam von Mutter zu Tochter. «Ist es wegen der Geschichte vor ein paar Jahren?» Abbie nickte, und Verity bemerkte den verständnislosen Gesichtsausdruck ihres Mannes. «Du erinnerst dich doch bestimmt daran.» Brad schüttelte den Kopf, und sie legte ihm ihre schmale Hand auf den Arm und flüsterte: «Abbie. Du weißt schon.»

«Was weiß ich?»

«Ach, zum Henker noch mal.» Verity schüttelte ungeduldig ihre lange, dunkle Lockenpracht.

«Ist schon gut», meinte Abbie. «Ich bin jetzt über all das hinweg. Es ist beruhigend, daß du dich nicht daran erinnerst, Brad, denn du hast sogar gerade in England gedreht, als die gesamte Sensationspresse voll davon war. Es dauerte nur ein paar Tage, aber es kam mir wie Wochen vor.»

«Es hat damals großes Aufsehen erregt», sagte Katharine. «Abbie und eine Freundin wohnten in einem der vornehmsten Internate für Mädchen, und sie begingen einen kleinen Ladendiebstahl.»

«Ach, viele von uns haben als Kinder mal im Kaufhaus etwas mitgehen lassen.» Verity lachte. «Es ging um die Spannung, nicht um den Wert des Zeugs, das wir geklaut haben.»

Ein mehrstimmiges «Ich nicht, ich nicht» ertönte, bis Abbie fortfuhr: «Ich war erst fünfzehn, und mein Name wurde nicht genannt, aber trotzdem wurde ich von der Presse verfolgt. Sie lungerten an der Schule herum, machten Fotos und sprachen mit allen. Es war die Hölle.»

«Ja», meinte Katharine, «die Presse in Großbritannien hat das richtig ausgeschlachtet, weil eine Prinzessin des Königshauses dort zur Schule ging und alle hofften, sie sei auch darin verwickelt. Abbie und ihre Freundin hatten es sehr schwer in der Schule.»

Brad erinnerte sich langsam. «Jetzt fällt es mir wieder ein – du hast mir davon erzählt, Verity.»

«Es war nur ein billiges Paar Ohrringe», sagte Abbie, «aber ich habe mich wochenlang in den Schlaf geweint. Man sagte uns immer wieder, daß wir von Glück reden konnten, nicht hinausgeworfen zu werden. Das wäre auch passiert, hätte der Palast nicht angeordnet, weiteres Aufsehen zu vermeiden.» Sie setzte sich neben Nina auf die Hollywoodschaukel. «Ich hab die Journalisten gehaßt, weil sie die anderen Schüler immer wieder bestechen wollten. Einer Mitschülerin wurden tausend Pfund geboten, wenn sie reden würde. Sie versuchten es beim Personal, sogar beim Hausmeister. Zum Glück wurden sie von allen ignoriert. Die Schulleiterin untersagte alle Ausflüge, und jeder gab uns die Schuld. Schlimmer wurde das Ganze noch dadurch, daß meine beste Freundin von ihren Eltern sofort von der Schule genommen wurde. Ich mußte dort bleiben.» Sie warf Katharine einen eisigen Blick zu.

Der Vorfall hatte das zwischen Mutter und Tochter ohnehin kühle Verhältnis weiter verschlechtert. Abbie war sowieso schon verärgert, weil sie eine verhaßte Privatschule besuchen mußte, und durch diesen Vorfall hatte sich ihre Abneigung zusätzlich verschärft. Sie war überzeugt, daß ihre Mutter, die zu der Zeit beim Fernsehen in London beschäftigt war, das Internat nur dazu benutzte, ihre Tochter aus dem Weg zu schaffen und sich auf den nächsten Karrieresprung konzentrieren zu können. Da Katharine zu diesem Zeitpunkt schon von Abbies Vater, dem Auslandskorrespondenten einer überregionalen Londoner Zeitung, geschieden war, entlud sich Abbies Enttäuschung und Verwirrung hauptsächlich auf die Mutter – ebenso wie ein Großteil der Schuldzuweisungen.

Selbst nach all den Jahren fühlte sich Katharine bei der Erinnerung an jene Zeit immer wieder schuldig. Hatte sie Abbie wirklich aus Bequemlichkeit aufs Internat geschickt? Hatte sie ihr Familienleben den Anforderungen einer aufreibenden und ruhmvollen Karriere geopfert? Die quälenden Zweifel hatten sie nie ganz losgelassen.

Die Erfahrungen mit der Presse hatten bei Abbie so tiefe Wunden hinterlassen, daß ihre Eltern versprechen mußten, sie nie wieder in Interviews zu erwähnen. Seitdem war die Existenz eines Kindes aus Katharines beruflicher Biographie verschwunden, und Abbie, die jetzt 26 Jahre alt war, wurde in keiner Presseerklärung erwähnt.

Die Ausflüchte steigerten und nährten sich selbst, bis sie zur Täuschung wurden. Katharine lehnte alle Anfragen nach Interviews oder Fotos bei sich zu Hause ab und konzentrierte das Interesse der Medien erfolgreich auf ihre Arbeit, aber sie machte sich keine Illusionen darüber, daß die Kontrolle über die Veröffentlichungen, die sie dank ihres Ruhmes ausüben konnte, sie keinesfalls ewig schützen würde. Ein einziger Journalist hätte nur einmal gründlich recherchieren müssen, und schon wäre die Existenz ihrer Tochter aufgedeckt worden. Es war nie passiert.

Als sie vor acht Jahren nach Amerika kam, waren die Journalisten viel mehr an ihrem Liebesleben und den Gemeinheiten unter ihren Konkurrentinnen beim Fernsehen interessiert als an ihrer Vergangenheit. Abbie folgte ihrer Mutter ein Jahr später, um in Boston aufs College zu gehen. Doch die Medien, die nicht wußten, daß Katharines ehelicher Name Lomax war, brachten die beiden nicht miteinander in Verbindung. Katharine parierte Fragen über eine mögliche Familie mit der Standardantwort: «Ich lebe als alleinstehende Frau in Amerika.» Wenn jemand auf der Frage nach Kindern beharrte, antwortete sie immer: «Mein Leben ist so hektisch, dafür hätte ich keine Zeit.» Sie tröstete sich damit, daß diese Ausflüchte keine richtigen Lügen waren, sondern lediglich eine Chance, einen kleinen Teil ihrer Vergangenheit neu zu erfinden – was eben nur möglich war, wenn man ins Ausland ging.

Brad und Verity Browning hatten vorgeschlagen, daß Katharine doch Abbie fragen könnte, ob sie ihnen bei ihrem Urlaub am Cap Ferrat Gesellschaft leisten wolle. Niemand war überraschter als Katharine, als ihre Tochter drei Tage vor dem geplanten Abflug zusagte. Katharine glaubte, daß irgendein anderes Vorhaben von Abbie wahrscheinlich abgesagt worden war, aber egal ... Sie war dankbar, daß sie in entspannter Atmosphäre zusammensein konnten und sie dann ihre erwachsene Tochter vielleicht etwas besser kennenlernen würde.

Abbie warf das Fax angewidert auf die Terrasse. «Das ist unerhört, was diese Zeitung sich herausnimmt. Ich wollte auf keinen Fall mit dem Namen von Mum hausieren gehen. Im Nachrichtenraum in Chicago halte ich mich vollkommen zurück, bin einfach nur eine von den Reportern. Zumindest war ich das», fügte sie ärgerlich hinzu. «Und so wollte ich es auch haben.»

«Ich muß zugeben, daß ich da gerne mitgespielt habe.» Katharine lächelte gequält. «Welche Fernsehmoderatorin gibt schon gern zu, eine solch erwachsene Tochter zu haben, egal wie talentiert oder schön sie ist?»

«Ach, komm schon.» Brad versuchte, die Stimmung zu heben. «Hier im Land der Franzosen ist das Alter unwichtig, es sei denn, man ist ein Käse.»

Er entlockte ihr ein Lächeln, doch Katharine und die anderen Anwesenden wußten auch, wie die Unterhaltungsindustrie funktionierte. Das Älterwerden war, besonders bei einer Frau, ein Problem. Noch beunruhigender war ein möglicherweise sexuell unkonventionelles Verhalten. Alle waren sich darüber im klaren, welchen Schaden die Fotos für Katharine und ihre Tochter anrichten konnten.

Ihr Gastgeber ging auf und ab. «An eurer Stelle würde ich die Mistkerle verklagen.»

«Das sollten wir alle», sagte seine Frau. «Wenn man das liest und die euch zwei nicht als Lesben hinstellen wollen, dann unterstellen die euch, daß ihr hier einen flotten Dreier hinlegt. Es gibt keinen Hinweis darauf, daß dies ein Familienurlaub mit Frau und Kindern ist.»

«Manchmal richtet eine Klage mehr Schaden an, als sie Gutes tut», sagte Katharine, die genau wußte, daß ein solcher Schuß nach hinten losgehen konnte.

«Aber wir müssen etwas unternehmen, Mum, und zwar bald», sagte Abbie mit besorgtem Gesichtsausdruck. «Die Leute, die meinen Sender leiten, sind alles andere als kosmopolitisch. Die machen sich schon Sorgen, wenn einer ihrer Reporter auch nur das kleinste bißchen aus der Reihe tanzt. Das könnte ja ihre wertvollen Werbekunden aufregen.»

«Glaubst du, das ist nur bei euch so?» Katharine hob die Augenbrauen. «Meine Chefs sind in solchen Angelegenheiten auch nicht gerade liberal eingestellt. Das hier könnte meinem Boß noch einen Herzinfarkt einbringen. Ich wette, er hat sich schon mit meinem Agenten in Verbindung gesetzt. Zumindest weiß Buzz über dich Bescheid, Abbie. Er wird das schon deichseln.» Sie schaute auf die Uhr. «Wie spät ist es in New York? Ja, er ist sicher schon wach.»

Wie auf ein Stichwort klingelte das Telefon. Katharine nahm ab, und jeder auf der Veranda konnte den freudigen Aufschrei auf der anderen Seite des Atlantiks hören. Ihr Agent, Buzz Newbold, war in Fahrt.

«Katie, jetzt hast du sie eiskalt erwischt. So eine tolle Nummer hab ich noch nie erlebt, wirklich zum Schreien.»

Katharine runzelte die Stirn. «Was ist daran so lustig? Abbie und mir ist nicht gerade zum Lachen zumute.»

«Ach, komm schon. Früher oder später mußte eure Verwandtschaftsbeziehung doch mal rauskommen», erwiderte er. «Und auf diese Art schlagen wir eine millionenschwere Verleumdungsklage heraus.»

«Wenn du mal einen Augenblick davon absehen könntest, deine zehn Prozent auszurechnen, würde ich dir gern erzählen, wie wir die Sache sehen. Du weißt, daß wir die Öffentlichkeit erst über uns informieren wollten, wenn wir soweit sind, wenn Abbie sich etwas mehr etabliert hat.»

«Hör mal, mein Mädchen, vertraue einem Mann, der seit über zwanzig Jahren in diesem Geschäft ist: Dies wird ihr überhaupt nicht schaden.»

«Was wird geredet?»

«Noch nichts. Ich hab meine Ausgabe der Zeitung vorab bekommen und sie euch gefaxt, aber hier wird die Hölle los sein, wenn sie heute morgen in die Kioske kommt. Aber mach dir keine Sorgen, von diesem Käseblatt nimmt niemand von Bedeutung Notiz.» Er hielt inne. «Das heißt natürlich nicht, daß wir das ignorieren werden. Wenn man den Lügen nicht widerspricht, greifen die anderen es auf. Ich werde mit Sam reden. Er weiß über Abbie Bescheid und wird sich nicht aufregen. Ich sage ihm, er soll die Anwälte des Senders darauf ansetzen, dann hast du keine Rechnungen zu bezahlen.»

«Das ist beruhigend.» Katharine fühlte sich jetzt besser. Wie immer war Buzz sofort zum Thema Schadensbegrenzung übergegangen.

«Ich gehe davon aus, daß Sams Leute auch eine Presseerklärung aufsetzen wollen», fuhr er fort. «Er mag zwar der Chef des Senders sein, aber ich möchte auch einen Blick darauf werfen. Wenn es gut genug ist, faxe ich es dir, sobald es fertig ist. Du gibst mir dann das O. K., und ich schicke es raus.»

Katharine legte die Hand auf die Sprechmuschel und berichtete, was er vorhatte.

«Kann ich kurz mit ihm reden, Mum?»

Katharine reichte ihr den Hörer.

«Buzz, könntest du meinen Agenten auf dem laufenden halten? Er weiß nicht viel über meine Herkunft.»

«Klar doch, Kleines. Wir müssen zusammenhalten. Ich faxe ihm das nach Hause.»

Als Abbie auflegte, griff Brad sofort nach dem Hörer. «Ich rufe am besten auch meinen Agenten an. Er wird gern vorgewarnt, wenn man versucht, uns durch den Dreck zu ziehen», sagte er in dem Bewußtsein, daß ein blitzsauberes Image in der gegenwärtigen amerikanischen Politik lebenswichtig war. Er beklagte oft die Tatsache, nicht während der Kennedy-Ära kandidiert zu haben, als die Presse noch mehr Ehrfurcht an den Tag gelegt hatte.

Abbies Agent meldete sich schnell. Matt Nicolaides vertrat Abbie erst seit ein paar Monaten, und sie hatte ein formelleres Verhältnis zu ihm als ihre Mutter zu Buzz, der praktisch zur Familie gehörte. Matt und seine Frau führten eine der großen unabhängigen Agenturen in Chicago, und sie waren Abbie von mehreren Kollegen beim Sender als eine draufgängerische Firma empfohlen worden.

Er klang niedergeschlagen. «Buzz Newbold hat mir gerade die *Planet*-Sachen gefaxt. Ich hab versucht, ihn zurückzurufen, aber sein Anschluß ist ständig besetzt.» Über dreitausend Meilen hinweg konnte Abbie einen Seufzer hören. «Ach, Kleine, ich wünschte, du hättest mir das erzählt.»

«Was hätte ich erzählen sollen?»

«Daß du lesbisch bist. Glaubst du nicht, daß das etwas ist, was du hättest erwähnen müssen?»

Eine kurze Pause folgte.

«Ich bin nicht lesbisch. Katharine Sexton ist meine Mutter.»

Ein Schweigen lag über dem Atlantik, gefolgt von einem überraschten Pfeifen. «Katharina die Große? Deine Mama? Wenn ich das nur gewußt hätte, als du angefangen hast...»

«Ja, ja», unterbrach ihn Abbie scharf. «Genau aus dem Grund habe ich dir das auch nicht erzählt.»

Matt klang nun begeistert. «Mensch, ich hätte die besten Sendezeiten für dich aushandeln können.»

«Ja, aber aus dem falschen Grund. Ich wollte nicht über Beziehungen an einen Job gelangen.»

«Das kann ich verstehen. Aber jetzt ist es raus, mach dir

keine Sorgen. Du bist gut, also werden alle sagen, daß es im Blut liegt.»

«Es kommt nicht nur von meiner Mutter, mußt du wissen. Mein Vater ist ein ausgezeichneter Journalist, ein großes Talent. Ich bin immer der Ansicht gewesen, daß ich nach ihm komme.»

Katharine ließ sich nicht anmerken, daß die Äußerung ihrer Tochter ihr weh tat. Sie hatte diesen Satz im Laufe der Jahre sehr oft gehört. Abbie hatte ihren Vater auf ein Podest gehoben. Sie war immer Papas kleine Tochter gewesen, und obwohl er einen Großteil ihrer Kindheit im Ausland gearbeitet hatte, warf sie ihm seine langen Zeiten der Abwesenheit nie vor. Katharine hatte ihrer Tochter erst sehr viel später erzählt, daß die wiederholte Untreue ihres Vaters der Grund für das Scheitern der Ehe gewesen war. Selbst mit diesem Wissen entschuldigte Abbie ihn noch, indem sie behauptete, er hätte sicher bei anderen Frauen nach Zuneigung gesucht, da ihre Mutter zu sehr mit ihrer Karriere beschäftigt war. Die Andeutung war offensichtlich. Sie, Abbie, war auch vernachlässigt worden.

Die Trennung von ihrem Vater, als sie ins Internat kam, stellte einen weiteren Zankapfel zwischen ihnen dar. Katharine machte es rasend, daß Milo mit Abbie über diese Entscheidung immer mit einer Zweideutigkeit sprach, die den Anschein erweckte, Katharine sei die treibende Kraft gewesen, während es doch in Wirklichkeit eine gemeinsame Entscheidung gewesen war.

Im Laufe der Jahre verlor Katharine in ihrem Verhalten gegenüber Abbie das Selbstvertrauen; sie wußte nicht mehr, wie sie das Richtige sagen oder tun sollte, wie sie eine richtige Mutter sein konnte. Sie lernte wie auf Eiern zu gehen, wenn es um ihre Tochter ging, weil diese aus den geringfügigsten Gründen verstimmt war. Sie sehnte sich nach der einfachen Ausgelassenheit, die zwischen Abbie und Milo selbst auf große Entfernung herrschte. Vielleicht lag das an der besonderen Beziehung zwischen Vater und Tochter, aber wenn sie mit ihren Freundinnen darüber sprach, stellte sie fest, daß die dieses Problem nicht hatten. Katharine beneidete sie um ihre Fähigkeit, mit ihrem weiblichen Nachwuchs wie mit einer Schwester oder einer Freundin umzugehen. Am schwersten zu ertragen war, daß Abbie jeglichen Körperkontakt zu vermeiden schien. Sie wies jeden Beweis der Zuneigung zurück, wurde nicht gern umarmt, und auch flüchtige Küsse auf die Wange gab es nur zu Geburtstagen oder zu Weihnachten.

Katharine dachte oft, Abbies kühle Haltung wäre eine andauernde Strafe dafür, daß sie sich auf ihre Karriere konzentriert hatte. Ihr Umzug von London nach New York war eine berufliche Entwicklung, mit der sie nicht gerechnet hatte. Als ihr das Angebot unterbreitet wurde, war sie bereits eine hochangesehene Moderatorin im Londoner Büro des US-Senders *American Broadcasting Network*. Ihr Fachgebiet war der Nahe Osten, und sie hatte wertvolle Kontakte in der Region aufgebaut. Ihre erstklassigen Exklusivstories hatten breite Zuschauermassen veranlaßt, ABN einzuschalten. Diese Erfolge brachten ihre Chefs in New York auf die Idee, sie für einen Posten in der Zentrale auf der anderen Seite des großen Teiches vorzuschlagen. Sie lehnte das erste Angebot von ABN für einen erstklassigen Job als Moderatorin in New York ab, weil Abbie mitten im Abitur stand. US-Sender fragten normalerweise nicht zweimal, aber ABN brauchte einen erfahrenen weiblichen Interviewer, und als ein Jahr später das nächste Angebot von Sam Wolfe persönlich, dem Big Boß in New York, gemacht wurde, entschied sich Katharine, den Job anzunehmen.

Die Entscheidung ergab Sinn. Ihr Exmann beschäftigte sich für seine Zeitung ebenso oft mit den Vereinten Nationen, wie er seinen Erziehungspflichten gegenüber Abbie am Ententeich in den Kensington Gardens nachkam. Wie er Abbie selbst sagte, würde er sie wahrscheinlich in Amerika sogar öfter sehen können. Die Erinnerung an die beiden vorangegangenen Weihnachtsfeste, bei denen sich die väterliche Anwesenheit auf eine Flut von gefühlsbeladenen Faxen beschränkt hatte, eines aus Afghanistan und eines aus Beirut, plus einer verspäteten großen Lieferung von *Harrods*, halfen Katharine bei der Entscheidung. Ebenso wie die Tatsache, daß die gebotene Bezahlung ihr Londoner Gehalt um ein Vierfaches übertraf.

Katharine reiste vorab nach New York, um eine Wohnung für sie zu mieten, wurde dann aber unmittelbar von der Arbeit in Anspruch genommen, als eine noch nie dagewesene Reihe von terroristischen Anschlägen in der Stadt verübt wurde. Die Täter gehörten angeblich einer kaum bekannten Sekte aus dem Nahen Osten an, und ihr Wissen ebenso wie ihre weitreichenden Kontakte führten dazu, daß sie in vielen Nachrichtensendungen zu sehen war. Sie schrieb darüber hinaus maßgebliche Hintergrundberichte für große Zeitungen und Zeitschriften.

Katharine hatte schon den Mietvertrag für eine Wohnung auf der Fifth Avenue unterschrieben, als Abbie ihre Meinung änderte und bekanntgab, daß sie in Großbritannien bleiben wolle. Katharine war am Boden zerstört gewesen, aber dann sah sie der Realität ins Auge. Ihre Tochter war jetzt achtzehn Jahre alt. Wenn sie das Opfer brächte und nach England zurückkehrte, würde Abbie es nicht zu würdigen wissen, und sie bezweifelte, ob es viel an ihrem Verhältnis ändern würde. Also akzeptierte sie das Unvermeidliche und sagte, daß sie sich Abbies Ferien freihalten würde. Aber als Abbie zehn Monate später ihren ersten großen Liebeskummer durchleben mußte, entschloß sie sich, das Haus ihres Vaters zu verlassen und weit weg von London neu anzufangen. Sie wollte in Amerika studieren, allerdings nur unter drei Bedingungen: Sie wollte den Führerschein machen, ein eigenes Auto haben und unter keinen Umständen als Tochter von Katharine Sexton bekannt sein.

«Woher sollte ich wissen, daß du um ein Vielfaches berühmter wirst als jeder Fernsehmensch in England?» beschwerte sie sich. «Sobald du auf dem Campus erscheinst, fliegt meine Tarnung auf. Man wird mich verfolgen und mir nachspionieren, genauso wie auf dem Internat. Ich halte es also für das beste, wenn du wegbleibst.»

Katharine starrte auf den Swimmingpool, während sie sich daran erinnerte, wie sehr sie diese Worte verletzt hatten. Irgendwo in dem Wirrwarr der Arbeit, der Scheidung, dem Internat und dem Umzug in die USA hatte sie das verloren, was sie mit Abbie verband. Abbie war selbständig geworden, was ihre unabhängig denkende Mutter begrüßte, während sie gleichzeitig dem liebenswerten kleinen Mädchen vergangener Tage nachtrauerte.

Nachdem Abbie in den Fernsehjournalismus eingestiegen war, hatten sie mehr Gemeinsamkeiten, und ihr gereiztes Verhältnis besserte sich so sehr, daß Abbie zugestimmt hatte, ihren wertvollen Urlaub mit ihr zu verbringen – zum ersten Mal, seit sie das College beendet hatte. Im Laufe der wenigen zurückliegenden Tage waren sie in der Lage gewesen, sich gemeinsam zu entspannen und sogar miteinander zu lachen. Katharine hatte zu hoffen gewagt, daß sie neu anfangen könnten. Und nun drohten diese verdammten Fotos alles zu verderben. Die Ironie in dem Ganzen war, daß sie bewußt den Arm ihrer Tochter genommen hatte, um die Distanz zwischen ihnen zu überwinden. Es war Jahre her, seit sie so ungezwungen miteinander umgegangen waren, und dieser kurze Kontakt, diese paar Sekunden, in denen sie Abbies Schultern mit Sonnencreme einrieb, in denen sie ihr etwas über einen Vogel zuflüsterte, der in einem Lorbeerbusch hockte, ausgerechnet dieser Augenblick mußte von diesem verflixten Fotografen eingefangen werden.

Katharine wurde in die Gegenwart zurückgerufen, als Brad mit einem Löffel auf den Tisch klopfte.

«Alle mal herhören! Das Leben, beziehungsweise das Mittagessen, geht weiter. Als euer Gastgeber entschuldige ich mich dafür, daß euch dies unter meinem Dach geschehen ist.»

Katharine war so mit ihren Gedanken beschäftigt gewesen, daß sie erst jetzt den Teller mit der frischen Omelette bemerkte, den man vor ihr hingestellt hatte.

«Brad, wir geben dir nicht die Schuld. Jedenfalls nicht sehr», versicherte ihm Nina. «Diese niederträchtigen Leute wären nicht an dir interessiert, wenn du nicht so verdammt reich, berühmt, talentiert und gutaussehend wärst.»

Brad grinste. «Mehr, mehr. Du hast vergessen: sensibel, zurückhaltend, bescheiden, einfach der perfekte Präsident.»

«Darauf trinke ich.» Verity lächelte. «Ist es nicht an der Zeit, noch eine Flasche Champagner zu öffnen?»

Zustimmende Rufe ertönten, während sie Pierre einen Wink gab.

«Falls wir noch einmal fotografiert werden, Brad, glaubst du nicht, daß wir lieber kalifornischen Sekt trinken sollten?» fragte Nina mit einem verschmitzten Lächeln.

Brad nahm die Äußerung ernst. «Du hast recht. Ich will keine heimlichen Fotos mehr. Wo zum Teufel hatte sich dieser Paparazzo überhaupt versteckt?»

Verity schaute sich das Fax noch einmal an und sagte dann: «Wenn man die Perspektive des Fotos betrachtet, dann muß er auf einen der Bäume da drüben geklettert sein.» Sie wies auf die dichte Reihe von Oliven- und Zypressenbäumen am anderen Ende des Rasens.

Brad stand auf.

«Setz dich, Brad», sagte Verity. «Laßt uns das Essen genießen und das Ganze vergessen.»

«Und hoffen, daß man uns nicht beobachtet», fügte ihr Mann hinzu, als er sich gehorsam wieder setzte.

«Auf dieser Veranda brauchen wir nichts zu befürchten, Schatz», sagte Verity. «Aber am Pool müßten wir mehr Sichtschutz pflanzen. Ich werde mich erkundigen, wie schnell wir einige ausgewachsene Bäume und Büsche dorthin setzen können.»

«Gute Idee. Frag nach, wann die Gärtnerei das machen kann. Am besten heute noch.»

Verity zwinkerte Nina zu. In Los Angeles war Brads legendäre Ungeduld leichter zufriedenzustellen als in der entspannten provenzalischen Atmosphäre Südfrankreichs, wo die Arbeitsauffassung etwas lockerer war.

Als die Gruppe über die riesigen Ausgaben sinnierte, die mit dem Pflanzen von ausgewachsenen Bäumen und Büschen verbunden waren, fragte Nina schelmisch: «Wirst du dein Gehalt als Filmstar nicht vermissen, wenn du in die Politik gehst?»

«Nun, vielleicht werden wir diese Villa nicht behalten können, wenn ich gewählt werde», antwortete Brad. «Aber die Sorgen mache ich mir später. Jetzt möchte ich zu gern erst einmal ein Luftgewehr und ein Fernglas kaufen. Ich würde diesen Amateurfotografen beim nächsten Mal gern abschießen. Besonders Katharine und Abbie wurde der Urlaub verdorben, und ihr könnt mir glauben, das geht jetzt erst richtig los. Heute abend sind wir vollkommen belagert, und das Telefon wird sicher heißlaufen.»

Sein Blick wanderte zu den beiden – die eine so blond, die andere ein dunkler Typ. Sie ähnelten sich überhaupt nicht, und er konnte verstehen, weshalb niemand etwas von ihrer Verwandtschaft geahnt hatte. Katharine war adrett, zierlich und hatte lange Beine, die in keinem Verhältnis zu ihrer Körpergröße standen. Sie war gesegnet mit welligen kastanienbraunen Haaren, die sich unterhalb der Ohren lockten.

In unzähligen Porträts wurden ihre lavendelblauen Augen erwähnt, die – was die Journalisten nicht wußten – mit dunkleren Kontaktlinsen intensiviert werden mußten, da sie sich nicht gut filmen ließen. Ihre klassischen Gesichtszüge erinnerten ihn an Catherine Deneuve in jüngeren Jahren und hatten einen Ausdruck, den man als distanziert beschreiben konnte. Aber sobald Katharine lächelte, zog sie die Herzen der Zuschauer in ihren Bann, und in vielen Untersuchungen wurde ihr Lächeln als ein wesentlicher Grund angegeben, weshalb man ihre Sendung eher einschaltete als die ihrer Konkurrenten. «Wenn ich sie sehe, fühle ich mich gut», lautete der oft zitierte Kommentar von Befragten.

Brad hatte Katharines Exmann, Milo Lomax, nie kennengelernt, da er anscheinend vollkommen aus ihrem Leben verschwunden war. Er nahm an, daß Abbie das Aussehen von ihrem Vater geerbt hatte. Er entdeckte nur wenig von Katharine in diesem herzförmigen Gesicht mit den grünen, mandelförmigen Augen, den lange Schatten werfenden Wimpern und der frechen Nase, das eingerahmt war von kinnlangem blonden Haar mit Strähnchen. Sogar ihr Körperbau unterschied sich, obwohl sie beide praktisch gleich groß waren – mindestens 1,73 Meter, schätzte er.

Obwohl Abbie einen breiteren Knochenbau hatte, war sie zierlich; jeder einzelne Wirbel war durch ihr T-Shirt zu erkennen, und die Mulden über ihren Hüften waren klar gezeichnet und lagen über langen, wohlgeformten Beinen. Wäre sie fünf Zentimeter größer gewesen, hätte sie ein Vermögen als Model verdienen können anstatt als Fernsehreporterin bei einem Regionalsender. Es war ihm auch nicht entgangen, daß sie für eine solch schlanke Frau bemerkenswert große Brüste hatte.

«Es hätte nicht schlimmer kommen können», sagte Abbie mit wütender, lauter werdender Stimme zu ihrer Mutter. «Vielleicht sollte ich in London arbeiten. Zumindest stünde ich dort nicht im Schatten von Dad.»

Katharine nahm den neutralen Tonfall an, den sie als äußerst hilfreich empfand, wenn sie es mit ihrem mitunter launischen Kind zu tun hatte.

«Nimm es dir nicht so Herzen, Abbie. Es wäre verrückt, all das wegzuwerfen, was du dir aufgebaut hast. Du hast so hart gearbeitet, um so weit zu kommen.» Katharine lächelte. «Und wenn du nicht hier bist, wer sagt mir dann ehrlich die Meinung über meine Arbeit? Ich würde mich nicht gern auf die ‹Oink-Maschine› verlassen.» Oink-Maschine nannte Katharine die Clique von Speichelleckern in ihrem Fernsehsender, die ihr bei jedem Vorschlag zustimmte. Sie erinnerte sie an Seehunde in einem Zirkus, die mit kopflosem Flossenklatschen und Oink-oink-Lauten applaudierten.

«Nun, wenn ich es nicht allein schaffe, vielleicht sollte ich dann aus der Branche aussteigen und etwas ganz anderes machen», meinte Abbie trotzig.

Katharine schüttelte den Kopf. «Das wäre vollkommene Verschwendung. Chicago gilt als Sprungbrett für die besten Jobs, und denk dran: Du bist durch eigene Kraft dorthin gekommen. Hat dir dein Chef nicht neulich per Telegramm eine Lobeshymne geschickt? Du kannst nicht behaupten, daß das irgend etwas mit mir zu tun hatte. Es ist offensichtlich, daß die dich gut finden. Sie haben dich gebeten, mehr Interviews vor laufender Kamera zu führen. Jetzt ist also nicht der Zeitpunkt, um übers Aufhören nachzudenken.»

Abbie sah sie aufsässig an. «Man wird mich garantiert als Katharina die Zweite abstempeln. Daran muß ich mich erst gewöhnen.»

«Und ich hoffe, daß es für dich nicht allzu nervtötend wird, aber weißt du was? Ich bin froh, daß es herausgekommen ist. Auch wenn Witze über mein Alter gemacht werden, ich habe es immer gehaßt, deine Existenz geheimzuhalten. Ich glaube, es wird für dich nur halb so schlimm, wie du es dir im Moment ausmalst. Ich werde wahrscheinlich mehr unter Beschuß stehen als du. Man wird behaupten, daß ich dich verheimlicht habe, weil ich die Konkurrenz fürchtete, und mein Alter wird plötzlich zur Zielscheibe unfreundlicher Kommentare werden.»

«Nein, Mum, du bist immer noch die Beste.»

Katharine war gerührt von diesem unerwarteten Kompliment und sah ihre Tochter voller Zuneigung an. Nur zu gern hätte sie Abbie tröstend umarmt, aber da sie ihre Zurückhaltung kannte, unterließ sie es. Einen Augenblick lang erinnerte sie sich daran, wie es damals war, als sie ein entzückendes, glucksendes Baby auf dem Arm hatte, wie sie den Kopf in Abbies weichen Nacken vergraben und ihre dicken kleinen Hände voller Wärme und Liebe gehalten hatte. Und nun fürchtete sie sich trotz der Urlaubsstimmung davor, ihre Zuneigung zu zeigen, weil sie Angst hatte, von ihrer eigenen Tochter zurückgewiesen zu werden.

Die zweite Flasche Champagner war schon geöffnet worden, und die beiden Kinder ihrer Gastgeber, die spürten, daß die Stimmung durch irgend etwas gestört worden war, buhlten um Aufmerksamkeit, indem sie versuchten, auf dem Rasen Räder zu schlagen.

Die Sonne schien fleckig durch die Weinblätter und betonte Abbies glänzendes, blondes Haar. Eines der Kinder hatte sich auf ihre Knie gesetzt, und sie beugte den Kopf herunter, um dem kindlichen Geplapper zuzuhören.

Ich frage mich, ob sie eine Vorstellung davon hat, was auf uns zukommen wird, dachte Katharine. Brad hatte recht. In wenigen Stunden würden die Paparazzi die Villa wie Hyänen umzingelt haben und die unbeschwerte Urlaubsstimmung zerstören, die sie bis dahin so genossen hatten.

Als sie nach dem Essen auf dem Liegestuhl neben dem Pool lag, überlegte Katharine, ob sie Freddie anrufen sollte. Er würde sich mit Sicherheit Sorgen machen, wenn die Geschichte an die Öffentlichkeit gelangte. Sie waren seit einigen Jahren zusammen, und er war ein lieber Kerl, aber sie hatte von Anfang an all seine Bitten zurückgewiesen, zusammenzuleben oder zu heiraten. Verhielt sie sich ihm gegenüber fair? Das war eine Frage, die sie sich in letzter Zeit immer häufiger stellte. Freddie mußte ahnen, daß sich etwas geändert hatte, aber da er sie nie fragte, gab sie ihm auch keine Antworten. Sie sollte sich von ihm trennen, aber sie wollte diesen netten, treuen Mann nicht verletzen.

Sie spielte mit dem Gedanken, ihren neuen Liebhaber anzurufen. Wenn George ihre letzte sinnliche Nacht ebenso genossen hatte wie sie, dann würde ihn die Vorstellung, sie sei lesbisch, sicherlich zum Lachen bringen. Bevor der *Planet* auf den Markt kam, wollte sie ihm selbst von Abbie erzählen. Wie würde er auf die Neuigkeit, daß sie eine 26jährige Tochter hatte, reagieren? Es war ein unangenehmer Gedanke. George war Anfang Vierzig, ein paar Jahre jünger als sie, aber das Alter hatte in ihrer Beziehung keine Rolle gespielt. Bisher jedenfalls nicht.

Katharine rief ihn selten an, denn sie hatte schon früh gemerkt, daß er der Tonangebende in ihrer Beziehung sein wollte, aber dies war etwas anderes. Sie dehnte sich schläfrig und schlenderte dann in die Villa, um das Telefon in ihrem Schlafzimmer zu benutzen. Aber Georges Handy war nicht angestellt, und bei ihm zu Hause erreichte sie nur den Anrufbeantworter. In New York war es noch früher Morgen, und er war nicht im Bett. Wo zum Teufel steckte er?

Als sie zu den anderen zurückging, konnte ihr niemand ansehen, wie beunruhigt sie war. Ein Leben lang schon mußte sie ihre Gesichtszüge kontrollieren, um nicht bei laufender Kamera zu offenbaren, was der Regisseur von oben herunter sagte, und das bedeutete, daß sie ihre Gefühle hervorragend verbergen konnte. Studioleiter bewunderten immer wieder, daß sich Katharines Auftreten, egal was sie ihr über den kleinen Knopf im Ohr zuzischten, nicht veränderte.

Ihre Fähigkeit, Reaktionen zu überspielen und sich sorglos zu geben, zu lachen und zu plaudern, während ihre Stimmung auf dem Tiefpunkt war, rettete sie über den Tag.

Bis zu diesem Zeitpunkt hatte sie nie länger als drei Tage nichts von George gehört, und sie ärgerte sich darüber, daß sie wie ein liebeskrankes Schulmädchen auf seinen Anruf wartete. Niemand wußte von ihm – außer Nina, die sie vor sieben Wochen, drei Tagen und vier Stunden miteinander bekannt gemacht hatte.

Sie hatte sich augenblicklich zu ihm hingezogen gefühlt. Der permanente Augenkontakt, der rasende Herzschlag – es war, als ob lang abgestorbene Winkel ihres Körpers von einem Magneten aufgewühlt wurden. Die Affäre war noch so neu, daß sie sich nach jedem Treffen dabei ertappte, wie sie bei der Erinnerung an die süßen Momente vor sich hin lächelte. Einmal hatte sie sogar seinen Namen auf ein Konzept gekritzelt.

Dies war das erste Mal, daß sie Freddie hinterging, und sie hatte enorme Schuldgefühle. Seit ihrer Erfahrung mit ihrem auf Abwege geratenen Ehemann hatte sie Loyalität und Treue zu ihren Grundsätzen erkoren. Milo Lomax war acht Jahre älter, sehr belesen und weit gereist, und war ihr Mentor ebenso wie ihr Liebhaber gewesen. Die ersten beiden Jahre ihrer Ehe hatte Katharine in einem Zustand der Euphorie gelebt, und anfangs war ihre Verehrung und Lernbegierde für Milo betörend gewesen. Aber dies hatte offensichtlich nachgelassen. Sie verzieh ihm die erste Affäre, als er schwor, daß es nie wieder geschehen würde. Aber das tat es, sehr oft.

Seit ihrer Scheidung war sie vor jedem geflüchtet, der diese starken Gefühle, die sie so verletzbar gemacht hatten, wieder in ihr hätte erwecken können. Sie bekam Übung darin, mögliche Schwärmereien zu ersticken, bevor diese sich zu mehr entwickeln konnten.

Bei Freddie fühlte sie sich sicher. Sie hatte ihn bei einem Wohltätigkeitsessen kennengelernt. Er war seit vielen Jahren verwitwet und hatte zwei erwachsene Kinder, mit denen ihn ein gutes Verhältnis verband. Entschlossen hatte er ihr den Hof gemacht, ihr jeden Tag Blumen ins Büro geschickt und sie in die schicksten Restaurants, zu Premieren und Parties des Showgeschäfts ausgeführt. Sie genoß seine Gesellschaft, wußte seine guten Eigenschaften zu schätzen, aber sie war sich von Anfang an darüber im klaren, daß sich die Zuneigung zu Freddie nie zu einer solchen Liebe entwickeln würde, die sie mit einer Ehe in Verbindung brachte.

Nach ein paar Monaten war dies auch Freddie bewußt, aber er war glücklich mit dem, was sie zu geben in der Lage war. Zumindest sagte er das. Wenn er verärgert war, weil sie nach gesellschaftlichen Veranstaltungen früh nach Hause wollte, zeigte er es nie. Wenn sie andeutete, daß sie ihre Freizeit manchmal ohne ihn verbringen wollte, beschwerte er sich nicht. Er gab sich damit zufrieden, sich ihrem Terminkalender anzupassen. Seine Schiffahrtsgesellschaft lief gut, so daß er sich frei nehmen konnte, wenn es ihr paßte. Er genoß es sehr, Teil einer glamourösen Partnerschaft zu sein, und sie überkam manchmal der traurige Gedanke, daß ihr Ruhm für ihn der wichtigste Aspekt ihrer Beziehung war. Denn die körperliche Liebe mit Freddie war sicherlich bald zweitrangig geworden.

Aber das Geben war keinesfalls einseitig. Sie brauchte Freddies ruhige Bestätigung und vertraute auf sein Urteil. Er war ihr zudem vollkommen treu. Sein augenzwinkernder Charme und sein selbstsicheres Auftreten machten ihn für andere Frauen interessant, aber er versicherte Katharine, daß es für ihn niemand anderen gab, und sie wußte instinktiv, daß dies der Wahrheit entsprach. Und deshalb hatte sie jetzt auch so ein schlechtes Gewissen.

Sie hatte George, der die Frau, mit der er sprach, weit

überragte, sofort bemerkt, als sie den Raum in Ninas Landhaus in Connecticut betrat. Er sah wie Anfang Vierzig aus und hatte das wohlhabende, anmaßende Äußere eines selbstbewußten Mannes. Katharine konnte seine tiefe, anziehende Stimme quer durch den Raum hören, während er seinen Hofstaat um sich versammelte und die kleine Gruppe um ihn herum über einen Witz lachte. Sie war plötzlich froh, daß sie das blaue, anschmiegsame Seidenkleid angezogen hatte, das immer Aufsehen erregte. Sie nahm an, die lebensprühende Frau, der er sich so aufmerksam widmete, sei seine Frau, und sie freute sich auf kindische Weise, als Nina ihr erzählte, daß das nicht der Fall war.

«Wer ist das? Ich habe ihn noch nie auf einer deiner Parties gesehen.»

«Nein. Lyle hat ihn mitgebracht», sagte Nina und bezog sich auf einen gemeinsamen Freund, einen Antiquitätenhändler. «Er heißt George Hemmings und arbeitet in der Hotelbranche. Lebt in New York.»

«Interessant.»

«Geschieden.»

«Aha?»

«Gefährlich.»

«Ach ja?» Das war eine Beschreibung, die wirklich nie auf Freddie zutreffen würde.

«Anscheinend hat er einen furchteinflößenden Ruf, was Frauen betrifft, und Lyle riet mir, ich solle mich vor ihm in acht nehmen. Aber ich brauche mir wohl keine Sorgen zu machen, denn bisher hat er mich keines Blickes gewürdigt.»

Nina warnte sie spaßeshalber mit dem erhobenen Zeigefinger. «Aber ich habe die Spannung zwischen euch beiden bemerkt. Sei vorsichtig.»

Katharine hatte es versucht. Während des Essens vermied sie es, in seine Richtung zu schauen, entdeckte aber einmal, daß seine dunklen, schelmischen Augen auf ihr lagen und ein kaum merkliches Lächeln in seinem sonnengebräunten Gesicht zu erkennen war. Er hatte sie einen Moment länger angestarrt, als es der Etikette entsprach, und bevor sie sich abwandte, spürte sie die ersten Lustgefühle in sich aufsteigen.

Sie war nicht überrascht, als er nach dem Essen gemächlich zu ihr herüberschlenderte und sie in eine Ecke manövrierte, wobei er sich mit dem Ellbogen an der Wand abstützte und sie mit seinen breiten Schultern von den übrigen Gästen abschirmte. Normalerweise wäre Katharine vor einem solch besitzergreifenden Verhalten geflohen, aber an ihm gefiel es ihr fast. Er war entwaffnend, zeigte keinerlei Anzeichen von Ehrfurcht vor Katharina der Großen und behandelte sie ohne die Unterwürfigkeit, die sie von den meisten Fremden gewohnt war.

«Gott sei Dank, Sie scheinen nicht so schlau zu sein, wie Sie in der Glotze tun», sagte er trocken. Sie wollte ihn gerade fortekeln, als sie sah, daß sich seine Mundwinkel nach oben zogen und er kurz davor war, in Lachen auszubrechen. «Ich nehme an, Sie wurden noch nicht über mich informiert.»

«O doch, das wurde ich.»

«Was hat man Ihnen gesagt?»

Sie fragte sich, wie weit sie gehen sollte. «Sie sind anscheinend der Playboy der westlichen Hemisphäre.»

Er warf den Kopf zurück und lachte. «Das ist eine niederträchtige Übertreibung.»

«Woher haben Sie dann diesen Ruf?»

«Es wird gern geredet. Sie wissen doch, was die Dichter sagen: ‹Ein wenig Liebe und gute Gesellschaft verbessern die Frau.›»

«Welcher Dichter sagte das?» fragte sie herausfordernd.

«George Farquhar im 17. Jahrhundert», antwortete er zu ihrer Überraschung.

«Und ich nehme an, daß Sie schon so manch gute Frau verbessert haben.»

Er seufzte übertrieben. «Ich wünschte, ich hätte die Zeit dazu, aber ich bin zu sehr damit beschäftigt, meine Firma zu verbessern.»

In den nächsten Minuten gab er ihr eine beredte Darstellung der Leitung einer kleinen Hotelkette. Er erklärte, daß er sich gerade in der Gegend aufhielt, um ein Anwesen zu besichtigen, aus dem er eventuell ein Hotel machten wollte.

«Welch ein aufregendes Projekt», sagte Katharine, «dabei zuzusehen, wie ein heruntergekommenes Gebäude verwandelt wird.»

«Es ist eine der magischsten Angelegenheiten der Welt», sagte er begeistert, «einem Gebäude, das abgeschrieben wurde, neues Leben einzuhauchen und es dann zu sehen, besonders nachts, wenn es vollkommen erleuchtet ist, voller Menschen, die Spaß haben, sich lieben – das ist ein tolles Gefühl.» Er legte die Hand scheinbar spontan auf ihren Arm. «Warum kommen Sie nicht mit und schauen sich das Anwesen mit mir an? Es ist nicht weit von hier, und ich könnte ein paar gute Ideen gebrauchen.» Er schaute auf die Uhr. «Ich werde jetzt dort erwartet.»

Katharine zögerte. Neben dem Journalismus galt ihre große Liebe der Innenausstattung, was Besucher ihrer Wohnung bezeugen konnten. Die Eleganz ihres Apartments war bekannt, und Katharine erhielt immer öfter Anfragen von Zeitschriften wie *Architectural Digest* oder *Elle Decoration*, die ihr Zuhause fotografieren wollten. Sie wies sie alle mit der Entschuldigung ab, daß sie keine Sammlerin von seltenen oder exquisiten Gegenständen war, sondern einfach nur Gegenstände kaufte, die sie gerne um sich hatte. Was also war dabei, einen Mann am hellichten Tage bei der Besichtigung eines Gebäudes zu begleiten?

Als sie sich von Nina verabschiedete, faßte sich ihre Freundin mit gespieltem Entsetzen an den Kopf.

«Du gehst doch wohl nicht mit ihm mit? Ist das klug?»

«Nina, es ist nicht so, wie du denkst. Wir wollen uns eines seiner Häuser ansehen.»

«Ach ja?»

«Das ist sein Beruf. Er will meinen Rat.»

«Katie, wie kannst du nur darauf hereinfallen?»

«Du weißt, wie gern ich Räume renoviere. Außerdem hat er noch kein bißchen mit mir geflirtet oder sich an mich herangemacht.»

«Noch nicht», rief Nina Katharine hinterher.

Draußen war es frisch und sonnig. George knöpfte sich das Hemd auf, lockerte seine Krawatte und warf sein Jackett auf den Rücksitz seines Kabrioletts. Nachdem er Katharine die Tür aufgehalten hatte, öffnete er mit einem Knopfdruck das Verdeck. Katharine stellte erleichtert fest, daß der Wagen so gut konzipiert war, daß der Wind über ihren Kopf hinweg strömte und ihre Haare kaum zerzaust wurden.

Während sich die Straße am Hudson River entlang nach Putnam Valley schlängelte, konnte Katharine sich kaum auf die Landschaft konzentrieren. Sie war innerlich so aufgewühlt, wie sie es seit ... seit der Zeit mit Milo nicht mehr erlebt hatte.

George schien sich der Wirkung, die er auf sie ausübte, überhaupt nicht bewußt zu sein, während er sie angeregt auf interessante Orte aufmerksam machte. Sie entdeckte schnell, daß sie zahlreiche Bekannte und viele kleinere Leidenschaften gemeinsam hatten. Wie auch sie verbrachte er einen Großteil seiner Freizeit in Antiquitätengeschäften und gestand ihr, daß er die gestalterische Seite des Hotelgeschäfts bei weitem den Verwaltungs- und Finanzaufgaben vorzog. Die Renovierung von Hotels brachte es mit sich, daß er immer auf der Suche nach dem Ungewöhnlichen war.

Er erzählte ihr, daß es für ihn bequemer war, sich im Penthouse seines Hotels in New York versorgen zu lassen, als ein eigenes Haus zu unterhalten. Er war verheiratet gewesen, mit einer Italienerin, aber die Ehe war gescheitert. «Sie war zu eifersüchtig, zu temperamentvoll, zu italienisch. Zum Glück hatten wir keine Kinder.» Seitdem hatte es einige kurzlebige Beziehungen gegeben. «Aber ich bin so oft unterwegs, so daß es immer schwierig war. Ich nehme an, ich bin zu egozentrisch geworden.»

«Zu egozentrisch? Ein Mann? Kaum zu glauben.»

Er schlug ihr leicht aufs Knie und lachte auf diese Art, die sie so fesselte.

«Mein Problem ist das Alter. Ich bin 42, und die meisten Frauen, zu denen ich mich hingezogen fühle, sind schon verheiratet. Ich hab's nicht so mit den Jüngeren. Nach den ersten Verabredungen stelle ich fest, daß wir nicht viel Gesprächsstoff haben.» Er schaute sie kurz an. Er machte keine Andeutung, daß es jemand Besonderen in seinem Leben gab, und aus irgendwelchen Gründen, die Katharine in dem Moment nicht erforschen wollte, gefiel ihr das.

Dies war der geeignete Augenblick, um ihm von Freddie zu erzählen. Aber sie tat es nicht. Statt dessen lenkte sie die Unterhaltung wieder zurück auf sein Geschäft.

Die Hemmings-Hotelkette war eine kleine Gruppe, aber George hatte Expansionspläne. Im Moment hatte er Ärger mit Denkmalschützern, da er dabei war, eines der ältesten Gebäude von New York auszuschlachten. «Ich habe keine Wahl, es muß vollkommen instand gesetzt werden.» Dann sah er sie schelmisch an. «Ich merke genau, was Sie vorhaben. Sie interviewen mich. Jetzt ändern wir aber das Thema, denn ich möchte mehr über Sie erfahren.»

Zum ersten Mal seit Jahren redete sie darüber, was sie wirklich von ihrer Arbeit hielt, von dem Konkurrenzdenken, dem Ruhm, und er reagierte mit Fragen, die einfühlsam waren und nichts mit dem üblichen «Wie ist Präsident Clinton denn in Wirklichkeit?» zu tun hatten. Und wenn er seiner Bewunderung für ihre Leistung Ausdruck verlieh, war keine

Ehrfurcht zu spüren, was sie als erfrischend empfand. Katharine entspannte sich allmählich. Dieser Mann befand sich auf ihrer Wellenlänge. Sie mochte ihn.

George holte den Schlüssel von dem Immobilienmakler und lehnte dessen Angebot, sie herumzuführen, ab. Wie er dem zweifelnden Verkäufer erzählte, hatte er das große Haus und die umliegenden Gartenanlagen mehrere Male zuvor besichtigt und war sich recht sicher, daß er ohne Hilfe zurechtkäme. Er hatte für das Grundstück schon ein Angebot eingereicht, so daß der Makler zufrieden zu sein schien. Hätte er gewußt, daß die berühmte Katharine Sexton im Wagen wartete, hätte er vielleicht darauf bestanden, sie zu begleiten.

Das um die Jahrhundertwende erbaute, zum Teil möblierte Anwesen stand seit sechs Monaten leer. Es war im Stil eines weitläufigen englischen Gutshauses erbaut, nicht saniert und sehr verstaubt, aber Anzeichen seiner noch nicht lange zurückliegenden Pracht – die Parkettböden, perfekt geschnitzte Simse, kaum zerkratzte Vergoldungen und Mahagonibalustraden – waren immer noch zu erkennen. Sie schlenderten im Erdgeschoß umher, verweilten in den großen Empfangszimmern, die allesamt unmöbliert waren – bis auf eine sechs Meter lange Speisetafel, die, wie Katharine annahm, zurückgelassen worden war, da sie nicht so einfach durch die Tür mit ihren kunstvoll gearbeiteten Rahmen paßte.

Er machte mit ihr eine Führung durchs Haus und erzählte ihr eingehend von den Familien, die hier gelebt hatten, und von seinen Renovierungsplänen. Katharine machte einige Vorschläge, die er zu begrüßen schien, und sie erklärte, daß sie im Gegensatz zu den meisten New Yorkern keinen Innenausstatter für ihre Wohnung beansprucht und die Stoffe, Möbel und Gegenstände lieber selbst ausgewählt hatte.

«Meine Freunde hielten mich für verrückt, aber das war in der Zeit meine einzige Freizeitbeschäftigung. Ich habe mit zwanzig geheiratet, und wir waren schlecht bei Kasse, also lernte ich schnell, mit einem Eimer Farbe und einem Meter Stoff die Wohnung zu dekorieren.»

«Ich weiß, was Sie meinen. Mein erstes Hotel hätte ein großer Fehler werden können. Es war früher ein Bordell gewesen, und sie hatten eine Vorliebe für die Farbe Pink und für Spiegel. Das Haus war voll davon.»

Katharine lachte, als sie hörte, daß er die glorreiche Idee gehabt hatte, die Spiegel von den Decken zu entfernen und sie an die Wände zu hängen.

George wollte ihr die herrliche Aussicht über den Hudson zeigen und führte sie behutsam am Ellbogen die gewundene Treppe hinauf.

Sie betraten einen Raum, anscheinend das eigentliche Schlafzimmer, in dem an einer Wand ein Chesterfield-Sofa stand. Katharine ging hinüber zu dem Flügelfenster und staunte über die Aussicht auf die unzähligen Buchen in dem Park, der das Anwesen umgab. George stellte sich leise hinter sie und legte seine Hand auf ihre Schulter. Katharine spürte, wie ihr Herz zu rasen begann. Sie blieben dort stehen, sagten nichts und rührten sich nicht. Wenn sie sich losreißen wollte, dann war dies der Zeitpunkt, aber sie konnte sich nicht bewegen, wollte sich nicht bewegen.

George drehte sie herum, zog sie an sich heran und starrte sie an. Wie in Trance sah sie, daß sein Gesicht näher kam, und als seine Lippen sanft ihren Mundwinkel berührten, durchfuhr sie ein Schauer. Sie hatte vergessen, wie es war, wenn dieser Adrenalinstoß durch den Körper ging, wenn sich Angst mit Erregung vermischte. Halbherzig stieß sie ihn sanft von sich, aber er fuhr weiter mit seinen Lippen an ihrem Kinn entlang, glitt sachte, sanft, sinnlich bis zu ihrem Ohr und dann an ihrem Hals hinunter. Sie stöhnte leise auf. George umfaßte ihr Gesicht, drehte es zu sich und küßte sie, wobei der Druck stärker, dringlicher wurde.

Katharine spürte, wie ihr Körper reagierte, als sein muskulöser Körper sie umfing, und scheinbar ohne jegliches Drängen führte er sie zum Sofa. Langsam und bewußt knöpfte er ihr Kleid auf, besiegelte jeden geöffneten Knopf mit weichen, zärtlichen Küssen. Es war ihr überhaupt nicht unangenehm, als sie merkte, daß sie in diesem Moment ebenso sehr von ihm geliebt werden wollte, wie er es wollte.

Katharine war sich darüber im klaren, daß sie gegen all ihre Prinzipien verstieß: Sie war nackt und genoß es, von einem Mann genommen zu werden, der nur wenige Stunden zuvor ein Unbekannter gewesen war. Was war aus ihrer lebenslangen Disziplin, aus ihrer legendären Selbstbeherrschung geworden? Es war irrsinnig, aber sie wollte nicht, daß er aufhörte. Sie hatte ihre üblichen Grenzen weit überschritten. Man erwartete von ihr, daß sie sich wie eine bedeutende Persönlichkeit benahm, nicht wie eine läufige Hündin. Und sie brach ihr selbstauferlegtes Gesetz, Freddie nie zu betrügen.

Aber dieser Sex war aufregender, zehrender, wunderbarer als alles, was sie je erlebt hatte. Schlimmer noch war, daß sie – wie sie sich eingestehen mußte – nicht wollte, daß er jemals aufhörte.

Wenn der Makler zufällig jenen Moment gewählt hätte, um zur Tür hereinzukommen, wäre sie nicht in der Lage gewesen, die aufeinanderfolgenden Wogen der Lust aufzuhalten, denen sie willenlos ausgeliefert war. Sie hatte schon so lange keinen intensiven Orgasmus erlebt, daß sie geglaubt hatte, sie wäre nicht mehr in der Lage zu solch einem Gefühl.

Als er sich behutsam zurückzog und ihr Atem sich verlangsamte, hatte sie den Eindruck, er habe das Ganze von Anfang an geplant. Aber sie wußte es nicht, es war ihr auch egal, und zu ihrer Überraschung hatte sie keinerlei Hemmungen empfunden. Leidenschaft war ebenso im Spiel gewesen wie Zärtlichkeit, und er war ein umsichtiger Liebhaber gewesen, der darauf geachtet hatte, daß sie ebenso erregt war wie er.

«Gott, du bist schon ein hübscher Bursche», flüsterte Katharine.

«‹Bursche›?» ahmte er sie amüsiert nach. «Wie originell.»

Er nahm ihre Hand und führte sie zu dem Himmelbett, das den Raum beherrschte.

Dieses Mal war das Liebesspiel ebenso erotisch wie zuvor, dauerte aber länger. Viel länger.

Es war einige Jahre her, daß Katharine solch sinnliche Lust verspürt hatte, die ihr das Selbstvertrauen gab, die sexuelle Führung zu übernehmen, ihren Liebhaber zu küssen und zu liebkosen und mit ihren Fingern durch seine dichte Mähne ergrauender Haare zu fahren. Er stöhnte, legte sich auf den Rücken, und sie sank mit ihrem Busen auf seine Brust und wanderte dann mit ihrer Zunge langsam zur Mitte seines Körpers hinab. Er lag ruhig da, sein Atem wurde schneller ...

Später, als er sie fest umarmt hielt, spürte sie zum ersten Mal seit Jahren das Verlangen nach einem emotionalen Sinn in ihrem Leben – etwas, das Freddie ihr nicht geben konnte.

George schlug vor, daß sie die Nacht in einem Hotel in der Nähe verbrachten, aber zögerlich entschied sie, daß sie nach New York zurückmußte, da sie sich mit Freddie für den Abend verabredet hatte. Aber sie war fest entschlossen gewesen, George Hemmings wiederzusehen.

Das war fast zwei Monate her. Während sie in das klare Wasser des Swimmingpools starrte, fragte sich Katharine, warum er immer noch nicht ans Telefon ging. Dann rief sie sich innerlich zur Ordnung. Es war lächerlich. Sie hatte genug um die Ohren, auch ohne daß sie sich wie ein pubertierendes Schulmädchen über Belanglosigkeiten aufregte.

Katharine schob den Gedanken an George – und an Freddie – beiseite, stand auf und sprang in den Pool. Das Wasser war von der Mittelmeersonne herrlich erwärmt.

2. KAPITEL Abbie blieb vor den matten Schwingtüren stehen, die in den Chicagoer Nachrichtenraum von Globe TV führten. Sie ging davon aus, daß die ersten paar Minuten nach ihrer Rückkehr aus dem Urlaub einen guten Eindruck davon vermittelten, was der Sender von der Pressekonferenz hielt, die sie mit ihrer Mutter vor der Villa in Südfrankreich gegeben hatte.

Sie war immer noch dieselbe Reporterin, die ihre Kollegen seit über zwei Jahren kannten, aber nur wenige konnten es sich verkneifen, unverhohlen zu ihr hinüberzuschauen, als sie – nun bekannt als die Tochter der berühmten Katharine Sexton – rasch durch das Großraumbüro ging. Diese Art von Bekanntheit war genau das, was sie hatte vermeiden wollen.

Das maßgeschneiderte Kleid mit der passenden engen Jacke aus purpurrotem Crêpe de Chine, das sie in einer kleinen Boutique am Place Lice in St.-Tropez gekauft hatte, schien in dem vollen Nachrichtenraum in Chicago fehl am Platze. Abbie hatte sich entschieden, in die Offensive zu gehen und es an ihrem ersten Tag, den sie wieder im Büro war, zu tragen, aber schon nach fünf Minuten bereute sie ihre Beherztheit.

Sie ging an ihren Platz im Nachrichtenraum und versuchte, einem freundlichen Blick zu begegnen, aber die Wetterfrau schien von ihrem Bildschirm in den Bann gezogen, die Sportreporter waren anscheinend in ihre Zeitungsausschnitte vertieft, und die Jungs aus der Politik- und Finanzabteilung hingen am Telefon. Die Journalisten in ihrem Arbeitsbereich Allgemeines waren wie gewöhnlich zu beschäftigt damit, Stories zusammenzustellen, als daß sie die Ankunft einer Kollegin bemerkten. Nur Alice am Tisch neben ihr hob grüßend die Hand, während sie sich weiter unterhielt.

Schließlich doch noch eine freundliche Stimme: «Ich hab die Berichte über Sie und Ihre Mutter gesehen. Alle haben es groß gebracht. Wenn Sie auch noch in Ihrem Urlaub vor der Kamera stehen, noch dazu ohne Bezahlung, meine Kleine, dann sehen wir anderen bald ziemlich schlecht aus.»

Gott sei Dank gab es noch Blanche Casey. Da sie die Nummer eins unter den Moderatoren des Senders war, würden die anderen mitziehen, wenn sie sich freundlich verhielt. Abbie verstand, daß keiner ihrer Kollegen wirklich feindselig gestimmt war, aber da sie nun über ihre Mutter Bescheid wußten und wohl auch weil Abbie es geheimgehalten hatte, waren sie verlegen. Der Irrtum vom *National Planet* war am folgenden Tag in der Öffentlichkeit richtiggestellt worden, aber vielleicht spielte auch ein kleines bißchen Schuldgefühl mit hinein. Wie viele von ihnen hatten – wenn auch nur für einen Augenblick – geglaubt, daß sie mit ihrer lesbischen Freundin im Urlaub war?

«Ich hab im Fernsehen das Presseaufgebot gesehen, das die Villa belagerte.» Die forsche Stimme von Blanche war im ganzen Nachrichtenraum zu hören. «Das sah dort ziemlich ungemütlich aus.»

«Das war es auch», sagte Abbie und war dankbar für die Gelegenheit, etwas zu den Anwesenden sagen zu können. «Die hingen den ganzen Tag da herum, bis unsere Erklärung herauskam. Aber natürlich ließen sie sich damit nicht abspeisen. Sie wollten es direkt von uns hören, daß Katharine meine Mum ist.» Sie lächelte. «Ich kann mich immer noch nicht daran gewöhnen, sie ‹Mom› zu nennen.»

«Ich finde, Sie beide haben das sehr gut gemeistert.»

«Danke. Diese europäische Pressemeute hat überhaupt keine Hemmungen. Die riechen eine Story und klemmen sich dahinter, ohne Wenn und Aber, also haben wir versucht, sie loszuwerden, indem wir einem kurzen Interview zustimmten.»

«Das habe ich auch gesehen.» Blanche zeigte Mitgefühl.

«Aber mit dem Interview haben sie sich auch nicht zufriedengegeben. Wie die Aasgeier haben die sich auf uns gestürzt. Das Telefon klingelte zwei Tage lang unaufhörlich, nachdem die englischen Zeitungen davon Wind bekamen.» Abbie verdrehte die Augen.

Blanche lehnte sich über den Tisch. «Abbie, ich wünschte, Sie hätten mir von Ihrer Mutter erzählt. Sie müssen eine merkwürdige Kindheit gehabt haben, wenn Sie nicht mit Ihrer Mutter in der Öffentlichkeit auftauchen konnten. Es muß eine Belastung für Sie gewesen sein, das für sich zu behalten.»

Abbie war es leid, mit Außenstehenden darüber zu reden, aber es kam nur selten vor, daß Blanche ein solches Interesse an jemandem zeigte, besonders an einer relativ jungen Kollegin. «Es ist kompliziert», sagte sie mit einem Achselzukken. «Es war ebenso meine Entscheidung, unsere Verwandtschaft zu verschweigen.»

Blanche lachte kurz auf. «Als Sie älter wurden, war es für Ihre Mutter wahrscheinlich einfacher, zu verschweigen, daß sie eine erwachsene Tochter hatte.»

Abbie antwortete nicht. Es war verständlich, daß Blanche im Büro unbeliebt war. Steckte auch ein Anflug von Eifersucht dahinter? Katharine war nur zehn Jahre älter als Blanche und hatte in ihrem Alter schon landesweiten Erfolg erreicht.

Blanche wiederholte genau das, was ihre Mutter auch gesagt hatte, aber Abbie wollte ihr nicht die Genugtuung geben, indem sie es bestätigte. Sie und ihre Mutter waren sich vielleicht nicht immer einig, aber in der Öffentlichkeit würde sie sich ihr gegenüber immer loyal verhalten.

«Machen Sie sich um die anderen hier keine Sorgen.»

Blanche wies auf die Kollegen im Nachrichtenraum. «Bald ist alles wieder beim alten.»

«Wahrscheinlich. Aber ich wollte nicht, daß irgend jemand – besonders nicht hier im Büro – denkt, daß ich diesen Job dank der Beziehungen meiner Mutter an Land gezogen habe. Ich wollte es allein schaffen.»

«Und das werden Sie auch, Kleines. Ich habe Sie beobachtet. Sie sind jung, frech und klug. Sie haben eine ganz eigene Ausstrahlung. Mit etwas mehr Erfahrung auf dem Buckel könnten Sie was ganz Besonderes werden. Wenn ich mich hier im Nachrichtenraum umschauen und sagen sollte, wer eines Tages in meine Fußstapfen tritt, dann würde ich auf Sie zeigen.»

Abbie war überwältigt. Beifall von Blanche, dem Star des Nachrichtenraums? Sofort kam ein undankbarer Gedanke in ihr auf. Hatte diese anerkennende Äußerung etwas mit ihrem neuen Status zu tun? Schnell tadelte sie sich für ihren Zynismus.

Blanches feines, eurasisches Gesicht, das von dickem, schwarzen Haar zum Teil verdeckt war, näherte sich. «Hier herrscht großer Neid», sagte sie verschwörerisch. «Glauben Sie mir, ich weiß, wovon ich rede. Ignorieren Sie es, Kleines, das geht vorbei. Und wenn es zu schlimm wird, rufen Sie mich ruhig an. Hier oder zu Hause.»

«Das ist wirklich sehr nett von Ihnen. Danke», sagte Abbie im Bewußtsein, daß dies die längste Unterhaltung war, die sie und die Nummer eins des Senders je geführt hatten.

Blanche ging mit schwingenden Hüften fort, und Abbie nahm Platz, um sich mit einem Seufzer an den Stapel Briefe auf ihrem Schreibtisch zu machen. Seitdem der britische Fernsehpionier John Logie Baird die Braunsche Röhre perfektioniert hatte, waren die Zuschauer der Ansicht, daß sie ein Recht darauf hatten, mit denen zu kommunizieren, die allabendlich in ihren Wohnzimmern auftauchten.

Schon zu Beginn ihrer beruflichen Laufbahn wurde Abbie von ihren Kollegen geraten, daß es nichts brachte, Mitteilungen zu lesen, die beleidigend, zu kritisch oder von Irren geschrieben waren. Auch ihre Mutter, die Hunderte Briefe pro Woche bekam, hatte zu ihr gesagt: «Das Publikum nimmt für sich das Recht in Anspruch, einen Kommentar abzugeben, und zu Anfang ist man überrascht, daß sie sich die Mühe machen zu schreiben. Dann fühlt man sich geschmeichelt, daß immer mehr Briefe kommen. Das Problem ist nur, daß es nach einer Weile zu zeitaufwendig wird.» Ihre Mutter hatte recht gehabt.

Die meisten Fernsehsender beschäftigten eigens Personal, um die vielen Beschwerden, Antworten auf Preisausschreiben, die Fanpost und die seltenen Komplimente zu bearbeiten. Diese angestellten Kräfte waren eine Mischung aus den eigentlichen Fans und einer Briefkastentante. Die Fans schrieben oft über die großen Ereignisse in ihrem Leben, Hochzeiten, Geburtstage, Jahrestage, und die Antwort war so warmherzig und voller Anteilnahme, daß der Empfänger nie auf die Idee gekommen wäre, daß der Star den Brief nicht zu Gesicht bekommen hatte. Die meist schon etwas reiferen Frauen, die diese Post beantworteten, waren auf ihre Arbeit sehr stolz. Ihre Beständigkeit in einer Branche, die sich ihrer auf männlichem Chauvinismus beruhenden starken Fluktuation rühmte, zeugte von der Bedeutung, welche die Studios diesen Mitarbeiterinnen beimaß.

Abbie erschien mittlerweile mehrere Male pro Woche als Nachrichtenreporterin auf dem Bildschirm und wurde von den Zuschauern langsam bemerkt, aber sie war noch zu neu, um in diesen Beantwortungsdienst einbezogen zu werden. Ihre Briefe blieben oft wochenlang ungelesen, bis eine Sekretärin dazu kam, die Anfragen nach Autogrammen zu sortieren oder Standardbriefe mit den Antworten auf die am häufigsten gestellten Fragen herauszuschicken: «Was sind Ihre Hobbies? Welches Make-up benutzen Sie? Wo kaufen Sie Ihre Kleidung und haben Sie einen Freund?» Die Geschichte über ihre verwandtschaftliche Beziehung zu der berühmtesten Interviewerin im amerikanischen Fernsehen, über die auf den Titelseiten der überregionalen Presse und in Fernsehmagazinen ausgiebig berichtet wurde, hatte ihre Post fast auf das Doppelte ansteigen lassen und die unvermeidlichen Spinner und die «Weißt-du-noch-damals» aus den Löchern geholt.

Der erste Brief, den Abbie öffnete, war in einem blauen Umschlag und auf liniertem Papier geschrieben. Er war direkt. «Du hast mir heute übers Fernsehen eine Nachricht zukommen lassen. Und meine Antwort lautet: Ja. Du bist mein Schicksal. Ich werde jeden Tag anrufen, bis ich dich bekomme.»

Sie wollte den Brief gerade in den Müllkorb werfen, als sie innehielt. Es war wohl besser, wenn der Sicherheitsdienst den Namen notierte, damit die Telefonzentrale informiert werden konnte.

Das nächste Schreiben stammte von einem Hobby-Iridologen. «Ich kann an den äußeren Ringen Ihrer Iris erkennen, daß Sie zu einem Herzanfall neigen könnten. Vermeiden Sie dies, indem Sie Karotten essen, so viele wie möglich, dreißig pro Tag, so wie ich es die vergangenen achtzehn Jahre getan habe. Mein Herz ist immer noch intakt.»

Abbie entschloß sich, diesen Brief an ihren Vater zu schikken. Er entsprach sicher seinem Sinn für Humor.

Dann wandte sie sich einem teuer aussehenden, cremefarbenen Briefpapier von einem Mann zu, der behauptete, sie seien am College eng befreundet gewesen. Mit einem ratlosen Stirnrunzeln notierte sie «Bitte schicken Sie den ‹Ich-erinnere-mich-Brief›» darauf und legte ihn für die Sekretärin, die ihre Post schrieb, beiseite. Der «Ich-erinnere-mich-Brief» war eine freundliche Antwort, die nicht erkennen ließ, daß der Absender gar keine Ahnung hatte, an wen er schrieb.

Sie legte die restliche Post beiseite, schaute sich die Computerliste mit den Jobs dieses Tages an und runzelte die Stirn, als sie sah, daß sie keiner Story zugewiesen worden war. Vielleicht hatte ihr Chef vergessen, daß sie seit heute wieder da war. Sie wollte gerade zu ihm gehen und spaßeshalber sagen, daß man ihre von der Mittelmeersonne gebräunte Haut nicht ungenützt hinter der Kamera verschwenden sollte, als das Telefon klingelte. Es war ein interner Anruf.

Die honigsüße Stimme der persönlichen Assistentin ihres Chefs ertönte in der Leitung. «Miss Lomax, in Mr. Svensons Büro findet eine Besprechung statt. Er läßt fragen, ob Sie so nett wären, zu ihm zu kommen.» Nach einer sehr kurzen Pause fügte sie hinzu: «Jetzt.»

Ohne die restlichen Briefe eines weiteren Blickes zu würdigen, legte Abbie sie schnell in ihren Korb mit der später zu beantwortenden Post. Es konnte sich als großer Fehler erweisen, auch nur einen einzigen Brief von dem Stapel nicht zu lesen.

Als Abbie zum Aufzug eilte, verwarf sie ihren ersten Gedanken, demzufolge sie kurz vor dem Rausschmiß stand. Sie hatte genügend Leute kreidebleich aus dem Büro des Nachrichtenredakteurs kommen sehen, um zu wissen, daß sich die 20. Etage nicht mit so banalen Dingen abgab.

Sie zupfte ihr Kleid zurecht, überprüfte ihre Seidenstrümpfe und bemühte sich, ihre Gesichtszüge zu kontrollieren und die innere Unruhe zu ignorieren. Worum zum Teufel ging es? Waren sie über die Story vom *Planet* wütend? Regten sie sich auf, weil sie ihnen nichts über ihre Mutter gesagt hatte und weil sie es ihrem Agenten überlassen hatte, sich mit ihnen in Verbindung zu setzen?

In dem Augenblick, in dem sie ins Zimmer geführt wurde, verschwanden ihre Befürchtungen. Angesichts der drei lächelnden Männer, die sie begrüßten, entspannte sie sich – ein wenig.

Zuerst begrüßte sie Paul Svenson, der Nachrichtenchef und ihr unmittelbarer Vorgesetzter. Leider war der Leiter des Chicagoer Senders, der zähneknirschend zur Kenntnis nehmen würde, daß er diese Besprechung verpaßte, in Urlaub. Neben Paul stand Chuck Dempsey – jemand, der so distanziert war, daß sie nur einmal freundliche Bemerkungen ausgetauscht hatten, als er der Weihnachtsfeier im Büro pflichtgemäß einen kurzen Besuch abgestattet hatte. Sie hatte Gerüchte über den dritten Mann gehört, der bei dieser Besprechung anwesend war.

«Kommen Sie herein, Abbie», meinte ihr Chef herzlich. «Setzen Sie sich. Sie kennen natürlich unseren Vizepräsident, Ed Dantry.» Seine Stimme wurde vor Respekt leiser, als er ihn vorstellte.

Abbie unterdrückte ein nervöses Lächeln und nickte. In einer Branche, in der unbarmherziges Streben sowohl vor als auch hinter der Kamera sozusagen zum guten Ton gehörte, waren Ed Dantrys listige Machenschaften berüchtigt. Dantry war Anfang Vierzig, aber schon zum dritten Mal verheiratet, nachdem seine zweite Ehe abrupt geendet hatte: Seine Frau war an einer Gräte erstickt, als sie im vorigen Sommer auf ihrer Jacht speisten. Abbie hatte gehört, daß es beträchtliche Verzögerungen bei der Benachrichtigung des Rettungsdienstes gegeben hatte, aber die Gerüchte, daß eine andere Frau an Bord gewesen sei, als das Schiff am nächsten Tag im Hafen anlegte, wurden nie bestätigt. Ebensowenig wie der Verdacht, es sei Geld geflossen, um Zeugen bei den Ermittlungen ruhigzustellen.

Im Laufe seiner kurzen Regentschaft über die acht regionalen Sender des Globe hatte Dantry ein Drittel der – wie er es nannte – Opportunisten ausgeräumt. Nun ging das Gerücht um, daß er den endgültigen Putsch plante, um die Präsidentschaft zu übernehmen. Er wurde in der Branche für seine Dynamik bewundert und hatte den Ruf, potentielle neue Stars zu entdecken – er nannte es seinen gottgegebenen Instinkt.

Ed Dantry saß stocksteif da und sah sie direkt an. Seine Feinde sagten, daß diese Haltung und der angespannte Gesichtsausdruck von seiner kleinen Gestalt ablenkten. «Sein Blick ist wie ein Scheinwerfer: Man wagt es nicht, irgendwo anders hinzuschauen», hatte einmal ein entlassener Mitarbeiter gesagt. Es war zutreffend, denn auch Abbie war es unmöglich, sich von diesen tiefliegenden, zusammengekniffenen Augen abzuwenden.

Dantry wandte als erster seinen Blick ab, und Abbie sah, wie Svenson auf einen Stuhl in der Mitte des Raumes zeigte, der offensichtlich für sie gedacht war. Das riesige Zimmer bestand aus endlosem Schwarz und Hellgrau; sogar die Septembersonne wurde durch einen Vorhang in Graumetallic gefiltert. Das einzige Zugeständnis an eine gewisse Zartheit war eine helle Steinvase auf einem Marmortisch mit einem riesigen Strauß weißer Lilien. Ein großer Schreibtisch aus Glas und Chrom beherrschte das Zimmer.

«Ich denke, Sie kennen Chuck Dempsey, unseren Leiter der Abteilung Tatsachenberichte.» Svenson wies auf den stämmigen Mann zu Dantrys Rechten.

Gab es Berichte, die nicht auf Tatsachen beruhten? Der respektlose Gedanke überrumpelte Abbie, und sie lächelte Dantry unvermittelt an, der sie seinerseits ausdruckslos anstarrte. Wie viele Männer, die den Gipfel ihrer beruflichen Laufbahn erreicht hatten, kam er direkt zur Sache. «Ich habe meine Termine in New York umgeworfen, um Sie zu treffen, denn» – er machte eine Pause, in der seine Augen langsam an ihrem Körper auf und ab wanderten – «wir planen eine neue Show auf dem nationalen Sender.»

Die Männer starrten sie jetzt so unverhüllt an, daß Abbie

sich vollkommen eingeschüchtert fühlte und sich wünschte, sie hätte etwas anderes angezogen als dieses leuchtendrote Kleid. Vor der Kamera war es in Ordnung, aber nicht für so ein ernstes Gespräch. Dennoch war es großartig, daß sie eine Mannschaft für eine neue Show in New York aufstellten, und zweifellos wollten sie ihr eine neue Arbeit anbieten. Wie wichtig Chicago auch sein mochte, landesweite Sendungen zu machen war ein riesiger Schritt nach oben. Aber warum mußte ihr das ausgerechnet der Vizepräsident des Senders sagen?

Der Deckenstrahler spiegelte sich auf Ed Dantrys kahlem Haupt. Auf seinem Gesicht erschien das, was seine argwöhnischen Mitarbeiter als Lächeln bezeichneten, aber Abbie erschien es eher wie ein anzügliches Grinsen.

«Ich habe Sie auserwählt, um die neue Sendung zu moderieren.» Dantry schwieg einige Sekunden lang, um seiner Ankündigung die gewünschte Wirkung zu verleihen.

Abbie mußte sich anstrengen, um ihren Schock zu verbergen. Ihr Mund bewegte sich, aber kein Laut kam heraus.

«Sie werden eine wöchentliche Show moderieren, die unseren Sender zu einem der wichtigsten in den USA machen wird.» Dantry zeigte mit einem dicken Finger auf sie. «Von all den Leuten, die wir hätten auswählen können, wollen wir Sie. Sind Sie bereit?»

Abbie war verblüfft. Eine wöchentliche Sendung moderieren? Das kam so unerwartet, so aus heiterem Himmel, daß sie darauf nicht vorbereitet war. Verzweifelt kramte sie in ihrem Hirn, wollte etwas Intelligentes sagen, etwas Angebrachtes, aber Begeisterung war in der Fernsehbranche eine solch wesentliche Eigenschaft, daß sie sich trotz ihres Schockzustandes bewußt war, daß alles außer einer spontanen Annahme den beruflichen Selbstmord bedeuten würde.

«Ja, natürlich bin ich das.»

«Wir haben gehofft, daß Sie das sagen», sagte Dantry aalglatt. «Herzlichen Glückwunsch.» Er stand auf und schüttelte ihr kräftig die Hand. «Sie werden das großartig machen. Das sehe ich sofort. Sie haben das Talent, Sie sind ein toller Mensch. Sie haben diesen Blick, der sagt: ‹Jetzt!›»

Abbie spürte, daß sie immer schneller atmete, und sie ärgerte sich darüber, daß ihre Ohren zu glühen begannen – das übliche Zeichen ihrer Aufregung. Gleich waren sie sicher vollkommen rot. Sie warf rasch ihre halblangen Haare nach vorne, so daß sie die Ohren verdeckten.

Während Dantry zu seinem Platz zurückging, versuchte sie, die unwillkommenen Gedanken zu verscheuchen, die sich ihr aufdrängten. Wer weiß. Vielleicht war es purer Zufall, daß ihr diese grandiose Gelegenheit am ersten Tag angeboten wurde, an dem sie als Sprößling von Katharina der Großen bekannt war.

Hör auf zu träumen, wie die Zyniker der Abteilung Nachrichten gern sagten.

Seit dem College hatte sie sich hochgearbeitet: vom Laufburschen im Nachrichtenraum zum Volontariat als Reporterin, bis sie es schließlich trotz des harten Wettkampfes vor die Kamera geschafft hatte. Für jeden Job als Reporter vor der Kamera gab es zwölf interne Bewerber und Hunderte, die von draußen hereinkommen wollten.

«Können Sie mir sagen, welche Art von Sendung Sie planen?» fragte sie und klang gelassener, als sie sich fühlte.

«Sicher.» Dantry strahlte übers ganze Gesicht. «Chuck, das ist Ihr Ding, erzählen Sie.»

«In Ordnung, Chef. Gleich nach unserer Sitcom, damit die Einschaltquoten von Anfang an ganz, ganz hoch liegen, machen wir», Dempsey hob die Hände und zeichnete einen imaginären Vorspann in die Luft, «*Tonight*, ein neues, auf aktuellen Ereignissen basierendes Boulevard-Magazin. Sie werden im Studio sitzen, Abbie, oder auf einem Baum oder in einer Rakete», er wartete Svensons übertriebenes Gelächter ab, «und Sie werden Menschen interviewen, die Schlagzeilen machen.»

«Die Menschen, die Schlagzeilen *sind*», warf Dantry ein.

«Und natürlich werden Sie, Abbie, mit Stars reden, mit den ganz Großen vom Film, vom Theater und all denen.»

Wie meine Mutter, dachte Abbie.

«Die Sendung wird abends zur Hauptsendezeit laufen», fuhr Dempsey fort.

Wie die von meiner Mutter.

«Sie ist für den Sonntag geplant ...»

Wie die von meiner Mutter.

«... Eine Stunde lang, ab 19 Uhr.»

«Genau wie die von meiner Mutter.» Sie merkte, daß sie den Gedanken nun laut aussprach, während ihre anfängliche Freude schwand. Die Männer lächelten sie noch immer an, wobei ihre bekronten Zähne in der Morgensonne glänzten, und sie erwarteten voller Zuversicht, daß Abbie von ihrem Plan begeistert war, gegen ihre Mutter in den Ring zu steigen. So kaltblütig, so zynisch. «Bieten Sie mir das nicht nur an, weil Sie wissen, wer meine Mutter ist?» Abbies Enttäuschung war stärker als ihre Zurückhaltung.

«Sehen Sie, ich wußte genau, daß Sie das denken würden.» Die Stimme ihres Chefs war sofort beschwichtigend. «Ich habe euch gewarnt, daß sie auf diesen Gedanken käme. Oder etwa nicht?» Er schaute zu Dempsey hinüber, der mechanisch nickte.

«Wie sollte ich auch nicht auf diesen Gedanken kommen?» Abbie sprach leise. «Natürlich möchte ich eine Show moderieren, wer wohl nicht? Aber ich möchte es aus eigener Kraft schaffen und nicht, weil ich die Tochter von irgend jemandem bin.»

Svenson lachte. «Nein, Sie verstehen das alles falsch. Ich habe mit der New Yorker Zentrale über Sie gesprochen, lange bevor ich wußte, wer Ihre Mutter ist. Chuck, erzählen Sie ihr, was ich gesagt habe.»

Ohne seinen Einsatz zu verpassen, sagte Dempsey rasch: «Paul hat sich schon vor einigen Monaten wirklich für Sie eingesetzt.»

«Ich hab gesagt, ich hätte eine Reporterin im Nachrichtenraum, die das nötige Etwas hat, nicht wahr?» Svenson klopfte nachdrücklich auf den Tisch. Die anderen nickten beipflichtend.

«Habe ich nicht vorausgesagt, daß sie es ganz nach oben schafft? Und zwar schnell? Ich habe denen gesagt, daß wir gut auf Sie aufpassen müssen, bevor Sie von jemand anderem abgeworben werden.»

Keiner der Männer hätte sich in dieser Sekunde freiwillig einem Lügendetektor-Test unterzogen, aber sie behielten ihre zuversichtlichen Unschuldsmienen bei. «Um meinen Instinkt bezüglich Ihres Talents unter Beweis zu stellen, habe ich nach meinem Telefonat Ihre Demokassette nach New York geschickt», fuhr Svenson fort. «Nicht wahr, Chuck?»

«Stimmt.»

Die Demokassette war in Wirklichkeit nie weiter als vom Chicagoer Nachrichtenraum zehn Stockwerke nach oben gereist und lag jetzt in einem Tisch anderthalb Meter von dem Ort entfernt, an dem sie keine Stunde bevor Abbie hinaufbestellt worden war, von den dreien angesehen worden war.

«Ich hatte ja keine Ahnung», sagte Abbie immer noch zögerlich aber mit dem Wunsch, ihm zu glauben. Kein einziges Wimpernzucken von Svenson oder Dempsey ließ auf die erste Reaktion von Ed Dantry schließen, nachdem sie das Band mit Abbies letzten Übertragungen gesehen hatten.

«Wir gehen da ein teuflisches Risiko ein. Sind wir sicher, daß die da es schaffen kann?»

«Hören Sie, Chef, sie ist bestimmt nicht schlecht, und es

ist nun mal so, daß die neue Show besser werden muß als das, was wir jetzt machen. Wir haben für den frühen Sonntagabend doch schon alles versucht: dämliche Wildnis-Sendungen, Spielfilme ... Sie wissen doch, daß wir von den anderen drei Sendern niedergemetzelt werden, besonders von dieser Sexton-Show. Jetzt haben wir das Glück auf unserer Seite. Wir finden heraus, daß die Tochter von der Sexton schon für uns arbeitet. Großartig. Wir machen eine neue Show, genauso eine wie die ihrer Mutter, und lassen sie gegeneinander antreten. Denken Sie doch an die Publicity. Alle werden einschalten. Ich seh schon den Slogan: ‹Jahrelang haben Sie die Mutter gesehen, lassen Sie sich jetzt auf keinen Fall die Tochter entgehen›.»

«Was könnte denn schlimmstenfalls passieren? Daß sie ein Reinfall ist, daß sie miserabel ist. Dann werden wir sie eben wieder los. Was haben wir denn zu verlieren?» lautete Dempseys Urteil. Der Vizepräsident von Globe hatte bedächtig genickt.

Dantry zündete sich mit größter Sorgfalt eine Zigarre an, während er seinen Blick nicht von Abbie abwandte. «Glauben Sie mir, dies war eine harte geschäftliche Entscheidung. Kein Gefallen, keine Beziehungen.»

«Es scheint so offensichtlich», murmelte Abbie.

«Machen Sie sich keine Sorgen darüber, was die anderen denken könnten.» Nun war Dempsey an der Reihe, sie zu überzeugen. «Ich sage Ihnen, daß es uns scheißegal ist, wer Ihre Mutter ist.» Als er den Satz beendete, hatte er den Anstand, wegzuschauen und seine Fingernägel unter die Lupe zu nehmen.

«Es ist einzig Ihr Talent, an dem wir interessiert sind», sagte Dantry nachdrücklich. «Wir brauchen jüngere Zuschauer. Deswegen haben wir jemanden in Ihrem Alter gewählt. Wir sind sehr froh, Sie in unserer New Yorker Mannschaft zu haben.»

Abbies Blick wanderte zu ihrem direkten Vorgesetzten. Sie respektierte Svenson als einen unerbittlichen, erfahrenen Reporter, und sie hob fragend die Augenbrauen. Vielleicht erfuhr sie die Wahrheit von ihm.

«In Ordnung, ja, es ist von Vorteil, daß Sie die Tochter der Sexton sind. Das will ich nicht leugnen», sagte Svenson. «Aber das allein brächte uns nicht dazu, Ihnen diese Chance zu geben. Alle Welt weiß, daß Sie versucht haben, es allein zu schaffen, Abbie. Sie haben das Talent, und Sie sind entgegen allen Widerständen so weit gekommen. Das Ganze hat alles nur ein wenig beschleunigt. Verstehen Sie das nicht?»

Er klang aufrichtig, und Abbie wollte sich gern überzeugen lassen. Sie wollten sich sicherlich nicht selbst zum Narren machen, indem sie eine unfähige Unbekannte vor die Kamera setzten? Sie wären – ebenso wie Abbie – erledigt, falls sie es verpatzen sollte. Vielleicht, aber nur vielleicht, sagten sie die Wahrheit. Sie war, was ihre Fähigkeiten betraf, nicht unnötig bescheiden. Sie hatte einige gute Arbeiten abgeliefert und traute sich zu, den neuen Job zu machen. Es wäre großartig, in New York zu arbeiten, der Hauptstadt des Fernsehens.

Ed Dantry lehnte sich vor. «Kommen Sie und machen Sie Fernsehgeschichte mit Ihrer eigenen Show», knurrte er.

Seine Worte lösten in ihr freudige Erregung aus. Wie vielen Leuten in ihrem Alter wurde diese Gelegenheit geboten? Nicht mehr als einem Dutzend, und hier servierte man ihr das Ganze auf einem Silbertablett. Kein Vorsprechen. Keine nervenaufreibenden Bewerbungsgespräche, keine Konkurrenten.

Ihre eigene Show.

Bei dem Gedanken an eine Hauptrolle in einer wöchentlichen Sendung liefe jedem Fernsehmenschen das Wasser im Munde zusammen. In diesem Moment fällte sie die Entscheidung.

Man nahm sich kaum Zeit für die Glückwünsche, bevor Ideen für die Show, Vorschläge für die Auswahl der Mitarbeiter und Werbepläne hin und her geworfen wurden. Die Verwaltung und ihr Agent würden den Vertrag ausarbeiten, der – wie sie Abbie zu verstehen gaben – eine beträchtliche Anzahl von Nullen enthalten würde.

Dantry gestand, daß das Auswahlverfahren für die Mitarbeiter der neuen Sendung schon im Gange war und daß Abbie zwei Tage Zeit hätte, um hier ihre Zelte abzubrechen, bevor sie gen Osten fliegen mußte, um der ersten Besprechung in New York beizuwohnen. Die Show sollte in drei Wochen zum ersten Mal gesendet werden.

Schließlich stand Ed Dantry auf. «Weihen wir die Mannschaft ein.»

Abbie freute sich nicht darauf, ihren ehrgeizigen Teamkollegen da unten gegenüberzutreten. Immer wenn etwas Bedeutendes im Sender geschah, wurde im Nachrichtenraum eine gesellige Ankündigung gemacht. Es konnte sich um sensationell hohe Einschaltquoten, um den Start einer neuen Sendung oder um eine neue Besetzung handeln; es wurde alles mögliche unternommen, um den Mitarbeitern dieser schnellebigen Firma ein Zusammengehörigkeitsgefühl zu vermitteln. Dieser Gang eines Grünschnabels in die Höhle des Löwen eignete sich natürlich hervorragend dazu, die Bombe im Nachrichtenraum platzen zu lassen.

Abbie war früher selbst oft dabeigewesen, wenn die Vergabe von bestimmten Posten angekündigt wurde, und hatte den Unmut und den Neid gesehen, die dadurch entstanden. Keiner der anderen Jobs war in dieser Größenordnung gewesen, und Abbie konnte sich die Feindseligkeit vorstellen, die diese Neuigkeit hervorrufen würde. Zumindest in diesem Gebäude war sie anschließend sicher etwa so beliebt wie der berüchtigste Sohn Chicagos, Al Capone.

Der Briefbeschwerer wirbelte durch die Luft, auf den großen Fernseher zu, krachte mitten in den Bildschirm und zerbrach das zentimeterdicke Sicherheitsglas.

Als die Splitter durch die Gegend flogen, wurde das Vakuum hinter der Scheibe mit einem scharfen Zischen aufgehoben, die Röhre implodierte, und der beißende Geruch der Phosphorbeschichtung des Leuchtschirms breitete sich in der Wohnung aus.

Aber dieses Gesicht, dieses selbstgefällige Gesicht, das sich auf dem Bildschirm breitgemacht hatte, und dieses herablassende, alberne Lächeln waren ausgelöscht worden. Es war ein gutes Gefühl, dieser Perfektion selbst aus dieser Entfernung Schaden zuzufügen.

Abbie Lomax hatte ihre Vergangenheit überschattet. Seit sie als Nachrichtenreporterin auf dem Bildschirm erschien, war sie auf eine aufdringliche und nicht akzeptable Weise gegenwärtig und hatte Erinnerungen an gemeinsame Leidenschaften heraufbeschworen, welche nach und nach Hoffnungen, Träume und schließlich die Liebe zerstört hatten.

Wie der Fernseher, so mußte auch Abbies Karriere zertrümmert werden. List und Einfallsreichtum waren dazu vonnöten, aber es war möglich. Dieser Frau mußte gezeigt werden, wieviel Schaden sie angerichtet hatte. Wie groß ihre Schuld war.

«Abbie Lomax, du Miststück, jetzt wirst du endlich für alles büßen.»

Zum zweiten Mal an diesem Morgen betrat Abbie nervös den Nachrichtenraum. Dieses Mal ignorierte sie niemand. Statt dessen ging ein Raunen durch das Büro, als die Journalisten Ed Dantry erkannten, der sich nur selten bei ihnen blicken ließ.

Abbie merkte, daß sie dem Blick von Blanche auswich, als Ed Dantry seinen Arm um die Schultern seines neuen Stars legte und um Ruhe bat. Er mußte kaum seine Stimme erheben, um Gehör zu finden. Es herrschte sofort erwartungsvolles Schweigen.

«Ich wollte, daß ihr alle, die ihr Teil unserer kleinen Familie seid, die Neuigkeit zuerst erfahrt.» Er machte eine wirkungsvolle Pause. «Der Sender hat sich entschlossen, Sonntag abends eine aufregende neue Talk-Show zu machen. Und ratet mal, wer als Moderatorin an der Spitze des Teams stehen wird?»

Ein leises Raunen ging durch den Raum.

Sein Lächeln hätte nicht breiter sein können, als er Abbies Arm in einer Siegerpose hochriß.

Aus dem Raunen kristallisierten sich einige wenige Rufe wie «Herzlichen Glückwunsch, Abbie» von ihren weniger zurückhaltenden Kollegen heraus. Aber die meisten waren zweifellos schockiert und überrascht zugleich.

Den Bruchteil einer Sekunde lang sah Abbie auf Blanches Gesicht eine Mischung aus Unglauben, Wut, Neid und Schmerz, bevor die Kollegin eine Maske der Höflichkeit aufsetzte. Was in einer Stunde doch alles passieren konnte. Abbie riskierte einen Blick über den gefüllten Nachrichtenraum. Die Gesichter waren ausdruckslos.

Nachdem die beiden Chefs gegangen waren, wurde sie von einigen der Reporter umringt, und ein oder zwei der Jüngeren, die sich eine großzügigere Haltung leisten konnten, gratulierten ihr. Einige wollten sichergehen, daß Abbie ihre privaten Telefonnummern hatte, und versuchten, es als Witz zu tarnen: «... falls du mich so sehr vermissen solltest, daß du mich in deiner Show haben willst.»

Abbie ging zu ihrem Schreibtisch und versuchte, Blanches Blick zu begegnen, aber sie telefonierte gerade aufgeregt.

«Du glaubst hoffentlich nicht, daß ich mich bei dir einschleimen will, wenn ich dir einen Kaffee bringe?» fragte eine freundliche Stimme.

Sie gehörte Robert, einem Reporter an einem Tisch in der Nähe. Dankbar nippte Abbie an dem heißen Getränk. Die beiden hatten seit Wochen über die Schreibtische hinweg geflirtet, an den Computern vorbei Blickkontakt gepflegt und am Kaffeeautomaten Schlagfertigkeiten ausgetauscht. Ihr gefiel sein Aussehen, aber ihre Gespräche waren bisher nie über berufliches Geplänkel hinausgegangen.

«Die kommen drüber hinweg», sagte er und wies mit einer Kopfbewegung zu den anderen Reportern. «Und du machst das bestimmt großartig.»

Die Dimension des Ganzen wurde ihr plötzlich bewußt. Sie mußte ganz neu anfangen, und sie konnte sich noch lebhaft daran erinnern, wie übel ihr vor Angst während der ersten Tage beim Sender gewesen war. Wieviel schlimmer mußte das in New York sein, wo die Belohnungen phänomenal und die Dolchstöße legendär waren?

Als könnte er ihre Gedanken lesen, lehnte sich Robert vor und sagte leise: «Glaub ja nicht, daß die dir diese Rosine wegen deiner Mutter herausgepickt haben. Diese Jungs sind harte Geschäftsleute, und sie wissen, daß du es schaffen kannst. Erinnerst du dich an deine Story über den Flugzeugabsturz? Das war Topqualität.»

Wie die meisten Reporter hatte Robert nicht die Angewohnheit, wahllos mit unverdienten Komplimenten um sich zu werfen. Er machte Abbie Mut.

«Und wenn du in die Stratosphäre abhebst und den Rest der Menschheit hinter dir läßt, vergiß nicht, wer am Anfang nett zu dir war.»

«Wie nett warst du denn?» fragte sie unschuldig.

Er grinste unverschämt. «Gib mir nur eine klitzekleine Chance, und ich zeige dir, daß ich noch wesentlich netter sein kann.»

Er hielt ihrem Blick lang genug stand, um sie in Verlegenheit zu bringen, aber sie hatte Glück und brauchte nicht zu antworten, da er von dem Assistenten des Nachrichtenredakteurs gerufen wurde. Während sie beobachtete, wie er mit selbstbewußtem Gang durch den Raum schritt, wurde ihr schmerzhaft bewußt, was ihr vielleicht entging.

Sie hatte nur eine feste Beziehung gehabt, seit sie in die USA gekommen war, und zwar damals am College in Boston. Sie war ohne Groll von beiden Seiten als beendet angesehen worden, als sie nach Chicago gezogen war. Seitdem hatte sie nur kurz nach ihrer Ankunft mit dem Weiberhelden des Senders eine kränkende Affäre gehabt, die sie argwöhnisch gemacht hatte. Die versteckten Warnungen ihrer Kolleginnen über den Ruf des Büro-Casanovas hatte sie ignoriert, und als sie nach drei stürmischen Monaten zugunsten einer neuen Mitarbeiterin fallengelassen wurde, traf es sie wie ein Schlag. Über achtzehn Monate danach litt sie noch immer an den Spätfolgen und an der Schmach, so öffentlich sitzengelassen worden zu sein. Er war irgendwann zu einem anderen Sender gegangen, und sie hatte ihre Energie auf ihre Karriere konzentriert.

Sie schaute auf die Uhr. In London war es später Nachmittag. Sie fürchtete sich ein wenig vor der Reaktion ihrer Mutter auf ihren neuen Job, deshalb wollte sie zunächst ihrem Vater die Neuigkeit mitteilen. Sie nahm den Hörer ab und wählte seine Nummer im Büro.

Das Glück wollte es, daß er an seinem Schreibtisch saß. Er lachte schallend, als sie ihm von ihrem neuen Job erzählte. «Ich wußte, du schaffst es. Das sind meine Gene. Das konnte gar nicht schiefgehen.»

Sie lachte. «Selbstbeweihräucherung, das ist mal wieder typisch. Genau das hatte ich erwartet.»

Er wurde ernst. «Du hast gute Arbeit geleistet, Abbie. Das ist phantastisch. Ich bin stolz auf dich, und es wäre fast unmöglich gewesen, hier in England so einen Job zu bekommen. Mir fallen nur Leute wie Michael Buerk und Jeremy

Paxman und praktisch keine Frauen ein. Die Fernsehsender hier erlauben den Frauen, die Nachrichten vorzulesen, aber nicht, sie zu kommentieren.»

«Aber Dad, in Großbritannien gibt es nicht die gleiche Art von ‹Infotainment› wie hier. Das ist eine Mischung aus Nachrichten und Showbusiness. Wir handeln drei, manchmal vier verschiedene Themen in der Stunde ab. Ein Moderator ist das Gegenteil von einem Nachrichtensprecher. Mal interviewe ich einen Rockstar, im nächsten Augenblick jemanden, dessen Baby gekidnappt wurde.»

«Hört sich toll an.»

«Anscheinend fühlt sich das Publikum jetzt stärker von weiblichen Interviewern angesprochen.»

«Nun, Leute wie Barbara Walters und deine Mutter haben ihren Teil dazu beigetragen.»

Das stimmte wirklich. Das Publikum in den USA reagierte immer mehr auf weibliche Interviewer, nicht zuletzt dank der Bemühungen ihrer Mutter.

«Ja, Mum ist ein Vorbild. Frauen gelingt es in der Regel eher, den Menschen ein angenehmes Gefühl zu vermitteln, damit sie sich entspannen, wenn die Kameras auf sie gerichtet sind. Und wir haben mehr Erfolg, wenn es darum geht, die ‹Gets› einzufangen.»

«Was zum Teufel ist ein ‹Get›?»

«Das sind die Leute, von denen ich gerade sprach, wie die Frau mit dem entführten Baby. Die Leute, die in der Woche für Sensationen sorgen. Die Sender bekämpfen sich und bestechen die Leute, um sie in ihre Sendung zu bekommen.»

«Hört sich an, als ob da hart gepokert wird, Abbs.»

«Das kannst du wohl sagen. Das Fernsehen ist vollkommen auf die Werbekunden ausgerichtet. Wenn ich nicht ganz schnell die Quoten bringe, bin ich weg vom Fenster.»

«Die geben dir doch sicher Zeit, damit du dich etablieren kannst?»

«Nicht so richtig. Es ist nämlich so, Dad, daß die Anzahl der Zuschauer die Höhe der Summe festlegt, die der Sender für die Werbezeit berechnen kann. Wenn wir nicht die versprochene Anzahl von Zuschauern anziehen, steht der Sender schließlich in der Schuld der Werbekunden.»

«Hier ist das nicht so, obwohl es Anzeichen gibt, daß es in die gleiche Richtung gehen wird. Das ist ein verdammt brutales Geschäft.»

«Es ist noch viel schlimmer, weil der Markt so überfüllt ist. Es gibt noch drei andere Nachrichtenmagazine, die zur besten Sendezeit laufen, ganz zu schweigen von dem, was über die Agenturen verkauft und dann rund um die Uhr gesendet wird.»

«Dann weiß ich nicht, warum du dich dem ganzen Druck aussetzen willst.»

«Ich denke auch bald, daß ich verrückt bin. Aber ich nehme an – so abgedroschen es auch klingt –, es ist das Übliche: die Herausforderung. Ich will beweisen, daß ich es kann.» Abbie lachte. «Außerdem hast du es selbst schon gesagt: Ich habe die richtigen Gene.»

«Ach ja, da wir gerade davon sprechen. Was hält deine Mutter denn von deinem neuen Job?»

«Ich hab es ihr noch nicht erzählt.» Abbie zögerte. «Dad, ich mache mir Sorgen darüber, wie sie reagieren wird.»

«Warum?»

«Meine Show hat das gleiche Format wie ihre Sendung.»

«Darüber kann sie sich aber nicht beschweren.»

«Nein, aber sie läuft genau zur selben Zeit, jeden Sonntagabend.»

Ein kurzes Schweigen folgte. «Aha», sagte ihr Vater. «Das ist allerdings etwas heikel.»

«Was glaubst du, wie sie es aufnehmen wird?»

Ihr Vater klang etwas zu unbekümmert. «Ich bin sicher, sie nimmt es gut auf, Kleines. Du stellst ja keine direkte Konkurrenz für sie dar, oder? Du stehst am Anfang, und sie ist eine der bekanntesten Frauen in Amerika.»

«Das stimmt, aber wird sie mich nicht für illoyal halten, weil ich den Job angenommen habe?»

«Auf die Sendezeiten deiner Show hast du ja keinen Einfluß. Und gerade Katharine wird das verstehen.»

Abbie war sich nicht sicher. Die 20. Etage hatte ihr Bestes gegeben, um sie davon zu überzeugen, daß über das Format und die Zeit bereits entschieden worden war, bevor sie von ihrer Verwandtschaft wußten, aber Abbie war zu realistisch, um ihnen uneingeschränkt Glauben zu schenken. Und wenn sie in bezug auf deren Motive skeptisch war, wie sehr mußte Katharine es nach ihrer langen Erfahrung mit solchen Drahtziehern erst sein?

Sie verabschiedete sich von ihrem Vater und versprach, ihm ein Video von ihrer ersten Show zu schicken, nachdem sie es von dem amerikanischen System NTSC konvertiert hatte, damit er es sich in England anschauen konnte.

«Bis bald, meine Kleine», sagte er munter. «Ich hoffe, daß sich die Geschichte im Weißen Haus etwas zuspitzt, damit ich wieder nach Washington kommen kann.»

Abbie schob das Telefonat mit Katharine auf und rief statt dessen einige enge Freunde an, um ihnen die gute Nachricht mitzuteilen. Dann machte sie sich an die Herkulesarbeit und räumte ihren Schreibtisch aus. In den zwei Jahren hatte sich eine Menge angesammelt: alte Einladungen, Videobänder, längst vergessene Nachrichten auf kleinen Haftzetteln, Kontoauszüge, Feinstrümpfe als Reserve, Make-up, zerknüllte Ausschnitte aus Zeitschriften, die sie irgendwann einmal für unwahrscheinlich wichtig gehalten hatte, Bestellkataloge, Fanpost und Schaumstoffpolster, die ihren Busen noch mehr anheben sollten, die sie aber nie benutzt hatte.

Sie gab ihre neueste Ausgabe des Restaurantführers von Chicago dem Gourmet des Büros und den Stadtplan als Ersatzstück an den Informationstisch. Dann stieß sie auf einen wertvollen Fund: zwei Eintrittskarten für die gesamten Spiele der Chicago Bears in der kommenden Saison. Wenn es zutraf, was Blanche oft behauptete, daß ihr die nächste Beförderung nach New York versprochen worden war, dann konnte Abbie ihr Schweigen verstehen. Sie würde ihr mit den Eintrittskarten ein Friedensangebot unterbreiten.

Aber Blanche war schon nach unten in die Maske gegangen, um sich auf ihre Mittagssendung vorzubereiten. Abbie suchte sie und holte sie schließlich auf dem Flur ein. Zögernd hielt sie ihr die Karten hin.

«Ich dachte, Sie hätten diese vielleicht gern für Ihre Neffen», sagte sie.

Blanche hob abrupt den Kopf, ihre Augen funkelten Abbie kalt an. Sie ignorierte die ausgestreckte Hand. «Ich werde dich im Auge behalten», sagte sie leise. «Jeden einzelnen Schritt von dir werde ich genau verfolgen.»

Abbie wich zurück, als hätte sie einen Schlag ins Gesicht bekommen. Beruflicher Neid war eine Sache, aber Blanche schien ihr fast zu drohen. Vollkommen verunsichert, ging sie zu ihrem Schreibtisch zurück.

Kurz darauf atmete sie tief durch und griff nach dem Telefonhörer. Jetzt war ihre Mutter an der Reihe.

Sie wurde sofort durchgestellt. «Mum, du wirst nie erraten, was passiert ist. Ich habe einen neuen Job.»

«Erzähl schon», sagte Katharine.

Abbie schilderte ihr in groben Zügen das großartige Angebot.

«Siehst du, ich hab doch gesagt, daß du gut bist.» Katharine klang erfreut. «Glaub mir, sie haben dir den Job nicht gegeben, nur weil du meine Tochter bist. Wie soll die Show heißen?»

Abbie zögerte. «*Tonight.*»

«Einfach. Nett.»

«Mum, da ist nur ein Problem. Ich glaube nicht, daß du dich sehr darüber freuen wirst. Ich tue es jedenfalls nicht.»

Ihre Mutter schwieg.

«Sie wollen unbedingt das gleiche Format wie ihr benutzen.»

«Ach ja?» Katharines Tonfall war verhalten.

«Ja, ich werde Leute interviewen, die in den Schlagzeilen sind, Stars und so.»

«Ach, genauso wie ich.»

«Ja.»

«Mußt du das jeden Tag machen? Das wäre mörderisch.»

«Nein, einmal pro Woche. Sonntags.»

«Sag's nicht: Um sieben.»

«Ja.»

Sie schwieg einen Moment lang. «Du bist dir doch darüber im klaren, daß sie das mit Absicht gemacht haben?»

«Natürlich bin ich das. Aber sie haben sich große Mühe gegeben, mich davon zu überzeugen, daß sie mich für den Job nicht in Betracht gezogen hätten, wenn sie es mir nicht zutrauten. Macht es dir sehr viel aus?»

«Wenn ich ehrlich bin, ja.»

«Möchtest du, daß ich absage?» fragte Abbie und war relativ zuversichtlich, daß ihr Angebot abgelehnt werden würde.

«Nein, natürlich nicht. Ich nehme es dir nicht übel, daß du den Job annimmst. Das ist eine großartige Chance. Du kannst gar nicht anders. Wenn du es nicht machst, macht es jemand anderes. Aber diese Mistkerle wissen, was sie damit auslösen, selbst wenn du es nicht weißt.»

«Was meinst du?»

«Ob es uns gefällt oder nicht, wir beide werden Schlagzeilen machen. Und einige der Stories werden nicht so nett sein wie *Das Leben der Waltons*, das kann ich dir versprechen. Man wird schmutzige, gehässige und manchmal gänzlich erlogene Geschichten abdrucken. Diese Leute beherrschen es meisterhaft, uns alles, was wir sagen, im Munde zu verdrehen. Wir müssen sehr vorsichtig sein.»

«Du klingst verärgert.»

«Nicht meinetwegen. Ich glaube, daß dich dein verdammter Sender manipuliert.»

«Mum, du kannst mir ruhig etwas vertrauen. Ich bin seit einigen Jahren Journalistin. Mir ist klar, daß ich nicht in deiner Riege mitspiele, aber ich kann auf mich aufpassen.»

«Schön.» Katharines Stimme wurde herzlicher. «Und ich wünsche dir Glück. Das alles ist sicher sehr aufregend für dich, und ich bin sicher, du machst deine Sache gut.»

«Danke, das weiß ich zu schätzen.»

«Es war wohl nicht zu vermeiden. Sie haben es mit Spielfilmen, mit Sport und Sitcoms probiert. Jetzt blieb ihnen nur noch die Möglichkeit, meine Show zu klonen.»

Abbie zuckte zusammen. Danke, Mum, dachte sie. Nett ausgedrückt. «Ich mach jetzt besser Schluß», sagte sie bewußt locker; der Nachrichtenraum von Globe war nicht der Ort, an dem sie der Verärgerung über die bittere Bemerkung ihrer Mutter Luft machen sollte. «Hier ist heute mein letzter Arbeitstag, und dann hab ich nur zwei Tage Zeit, um in meiner Wohnung alles zusammenzupacken und mich auf den Weg nach New York zu machen.»

Nur zwei Tage, wiederholte Abbie in Gedanken, als sie den Hörer auflegte. Zum ersten Mal dachte sie an das, was sie zurückließ, und nicht an das, was vor ihr lag. Sie schaute sich in dem großen, unaufgeräumten, lärmenden Nachrichtenraum um. Ihr würde dieser Ort fehlen. Die Arbeit war hart gewesen, manchmal eine richtige Herausforderung und mit sehr großem Konkurrenzkampf verbunden, aber Humor und gemeinsames Lachen hatten es erträglich gemacht.

Fünf andere Bewerber, die in der engeren Wahl standen, hatte sie damals geschlagen, und ihr lief immer noch ein

Schauer über den Rücken, wenn sie an die grauenvolle Angst beim Vorsprechen dachte. Nach einem Fehlstart hatte man ihr einen weiteren Versuch gestattet. Das Band von ihrem nervösen Einstieg war auf ihrer ersten Weihnachtsfeier im Büro gezeigt worden. Zumindest hatte sie den Job aus eigener Kraft bekommen – und unter eigenem Namen. Sie ermahnte sich. Diese Art von Gedanken durfte sie gar nicht erst aufkommen lassen.

«Dies ist mein letzter freier Abend», sagte sie in den Raum hinein. «Hat jemand Lust auf die Weinbar? Ich lade euch alle ein.»

Ein kurzes Schweigen folgte.

«Tut mir leid, Abbie. Ich wünschte, ich hätte es vorher gewußt, aber ich bin schon verabredet», meinte Robert.

Abbie war auf alberne Weise enttäuscht, setzte aber eine tapfere Miene auf. «Ist nicht schlimm, ich wußte ja auch nicht, daß dies alles passieren würde. Alice?»

Alice schüttelte bedauernd den Kopf. «Wichtiges Rendezvous.»

Keiner der anderen hatte Zeit, und auch wenn ein oder zwei sagten, daß sie «vielleicht später auf ein Glas» vorbeikämen, klangen sie nicht sehr begeistert.

Abbie machte sich wieder daran, ihre Sachen zusammenzupacken. Mensch, an deren Stelle hätte sie sich zu einem Glas einladen lassen. Zu mehreren. Na ja. Neid war keine Gesellschaft, die sie jetzt suchte. Deren Pech. Sie mußte ohnehin bei sich zu Hause alles regeln, da paßte es ihr auch ganz gut so.

Die Verabschiedung in der Chefetage dauerte länger als erwartet, und erst zwei Stunden später schloß eine leicht ernüchterte Abbie die Tür zu ihrer Wohnung auf. Beladen mit ihren Sachen aus dem Büro und einer Flasche Champagner, die sie zu öffnen und allein zu trinken gedachte, schlug sie die Tür mit dem Fuß hinter sich zu. Als sie das Licht im Flur anschaltete, ertönten Pfiffe und Gejohle. In der Wohnung drängten sich ihre Freunde aus dem Nachrichtenraum.

«Überraschung!» schrien sie und lachten über ihren verblüfften Gesichtsausdruck. Jemand nahm ihr die Kartons ab und reichte ihr ein Glas Champagner.

«Ruhe», rief Robert. «Abbie Lomax, glaubst du wirklich, wir ließen dich in so eine böse Stadt wie New York gehen, ohne dir eine große Chicagoer Abschiedsparty zu geben?»

«Nein, nein», war aus einem Dutzend Kehlen zu hören, die auf den «nächsten Stern am amerikanischen Fernsehhimmel» anstießen. Abbie strahlte überglücklich.

Ihre Kollegen hatten etwas zu essen mitgebracht, und da sie über die unglückliche Romanze mit dem Casanova des Büros Bescheid wußten, schenkten sie ihr eine eingerahmte Karikatur einer verärgerten Frau, die neben ihrem schlafenden Partner im Bett lag und an die Decke starrte.

Darunter stand:

Solltest du irgendwann doch jenem einzigen Mann auf der Welt begegnen, der mutig, menschlich, geistreich, intelligent, sensibel, charmant, sexy, phantasievoll, unabhängig, alleinstehend und elendig reich ist*, werden dich deine Hormone sagen lassen:

«Ich ertrage sein Schnarchen nicht
Ich ertrage sein Atmen nicht
Ich ertrage es nicht, wenn er sofort einschläft.»

**Diese Figur ist frei erfunden, und jegliche Ähnlichkeit mit einer lebenden Person ist überaus unwahrscheinlich.*

Unter dem Gelächter der Frauen und dem Stöhnen der Männer versprach Abbie, das Bild ewig in Ehren zu halten. Dann zwangen sie Abbie, vor dem Fernseher Platz zu nehmen und ein Video anzusehen, das Botschaften mit guten Wünschen enthielt und das sie erst eine Stunde zuvor in aller Eile aufgenommen hatten. Das Band zeugte von einer solchen Warmherzigkeit und solchem Humor, daß Abbie schwer schlucken mußte, um die Tränen zurückzuhalten.

Alice hielt das Video kurz an. «Und nun kommen wir zum Höhepunkt», sagte sie. «Auf dem Weg hierher haben wir eine berühmte Hellseherin aufgesucht.»

«Ach, du meine Güte», lachte Abbie.

«Wir haben ihr eines deiner Halstücher gegeben, damit sie deine Schwingungen aufnehmen konnte.»

«Ihr habt es hoffentlich zurückbekommen.»

«Ja, aber jetzt hör gut zu.»

Eine zurechtgemachte, farblose Frau in fortgeschrittenem Alter – mit grauen Haaren, grauem Gesicht, bekleidet mit einem geblümten Kleid und einer verblichenen grauen Strickjacke – saß auf einem abgenutzten Sofa und starrte nervös in die Kamera.

Alice drückte noch einmal auf die Fernbedienung. «Ich gebe zu, sie sieht nicht berühmt aus...»

«Das kommt daher, weil sie es nicht ist», rief jemand.

«Okay, aber jemand anderen konnten wir in der kurzen Zeit nicht auftreiben. Abbie, wir haben ihr nur gesagt, daß das Tuch einer jungen Frau gehört, die fortgeht. Das war wirklich alles.»

Die Frau begann, mit zittriger Stimme zu reden. «Diese Person...» Sie schaute an der Kamera vorbei. «Sie sagten, sie sei jung? Ja, das dachte ich mir. Sie ist nett. Und stärker, als Sie denken, aber nett. Und hübsch. Ja, eindeutig hübsch. Schöne Haare.»

«Mann!» lachte Robert. «Wie zutreffend.»

«Innerhalb der nächsten drei Monate wird sie in ein anderes Land fliegen und in der Luft ein romantisches Abenteuer erleben...»

«Du wirst einen Steward heiraten», sagte jemand.

«Wenn das nötig ist, um aufzusteigen.» Abbie hob ihr Glas.

«... Aber sie wird mit ihm nicht glücklich werden, danach sollte sie lieber in ihrer unmittelbaren Umgebung suchen ...»

Robert lehnte sich vor und schaute mit einem ernsten Gesichtsausdruck tief in Abbies Augen. Der Augenblick dauerte nur wenige Sekunden, und Abbie fragte sich, ob sie ihn falsch verstanden hatte. Aber bevor sie weiter darüber nachdenken konnte, wurde ihre Aufmerksamkeit von den letzten Worten der Hellseherin in Anspruch genommen.

«Ich sehe große Veränderungen voraus ...»

«Ja, das haben wir Ihnen gesagt: ein neuer Job.»

«... Das wird eine aufregende Zeit», sie senkte die Stimme, «aber sie wird auch gefährlich.»

«Mit Sicherheit. Im selben Gebäude arbeiten wie Ed Dantry ... Hilfe!» Alice hob ihre beiden Zeigefinger und überkreuzte sie.

«Ruhm, Reichtum, ja, das wird sie haben, aber der Preis dafür ist hoch. Sie muß sich vor einem Namen in acht nehmen, der mit C anfängt.» Sie runzelte die Stirn. «Oder vielleicht auch mit B.»

«Oder mit D oder P oder W», rief jemand.

«Bleiben nur noch fünfzig Buchstaben», sagte jemand anderes.

Die Frau lehnte sich zur Kamera vor. «Geld wird kein Problem sein, und die Besitzerin dieses Tuches wird sehr alt werden.» Nur eine kurze Pause folgte, bis sie sagte: «Macht zwanzig Dollar.»

«Zwanzig? Die hat euch ausgenommen», lachte Abbie, freute sich aber, daß sich ihre Freunde so viel Mühe gegeben hatten.

Bald nach Mitternacht war die Party zu Ende, da viele von ihnen früh zur Arbeit mußten. Alice umarmte Abbie und torkelte dann unsicher bis zur Haustür, wo schon ein Taxi wartete.

«Robert? Willst du mitfahren?»

«Ich helfe Abbie beim Aufräumen. Fahr ruhig schon.»

«Nein, wirklich», sagte Abbie. «Ich hab morgen den ganzen Tag Zeit, und du mußt um sechs bei der Arbeit sein.»

Er seufzte. «Du hast recht, aber ...»

«Ich warte unten», sagte Alice. «Tschüs, Abbie, ich ruf dich morgen an ... äh, heute.»

Abbie schloß die Tür, drehte sich um und sah Robert, der mit offenen Armen auf sie wartete. Seine Lippen waren fest und trocken, als er sie küßte, und er roch nach Moschus. Der Kuß dauerte viele genüßliche Minuten, bis sie sich eher zögerlich von ihm löste.

«Dies ist keine Verabschiedung», meinte Robert zu ihr. Und küßte sie erneut.

«Was ist es dann?» flüsterte Abbie.

Er liebkoste ihre Nasenspitze.

«Dies ist erst die Begrüßung.» Er grinste sie an und ging.

Abbie lächelte vor sich hin, als sie das Licht ausmachte und ins Schlafzimmer ging. Was hatte diese schrullige Hellseherin gesagt? Irgend etwas darüber, daß sie das wahre Glück in der näheren Umgebung finden würde?

Ein neuer Job und ein neuer Mann an einem einzigen Tag. Wer hätte das gedacht? Robert Bridges. Sie hatte ihn schon immer gemocht. Aber da gab es logistische Probleme. Er war in Chicago, und sie machte sich gerade auf den Weg nach New York. Sie seufzte. War das nicht das ewig gleiche Lied in ihrem Leben?

3. KAPITEL Katharine freute sich, daß Abbie sie wegen ihres neuen Jobs so schnell angerufen hatte – nicht zuletzt, weil es peinlich gewesen wäre, es von jemand anderem zu erfahren. Kurz nachdem Abbie aufgelegt hatte, war Mike O'Brian, Katharines Produzent, in ihr Büro gestürmt, um ihr die Neuigkeit mitzuteilen. Er war anscheinend enttäuscht, als sie ihm erzählte, Abbie hätte sie bereits informiert. Bei Katharine hatten sofort die Alarmglocken geläutet. Wenn sie und Abbie jetzt nicht eine gemeinsame Front bildeten, konnten sie von diesen Aasgeiern, die gern Schwächen ausnutzten, in der Luft zerrissen werden. Sie waren erst seit so kurzer Zeit aus dem Urlaub zurück, aber schon befürchtete sie, daß Abbies neuer Posten die Bindung, die sie gerade zwischen sich aufbauen konnten, gefährden würde. Sie war ohnehin schon zerbrechlich, aber Katharine wollte, daß sie stärker wurde. Sie mußte aufpassen. Auf sie beide.

Ihre Befürchtungen wurden bestätigt, als sich die Neugierde der Medien an den beiden Fernsehstars, Mutter und Tochter, in den folgenden hektischen Tagen verstärkte.

Im Zentrum des Interesses stand allerdings nicht die Vetternwirtschaft, die sich scheinbar hinter der Jobvergabe verbarg. Die Amerikaner waren realistisch genug, um zu verstehen, daß das System manchmal so funktionierte. Aber sie kritisierten die Besetzung aus nationalistischen Gründen.

Die Titelstory in der Branchenzeitschrift der Fernsehindustrie – «Erneut schnappt sich Brite erstklassigen Fernsehjob» – setzte die Welle in Bewegung. Andere Journalisten sprangen schnell auf das patriotische Trittbrett auf und beklagten den Mangel an Phantasie der amerikanischen Fernsehbosse, die eine gebürtige Britin als Moderatorin auf einen begehrten Posten setzten.

«Seit dem Stapellauf von *Elle*, als sie eigens einen Londoner Herausgeber herüberholten, scheinen die amerikanischen Medienmagnaten zu denken, diese selbstbeherrschten Engländer seien die Besten», lautete ihr Tenor. «Unsere bedeutendsten Zeitschriften wie *Vogue, Vanity Fair, The New Yorker* und *Harpers Bazaar* sowie viele Zeitungen im ganzen Land sind von britischem Talent abhängig. Jetzt ist das Fernsehen an der Reihe. Warum?»

Diese Artikel erzielten ihre Wirkung. Die Zunft der Fernsehbranche brachte eine Erklärung heraus, derzufolge sie die Anstellung von Ausländern in den US-Medien untersuchen wollte.

Indem sie jeglichen Kommentar verweigerten, hielten Katharine und Abbie sich, soweit sie konnten, von dem Tumult fern, der durch diesen patriotischen Eifer verursacht wurde. Obwohl Katharine eine Erklärung abgab, in der sie darauf bedacht war, die Fähigkeiten ihrer Tochter zu loben und ihren plötzlichen Ruhm gutzuheißen, konnten einige der Kritiker einer boshaften Spekulation über den bevorstehenden Quotenkrieg nicht widerstehen.

Die Chefs der Öffentlichkeitsarbeit beider Sender nahmen für sich den Sieg im täglichen Kampf um die Berichterstattungen in Anspruch. Der Rummel war enorm. Den Einzelheiten aus Abbies Leben wurden unendlich viele Zeilen gewidmet: was sie zum Frühstück aß, wo sie einkaufte, welchen Friseur sie hatte, welche Modemacher sie bevorzugte und natürlich alles über ihr Liebesleben. Wer war der Mann in ihrem Leben? Alle wollten es wissen. Offiziell wurde gesagt, es gäbe niemanden. Robert versuchte unverdrossen, telefonisch Kontakt mit ihr zu halten, aber ihr Terminkalender war so vollgepackt, daß sie bisher beim besten Willen keine Zeit gefunden hatte, ihn zu treffen.

Katharine und Abbie wurden von den «Videorazzi» verfolgt, von den Kameramännern mit ihren handlichen Videokameras, die sich ihr tägliches Brot mit dem lukrativen Job verdienten, wenig schmeichelhafte Aufnahmen von Stars an die sensationslüsternen Fernsehshows zu verkaufen. Von ihren seriöseren Kollegen wurden sie als «Tapete des Vorabendprogramms» bezeichnet. Allerdings gab das Material über diese beiden wenig her. Katharine hatte ihre Tochter ermahnt, gelassen zu bleiben, egal was man ihr zurief. «Sie werden versuchen, dich zu provozieren, indem sie schreckliche, persönliche Dinge sagen, faustdicke Lügen, nur um eine heftige Reaktion zu bekommen. Filmausschnitte von dir, wie du sie wutentbrannt anfauchst oder versuchst, auf sie loszugehen, werden Schlagzeilen machen. Lächle einfach, dann haben die Aasgeier nichts, was sie gebrauchen können.»

Was die Medien ebenfalls nicht bekamen, trotz wiederholter und einfallsreicher Anfragen, war ein gemeinsames Bild oder Interview mit Katharine und Abbie. Keine der Frauen wollte Teil eines Doppelpacks sein.

Katharine ärgerte es, mehrere Male pro Woche gefragt zu werden, welchen Rat sie ihrer Tochter mit auf den Weg geben würde und wie sie damit zurechtkäme, daß ihre Tochter demnächst eine identische Sendung machte. Abbie wurde permanent ausgefragt, ob sie den Ruhm ihrer Mutter ausnutzen wollte oder ob sie nervös war, weil sie ein Kopf-an-Kopf-Rennen mit ihrer Mutter veranstaltete. Wer wäre das nicht? Katharine war eine Ikone der Fernsehbranche. Die Fotografen folgten ihnen auf Schritt und Tritt; Blitzlichter prasselten auf Katharine und Abbie ein, wenn eine von beiden zum Mittagessen ging oder etwas einkaufte oder bei einer Veranstaltung auftauchte. Die meisten Bilder wurden nicht veröffentlicht, aber die Fotografen wurden von ihren Herausgebern angewiesen, das Bild des Tages zu liefern, falls eine neue Information ans Licht kommen sollte.

Abbie verabscheute das Gefühl, ständig beobachtet zu werden und das Gesprächsthema von Late-Night-Shows zu sein, in denen die jeweiligen Gastgeber die neuesten Katie-und-Abbie-Witze zum Besten gaben.

Katharine, die sich damit gerühmt hatte, gewissenhaft, höflich und charmant gegenüber fragenden Journalisten zu sein, verspürte nun den Wunsch, einmal mit brutaler Offenheit die Wahrheit sagen zu können: daß sie von Herzen wünschte, Abbie wäre erst gar nicht in die aufreibende Welt des Fernsehjournalismus gegangen.

Als Abbie ihrer Mutter erzählte, sie hätte keine Zeit gehabt, ein Apartment zu suchen, bot Katharine ihr spontan ein Zuhause in ihrer geräumigen Wohnung an. Sie lag direkt am Central Park in einem der renommiertesten Wohnhäuser der Fifth Avenue mit Nachbarn, die ihre Tür dreifach verriegelten, um ihre wertvolle Sammlung kubistischer Gemälde zu schützen – trotz der beiden Wachmänner, die unten rund um die Uhr ihren Dienst taten.

Abbie hatte das Angebot ihrer Mutter dankbar angenommen. «Es war alles so hektisch, die Besprechungen, Terminplanungen, Diskussionen über die Garderobe, Pressekonferenzen und Fotoaufnahmen. Ich hatte nicht mal eine Minute, um die Liste mit den Vorschlägen durchzulesen, die das Büro von Matt aufgestellt hat, geschweige denn Wohnungen zu besichtigen.» Sie machte eine Pause. «Ich verspreche, ich komme dir nicht in die Quere. Und ich bringe auch keine Männer mit hierher.»

«Das kannst du ruhig», sagte Katharine. «Es ist dein Zuhause.»

«Ja, aber du weißt doch, wie gern die Leute herumschnüffeln und sehen wollen, wie ein Star wirklich lebt. Du brauchst deine Privatsphäre. Wenn es also niemand wirklich Besonderes ist, mache ich es nicht. In Ordnung?»

«Das ist sehr rücksichtsvoll von dir, Abbie. Danke.»

«Du kennst doch den Spruch», Abbie lächelte, «das Haus eines Engländers ist sein Heiligtum – sogar in Amerika.»

Aber Katharine, die sich zuerst darüber freute, daß Abbie bei ihr wohnte, fand es bald unpraktisch, daß noch jemand in ihrem Apartment lebte. Sie hatte vergessen, wie unordentlich Abbie war. Nachdem sie mit ihren Siebensachen eingezogen war, quollen ihre Klamotten aus dem Schlafzimmer heraus und füllten auch noch die Schränke in Katharines Fitneßraum. Ihre Akten und zahlreichen Zeitungsausschnitte waren auf dem Schreibtisch im Gästezimmer verstreut und lagen oft auf dem Tisch im Flur herum. Ihre Tochter war so chaotisch, daß selbst das Kaffeekochen vier verschiedene Arbeitsflächen in der Küche dreckig machte. Drei Tage nach Abbies Einzug war es in ihrem Schlafzimmer unmöglich, unter dem Durcheinander von anprobierten und abgelegten Kleidungsstücken den hellgrauen Wiltonteppich zu entdekken. Obwohl ihre Haushälterin, Conchita Suarez, sich heldenhaft bemühte, irgendwie die Ordnung aufrechtzuerhalten, war es praktisch unmöglich.

Da sie ahnte, wie nervös Abbie angesichts des Beginns ihrer neuen Show war, legte Katharine große Selbstbeherrschung an den Tag und kritisierte die Unordnung ihrer Tochter nicht. Statt dessen benutzte sie Freddie, um ihrem Ärger Luft zu machen.

«Rate mal, was ich bei mir zu Hause züchte? Früher waren es Gänseblümchen, Fleißige Lieschen, Geranien. Nun sind es Pilze. Ehrlich Freddie, dieses Mädchen macht keinen Finger krumm, und wenn Conchita am Wochenende nicht da ist, wird es wirklich widerlich. Letzte Woche, als ich gerade ins Studio wollte, fand Conchita in Abbies Schlafzimmer diese Ansammlung von Brot, eingehüllt in grünen Schimmel, und Tassen, in die sich Teeflecken eingefressen hatten. Wenn Abbie am Freitagabend Toast ißt, dann bleiben die Krümel liegen, bis Conchita sie am Montag wegmacht.»

«Armer Schatz, es ist gräßlich, mit solchen Zootieren leben zu müssen», sagte Freddie beschwichtigend. «Mein Sohn war auch so.»

«Aber sie ist 26 Jahre alt, zum Donnerwetter noch mal. Wann entdeckt sie endlich ihren Sinn für Sauberkeit? Wann hat sich deine Tochter geändert?»

«Lisa war so ein ordentliches Kind», antwortete er, «da war das nie ein Thema.»

Freddie hatte seine beiden Kinder allein aufgezogen, da seine Frau fünfzehn Jahre zuvor an Krebs gestorben war. Katharine hatte seinen Sohn Charles sehr oft gesehen und noch öfter seine Tochter Lisa, die in New York lebte und als Programmiererin arbeitete. Katharine bemühte sich, Lisas freundliches, unbeschwertes Verhältnis zu ihrem Vater nicht mit dem zu vergleichen, das sie zu Abbie hatte, aber sie konnte nicht umhin, es zu beneiden.

«Und das Telefon scheint auch unaufhörlich zu klingeln. Ich habe für Abbie getrennte Telefon- und Faxleitungen legen lassen, aber wenn sie nicht da ist, werde ich immer noch zu den unchristlichsten Zeiten davon aufgeweckt.» Katharine seufzte. «Ich höre mich an wie eine alte, keifende Mutter, oder? Vielleicht bin ich so neurotisch, weil ich es gewohnt bin, allein zu wohnen.»

«Du weißt, daß ich das gern ändern würde.»

Sie nahm seine Hand. «Freddie, mein Schatz, du weißt, daß wir uns nicht halb so gut verstünden, wenn wir zusammenleben würden. Beweist dir diese Sache mit Abbie nicht, daß ich eine verknöcherte alte Jungfer bin, die zum Besten aller allein leben muß?»

Er schüttelte den Kopf, beharrte aber nicht weiter auf dem Thema.

«Das andere Problem ist», fuhr Katharine fort, «daß Abbie nicht allzu viele Leute in der Branche kennt.»

«Nun, dagegen kann man etwas unternehmen», sagte er.

«Warum gebe ich nicht eine Party, um sie ein paar wichtigen Leuten vorzustellen? Ich könnte Charles und Lisa einladen und vielleicht noch ein paar andere in ihrem Alter.»

Das war typisch für Freddie. Er war immer zuerst um das Wohl der anderen besorgt, bevor er an sich dachte. Sie mußte ihn unweigerlich mit George vergleichen. Würde George fünf hektische Tage mit der Organisation einer Party für jemand anderen verbringen? Wahrscheinlich nicht. Er war viel zu sehr von seinem Geschäft und den Reisen in Anspruch genommen. Er schien mal eben so nach Europa zu fliegen, wie andere nach New Jersey fuhren. Katharine wünschte sich, nicht zum ersten Mal, daß sie Freddie lieben könnte, daß sie stark genug wäre, George aufzugeben, und sie wünschte sich, daß sie sich verdammt noch mal nicht mehr so schuldig fühlen würde.

Selbst Ende August gelang es Freddie so kurzfristig, zum Teil auch aufgrund seiner Beziehung zu Katharine, eine der stilvollsten Zusammenkünfte in Manhattan auf die Beine zu stellen. Die Gäste, die normalerweise Wochen im voraus ausgebucht waren, machten in ihrem Terminkalender Platz, weil Freddie beliebt war, weil sie Katharine vergötterten und weil sie neugierig darauf waren, ihre Tochter kennenzulernen; die Party, so spekulierten sie, wäre keine Zeitverschwendung.

Freddies Wohnung mit ihren hohen Decken lag am Central Park West und war Teil eines nationalen Wahrzeichens. Der geräumige Flur war mit Unmengen von Blumen gefüllt, und die Türen zwischen den drei Empfangszimmern standen offen. Dank der Klimaanlage waren die neunzig Prozent Luftfeuchtigkeit erträglich, aber die beiden großen Terrassentüren waren geöffnet, damit die Gäste nach draußen auf den großen Balkon gehen und den Blick über den Park bewundern konnten.

Katharine staunte immer wieder, daß sich die Frauen selbst bei diesem Waschküchenklima immer noch von den Zehen bis zur Taille in klebende Polyester-Feinstrümpfe zwängten, die sie unter ihren eleganten pastellfarbenen Stadtkleidern trugen. Nur das arme weiße Gesindel war mit nackten Beinen unterwegs, sagte einmal eine Modekönigin bei einem Interview in ihrer Show. Tausende Anrufer hatten unmittelbar die Telefonleitungen des Senders blockiert und sich über diese politisch unkorrekte Äußerung beschwert.

Auch die Männer hatten sich streng an eine Kleiderordnung gehalten. Sie erschienen mit langärmeligen Hemden, Krawatten und einer Vielfalt von hellblauen, cremefarbenen und weißen Sommeranzügen. Vor dem Hintergrund der eher finsteren Holztäfelung in Freddies Apartment erinnerte die Szenerie im Abendlicht an ein Gemälde des französischen Impressionismus.

Zwei der bedeutendsten Kolumnisten von New York tauschten Urlaubsgeschichten mit den Herausgebern von *Vogue* und *The New Yorker* aus. Der Drehbuchautor des neuesten Kinohits der Stadt redete mit einem Bewerber für das Weiße Haus über Tennis, während ein seit kurzem geschiedener Filmstar mit Katharines Agent Buzz Newbold und einem Produzenten plauderte, der zur Zeit von Long Island aus Castings für seinen nächsten Film durchführte. Neben ihnen standen langjährige Freunde von Katharine: berühmte, für nationale Sender tätige Moderatoren, die ausnahmsweise mit ihren Frauen gekommen waren. Zu der Mischung kamen noch einige Twens hinzu, Freunde von Charles und Lisa, und junge Führungskräfte aus Freddies Unternehmen.

Lisa hatte nur zögernd zugesagt. «Ich habe mich so daran gewöhnt, etwas mit Katharine zu unternehmen, daß ich wohl einfach keine Lust habe, sie mit Abbie zu teilen», erzählte sie ihrem Vater. «Ich nehme an, daß unsere Mittagessen und all das nicht mehr stattfinden werden, wenn jetzt Abbie in der Stadt ist.»

Katharine hatte Freddies Familie tatsächlich oft zu einigen der Veranstaltungen mitgenommen, zu denen sie eingeladen war. Seit der Heirat von Charles schauten sie im Familienkreis Football-Spiele, gingen zu Restauranteröffnungen und Museumsfeiern. Im Laufe der Jahre hatte Katharine ein besonderes Verhältnis zu Lisa aufgebaut und betrachtete die unkomplizierte junge Frau als eine Art Ersatztochter. Sie gingen gern zusammen einkaufen oder auf Modeschauen und waren Freunde geworden.

Freddie versuchte, seine Tochter zu beruhigen. «Katharine wird sich dir gegenüber in Zukunft nicht anders verhalten. Sie wird dich immer gern haben, mach dir keine Sorgen. Katharine und Abbie haben sich nie so nah gestanden. Sie haben nicht die gleichen Interessen, so wie das bei euch beiden der Fall ist, und Katharine hält sie für recht schwierig. Sie hat dich in den letzten Jahren viel regelmäßiger gesehen als ihre eigene Tochter. Ich würde mir keine Sorgen machen. Du wirst sicher bald merken, daß sich nicht viel ändert.» Lisa schien nicht überzeugt zu sein.

Freddie hatte auch Abbies Agent, Matt Nicolaides, eingeladen, da er zu Recht dachte, es könnte für ihn von Nutzen sein, viele von diesen Leuten kennenzulernen. Gleich nach seiner Ankunft zog Buzz ihn in eine Ecke, um ihm die Hintergründe der Geschichte über ihre Klienten im *National Planet* darzulegen; es war eine gute Gelegenheit, um mit der engen Beziehung, die er zu Katharine und ihrer Familie hatte, anzugeben.

Der Anblick ihres Agenten mit seinem schütteren Haar, seinem onkelhaften und tatkräftigen Wesen gab Katharine ein Gefühl der Zuversicht. Er war für Partys ein großer Gewinn, da er normalerweise die beste Witze und den neuesten Klatsch kannte. Wie gewöhnlich trug er eine sündhaft teure

Krawatte und einen schön geschnittenen, legeren Anzug. Er war ein Mensch, der Lücken in seinem Leben fürchtete, also sah er zu, daß er ständig mit irgend jemandem sprach, sei es eine Kellnerin, ein Klient oder ein Müllmann. Buzz erkundigte sich immer gern danach, was sie im Fernsehen oder im Kino gesehen hatten. Er rühmte sich damit, daß er auf dem laufenden war und wußte, was der Mann auf der Straße für Sorgen hatte, was er mochte und was er sah.

Der erste Eindruck, den Buzz von Matt hatte, war nicht positiv. Ihm mißfiel die Art, wie er sein Glas hielt, wie er kaute, wie er vor Selbstvertrauen strotzend den Raum überblickte, so als wäre er einer von ihnen und nicht der Neue. In der Welt von Buzz genügte es nicht, daß ein flügge werdender Moderator einen Vertrag unterzeichnete, um den Agenten in die großverdienende Elite aufsteigen zu lassen, die die großen Tiere in dieser Stadt managte. Merkte er, daß er sich hier erst noch die Sporen verdienen mußte?

Dieser erste Eindruck besserte sich nicht, als Matts Aufmerksamkeit von einer Kellnerin beansprucht wurde, die ein Tablett mit Lachs-Kanapees herumreichte. Er brüllte durch den Raum, um sie zurück zu ihm zu lotsen, und plauderte dann über das phantastische Essen. Ungeduldig wie er war, wandte Buzz sich ab und suchte lohnendere Gefilde.

Freddie hielt sein Versprechen und stellte Abbie allen Bekannten und Freunden vor. Katharine war erfreut, daß ihre Tochter voller Selbstvertrauen, hübsch und gelassen angesichts des brillanten beruflichen Aufstiegs, die Aufmerksamkeit genoß. Ihr kam in den Sinn, daß sie als Mutter etwas richtig gemacht haben mußte.

Ein lautes Klirren an einem Kristallglas, das den Toast ankündigte, holte die Gäste vom Balkon herein und brachte diejenigen im Raum zum Schweigen.

«Ich danke euch allen, daß ihr so kurzfristig kommen konntet. Aber dafür sind Freunde natürlich da», sagte Freddie, von Beifallsrufen begleitet. «Wie ihr alle wißt, findet die Party zu Ehren von Abbie statt.» Er hob sein Glas und nickte Abbie zu, die ihr enges, schwarzes Kleid glattstrich. «Meine Liebe, in diesem Raum befinden sich die Menschen, die dein Leben in New York so wundervoll wie möglich machen werden. Jeder hier ist ein Freund. Zögere nicht, zu ihnen zu gehen; sie stehen dir mit Rat und Tat zur Seite. Wir alle wissen, daß du sehr erfolgreich sein wirst, genau wie deine Mutter. Meine Damen und Herren», Freddie hob erneut sein Champagnerglas, «auf unseren neuen Star, Abbie Lomax.»

Abbie errötete und lächelte, während ihr Gastgeber sie ermutigte, etwas zu erwidern.

«Ich möchte dir, Freddie, für diese wunderbare Party danken. Und euch allen dafür, daß ihr gekommen seid», sagte Abbie. «Ich werde in meinem Job mein Bestes geben. Meine Mutter war mir schon eine sehr große Hilfe, und ich versuche, meinen Vater zu überreden, zur ersten Sendung einzufliegen.»

Dies war das erste Mal, daß Katharine von diesem Plan hörte, und obwohl es sie nicht überraschte, versetzte es ihr einen Stich, daß sie wieder einmal als Unterstützung für ihre Tochter nicht ausreichte.

«Es kann nicht schaden», fuhr Abbie fort, «zwei großartige Journalisten als Eltern zu haben. Diejenigen von euch, die wegen einer Story mit mir Kontakt aufnehmen wollen, sollten wissen, daß ich bei meiner Mutter wohne – aber keine Sorge, Mum, nur vorübergehend.» Leises Lachen kam auf. «Ich weiß, daß es mir in New York gefallen wird, und ich freue mich über eure guten Wünsche. Ich danke euch allen vielmals.»

Als Abbie zurücktrat und den herzlichen Applaus genoß, bemerkte sie, daß Lisa eingehakt neben ihrer Mutter stand und sie sich eifrig unterhielten. Die beiden schienen ein so entspanntes Verhältnis zu haben, daß Abbie einen Moment lang von Eifersucht übermannt wurde. Obwohl sie sich inzwischen besser mit Katharine verstand, achtete sie noch immer darauf, was sie sagte, und war ständig darauf bedacht, keine Tabuthemen anzuschneiden. Das Problem bestand darin, daß die Vergangenheit sie verfolgte. Abbie hatte bemerkt, daß Katharine unfreiwillig zusammengezuckt war, als sie ihren Vater erwähnt hatte. Warum konnten sie Schuld, Wut und Vergangenes nicht hinter sich lassen? Warum konnten sie nicht so ein Verhältnis aufbauen, wie ihre Mutter es offensichtlich zu Lisa hatte? Vielleicht sollte sie Lisa einmal zum Mittagessen einladen. Sie hatte in New York so wenig Freunde in ihrem Alter, was hatte sie schon zu verlieren? Vielleicht konnte sie von Lisa etwas darüber lernen, wie sie mit ihrer eigenen Mutter umzugehen hatte.

Die Augen, die in der Höhe über die Straßen hinweg leuchteten, schienen ihr fast mit einem Eigenleben zu folgen. Abbies Gesicht, auf einer Fläche von etwa 15 Quadratmetern, starrte von einem Plakat hoch über der Kreuzung der Madison Avenue und der 44th Street herunter. Tagsüber brannten fünf Halogenstrahler, so daß das Weiße ihrer Augen und ihr offen lächelnder Mund meilenweit sichtbar waren. In der Dämmerung beleuchteten weitere fünfzehn Strahler das dreidimensionale lächelnde Gesicht. Die Bildunterschrift, in schwarzen Buchstaben auf weißem Untergrund, lautete: «Abbie – die beste Produktion ihrer Mutter!! Schalten Sie ein: Sonntags, 19:00 Uhr bei Globe TV.»

Wie oft Abbie das Plakat auch sah, sie konnte ihre Freude nicht unterdrücken. Ebenso wenig wie ihre Angst.

Schließlich, nach einer, wie es schien, endlosen Zeit der Vorbereitungen, die in Wirklichkeit nur drei Wochen in Anspruch genommen hatten, war der Tag gekommen. Als Abbie auf dem Rücksitz des schwarzen Cadillac saß, betrachtete sie ihr Spiegelbild und sah ein perfektes Gesicht. Keine dunklen Schatten, keine gefürchteten Pickel. Und auch nicht das verräterische Zeichen der Anspannung: die roten Ohren.

Extremer Streß war einer der Nachteile der Branche. Abbie hatte gehört, wie Fernsehstars über die Notwendigkeit von Schlaftabletten redeten, von Antibiotika bei den ersten Anzeichen von Halsschmerzen, von Abführmitteln, wenn sie Blähungen hatten, von Appetithemmern, wenn sie ein oder zwei Pfund zugenommen hatten, von Aufputschmitteln, wenn sie übermüdet waren, und von Betablockern, wenn sie vor einem bevorstehenden Interview ungewöhnlich aufgeregt waren. Es war verrückt. Aber als der Schlaf nicht mehr kommen wollte und sie anfing, in den frühen Morgenstunden in der Wohnung umherzuschleichen, gestand sie sich jämmerlich ein, daß sie verloren hatte. Ihr Produzent schickte sie zum Arzt aller Geschädigten des Showgeschäfts, dessen spontane Antwort auf alle Probleme Pillen waren – immer, wie er betonte, im Rahmen des gesetzlich Erlaubten.

Jedesmal, wenn Abbie eine Tablette nahm, versprach sie sich, daß sie damit aufhören würde, sobald die Sendung zur Routine wurde. Sie war entschlossen, dieses Versprechen einzuhalten. Sie hatte zu viele Abhängige von Aufputschmitteln im Wechsel mit Beruhigungsmitteln gesehen, als daß sie in deren Fußstapfen treten wollte. Sobald sie sich an den Rhythmus gewöhnt hatte, würde sie auf pflanzliche Entspannungspillen umsteigen.

Als der Wagen an einer roten Ampel hielt, betrachtete sie eine andere Plakatwand, diesmal mit einer Werbung für *Here and Now,* die Sendung ihrer Mutter. «Bleiben Sie beim Original. Immer noch das Beste», wurde unter Katharines riesigem, vergrößertem Gesicht verkündet. Sie wußte, daß ihre Mutter sich gegen die erste Idee der Werbefirma gewehrt hatte: «Warum sollte man sich mit einer billigen Imitation begnügen, wenn man die Echte sehen kann?» Sie hatte es für zu grausam und aggressiv gehalten. Weder Katharine noch Abbie wußten, daß dies der Slogan war, den der Sender außerhalb der Stadt hauptsächlich benutzte.

Im ganzen Land hatte der Kampf auf den Plakatwänden begonnen. Er wurde unterstützt durch Werbespots, die von den Sendern der beiden Frauen regelmäßig gezeigt wurden, und verstärkt durch die Radioversionen der Trailer, die ihre Botschaften regelmäßig ins Land hinausposaunten.

Die Trailer für Katharines Sendung, für die aus unzähligen Rollen mit Sendematerial ausgewählt werden konnten, zeigten sie bei Treffen mit großen Staatsmännern, Topstars und anderen Helden der Zeit. Im Hintergrund lief ernsthafte Musik, und der Text wurde von einer tiefen, sonoren Stimme gesprochen, die die Agentur als «Gottes Stimme» bezeichnete. Alles diente dazu, Ernsthaftigkeit, Intelligenz, Streben nach Herausragendem und, vor allem, Vertrauen zu vermitteln.

Katharines Team konnte auf eine große Leistung aufbauen. Jeden Sonntagabend um sieben Uhr setzte sich ganz Amerika vor den Fernseher, um *Here and Now* zu sehen. Die Sendung war eine der vereinenden Kräfte in einem multikulturellen Land. Ihre vertraute Erkennungsmelodie kündigte so kontroverse Themen an wie Rassismus, Leihmutterschaft, Abtreibung, die Christliche Rechte und die Fernsehprediger, vermischt mit intimen Geständnissen berühmter Stars.

Kein führender Journalist, Zeitungsredakteur oder Nachrichtenredakteur beim Fernsehen konnte es sich leisten, Katharines Show zu versäumen. Sie bestimmte die Kurznachrichten und die Schlagzeilen des nächsten Tages. Sie zog Superstars aus den Bereichen Theater, Unterhaltung und Politik an, und sie hatte das Geschick, zu wissen, welche Fragen die Öffentlichkeit interessierten. Wie man in ihrer Branche sagte: «Die Sexton bringt guten, soliden Stoff.»

Katharines Status stellte eine große Herausforderung für

Abbies Team dar. Die Agentur benutzte etwas von dem Material aus ihrer Chicagoer Zeit, um zu zeigen, daß sie sehr wohl Erfahrung hatte, und um die Zweifler unter den Journalisten zu bekämpfen, die eilig die Frage aufwarfen, ob sie überhaupt schon in der Lage war, eine landesweite Sendung zu machen. Aber da sie im Gegensatz zu Katharines Agentur nicht Unmengen von Filmmaterial mit endlosem Lächeln hatten, machten sie einige aktuelle Aufnahmen von Abbie. Sie zeigten ihre große, schlanke Gestalt, die über die New Yorker Skyline schritt, wobei das Wippen ihrer Brüste besonders gut zu sehen war. Bilder von ihr, wie sie auf dem Bürgersteig einen Hot dog mit Chilisauce aß und mit Passanten lachte, wie sie auf Inline-Skates durch den Central Park rauschte und ein Taxi anhielt, sollten den Eindruck von Jugendlichkeit, Freundlichkeit und Offenheit vermitteln. Das «Mädchen von nebenan und doch ein ganz besonderer Mensch» lautete der Tenor aller Werbespots, die alle von Abbies eigener Stimme begleitet wurden, damit die Zuschauer sie kennenlernen – und lieben lernen – konnten.

Abbie wünschte, sie hätte in irgendeinem entlegenen Sender Alaskas Trockenübungen machen können, so daß die Show heute abend schon ihre vierte oder fünfte gewesen wäre. Im Studio hatten sie einige Probeläufe gemacht, aber die «Gäste» waren Angestellte des Senders oder Freunde, also kaum ernst zu nehmende Testpersonen. Die meiste Zeit über befand sie sich in einer euphorischen Stimmung, denn sie wußte, wohin dieser Job führen konnte. Aber gleichzeitig begleitete sie ständig die Angst davor, daß sie irgendeine wichtige Tatsache vergessen oder etwas Peinliches tun oder sagen könnte, während sie auf Sendung war.

Ihre Produzentin war der einzige Mensch, dem sich die nervöse Abbie anvertrauen konnte. Jeri-Ann Hagerty war jung, zielstrebig und von einem Konkurrenzsender abgeworben worden. Sie hatte viele persönliche Gespräche mit

Abbie geführt, in denen sie ihr Ratschläge erteilt und Mut gemacht hatte.

«Mach das Beste aus dieser phantastischen Chance», sagte sie in einer ihrer Sitzungen. «Denk nicht zuviel darüber nach. Paß einfach nur auf, daß du deine Hausaufgaben machst. Ich wette, daß Bill Gates nie den Augenblick vergessen hat, als er in einem Interview nach ‹MS-Doos› statt nach ‹MS-Dos› gefragt wurde. Das darf dir nicht passieren. Auf ‹MS-Dos› baute sich das ganze Imperium und Vermögen von Bill Gates auf, und man konnte sehen, wie sehr ihn die falsche Aussprache überraschte.»

«Das war nur ein Versprecher.»

«Nein, Abbie. Der Produzent hätten wissen sollen, daß der Interviewer in Sachen Computer ein Analphabet war. Im Zusammenhang mit Gates war das wirklich wichtig. Halte dich also an die Redakteure, wenn du nicht die richtigen Informationen bekommst. Laß dir immer noch mehr geben. Glaube mir, du könntest jede noch so unbedeutende Information brauchen. Und laß dich nicht abwimmeln. Du stehst an vorderster Front. Niemand wird dir Untertitel einblenden, in denen steht: «Tut mir leid, mein Redakteur hatte einen schlechten Tag, ich habe also nicht so viele interessante Fragen.»

«Und wenn du ein Interview führst», fuhr Jeri-Ann fort, «verlaß dich nicht auf deinen Glauben. Hör dir die Antworten gut an, du könntest sonst in eine herrliche Sackgasse geraten. Aber vor allem: Genieß es. Die breite amerikanische Öffentlichkeit will, daß du Erfolg hast. Sie sind auf deiner Seite und wollen nicht sehen, wie nervös du bist. Was ist schon dabei, wenn einige Leute denken, du hast den Job wegen deiner Mama bekommen und alles ist nur ein großer Scherz? Zeig ihnen, warum der Sender das Risiko eingegangen ist und eine Unbekannte genommen hat.»

Die erste Show von Abbie hatte drei Abschnitte; in den ersten beiden sollte sie mit Leuten sprechen, die in dieser Woche in die Schlagzeilen geraten waren. Aber es war der dritte Abschnitt, das Interview mit einer bekannten Persönlichkeit, auf den sie sich am meisten freute, denn sie hatte den Gast selbst ausgesucht.

Die Limousine fuhr vor dem nun vertrauten Sitz des Senders in der 19th Street vor. Abbie vergrub das Gesicht in den Händen. Der Augenblick war gekommen. Sie konnte den Fahrer wohl kaum bitten, noch einmal um den Block zu fahren. Sie mußte aussteigen, den Aufzug nehmen und ihre erste Show in Angriff nehmen.

O mein Gott.

Als sie über den Bürgersteig ging, wurde sie von einem jungen Kurier in Lederklamotten begrüßt.

«Hey, Sie sind doch Abbie, oder? Weiter so. Wir unterstützen Sie.»

Ein Paar mittleren Alters hörte das und blieb scheu stehen. «Ob wir wohl ein Autogramm von Ihnen haben könnten? Ihre Mutter hat uns vor einigen Jahren eines gegeben.»

«Sicher.» Abbie war für die Ablenkung dankbar.

Es war halb fünf. Noch zweieinhalb lange Stunden, bevor sie auf Sendung ging. Ihre Mutter hatte sie davor gewarnt, zuviel vor der Show zu essen. Das Problem bestand erst gar nicht. Abbie war viel zu aufgeregt, um auch nur ans Essen zu denken.

In ihrer Garderobe stapelten sich die Blumen – wie in einer Friedhofskapelle, dachte sie respektlos. Ein besonders prächtiger Strauß weißer Rosen war von Robert. Auf der Karte stand: «Du verdienst deinen großen Durchbruch, zeig's ihnen. Bis *bald*.» Ihre Eltern hatten auch Blumen geschickt, mit lieben Grüßen und den besten Wünschen. Ihr Vater bedauerte, daß er nicht bei ihr sein konnte.

Abbie verbrachte eine beruhigende halbe Stunde in ihrem Büro und schaute die Unmengen von Viel-Erfolg-Faxen, Karten und verschiedenen Glücksbringern durch. Trotz der lieben Wünsche konnte Abbie fast hören, daß solche Leute wie Blanche in Chicago bereits die Messer wetzten.

Wie jeder in den USA wußte Abbie, daß ihre Mutter den berüchtigten ehemaligen Mafiaboß Capo de Capo Gino Francetti für ihre heutige Show, die erste einer neuen Staffel, gewonnen hatte. Das war ein Knüller, von dem ABN wußte, daß er in der ganzen Welt Schlagzeilen machen würde. Zum ersten Mal hatte man Gino Francetti dazu bewegen können, sein dreißig Jahre andauerndes, selbstauferlegtes Schweigen zu brechen. Er würde über seine Geschäfte als Kopf des organisierten Verbrechens in den USA, in Europa und Asien reden. Noch sensationeller war, daß er sich zu einer geheimen Absprache mit dem FBI zur Umgehung einer Gefängnisstrafe äußern wollte. Er hatte ebenfalls vor, Geheimnisse seines Liebeslebens preiszugeben, einschließlich der Namen – und das bezog sich vor allem auf die Frauen, die er mit einem ehemaligen Präsidenten geteilt hatte. Francetti hatte sich einverstanden erklärt, als einziger Gast zu Katharine zu kommen, um Werbung für seine demnächst erscheinende Autobiographie zu machen, die mit der bisher umfassendsten Vorankündigung bedacht worden war.

Abbie konnte mit dem schweren Geschütz, das der Sender ihrer Mutter auffuhr, nicht mithalten. Kein amerikanischer Agent würde seinen Star einer unerprobten Interviewerin anvertrauen, wenn noch dazu gleichzeitig die beliebteste Talk-Show der Nation auf einem anderen Sender lief. Also mußte ihr Team kreativer und einfallsreicher sein. Sie hatten keine Wahl. Hier waren Abbies Kontakte in England nützlich geworden.

Die britische Rockgruppe Caravan war in den USA fast noch unbekannt. Die Schallplatte war erst in dieser Woche an die Diskjockeys verteilt worden und wurde bereits im ganzen Land von den Jugendsendern gespielt. Abbie hatte sich mit britischen Musikzeitschriften auf dem laufenden gehalten und war sich darüber im klaren, daß die dauerhafte Plazierung der Gruppe in den Top ten und ihr unverhohlener Konsum von Kokain und Sex die jungen Bandmitglieder zum Schreckgespenst aller Eltern in Großbritannien machten. Auch in Amerika würden sie mit ihrer provozierenden Haltung Diskussionen auslösen und die konservative amerikanische Mittelschicht schockieren.

Es war ein Glücksspiel. Niemand konnte vorhersagen, wie sich ihre Platte in den USA verkaufen würde. Interviewte sie die Band vielleicht zu früh in ihrer amerikanischen Karriere? Und wenn die Zuschauer wütend auf die Gruppe waren, würde sich das Publikum gegen die unerfahrene Abbie und ihre neue Show wenden?

Insgeheim hatten viele im Sender das Gefühl, daß es riskant war, sich geradewegs auf den Jugendmarkt zu stürzen, aber das neue Redaktionsteam hatte mehr Zeit damit verbracht, strategische und taktische Dinge zu besprechen, als Vorschläge für mögliche Gäste zu machen. Sie wußten, daß ihr Konkurrent *Here and Now* zu dem Schluß gekommen war, Francetti wäre stark genug, um das Publikum die ganze Show lang zu halten.

Die Quoten würden zeigen, wer recht hatte.

Acht Straßen weiter beruhigte Katharine die Nerven ihres Gastes, der frühzeitig hineingeschleust worden war, um der Aufmerksamkeit der wartenden Presse zu entgehen. Um den unberechenbaren Mafioso bei Laune zu halten, hatte das Studio dafür gesorgt, daß seine Lieblingspasta eigens von dem Chefkoch des besten italienischen Restaurants in New York zubereitet wurde. Dazu servierte man zwei Flaschen Chianti älteren Jahrgangs und eine Flasche Bourbon, was von seinem Werbeagenten treu den Medien mitgeteilt worden war.

Trotz – oder vielleicht gerade wegen – seiner weitreichenden Erfahrung mit Kameras und Studios beschwerte sich ein gereizter Gino Francetti über die Beleuchtung, das Make-up, seinen Anzug. Außerdem fragte er sich noch immer, selbst zu diesem Zeitpunkt noch, ob es klug war, so viel schon vor der Veröffentlichung seines Buches zu verraten. Er haderte mit sich selbst, ob er seine Geschichte abschwächen, viel reden und wenig sagen sollte, worin er sehr geübt war. Als man Katharines Produzenten von den Zweifeln des Exgangsters berichtete, schickte er seine Geheimwaffe an die Front.

Katharine war darin geübt, die Zweifel launischer Gäste aus dem Weg zu räumen. Eine halbe Stunde später kam sie zurück zur Redaktionskonferenz; die Erleichterung war ihr anzusehen.

«Alles in Ordnung», sagte sie. «Er gibt uns, was wir wollen.»

«Du bist genial», sagte Mike O'Brian, der langjährige Produzent der Show. «Ich dachte schon, wir wären erledigt. Bist du sicher, daß er alles ausspuckt? Das ganze Zeugs über den Präsidenten, die Mafia, die Mädchen, die Drogen ... und können wir die Bilder von denen auf dem Boot benutzen?»

«Ja, er hat allem zugestimmt. Er macht das schon.»

«Gott sei Dank», sagte einer der jüngeren, eifrigen Redakteure. «Ausgerechnet heute haben wir eine starke Konkurrenz, und die müssen wir ausradieren.»

Die anderen im Team starrten ihn wütend an. Hatte man ihm nicht gesagt, daß Katharine darauf bestanden hatte, niemand sollte Abbies Show erwähnen, geschweige denn darüber lästern, und schon gar nicht in der von Nervosität bestimmten Stunde vor der Sendung?

«Kommt schon. Abbie ist keine Bedrohung für uns», sagte Mike. «Sie fängt gerade erst an. Katharine trägt die Krone. Verstanden?» Der verräterische Gedanke kam ihm in den Sinn, daß irgendwann der Moment käme, an dem Katharine zu alt werden würde. Bis dahin hätte Abbie die richtigen Erfahrungen gesammelt. Das wäre der Zeitpunkt, mit ihr zu arbeiten.

Er unterdrückte diese illoyale Idee und grinste sein Team breit und zuversichtlich an. «Im Moment haben wir die beste Show der Stadt, also macht euch an die Arbeit! Wir haben das alles schon durchgemacht, wir wissen, was zu tun ist, also laßt uns eine ordentliche Sendung hinlegen, Kinder.»

«‹Ich will mit dir schlafen / Und morgen will ich mit dir und deiner Freundin schlafen / Und dann siehst du mich nie wieder / Baby, zieh dir das Koks rein / Das Leben ist zu kurz, du Schwein / Mädchen, wir müssen Spaß haben.›» Abbie sah den Rockstar an, der schlampig in dem Gastsessel hing. Das Interview lief nicht gut. «Was hat Sie veranlaßt, diese Worte zu schreiben?»

Er drehte sich zum Studiopublikum und zuckte mit den Schultern, was vereinzelt Gekicher hervorrief, und starrte sie dann wieder ausdruckslos an. Sie wiederholte die Frage. Über ihren kleinen Knopf im Ohr war die dringliche Stimme ihrer Produzentin zu hören. «Der Kerl ist durchgeknallt. Frag was anderes, schnell, um Himmels willen.»

Aber Abbie spürte instinktiv, daß der Rockstar etwas Bedeutendes sagen würde, wenn sie schwieg und wartete. Das war das teuerste Schweigen, das der Sender jemals über den Äther geschickt hatte. Es war eine Strategie, die Jeri-Ann nervös machte, da sie die Erwartungen eines ungeduldigen Publikums nur zu gut kannte und da sie es noch nicht gelernt hatte, ihrer Moderatorin zu vertrauen. Trotz der steigenden Lautstärke der Anweisungen, die durch den Knopf im Ohr geschrien wurden, blieb Abbie hartnäckig.

Schließlich, während der Kokser mit sichtbarer Mühe versuchte, sein Hirn zu sortieren, und als sogar Abbie allmählich dachte, sie hätte einen Fehler gemacht, da sah sie, daß sich seine Lippen bewegten.

«Hm, das machen wir Jungs eben – oder wenn's nicht geht, dann träumen wir davon.»

«War das ein Traum?»

«Nee, das ist passiert. Passiert ständig. Es langweilt mich mit nur einer Braut im Bett, also ...»

Abbie spürte einen Tropfen Schweiß, der ihr langsam den Rücken hinunterlief, während sie sich zwang, ihn nicht zu unterbrechen.

«Mir gefällt es, wenn sich zwei gleichzeitig mit mir beschäftigen. Oder sogar drei, wer zählt denn da noch mit?» Der Rocker fing an zu lachen und machte einen verspielten Versuch, Abbies Knie zu tätscheln. Ihre lautstark wütende Produzentin ließ den Knopf im Ohr fast vibrieren.

«Beruhige den Penner», rief Jeri-Ann. «Dies ist verdammt noch mal keine Peep-Show, und laß die Finger vom Text des Liedes, die Leitungen in der Telefonzentrale laufen heiß.»

Abbie spürte, wie ihr Adrenalinspiegel anstieg. Ihre journalistische Intuition gab ihr die Gewißheit, daß die Show ins Rollen gekommen war. Es war unwahrscheinlich, daß auch nur ein Zuschauer in diesem Moment umschaltete, und trotz der Befürchtungen von Jeri-Ann war sie sich vollkommen bewußt, daß Empörung gutes Fernsehen machte. Ihre Produzentin ließ sich von der bloßen Anzahl der Anrufer in Panik versetzen. Abbie entschloß sich, ihrem Instinkt zu vertrauen.

«Als ich Ihre Musik zum ersten Mal hörte, dachte ich, Sie und Ihre Band wären Teil einer neuen Welle, daß Sie etwas bewirken wollten, wie Bob Dylan, daß Sie die Leute zum Nachdenken über ihr Verhalten anregen, sie vielleicht sogar ändern wollten. Deswegen habe ich Sie in meine erste Show eingeladen. Aber leben Sie nicht in der Vergangenheit? Ihre Botschaft erinnert mich an das, was ich über die 60er Jahre gelesen habe, vor dem Feminismus, vor Aids, bevor Drogen so leicht zu haben waren. Sie berücksichtigen überhaupt nicht den Schaden, den Ihre Songs anrichten können.»

Die dunklen, grübelnden Augen, die ihn zum beliebtesten Pin-up-Boy in Hunderten von Teenager-Zeitschriften gemacht hatten, funkelten sie streitlustig an. «Man muß zuerst ihre Aufmerksamkeit gewinnen», zischte er sie an. «Sogar Dylan hat das gesagt.»

«Sie stimmen also nicht all den Zuschauern zu, die angerufen haben und sagen, Sie sind ein gedankenloser Nichtsnutz? Viele, wie auch ein Pfarrer aus Ohio, fordern, daß man Ihre Platten verbietet.»

«Verboten. Das ist ein guter Anfang.» Er lachte. «Wie auch immer, diese Leute gehören nicht zu meiner Wählerschaft.»

«Wählerschaft? Ungewöhnliches Wort für einen Rockstar. Ach ja, ich vergaß Ihren Abschluß von der Cambridge University.»

«Woher wissen Sie das?» fragte er wutentbrannt.

«Merkwürdigerweise wurde es anscheinend in Ihrer Biographie ausgelassen, aber wir konnten uns – über Ihre Pressemitteilungen hinaus – einen tieferen Einblick in Ihr Leben verschaffen.» Sie machte eine Pause. «Einen viel tieferen.»

Seine Verärgerung schwand plötzlich, und er grinste freundlich, bevor er seine dritte Zigarette anzündete.

«Wie ich sehe, hat Sie die Nichtraucher-Kampagne nicht erreicht.»

Er blies ihr den Rauch direkt ins Gesicht.

Abbie hustete. «Wie können Sie es wagen?» In ihrer unverhüllten Wut kam ihre mangelnde Erfahrung zum Vorschein, als sie ihm die Zigarette wegnehmen wollte. Der Star amüsierte sich köstlich.

«Jetzt hab ich Sie, oder? Wo ist die coole Lady denn jetzt?»

Sie atmete tief durch und ignorierte die Bemerkung, während sie den Rauch mit der Hand vertrieb.

«So ist's recht!» sagte die Produzentin in ihrem Ohr. Sie fingen an, einander zu verstehen.

«Sie sind nicht dumm», fuhr Abbie entschlossen fort. «Sie wissen, wie Sie rüberkommen. Stört Sie das?»

Sein Grinsen war unverschämt. «Sie interpretieren zuviel in die Songs hinein. Ich versuche nur, die Leute glücklich zu machen.»

«Ist das Ihr Rezept? Drogen, ein flotter Dreier?»

«Hört sich doch toll an. Ja. Die Leute, die hier angerufen haben, sind die glücklich? Einige von denen haben die Welt zugrunde gerichtet, besonders dieser Pfarrer. Die meisten Kriege auf der Welt wurden im Namen der Religion geführt.»

«Friedlich und freundlich zu sein steigert ja auch nicht gerade die Verkaufszahlen der Platten, oder?» meinte Abbie.

Der Star behielt seine herausfordernde Haltung bei, während das Publikum spontanen Beifall spendete.

Abbie setzte zum letzten Hieb an. «Sie vermitteln den Eindruck, als seien Sie der Ansicht, Frauen sind allein zu Ihrem Vergnügen da.»

Er kratzte sich träge in der Leistengegend. «Warum nicht? Zu mir sagen sie nie nein.»

«Das stimmt nicht ganz. Ein 16jähriges Mädchen wandte sich an die Presse und sagte, Sie hätten sie vergewaltigt.»

«Nee, das hat sie nur versucht, weil ich berühmt bin.»

«Das war aber nicht nur ein einmaliger Vorfall, oder?»

«Worauf wollen Sie hinaus?»

«Haben Sie die 14jährige vergessen, die nach einer sexuellen Begegnung mit Ihnen immer noch mit einem Schock im Krankenhaus liegt?»

«Welche 14jährige?»

«Diese.» Abbie zeigte auf einen riesigen Monitor, auf dem das Bild eines strahlenden Teenagers gezeigt wurde.

Der Rockstar explodierte. «Die habe ich noch nie in meinem Leben gesehen. Das ist doch schon wieder erfunden.»

«Wirklich? Dann lassen Sie mich Ihnen den Vater vorstellen, der uns live in London zugeschaltet ist. Guten Abend, Mr. Chapman.»

Auf dem Bildschirm erschien nun ein Mann, dem es unangenehm zu sein schien, vor der Kamera zu sitzen, der aber ganz offensichtlich entschlossen war, zu erzählen, was man seiner Tochter angetan hatte. Die ungeheure Einfachheit der Worte von Derek Chapman machte die Geschichte um so erschreckender. Er empfand offensichtlich großen Schmerz, als er über den Nervenzusammenbruch seiner Tochter redete, den sie erlitten hatte, nachdem sie von dem Rockstar mißbraucht worden war.

Mitten in der ergreifenden Beschreibung ihres jetzigen Zustandes stand der Rockstar auf, riß sich wütend das Mikrofon ab, kam mit seinem Gesicht ganz nah an Abbie heran und zischte ihr leise, aber boshaft «Fuck you!» ins Ohr, bevor er aus dem Studio stürmte.

Während Abbies Sendung hatte man auf der Galerie, dem Nervenzentrum des Studios, Katharine Sextons Show im Auge behalten, auch wenn man sie nur ohne Ton verfolgen konnten. Einer ihrer Redakteure hatte sich bereit erklärt, *Here and Now* im Zimmer nebenan zu sehen, um in Abständen über die Highlights zu berichten. Der kollektive Kampfgeist schwand. Katharine Sexton schien ein Bravourstück der Fernsehkunst abzuliefern.

«Gott, Gino hat gerade gesagt, daß er und der Präsident oft die gleiche Mieze gefickt haben», rief der Redakteur gerade, als Ed Dantry in die Galerie kam. Ein paar Minuten später kam der junge Mann wieder. «Gino kam als Teenager zur Mafia, und – hört euch das an – er sagt, seine Mutter hätte ihn dazu gezwungen.»

«Nicht schlecht», murmelte die Bildregisseurin, während sie ihren Blick weiter starr auf die Reihe von Bildschirmen richtete.

Der Redakteur kam in Fahrt. «Am Schluß brachte er das Beste. Als er neunzehn Jahre alt war, sah er angeblich zwei erschossene Männer, die er dann ausgeraubt hat. Er zeigte gerade den Diamantring, den er einem von ihnen abgenommen hat. Er trägt ihn immer am kleinen Finger.»

Das Team von Globe sah darin großartiges Fernsehen, und ein Stöhnen ging durch die Galerie – genau in dem Moment, als Abbie mit roten Wangen und erwartungsvollem Blick hereinkam. Sie mißverstand die Reaktion der anderen völlig.

«Oh», meinte sie geknickt. «War es so schlecht?»

«Überhaupt nicht.» Jeri-Ann fiel Abbie um den Hals. «Wir haben gerade über etwas anderes geredet. Du warst super, Abbie. Wir hatten Unmengen von Anrufern, die dir gratulieren wollten. Ich wünschte, wir hätten die anderen Interviews rausgeschmissen. Das hast du gut gemacht, Kleine.»

«Ich hatte gutes Material.»

«Von deinen Kontakten in London. Denen haben wir es zu verdanken, daß wir das erste Mädchen ausfindig machen konnten. Das war der große Durchbruch. Glückwunsch. Wie fühlst du dich?»

«Irgendwie etwas benommen. Weißt du, mir tat das arme Mädchen so leid.»

«Wir haben das Richtige getan. Und unsere Unterlagen haben wir der britischen Polizei übergeben. Die Karriere dieses Kerls ging gerade eben den Bach runter. Ich hoffe, daß er dahin kommt, wo er hingehört.»

Die herumlaufenden Redakteure zeigten ihre Anerkennung durch ein herzliches Lächeln, und Abbie hatte ihre Chefin noch nie so aufgeregt gesehen.

«Das war einfach großartig», sagte Ed Dantry, dessen Anwesenheit in der Galerie eine seltene Ehre war. «Der Schock wird sie von den Socken hauen. Sehen Sie, wir haben doch gesagt, daß Sie Ihre Sache gut machen werden. Es war mehr als nur gut.»

Es bedurfte eines beherzten Menschen, um Abbie auf das Tabuthema anzusprechen: Katharines Show.

«Dein Kerl war weitaus fieser.» Matt Nicolaides hatte sich mit einem triumphierenden Gesichtsausdruck dazugesellt. «Wen interessiert Francetti denn heute noch? All die Leute, mit denen er was zu tun hatte, sind gestorben, schon lange bevor wir geboren wurden.»

Mein Gott, war das ein seltsames Geschäft, dachte Abbie. Ihr gelang es nicht, den Gedanken an die Tortur dieses jungen Teenagers aus ihrem Kopf zu verbannen, und alles, woran die Leute in diesem Zimmer denken konnten, waren die Einschaltquoten.

Sie stellte Matt den Mitarbeitern und wichtigsten Leuten vor, die an ihrer Show arbeiteten. Jeri-Ann, die noch immer mit Adrenalin vollgepumpt war, schwärmte besonders angeregt von seinem dunklen, griechischen Äußeren. «Ich steh auf untersetzte Männer, die mich in die Höhe heben können. Falls er mich je vertreten will», meinte sie leise zu Abbie, «ich hab fast jeden Abend nach sechs Uhr Zeit.»

«Vergiß es», zerschmetterte Abbie schnell diesen Gedankengang. «Er ist eine ungewöhnliche Spezies unserer Tage: glücklich verheiratet und bemüht, treu zu sein.»

Verhaltene Glückwünsche kamen von den älteren Mitarbeitern, aber einige von ihnen stichelten hinter vorgehaltener Hand. Sie waren verärgert darüber, daß die Zielgruppe von *Tonight* nicht mit ihren Kontakten übereinstimmte. Man erwartete von ihnen, daß sie das Kindermädchen für die Neue spielten, die dreimal soviel verdiente wie sie. Ihrer Meinung nach hatte Abbie den Job aus strategischen Publicity-Gründen bekommen, und sie sagten voraus, daß sie ihrer Mutter keinen einzigen Zuschauer abwerben könnte. Der Sender hätte an dem ursprünglichen Plan festhalten und den Film der Woche gegen Katharine Sexton laufen lassen sollen, anstatt ihr Format nachzuäffen. Abbie hatte heute abend einen Glückstreffer gelandet, brummten sie, aber die Sendung liefe wahrscheinlich nicht lange, vielleicht bis Weihnachten, und dann müßte Globe etwas anderes versuchen.

Aber bevor sie sagten, was sie von dem Format und von Abbies Leistung hielten, warteten sie – diplomatisch, wie sie nun einmal waren – lieber erst einmal die Bekanntgabe der Einschaltquoten ab, bevor sie sich aus dem Fenster hängten.

Die Zahlen für Abbies Sendung waren in New York, Chicago und Los Angeles gut, aber das Zuschauerverhalten in den Metropolen stimmte nicht immer mit dem der gesamten Mittelschicht überein. «Warten wir ab, wie sie auf den Dörfern abgeschnitten hat», meinte ein zynischer Produktionsassistent.

Als die landesweiten Zahlen zusammengestellt waren, lagen die Quoten von *Tonight* drei Prozent höher, als Globe jemals für eine Sendung am Sonntagabend erreicht hatte. Katharines Show brach allerdings alle Rekorde. Unter den Medienexperten herrschte das einstimmige Urteil, daß zwar beide Moderatorinnen professionell und unterhaltsam waren, daß aber die Oldtimer, Mom und Gino Francetti, spielend gewonnen hatten.

Aber im Land, wo die Eltern im Wohnzimmer Katharine treu geblieben waren, hatten die Teenager in ihrem Schlafzimmer die Show von Abbie gesehen. Und sie redeten im nachhinein darüber. Die jungen Leute, die ihre Sendung verpaßt hatten, setzten mit Sicherheit alles daran, sie nächste Woche zu sehen.

Abbie hatte die Zukunft erobert.

4. KAPITEL Die Frau entsprach nicht dem, wovon Männer bei Tage träumten, aber sie war doch recht attraktiv und starrte ihn an. Stimmt, sie runzelte die Stirn, aber zumindest ignorierte sie ihn nicht.

Bis sie erfuhren, daß er als Agent im Showbusineß arbeitete, zeigten ihm die meisten Frauen die kalte Schulter. Wenn sie erst einmal herausgefunden hatten, daß er Produzenten beeinflussen und sie vielleicht zum Fernsehen bringen konnte, gaben sie ihm ausreichend Veranlassung, sich für Tom Cruise zu halten. Das Problem war nur, sie merkten bald, daß er nicht halten konnte, was sie sich von ihm versprachen, und dann fingen sie mit der Schikane an, nervten ihn in seinem Büro und drohten sogar, seine Frau anzurufen.

Er und Angela kamen gut miteinander aus, aber es war Ewigkeiten her, seit er richtig ausgelassenen Sex gehabt hatte. Er dachte, in New York wäre so etwas leicht zu finden, aber bisher hatte er keine Zeit gehabt. Sein Tagesablauf war fast immer gleich. Er war vor acht Uhr morgens im Büro, um mit seiner Frau über die Probleme zu sprechen, die sie mit der Leitung der Agentur in Chicago hatte. In der Regel gab es immer Probleme. Um neun Uhr zwang ihn sein knurrender Magen nach unten in den kleinen Sandwich-Shop im Erdgeschoß seines Bürogebäudes im Zentrum der Stadt. Da er ein Gewohnheitstier war, saß Matt immer am selben Tisch, las die Branchennachrichten, liebäugelte mit den Bratkartoffeln, bestellte aber stets dasselbe Frühstück: ein paar Scheiben gegrillten, mageren Speck auf einem kalorienarmen Muffin. Auf Anraten seines Arztes hatte er Rühreier aufgegeben. Bei seiner letzten Untersuchung hatte er einen Cholesterinspiegel von 7,2. Angela war ausgerastet und hatte ihm ein fettarmes, stärkearmes, vollkommen armes Diät-Bewußtseins-Programm verordnet, damit er noch den Tag erleben könne, an dem ihre drei Söhne für die Chicago Bulls spielten. Als ob es jemals dazu käme.

Die Agentur nahm so viel ihrer Zeit in Anspruch, daß er und seine Frau im Moment fast nur noch über Prozente, Bruttogewinn, Vereinbarungen und Verträge sprachen – sowohl im Bett als auch außerhalb. Angela verabscheute die Trennung, aber sie hatte ausgerechnet, daß er mit dieser einen Kundin, Abbie Lomax, fast soviel Geld hereinholte wie die Agentur in Chicago insgesamt. Wirklich, Matt sollte die Familie nach New York holen – dahin, wo das Geld war. Aber Matt genoß seine neu entdeckte Freiheit und hatte es nicht eilig, sein junggesellenähnliches Dasein schon wieder aufzugeben. Obwohl er selbst in Amerika geboren wurde, war Matts Familie griechisch-zypriotischer Herkunft; die Männer waren zu treuen Gatten und aufopfernden Vätern erzogen worden, und das war er auch. Aber mein Gott, diese New Yorker Miezen, die den Bürgersteig entlangstolzierten, als gehörte ihnen die ganze Welt, ließen ihm das Wasser im Mund zusammenlaufen. Wie sie ihre federnden, vorstehenden Brüste präsentierten, wie sie mit einer kleinen Bewegung ihren strammen Hintern wackeln ließen, wie sie mit wallendem Haar an ihm vorbeirauschten, ohne ihn eines Blickes zu würdigen … Das genügte, um jeden Mann, egal wie gefestigt er war, vollkommen verrückt zu machen. Im Moment war er – wie Jimmy Carter – seiner Frau körperlich treu, während es ihn in Gedanken nach anderen Frauen gelüstete.

Als er diese Frau in dem Sandwich-Shop betrachtete, fragte er sich beiläufig, wie es wohl mit ihr wäre. Sie hatte einen verschlagenen Blick und einen kurvenreichen kleinen Körper, der von einem engen weißen Top und einem knappen schwarzen Minirock aus Leder betont wurde. Er erinnerte ihn an den Witz über die Röcke in drei möglichen Längen: zehn Zentimeter über dem Knie, zwanzig Zentimeter darüber oder «Willkommen am Gleisdreieck».

Seine Frau neckte ihn damit, daß er als Doppelgänger von Bob Hoskins mit Haaren durchgehen könnte. Und es würde ihm auch nicht schaden, ein paar Pfund abzunehmen. Er riskierte noch einen Blick in die Richtung der Frau. Gott, sie kam direkt auf ihn zu. Ohne ein Lächeln hielt sie ihm einen Dollarschein hin.

«Haben Sie Kleingeld? Ich muß mal telefonieren.»

Matt zückte ein Handy hervor. «Sie sind eingeladen.»

«Nein», erwiderte sie kurz angebunden. «Nur Kleingeld.»

Matt wühlte in seiner Tasche und gab ihr ein paar Münzen. Als sie zum Telefon neben der Bar ging, blickte er anerkennend auf ihre fortschreitenden Beine. Mann, die reichten bis unter die Arme. Er war froh, daß sie nicht eines von diesen Weibsbildern war, die lieber Hosen trugen.

Einige Sekunden später schaute er von seinem Kaffee – entkoffeiniert, ohne Zucker – auf und sah sie wieder auf sich zu schreiten.

«Kann ich auf Ihr Angebot mit dem Handy zurückkommen? Da telefoniert jemand, und ich habe es wirklich eilig.»

«Klar doch.» Er verabscheute den übereifrigen Ton in seiner Stimme, konnte ihn aber nicht kontrollieren. Sie sagte leise etwas in die Sprechmuschel und gab ihm dann das Handy zurück. «Danke.»

Matt atmete tief durch und faßte all seinen Mut zusammen. «Trinken Sie einen Kaffee mit mir?»

Die junge Frau bedachte ihn mit einem vernichtenden Blick. «Nein, danke», erwiderte sie schroff.

Matt wurde rot. «Ich hab nur versucht, höflich zu sein.»

Sie schwieg einen Moment. «Hast du eine Ahnung, wie oft ich das schon gehört habe, Alter?»

Matt hob flehend die Hände. «Okay, okay, Entschuldigung. Es muß schlimm sein, wenn eine so gut aussehende

Frau wie Sie ständig belästigt wird. Hier muß wohl jeder in die Defensive gehen. Ich bin neu hier, und ich hab das Gefühl, die Stadt ist das reinste Kriegsgebiet.»

Die Frau lächelte unerwartet, und ihr gereizter Gesichtsausdruck verschwand. Er hielt den Atem an. Sie hatte einen großartigen Mund, voll, breit, und er war nicht mit dem dikken Zeugs beschmiert, das die Frauen heutzutage im Übermaß benutzten.

«Hm, das ist originell», sagte sie. «‹Kriegsgebiet›. Das gefällt mir.» Sprach's und setzte sich neben ihn.

Es war ein grauer, regnerischer Tag gewesen, und Abbie war als erste zu Hause. Sie war bester Laune. Ihr Tag war gut verlaufen. Herrlich gelacht. Herrlich gegessen. Herrlichen Sex gehabt.

Nach dem spektakulären Kuß in ihrer Wohnung war das, was in den ersten hektischen Wochen in New York unmöglich gewesen war, mühelos passiert, als Robert für ein Bewerbungsgespräch zu Besuch war.

«Ich wollte nicht umziehen, aber … nun, es gibt Gründe, aus denen ich einfach in New York sein muß», meinte er zu ihr, und sie liebte es, wenn er so verlegen schaute. Dies war kein geübter Herzensbrecher.

Abbie war nicht in der Verfassung, um nach einem Ehemann Ausschau zu halten, aber sie war reif für eine Beziehung. Insbesondere mit jemandem, der den gleichen Humor und die gleiche Leidenschaft für das Fernsehgeschäft hatte. Auf den blonden Mann von 1,83 Meter, der ihr gegenüber saß, traf beides zu.

Das Mittagessen in dem kleinen französischen Bistro war einerseits eine spritzige Mischung aus Erinnerungen und gemeinsamem Lachen gewesen, aber andererseits war die sexuelle Spannung zwischen ihnen so stark gewesen, daß sie einen Stromausfall hätte ausgleichen können.

Robert erzählte Abbie die neuesten Tratschgeschichten über ihre ehemaligen Kollegen und einige der Machenschaften, die sich abgespielt hatten, seit sie nicht mehr dort war. Sie lachte über seine Beschreibung der unterschiedlichsten Tricks, die man angewandt hatte, um den Chef davon zu überzeugen, daß man der Richtige für die begehrte Sendezeit war, die Abbie freigemacht hatte. Gerüchten zufolge verhandelte Blanche Casey über einen Vertrag mit USTV in New York.

«Du hättest dabeisein müssen.» Robert zog eine Grimasse. «Sie drängten sich um Svenson wie Schweine um den Trog.»

«Ach, du kennst ja den Spruch», entgegnete sie. «Führe nie einen Ringkampf mit einem Schwein. Beide werden dreckig» – sie hielt inne – «und dem Schwein gefällt das.»

Er warf den Kopf zurück und lachte. Dann legte er die Hand sanft auf ihre. «Ich hätte riesige Lust auf einen Ringkampf mit dir», sagte er leise und versuchte, sie unschuldig anzusehen.

Nach dem ersten Kuß in dem leeren Aufzug konnten sie sich kaum zurückhalten. Sie rannten den Flur entlang und öffneten ihre Kleidung, sobald sie im Zimmer waren. Ihre Lust ließ keine Zeit für Zärtlichkeiten, aber beim zweiten Mal war es sanfter und einfallsreicher, sie redeten mehr und erlangten größere Befriedigung.

«Weißt du», meinte er zärtlich, «schon als ich dich das erste Mal sah, hielt ich dich für etwas Besonderes, aber ernsthaft interessiert war ich erst in den letzten Wochen. Und dann bekamst du deinen neuen Job, und ich dachte, ich hätte meine Chance vertan, bevor wir überhaupt angefangen hatten. Glaubst du, wir schaffen es, uns wiederzusehen?»

Abbie bemühte sich, unbeschwert zu klingen. «Aber natürlich.»

«Das ist großartig, Abbie. Ich hab ein gutes Gefühl bei uns beiden.»

Er war so direkt und ehrlich, daß es eine erfrischende Abwechslung zu dem Casanova des Büros darstellte. Sie lagen sich schweigend in den Armen, bis es Zeit für ihn wurde, sein Flugzeug zu erreichen. Wenn das Bewerbungsgespräch so gut gelaufen war, wie er dachte, dann würde er nach New York ziehen. Aber bis dahin konnte sie ihn wochenlang nicht sehen. Er hatte von Montag bis Freitag Dienst, während sich ihre Termine am Wochenende häuften. Einen kurzen Moment lang beneidete sie die Menschen, die von neun bis fünf arbeiteten.

Als sie vor dem Kühlschrank in der Küche ihrer Mutter stand und sich an Conchitas Mischung von Blumenkohl-, Fenchel- und Brokkolistücken weidete, kam ihr der Gedanke, wie gern sie so eine Küche hätte, wenn sie ihr neues Zuhause gefunden hatte.

Es die Küche ihrer Mutter zu nennen war nicht ganz korrekt. Die einzigen Menschen, die darin arbeiteten, waren Conchita oder die Leute vom Lieferservice. Flaschen mit reinem Olivenöl und Essigsorten aus aller Welt standen dicht aufgereiht in den offenen Regalen der blauen Schränke. Ein altes Schneidebrett aus massivem Holz nahm – neben den Gläsern mit getrockneten Blumen und den hölzernen Salz- und Pfeffermühlen – einen Großteil der Arbeitsinsel ein. Riesige Spiegel und alte Reklameposter verzierten die hellblau gewischten Wände.

In Manhattan war es ein seltenes Ereignis, wenn man zu Hause aß, und nur zwei Gruppen von Menschen durften es erleben: die Armen, weil sie es sich nicht leisten konnten, auswärts zu essen, und die sehr Reichen, weil es ihnen eine Privatsphäre schuf und weil ihre Wohnungen groß genug waren, um das Personal unterzubringen, das die Mahlzeiten vorbereitete und servierte. Mr. und Mrs. In-der-Mitte bevölkerten die Bars, Restaurants, Bistros, Cafés und Schnellimbißketten.

Privatsphäre war teuer, und sie wurde einem ermöglicht durch jemanden wie Conchita, die auf magische Weise die kalorienarme Nahrung, von der sie lebten, in appetitliche, schmackhafte Speisen verwandelte. Sie hielt immer einen Vorrat an knackigem frischen Gemüse und Obst zum Knabbern im Eisfach des riesigen Kühlschrankes, ebenso fettarme Schaumspeisen und würzige Dips. Abbie ahnte nur, wie viele Stunden man brauchte, um sie zuzubereiten, und welche Mengen an Zutaten gehackt und geraspelt werden mußten. Aber da sie wußte, wieviel zusätzliche Pfunde die Kamera sah, hatte sie ihre Geschmacksnerven über die Jahre dazu erzogen, sie nicht in Versuchung zu führen. Manchmal fragte sie sich, warum sich Conchita nicht selbst bei diesen kalorienarmen Wundern bediente. Aber die stämmige Chilenin ließ sich immer wieder über die kleinen Mengen an Nahrung aus, die Miss Katharine und Miss Abbie zu sich nahmen. «Und so viel Gemüse. Das verdirbt den ganzen Spaß am Essen», sagte sie immer kopfschüttelnd.

Abbie hörte Katharines Schlüssel im Schloß. Sie zupfte ihren engen blauen Seidenrock zurecht und hoffte, daß ihre Mutter an den Knitterfalten nicht erkennen würde, wie sie den Nachmittag verbracht hatte.

Katharine trug ihre «Erkennt-mich-nicht-Uniform», bestehend aus einer rehbraunen Hose, passendem Rollkragenpullover und einer beigefarbenen Sonnenbrille.

«Wenn du noch mehr in der Farbe trägst, siehst du bald aus wie Bambi», meinte Abbie.

Katharine sah sie durchdringend an, aber das Grinsen ihrer Tochter war entwaffnend. Sie mußte aufhören, in allem, was Abbie sagte, nach einer versteckten Kritik zu suchen. Sie wurde langsam zu empfindlich.

«In Ordnung», erwiderte sie. «Ich weiß nicht, warum es mit dieser Farbe funktioniert, aber es ist so. Niemand erkennt mich. Versuch es auch mal. Ich kam auf die Idee, als ich etwas über Marilyn Monroe las, die in der Menge verschwinden konnte, wann immer sie wollte, sie brauchte nur solche Klamotten zu tragen. Wenn sie wieder beachtet werden wollte, betätigte sie einfach einen inneren Schalter.»

«Wie hat sie das geschafft?»

«Das hatte mit ihrer Körperhaltung zu tun, wie sie die Hüften schwang, ihr Kinn hob und den Leuten direkt in die Augen sah. Sie nannte es den ‹stolzen Stargang›.»

«Es hilft auch, wenn man die Stadt verläßt und niemandem begegnet. Wie war dein Mittagessen?»

«Gut.» Katharine schaute weg, um ihren Gesichtsausdruck zu verbergen. George war dagewesen, und gleich nachdem das Essen abgeräumt worden war, waren sie in sein neues Hotel, ihren alten Schlupfwinkel, gefahren. «Nina hat die Warhols wieder aufgehängt, und sie sehen toll aus.»

In der letzten Zeit war sie mehrere Male versucht gewesen, Abbie von George Hemmings zu erzählen, aber sie meinte zu Nina: «Wie kann ich ihr erzählen, daß ich eine lüsterne Midlife-Affäre habe? Mütter tun so was nicht. Und außerdem mag sie Freddie. Das würde alles komplizierter machen.»

Aber wie alle Verliebten konnte Katharine nicht widerstehen, über ihren neuen Mann zu reden. «Nina hat mich dem Freund eines Freundes vorgestellt, dem mehrere Hotels gehören, hier und im Ausland.»

«Und wie ist der so?»

«Geschieden, etwas jünger als sie, sehr groß, attraktiv, sympathisch...» Sie hielt inne, da sie merkte, daß sie zu begeistert klang, aber Abbies Konzentration richtete sich auf den Inhalt des Kühlschranks. «Er spricht fließend Italienisch. Eines seiner Hotels ist in Rom.»

«Gut, dann kriegen wir ja Rabatt», scherzte Abbie, während sie großzügig Frischkäse auf ihr Brot schmierte.

«Ich dachte, du hättest zu Mittag gegessen.»

«Hab ich auch», antwortete sie und gab ihrer Mutter ein Stück Möhre, «aber ich habe noch Hunger.»

«Bei Nina war eine Frau, die dich fasziniert hätte. Ich mußte ihr einfach beim Essen zusehen. Oder besser gesagt, beim Hungern. Sie hielt Messer und Gabel so, als ertrüge sie es nicht, sie zu berühren. Sie nahm von allem etwas, aber in ihren Mund schob sie nur ein winziges Stück einer gefüllten Tomate.»

«Wir müssen wirklich verdammt aufpassen», sagte Abbie. «Guck dir nur das ganze Kaninchenfutter an, von dem wir leben. Aber ich würde lieber auf eine Mahlzeit verzichten, als mich so aufzuführen.» Sie sah ihre Mutter schelmisch an.

Katharine erwiderte ihr Lächeln. Die Stimmung zwischen ihnen war eindeutig entspannter, und sie war langsam optimistisch, daß sich die alten Probleme beseitigen ließen.

Der Türsteher von unten klingelte. «Ein Paket für Sie, Miss Lomax. Es wird gleich hochgebracht.»

«Danke, Joe.»

Einmal in der Woche schickten ihnen die Abteilungen Öffentlichkeitsarbeit ihrer beider Sender die Presseartikel und Fernsehkommentare der Woche zu. Abbie und Katharine hatten es sich angewöhnt, jeden Montagabend während eines schweigsamen Essens eine nachträgliche Analyse vorzunehmen und die Artikel in dem Bündel durchzusehen.

In dem Paket dieser Woche befand sich nichts Umstrittenes. Sie lachten beide über die Phantasie einer der Zeitungen, die eine Geschichte über einen verloren geglaubten Zwillingsbruder, den Abbie in London haben sollte, zusammen mit einem Foto veröffentlichte.

«Sieht dir nicht im geringsten ähnlich», sagte Katharine.

«Nur aus Neugier, warum hattet ihr nicht mehr Kinder?»

«Wir haben es versucht, aber vier Monate nach deiner Geburt wurde bei mir ein Abstrich gemacht, der eine Anomalie der Zellen in meinem Gebärmutterhals aufwies.»

«Das wußte ich nicht. War das schmerzhaft?»

Katharine wurde plötzlich bewußt, wie wenig vertrauliche Gespräche sie bisher geführt hatten. «Gar nicht, aber es mußte eine Biopsie durchgeführt werden, um diese Zellen herauszuschneiden, und Jahre später, als ich versuchte, herauszufinden, warum ich nicht wieder schwanger wurde, erzählte mir der Arzt, daß die Spermien mit Kletterschuhen und Spikes ausgerüstet sein müßten, um die Narben jener Operation zu überwinden.»

Abbie stützte den Kopf auf die Hand. «Du Arme. Jetzt mußt du dich also ganz auf mich konzentrieren.»

«Kein leichtes Schicksal», spöttelte Katharine. «Aber du wirst deinen Weg im Fernsehen schon gehen. Oh, schau mal, im *Courier* von Atlanta bekomme ich für meine Frisur in dieser Woche acht von zehn Punkten, du kriegst nur sechs.»

«Ja, aber die finden mein Outfit besser. Donna wird sich freuen. Und meine Gäste schneiden besser ab, jedenfalls laut der *Gary Indiana Gazette*», protzte Abbie.

«Ach, aber die Leute in der Stadt des Stahls finden, daß du zu sehr mit den Händen herumfuchtelst», konterte ihre Mutter. Katharines Lächeln verschwand, als sie den Artikel einer Kolumnistin überflog, die in mehreren Zeitungen gleichzeitig veröffentlichte. «Du mußt bei den Journalisten aufpassen. Ich bin sicher, daß du nicht all das über deine Schulzeit gesagt hast.»

«Was denn?»

«Daß ich oft Veranstaltungen wie zum Beispiel den Sporttag verpaßt habe.»

Abbie rückte verlegen auf dem Stuhl hin und her.

«Du weißt, daß ich immer gekommen bin, wenn es mir irgendwie möglich war.»

«Ja, aber ich habe diese Schule gehaßt. Ich hab versucht, zu verstehen, warum du nicht immer kommen konntest, aber es war schwer.»

Katharine konnte die in ihr aufsteigende Wut nicht unterdrücken. «Du hast keine Ahnung, wie schwierig es für mich nach der Scheidung war.»

Abbie zuckte mit der Schulter. Sie hatte ihre ganze Jugend hindurch den Refrain über den Kampf der Frauen für die Gleichberechtigung gehört.

Katharine verletzte die Gleichgültigkeit ihrer Tochter. «Ich war nur wenig älter als du jetzt, als dein Vater und ich uns trennten. Du warst sieben. Ich hatte Glück, mein Erfolg kam schnell, und wie die meisten verfüge ich über eine ordentliche Portion Egoismus. Aber ich habe versucht, mein Bestes als Mutter zu geben, auch wenn ich weiß, daß ich es nicht immer geschafft habe. Wie denn auch? Wie oft erschien denn dein Vater bei Schulveranstaltungen?» Es klang heftiger, als sie wollte, und sie biß sich auf die Lippen.

«Ach, Mum, sei doch fair. Seine Arbeit schickte ihn um die ganze Welt.»

Katharine beherrschte sich und sagte nichts. Ihr war es nie gelungen, Abbie verständlich zu machen, wie schwierig ihr Leben in jener Zeit gewesen war. In der von Männern dominierten Welt des Fernsehens hatte man sich nicht so ohne weiteres freinehmen können, weil man ein kleines Kind hatte, um das man sich kümmern mußte. Es wurde leichter, als mehr Frauen sich auf den oberen Stufen der Geschäftswelt tummelten und auch sie selbst die Leiter hinaufkletterte. Es lag in der Natur der Sache, daß ihre Chefs entgegenkommender wurden, als Katharine für sie wichtiger wurde.

Abbie fuhr sich durch die Haare. «Ich rufe Rona an und versuche, das klarzustellen.»

«Nein, mach das nicht. Beschwere dich nicht, erkläre dich nicht. Journalisten sehen das als Schwäche an.»

In den fünf Wochen, seit sie von ihren jeweiligen Sendern gegeneinander in den Ring geschickt worden waren, hatten sie es geschafft, sich von dem unaufhörlichen Bombardement seitens der Presse, ob positiv oder negativ, nicht verletzen zu lassen. Dies war das erste Mal, daß ihre neu entdeckte Harmonie von der Berichterstattung getrübt wurde. Aber Katharine war sich nur zu bewußt, daß der Konkurrenzkampf noch härter werden würde, wenn Abbie an ihren Fähigkeiten als Interviewerin weiter feilte.

Die Alain-Show war der Höhepunkt der New Yorker Modeschauen. Alain war einer der innovativsten Designer der Welt, und sein Laufsteg war in jeder Saison für Sensationen gut. Die vergangenen drei Jahre hatte er sich für die erste Show der Woche entschieden, elf Uhr am Montagmorgen. Bis dahin hatte keines der Modehäuser den Termin gewollt. Das internationale Heer von Käufern und Journalisten mit ihrem Jetlag kam vielleicht nicht rechtzeitig aus Paris, Mailand oder London, um bei der Show am Montagmorgen dabeizusein. Nur Alain schaffte es, eine Modeveranstaltung daraus zu machen. «Die anderen sind nach mir an der Reihe», sagte er und meinte den Rest der amerikanischen Designer. «Das sind alles Plagiatoren. Ich *bin* New Yorker Prêt-à-porter.»

Niemand, der die Stars in ihren Limousinen vorfahren sah, um ihm Ehre zu erweisen, konnte das bestreiten.

Alain, mit bürgerlichem Namen Alan Yentovitch, aus Brooklyn Heights liebte es, die Modekenner zu überraschen und alles anders zu machen als andere. Er bestach, überredete oder schmeichelte nicht. Die alte Masche, die in der ersten Reihe der Show sitzenden Stars mit einem aufgehängten Anzug in der Hotelsuite zu verführen oder mit einem persönlich gelieferten Schmuckstück oder einer Handtasche, war nicht seine Art. Seine klassisch steifen, weißen Einladungen wurden erst Ende August an die Privatadressen verschickt. Jeder – aber auch jeder – kam, einschließlich der Sport- und Filmstars, der Popidole und Geschäftsmagnaten.

Alle drängten sich in den Saal, egal wo die Modeschauen der Saison stattfanden.

Hinter dem Laufsteg hielt Alain den Ablauf genau im Auge, während die Supermodels ihre Augenbrauen mit Pinzetten bearbeiteten und Friseure und Maskenbildner ihnen «den Look» verpaßten: wilde Mähnen, dunkle, feurige, stark geschminkte Augen und extrem schmollende, natürlich aussehende Lippen. Er war noch jung, Anfang Dreißig, und obwohl ihm nur ein winziger Anteil an der Firma gehörte, die seine Kleidung produzierte und vermarktete, war er schon Millionär.

Es war bei ihm so üblich, daß jeder Gast seiner Show ein kleines, geschmackvolles Geschenk erhielt: in einem Jahr war es ein vergoldeter Schlüsselanhänger, dann wieder ein Leinentaschentuch mit handgearbeiteter Borte. Dieses Jahr freuten sie sich sicher, dachte er. Ein silberner Rahmen. Er gab den millionenschweren Superstars in der ersten Reihe immer dasselbe wie den jungen Reportern auf den hinteren Plätzen. Er war sich sehr wohl bewußt, daß diejenigen, die heute auf den kleinen Hockern weit weg saßen, morgen vielleicht einen Thron direkt vor dem Laufsteg verdienten.

Er schaute durch den Vorhang in den Zuschauerraum, als das Gemurmel der Menge um ein Dezibel anstieg. Die Ankunft von Katharine und Abbie hatte die Unruhe in dem riesigen, weißen Ballsaal des Hotels ausgelöst. Er hatte sie auf die Ehrenplätze in der ersten Reihe zu den Königlichen Hoheiten aus Großbritannien, Monaco und dem Nahen Osten gesetzt. Abbie saß neben Jeri-Ann, während Katharine vier Plätze weiter zu Freddies Tochter Lisa, ihrem Gast, geführt wurde. Blanche Casey war sicher nicht erfreut, an der Seite sitzen zu müssen, überlegte er, da sie einen Vertrag unterzeichnet hatte, die Talk-Show von USTV zu moderieren, aber zumindest saß sie vorne.

Die Show begann in wenigen Minuten. Abbie nickte Lisa

zu. Das Mittagessen war nett gewesen, aber enge Freunde würden sie wohl nie werden. Als sie den klickenden Kameras gegenüber saß, war Abbie dankbar, daß sie Jeri-Anns Rat angenommen hatte und im Studio vorbeigefahren war, um sich professionell schminken zu lassen. Durch die unmittelbare Nähe zu den Supermodels verspürte sie den Wunsch, ebenso gestylt zu sein. Brenda, die Chefin in der Maske, war mit der Pflege des Toupets des beliebtesten Nachrichtenkommentators von Amerika beschäftigt gewesen, einer von mehreren bekannten Stars mit weichendem Haaransatz und einer großen Sammlung von Toupets. Er wies oft darauf hin, daß er eine Menge Zeit sparte, wenn man seine Haare in einem Zimmer frisierte, während er nebenan geschminkt wurde. Also hatte man Abbie an Brendas neue Assistentin, Brooke, verwiesen, die in sehr kurzer Zeit eine hervorragende Arbeit geleistet hatte; sie hatte es sogar geschafft, in Sekundenschnelle die extrafeinen Wimpern anzuheften.

Die Zeitungen waren voll gewesen vom sogenannten Krieg zwischen den Moderatorinnen, und Alain hoffte, daß seine diplomatische Sitzordnung zumindest bei diesem Anlaß die Schreiber der Klatschspalten bezwingen würde; nichts sollte von seiner Show ablenken.

Seine Hoffnungen wurden enttäuscht. Abbie fand sich augenblicklich einem Ansturm von Kameras und Fotoapparaten ausgesetzt, und die Experten zählten die Sekunden, die die Kameras auf jede der Moderatorinnen gerichtet waren. Abbie brachte es auf 1 Minute 20, Katharine lediglich auf 25 Sekunden. Die Klatschkolumnisten waren entzückt: Das schrie förmlich nach Geschichten über die Bienenkönigin, die ihren Platz im Bienenstock verlor.

Nachdem fünfzig Gewänder in Schwarz, Graubraun oder dem hellsten Blau der Saison vorgeführt worden waren, erschien Alains individualistische Interpretation eines Brautkleides: ein Traum aus ärmellosem, rückenfreiem, Brustwarzen betonendem weißen Satin. Während Alain den Beifall entgegennahm, verteilten seine Mitarbeiter dreihundert identische Päckchen, von denen jedes einzelne fein säuberlich mit dem Namen des Empfängers beschriftet war.

Als Abbie den kleinen Silberrahmen aus dem eleganten Samtbeutel zog, blickte sie verwirrt auf die unfeine Postkarte hinter dem Glas und schob den Rahmen dann schnell wieder in den Beutel.

«Alain scheint an Geschmacksverirrung gelitten zu haben», flüsterte sie ihrer Produzentin zu. «Was ist in deinem Rahmen?»

Jeri-Ann zeigte ihn. Außer dem Karton befand sich nichts darin.

«Merkwürdig.» Abbie sah zu ihren Nachbarn, aber deren Rahmen waren auch leer.

Später, in der Abgeschiedenheit der Limousine, öffnete Abbie den Rahmen und gab Jeri-Ann die Postkarte. Zu sehen war eine Zeichnung einer nackten Frau mit gespreizten Beinen – keine gynäkologische Einzelheit blieb der Phantasie überlassen. Auf dem Rücken wuchsen ihr Schmetterlingsflügel. Die mit Schreibmaschine getippte und auf die Karte aufgeklebte Nachricht lautete: «Ich werde Dir die Flügel stutzen. Paß auf. Fan aller Fans.»

«Warum sollte Alain mir das schicken?» fragte Abbie mit besorgtem Gesichtsausdruck.

«Ich kann mir nicht vorstellen, daß er dahintersteckt. Ich frage ihn.»

Alains aufgeregte Stimme im Autotelefon machte deutlich, daß er keine Ahnung hatte, wovon Jeri-Ann sprach, und sie hielt es für klüger, nicht ins Detail zu gehen.

Als sie das Telefon ausschaltete, sah sie Abbie mitfühlend an. «Du hast die gute Seite des Ruhmes kennengelernt, ich fürchte, nun kommt die schlechte auf dich zu.»

«Mag sein, aber was habe ich getan, daß mir jemand etwas so Widerliches schickt?»

«Wer weiß das schon? Solche Reaktionen können durch alles mögliche ausgelöst werden. Die streiten sich mit ihrem Partner, dann sehen die dein lächelndes Gesicht auf dem Bildschirm, offensichtlich geht es dir besser als denen, und schon wirst du zur Zielscheibe ihrer Wut. Oder ihrer Begierde.» Sie fügte rasch hinzu: «Das gute ist, daß sie selten beharrlich sind, wenn sie von dir keine Reaktion bekommen.»

«Aber wie konnten die so nah an mich herankommen? Ich versteh es ja, wenn etwas ins Studio geschickt wird, aber hier bei der Modenschau...» Ihre Stimme erstarb.

«Schau mal, Hunderte von Leuten sind mit so einer Show beschäftigt. Jeder von ihnen könnte es getan haben oder gebeten worden sein, es zu tun. Diese Leute sind gerissen, und du wirst wahrscheinlich nie herausfinden, wer dafür verantwortlich ist. Du mußt lernen, damit zu leben. Die meisten von uns bekommen früher oder später einmal merkwürdige Drohungen.»

«Was hast du mit ihnen gemacht?»

«In den Papierkorb geworfen.»

Abbie spielte nachdenklich mit der Karte. «Mich macht nur stutzig, daß die Karte so beleidigend ist, aber dennoch mit ‹Fan aller Fans› unterzeichnet wurde.»

«Er wollte wohl ironisch sein.»

«Vielleicht, aber ich kann diese Verrückte in der Geschichte von Stephen King nicht vergessen. Du weißt schon, die immer wieder zu dem Autor sagte: ‹Ich bin Ihr größter Fan›, bevor sie versuchte, ihn umzubringen.»

«Hey», meinte Jeri-Ann beruhigend, «das war ein Roman, nicht das richtige Leben. Wenn du dir Sorgen machst, dann haben sie ihr Ziel erreicht. Versuch, es zu vergessen.»

Katharine gab ihr denselben Rat, als Abbie ihr von der

Karte berichtete. «Aber du solltest es Matt Nicolaides erzählen», fügte sie hinzu. «Soll er sich für dich darüber Sorgen machen. Dazu sind Agenten da.»

Aber Matt war nicht in der Stadt, und Abbie erreichte ihn nicht auf seinem Handy. Na ja, dachte sie, ihre Mutter hatte so etwas in der Vergangenheit auch schon erlebt, und wenn es sie nicht beunruhigte, dann würde sie auch keinen Schlaf dafür opfern.

Eingehüllt in den Duft des Laura-Biagotti-Badeöls, las Katharine das Interview. Entsetzen befiel sie.

«Katharine ist von Abbies Show wie besessen», wurde die ehemalige Redakteurin zitiert. «Die ganze Mannschaft ist es. Früher haben wir nach der Sendung oft mit Katharine zusammengesessen, gequatscht, über die Show geredet und gelacht. Die Atmosphäre war großartig.

Nun haut sie gleich nach der Sendung ab, um sich die Aufnahme von Abbies Show anzusehen. Sie hört auf niemanden, der es bereits gesehen hat, sie muß es selbst sehen. Also müssen alle warten, bis sie damit fertig ist. Und anschließend sieht man nicht viele glückliche Gesichter. Katharine läßt sich permanent über die Frisur ihrer Tochter aus, was sie anhat und so was alles. Da herrscht richtig schlechte Stimmung, nichts von dem alten Teamgeist ist übriggeblieben, keine Freundschaft, nur jede Menge Lästereien über die nachäffenden Fernsehsender. Ich wäre nicht überrascht, wenn nach mir noch viele andere gehen.»

Katharine haute wütend auf eine Nummer des weißen Telefons neben der Badewanne.

Ihr Agent nahm den Hörer Sekunden später ab. «In Ordnung», sagte Buzz, der den Artikel gelesen hatte und der wußte, was sie wollte, ohne daß sie außer ihrem Namen noch etwas sagen mußte. «Ich hab's gesehen. Derselbe Ort wie immer, um zwölf. Wir reden drüber.»

Katharine kam um Punkt zwölf Uhr mittags im *Babushka* an. Als sie der Oberkellner zum Tisch von Buzz führte, beachtete sie niemand. Die feine Kundschaft von *Babushka* starrte berühmte Persönlichkeiten nicht an.

Buzz saß schon auf seiner üblichen Eckbank.

«Das ist äußerst ärgerlich.» Katharine legte los, sobald sie saß. «Es geht nicht nur um diese lächerliche Redakteurin. Sie wurde erst Anfang des Jahres eingestellt, aber sie hatte anscheinend etwas übertrieben, was ihre bisherige Erfahrung anging, und Mike stellte schnell fest, daß sie für den Job nicht gut genug war. Also wurde sie gefeuert. Mich regen aber diese Geschichten über mich und Abbie auf.» Katharine lehnte sich vor. «Buzz, wir müssen dem sofort einen Riegel vorschieben. Ich fühle mich vollkommen ausgeliefert.»

«In Ordnung, ich spreche mit dem Chef. Mike ist ein hervorragender Produzent, aber die taktischen Regeln beherrscht er nicht gerade. Es geht nicht, daß irgendwelche Leute so herumtönen.»

Ein kurzes Schweigen folgte. Katharine war anscheinend unbehaglich zumute. «Das Problem ist, daß es nicht vollkommen erlogen ist. Wie immer steckt ein Funken Wahrheit dahinter. Ich hab mich über Abbies Haar ausgelassen, aber nur weil es vorne so runterhängt und ihr Gesicht verdeckt. Ich sag es ihr immer wieder.»

«Das Mädchen hat das verdreht. Das kommt vor. Vielleicht sollten die darüber nachdenken, daß sich jeder mit einer Unterschrift verpflichtet, Informationen vertraulich zu behandeln», schlug Buzz vor.

«Ganz genau. Wenn alles, was ich sage, auf diese Art verdreht und an die Presse verkauft werden kann, macht es die Arbeit unmöglich.»

«Ich werde Sam das alles sagen. Er und Annette sind übers

Wochenende weggefahren, aber Montag morgen gehe ich gleich hin. Mach dir keine Sorgen, Katie, ich kümmere mich darum.» Er ließ seinen Blick kurz über die Tische im Restaurant gleiten, um zu sehen, wer da war. «Wie macht sich Abbies Agent?»

«Ich habe ihn seit der Party nur einmal gesehen, aber er scheint recht clever zu sein. New York ist schon was anderes als die windige Stadt Chicago, aber das erfordert Opfer. Er mußte seine Frau zurücklassen, sie führt dort die Geschäfte.»

«Woher weißt du, daß das nicht ein Vorteil ist?»

Katharine versetzte ihm einen freundschaftlichen Stoß. Sie lächelten noch immer, als der Kellner mit ihrer Bestellung kam, die sich selten änderte. Katharine nahm eine Folienkartoffel mit Beluga-Kaviar, aber ohne Sauerrahm und Zwiebeln, und Buzz aß ein kleines Steak, blutig, mit einem großen grünen Salat und ohne Pommes frites. Selbst als Agent mußte man in dieser Stadt eine gute Figur machen.

«Ich habe übrigens versucht, zwei zusätzliche Wochen Sendepause pro Jahr auszuhandeln, aber Sam will abwarten, was die anderen Sender machen.»

Katharine knallte scheppernd ihr Messer auf den Tisch. «Die anderen Sender? Oder reden die von Globe? Buzz, sei ehrlich zu mir. Machen die sich mehr Sorgen wegen Abbies Show, als sie es mir gegenüber zeigen?» Katharine sah ihn fordernd an.

Ihre lukrative Beziehung beruhte darauf, daß sie sich alles sagten, ob positiv oder negativ. Offene Gespräche waren das Geheimnis ihrer erfolgreichen Strategie. In einem Kommentar war es so zutreffend zusammengefaßt worden: «Wenn im Fuhrpark der Fernsehgeschichte lauter ausgebrannte Karosserien herumliegen, dann gehört Katharina die Große zu der Minderheit, die eine lange Karriere aufrechterhalten hat.» Diese Fähigkeit hatte Katharine in ihrem letzten Vertrag zusätzliche fünf Prozent eingebracht.

«Ich kann dir nur sagen, Katie, was sie zu mir sagen. Sam war begeistert von der Sendung am vergangenen Sonntag. Begeistert. Das hilft, wenn wir den Vertrag neu aushandeln.»

«Und du bist sicher, daß er es auch meinte?»

«Er würde mir keinen Mist erzählen. Wir kennen uns schon so lange.»

«Ich hoffe, du hast recht», sagte Katharine. «Dieser Quatsch mit der Mutter-Tochter-Fehde ist schlimmer, als ich dachte.»

Katharines Wohnung befand sich in einem Gebäude aus der Vorkriegszeit und hatte noch die ursprünglichen Simse und schönen Geländer. Ein perfektes Zuhause, dachte Abbie, als sie die Tür aufschloß. Vielleicht zu perfekt. Sie nahm sich einen Moment Zeit, um die Diele mit den glänzenden, kunstvoll gerahmten Spiegeln im Regency-Stil zu bewundern. An die Diele grenzte ein Alkoven mit einem Mahagonitisch, in den Intarsien eingelassen waren. Auf dem Tisch stand eine riesige Glasvase, in der zu jeder Jahreszeit ein herrlicher Strauß aus weißen Blumen und grünem Farn arrangiert war.

Als sie zu ihrem Schlafzimmer ging, hörte sie den Fernseher im Wohnzimmer. Merkwürdig, sie hatte nicht erwartet, daß ihre Mutter zu Hause war.

«Hallo, ich bin zurück», rief sie.

Wenn Katharine den Fernseher nicht sofort ausgestellt hätte, wäre Abbie direkt in ihr Zimmer gegangen, um sich umzuziehen. Nun aber steckte sie neugierig den Kopf ins Wohnzimmer.

Es war ein beeindruckender Raum; zwei Zimmer waren zu einem verbunden worden. Cremefarbene und weiße gepunktete Vorhänge aus schwerer Seide ergänzten die beigefarbenen und weißen Kissen auf der großen, bequemen Couchgarnitur.

Zuerst konnte Abbie ihre Mutter nicht sehen, aber dann hörte sie ein Papierrascheln auf der anderen Seite der Sofas. Katharine versuchte auf allen vieren, Unmengen von Zeitungsausschnitten, die den Großteil eines Sofas bedeckten und auf dem Parkett verstreut lagen, zu sortieren. Auf dem anderen Sofa lag ein Stapel Zeitschriften, obenauf – wie Abbie erkennen konnte – eine Ausgabe der Zeitschrift *People*. Einige der Absätze waren gelb markiert.

«Was machst du da?» fragte Abbie unschuldig. Als ob sie es nicht wüßte.

«Nichts Besonderes», antwortete Katharine nervös, während sie versuchte, die unzähligen Ausschnitte in einen großen Umschlag zu stopfen.

Abbie hob eine Videohülle auf und schaute auf den Titel. «*Braveheart*. Interviewst du Mel Gibson?»

«Hm, vielleicht. Wir wissen es noch nicht. War nur so eine Idee.»

Aha. Das Star-Interview der nächsten Woche, dachte Abbie. Niemand recherchierte so viel, wenn es nur Spekulation war. Ihre Mundwinkel zuckten. «Habt ihr ihn in der Show oder nicht?»

«Er steht auf unserer Liste, aber ... nein, ich bezweifle es.»

Abbie ließ sich auf eines der Sofas plumpsen. Sie konnte der Versuchung nicht widerstehen, sich über die Paranoia ihrer Mutter lustig zu machen. «Das ist gut. Denn wenn ihr ihn nicht nehmt, dann werde ich ihn wohl nehmen.»

Zwei rote Flecken erschienen auf Katharines Wangen. «Ich habe nicht gesagt, daß wir ihn nicht in der Show haben. Ich habe gesagt, ich bezweifle es. Das bedeutet, daß wir ihn doch haben könnten.»

«Aber vielleicht auch nicht.» Abbie amüsierte sich insgeheim köstlich.

«Wir denken trotzdem darüber nach.»

Abbie fing an zu lachen. «Du solltest dein Gesicht sehen.

Reg dich ab, Mum. Natürlich will ich dir niemanden abwerben. Ich will dich nur ärgern.»

Katharine wartete nur einen kurzen Augenblick, bevor sie mit einem Kissen nach ihrer Tochter warf. «Du Biest. Ich hab mich so bemüht, solche Sachen vor dir geheimzuhalten.»

«Ich auch vor dir», meinte Abbie lachend. «Vergangene Woche hast du mich überrascht. Aber ich glaube nicht, daß du gesehen hast, wie ich den neuen Roman von Ian Banks in einem Stapel Zeitschriften versteckt habe, oder?»

«Nein, habe ich nicht.»

«Und Jeri-Ann meint, ich passe nicht genug auf.» Sie ahmte den Südstaatenakzent ihrer Produzentin nach: «‹Abbie, du machst es dir zusätzlich schwer, in dem du mit deiner Mutter zusammenlebst.›»

«Mike ist der gleichen Ansicht, aber ich bin sicher, wir kommen damit zurecht», sagte Katharine.

«Natürlich», sagte Abbie.

Aber insgeheim drückten sie sich beide die Daumen.

Katharine war jetzt so aufgeregt wie ein Schulmädchen. Abbie hatte sich einverstanden erklärt, mit ihr und Freddie in Begleitung von Robert auf die bedeutendste Wohltätigkeitsveranstaltung der Saison, den *Black and White Ball,* zu gehen. Obwohl sie freudig überrascht war, daß ihre Tochter angenommen hatte, fürchtete Katharine sich davor, daß der Abend von angespanntem Schweigen oder, schlimmer noch, von bissigen Bemerkungen begleitet sein würde.

Der *Black and White Ball,* der sich streng an sein Vorbild – die phantastische Ascot-Szene in Cecil Beatons *My Fair Lady* – hielt, wurde nur alle fünf Jahre veranstaltet. Die siebzigjährige Kunstliebhaberin Cookie Fairweather organisierte das Fest und vermischte bei der Gelegenheit die verschiedenen Alters- und Gesellschaftsgruppen mit berühmten Stars, die sie seit Jahren nicht gesehen hatte. Sie verfügte über eine Datenbank von elftausend «Freunden», aber Karten erhielten nur ihre Lieblingsfreunde, von denen jeder gern ein Vermögen ausgab, um dort gesehen zu werden.

Cookie machte zur Bedingung, daß keine zusätzlichen Gäste oder Verwandten mitgenommen wurden, und entschuldigte sich damit, daß die Brandschutzauflagen beachtet werden müßten. Aber Freddie, der als einer der ersten eine Karte bekam (George stand als einfacher Hotelbesitzer nicht auf der Liste), hatte gefragt, ob Abbie und ihr Partner kommen könnten. Die Erlaubnis wurde gütigerweise erteilt. Abbie war fasziniert von der Geschichte des Balls und hatte Robert überzeugt, eigens aus Chicago einzufliegen. Er suchte noch immer intensiv nach einer Arbeit in New York und war regelmäßig zu Bewerbungsgesprächen in der Stadt, was bedeutete, daß sie öfters einen Abend miteinander verbringen konnten. Abbie spürte, daß die sich festigende Beziehung ihn bestärkte, in derselben Stadt zu arbeiten wie sie.

Sie hatte extra für den Abend ein Kleid in Auftrag gegeben und freute sich über das Ergebnis. Die feine weiße Seide und der enge Schnitt gaben ihr das Gefühl, verführerisch zu sein. Der Ausschnitt war tiefer, als sie ihn normalerweise trug, aber sie war sich sicher, daß dies in einer so überaus schicken Gesellschaft nahezu unbemerkt blieb.

Katharine glänzte in einer Abendrobe aus schwarzer Guipurespitze mit einem langen Schoß, der ihre zierliche Gestalt betonte und unter dem Knie in Rüschen endete. Das Kleid ließ ihren Rücken bis zur Taille frei, und den Ausschnitt betonte sie mit einer langen wertvollen Perlenkette. Sie und Abbie kamen getrennt, da sie nicht gemeinsam fotografiert werden wollten.

Der riesige Ballsaal mit seinen funkelnden goldenen Kronleuchtern war schon überfüllt, als sie eintrafen. Die Szenerie war märchenhaft. Draußen vor den Fenstern waren von den bedeutendsten Designern des Broadway bemalte

Stellwände plaziert worden, die den Eindruck vermittelten, als befände man sich hinter einem Theatervorhang. Gitterwände mit Hunderten von duftenden weißen Rosen, Kamelien und Nelken wurden wie auf einer Bühne beleuchtet, so daß die Leute immer wieder ins Scheinwerferlicht traten, wenn sie sich begrüßten. Auf einem Podium in der Mitte wechselten sich pausenlos drei erstklassige Bands ab – umgeben von riesigen Arrangements weißer Hortensien. Cookie hatte riesige Blumensträuße dieser Art an alle Nachbarn geschickt, damit sie sich nicht über den Lärm beklagten.

Als sie sich in der Fülle schwarzer und weißer Kleider umschauten, fiel Katharines Blick auf den einzigen Farbfleck im ganzen Saal, und sie stieß Abbie an. «Schau dir Cookie an», flüsterte sie und versuchte, ihr Lachen zu unterdrücken. «Nur sie wagt es, Scharlachrot zu tragen.»

Abbie schaute bewundernd zu ihr hin. «Ich kann es kaum abwarten, so alt zu werden wie sie, damit ich mit so etwas durchkomme.»

Es war ein zauberhafter Abend, und Katharine war stolz auf ihre Tochter und froh darüber, in Begleitung von Freddie und Robert zu sein. Die vier paßten gut zusammen, Abbie war unterhaltsam, offenherzig und entspannt, und wie Freddie des öfteren anmerkte, gaben sie und Robert ein schönes Paar ab.

Als Abbie sich frisch machen wollte, bat sie ihre Mutter, sie zu begleiten, und während sie sich die Nase puderte, schaute sie Katharine im Spiegel an. «Nun, was hältst du von Robert?»

Mein Gott, dachte Katharine, sie fragt mich nach meiner Meinung. Zum ersten Mal. Sie antwortete betont locker: «Hm, meinen Segen hast du. Er sieht gut aus, ist witzig, aufmerksam, und er scheint dich abgöttisch zu lieben.»

Abbie runzelte die Stirn und hielt den Rougepinsel in der Luft. «Ich möchte nicht, daß er zu schnell ernste Absichten bekundet. Mit meinem neuen Job bin ich nicht in der Verfassung, endgültige Entscheidungen zu treffen.»

Katharine entfernte den überschüssigen Lippenstift mit einem Taschentuch. «Ich denke oft, daß das Timing das Wichtigste in jeder Beziehung ist. Aber er scheint sehr damit beschäftigt zu sein, eine neue Arbeit zu finden. Ich würde mir also nicht zu viele Sorgen machen.»

Ihre Tochter schien sich das zu Herzen zu nehmen. Später, bei einem schwungvollen schottischen Volkstanz, drehte Katharine sich an Abbies Arm im Kreis. Abbie warf ihr einen so vergnügten Blick zu, daß Katharine eine Woge der Zuneigung überkam – ein Gefühl, das sie für diese liebenswerte, eigensinnige, nervenaufreibende Tochter seit viel zu langer Zeit nicht mehr empfunden hatte.

Abbie schien die Gesellschaft ihrer Mutter aufrichtig zu genießen. Da war keine Fassade, kein gekünsteltes Benehmen mehr. Dies war die wahre Abbie. Warum, dachte ihre Mutter wehmütig, konnte es nicht immer so sein?

5. KAPITEL Woche acht der neuen Staffel: Katharines Team befand sich auf dem Kriegspfad. Kein Erlaß war herausgegeben worden, keine Mitarbeiterkonferenz hatte es beschlossen, aber bei ABN herrschte Bunkerstimmung. Die wenigen, die beim Start von Abbies Show selbstgefällig die Ruhe bewahrt hatten, rannten jetzt wie kopflose Hühner umher und gaben allem und jedem für den kleinsten Fehler die Schuld. Die Unsicherheit war fast greifbar. Dic übrigen setzten sich auf den Hosenboden, arbeiteten länger und intensiver und versuchten zu durchschauen, was die Emporkömmlinge von Globe TV vorhatten.

Angesichts einiger böswilliger Pressekommentare hatten die Produktionsassistenten, denen das meiste Vertrauen entgegengebracht wurde, eine Art Küchenkabinett gebildet; sie benutzten Codenamen für die Gäste und verbreiteten nur die nötigsten Informationen. Dies war dem reibungslosen Ablauf der Sendung nicht gerade dienlich. Es kam vor, daß zwei Leute unabhängig voneinander denselben Agenten so sehr drängten, daß sein Kunde verärgert zu einer anderen Sendung überlief. Die Gemüter erhitzten sich, Streitereien wurden vom Zaun gebrochen, und die Teamkollegen entfremdeten sich voneinander, besonders die neueren Mitarbeiter. Die Stimmung war so geladen, daß die Sendung einen neuen Namen bekam: «Katharina, die Große-Haß-Show». Am Schwarzen Brett hingen keine Witze und Cartoons mehr, sondern ein Bild von der harmonischen Landschaft in Colorado, das der Firmenpsychiater zur Beruhigung der Nerven vorgeschlagen hatte.

Die Schreibtische von ABN waren nach dem neuesten Stand der Technik ausgerüstet, miteinander verzahnt, bausteinartig angeordnet und schwarz. Ein Knopfdruck öffnete ein Fach, in dem sich der Computer befand. An jedem Arbeitsplatz standen passende Telefonapparate. Der riesige Raum wurde dank einer riesigen Fensterfront von einem Panoramablick auf die New Yorker Skyline beherrscht. Entlang des Fensters standen strategisch verteilt drei Gruppierungen von beigefarbenen Ledersofas, so daß man sich um drei Besucher gleichzeitig kümmern konnte, aber dennoch ungestört war. Diese kleinen Details bestätigten die Tatsache, daß dies die Nummer eins unter den Talk-Shows war. Ein Motto, das dafür sorgte, daß dieser Spitzenplatz behauptet wurde, hing eingerahmt an der Wand: «EGAL WAS DU ZU BIETEN HAST, ES REICHT NICHT.»

Aber in den letzten Wochen konnte Mike O'Brian, Katharines Produzent, die Unsicherheit vor Ort nicht mehr ignorieren. Einige Shows hatten etwas enttäuscht, nicht hinsichtlich der Einschaltquoten, sondern in bezug auf die Reaktion des Publikums. Einige Zielgruppen waren nicht erfreut gewesen, einen ehemaligen Boxweltmeister zu sehen, der in die Gegend starrte und seine auswendig gelernten Sätze vergaß – das Ergebnis von hundert Schlägen zuviel. Und sie kritisierten eine andere Sendung, in der den unglückseligen Eltern, bei denen die künstliche Befruchtung zu sieben toten Babys geführt hatte, im Rampenlicht die Stimme versagte. Was immer Katharine auch versuchte, das einsilbige Ehepaar war wie versteinert. In Kommentaren wurden zudem die moralischen Grundsätze von Sendungen wie *Here and Now* hinterfragt, da sie private Trauer ausschlachteten, damit sich das Publikum daran ergötzen konnte.

Wie es der Zufall wollte, entsprachen die Interviews von Abbie an denselben Sonntagen hohen moralischen Prinzipien. In einer Sendung vergab eine 25jährige Nonne, die in der Bronx von einer Gang vergewaltigt worden war, vor laufender Kamera den Tätern. Darauf folgte ein Filmstar, der am Tag seiner Beendigung einer Therapie für Sexsüchtige in aller Öffentlichkeit den Eheschwur wiederholte und seine Frau bat, ihm noch eine Chance zu geben.

Diese Gegensätze ließen Mike lediglich neidisch auf seine Kollegin werden, die Abbies Show produzierte; sie hatte ein freches, begeistertes Team, dessen Mitglieder alle unverbraucht und mit Sekundenkleber und Kampfgeist zusammengeschweißt waren. Seiner Meinung nach gab es für die Mitarbeiter von Katharines Show keinen Grund, den Mut zu verlieren. Am letzten Sonntag vor den wohlverdienten Feiertagen zu Thanksgiving kam er herein und wedelte mit einer Handvoll Branchenzeitschriften herum, darunter *Variety, Broadcast/Cable Magazine, Electronic Media* und *Advertising Age*. Er spürte, daß der Zeitpunkt für ein paar aufmunternde Worte an die Mannschaft gekommen war.

«Also, Kinder, unsere Quoten sehen nach wie vor großartig aus. Die Publicity, auch die schlechte, hat uns nicht geschadet. Wir sind immer noch die unbestrittene Nummer eins.»

Beifallsrufe ertönten im gesamten Büro.

Er ging die neuesten Zahlen durch. *Here and Now* war immer noch die bedeutendste Talk-Show am Sonntagabend; *Tonight* stand auf Platz vier, hinter den Sendungen von Fenton TV und USTV. Er hielt es für wenig hilfreich, hinzuzufügen, daß Globe seit Beginn der Saison seine Quoten für den Sonntagabend um fünfzehn Prozent verbessert hatte, was für einen vollkommenen Neuling recht beeindruckend war.

«Ich weiß, daß euch einige der Stories in der Presse beunruhigt haben, und diejenigen unter uns, die Katharine mögen, haben irgendwie das Gefühl, daß wir bedroht werden, angegriffen werden. Mensch, natürlich ist Abbie gut, das hat sie eben geerbt.»

Gelächter und Nicken.

«Aber ich wiederhole es: Wir sind immer noch die Nummer eins. Hört mal zu, was Bill Whalen von der *Times* sagt: ‹Katharine Sextons vollendeter Professionalismus sticht in diesem Herbst aus einem Meer von Fernsehkatastrophen heraus. Es spricht nicht gerade für die Branche, daß ihre einzige wahre Konkurrentin ihre Tochter ist, aber Abbie könnte immer noch einige mütterliche Ratschläge gebrauchen. Katharines Team kann sich entspannen und die Feiertage genießen, sie haben es verdient.»

«Aber, Chef, die überraschen uns immer wieder», sagte einer der neuesten, eifrigsten Mitarbeiter. «Sie haben doch die Anzeige für die Aktion gesehen, die Abbie Samstag morgen am Times Square durchführen wird. Können wir denn nicht auch so etwas machen?»

Mike schüttelte den Kopf. «Katharine braucht keine Aktionen. Sie braucht nicht auf Großwildjagd zu gehen. Nicht bei dem, was sie schon geleistet hat. Wollen wir wirklich, daß Katharina die Große, die Freundin von Präsidenten und Königen, Bungee-Jumping macht?» Er klang allmählich genervt.

«Aber sollte nicht einer von uns an den Times Square gehen und sich das angucken?»

«Du mußt da gar nicht hingehen», meinte ein Produktionsassistent matt. «Globe bringt es in allen Kurznachrichten. Ich habe gerade live eine Hubschrauberaufnahme von der Location gesehen.»

«In Ordnung, Leute, Schluß damit.» Mikes Tonfall gab zu verstehen, daß die Diskussion beendet war. «Unsere Show läuft gut, Katharine weiß, wie hart ihr alle arbeitet, und dafür sind wir euch sehr dankbar.»

Diese Dankbarkeit sollte konkrete Formen annehmen. Ohne das Wissen der Mitarbeiter war eine Schachtel mit Delikatessen von *Dean and Delucca* und ein sorgsam ausgewähltes Geschenk von *Tiffany* zu ihnen nach Hause geschickt worden, damit es noch rechtzeitig zu den Feiertagen ankam. Der Sender beglich die Rechnung, aber Katharine hatte darauf bestanden, die Auswahl selbst zu treffen.

Bevor Mike ins Studio ging, um den Ablauf und das Timing für die Show auszuarbeiten, stellte er seinen Fernseher an. Was er sah, überraschte ihn. Wichtiger war noch, daß es zum ersten Mal seinen Optimismus erschütterte.

Hoch über der 42nd Street stand Abbie auf der Plattform der Sprunganlage und konnte nicht fassen, wie viele Menschen sich unten auf dem Times Square versammelt hatten. Es waren Tausende. Man hätte denken können, es wäre Silvester, und genau das hatte Katharines Produzenten so überrascht. Normalerweise war der Times Square voller Touristen, aber heute, so berichteten Mitglieder von Abbies Team, drängten sich dort die New Yorker. Die Taschendiebe der Stadt hatten dort unten sicherlich ihren großen Tag.

Eine Aktion, die vor ein paar Wochen als halb ausgegorene Idee im Kopf einer Redakteurin angefangen hatte, brachte heute den Verkehr im Stadtzentrum zum Stillstand und holte Tausende von Menschen aus ihren Löchern hervor. So etwas konnte es nur in New York geben, dachte Abbie und konnte kaum glauben, daß all diese Leute gekommen waren, nur um sie zu sehen. Sie drehte sich um und sah das perfekte Profil des neuesten Sexsymbols aus Hollywood, Luke Forrester, der mit einem Gurt an dem Gerüst befestigt war. Sein Make-up wurde von Brooke, Brendas Assistentin, aufgebessert. Luke hatte sich einverstanden erklärt, an der Aktion teilzunehmen, um seinen zweiten Film zu promoten, in dem er seine erste Hauptrolle spielte. Beide wußten, daß man ihm drei Monate später nie wieder erlauben würde, bei so einer Sache mitzumachen. Sein Studio und die Versicherung konnten es dann nicht mehr gutheißen, und – wichtiger noch – er würde diese Art der Publicity gar nicht mehr brauchen. Ihm war eine riesige, ungeheuerliche Karriere beschieden.

Abbie trampelte mit den Füßen und klatschte in ihre behandschuhten Hände, um die eisige Morgenkälte abzuwehren. Ihre Augen funkelten und steckten Luke mit ihrer Begeisterung an. Mit der Skyline im Hintergrund standen sie hoch über den dröhnenden Straßenschluchten, und ihr Atem schickte schimmernden Nebel in die frostige Luft. Bekleidet mit den roten Wildlederjacken von Globe TV, weißen Sweatshirts und den unvermeidlichen Jeans, lag ihnen die Welt zu Füßen. Im wahrsten Sinne des Wortes.

Neben ihnen standen zwei Schauspieler, die unglückseligen Liebenden aus der beliebtesten Seifenoper für Teenager, und heute Doppelgänger von Abbie und Luke. Die Versicherung des Senders hatte darauf bestanden, daß die beiden Doubles den tatsächlichen Sprung machten.

Unten wimmelte es von Familien beim Einkaufsbummel vor den Feiertagen, eingepackt in Schals und Wollmützen; Brezel- und Hot-dog-Stände machten ein gutes Geschäft.

«Hast du nicht das Gefühl, auf dem Gipfel der Welt zu stehen?» fragte der bekannteste Nachrichtensprecher von Globe TV und hielt Luke das Mikrofon unter die Nase.

Der Herzensbrecher zeigte sein träges Grinsen, das ihm bald ein Vermögen einbringen sollte. «Ich hätte nie gedacht, daß es so viel Spaß machen würde. Da unten herrscht eine riesige Stimmung, fast so wie bei Mardi Gras.» Er lehnte sich über die Plattform hinaus und winkte. Auf drei gigantischen Fernsehbildschirmen am Square war diese Geste zu sehen. Jede einzelne Frau in der Menge winkte zurück.

Der Nachrichtensprecher drehte sich um. «Abbie, wie kamst du auf diese Idee?»

«Eine Redakteurin von uns hatte diesen tollen Einfall. Ihre junge Nichte leidet tragischerweise unter Gehirnlähmung, und sie war auf der Suche nach Wegen, Geld für die Forschung aufzutreiben. Luke, der morgen in unsere Show kommt, hörte davon und fragte, ob er mitmachen könne.»

Luke setzte erneut seinen aufrichtigen Gesichtsausdruck auf. «Und ich bin begeistert eingestiegen. Es muß noch so viel für Kinder mit diesem Leiden getan werden, aber mit Geld ist es nun mal leichter. Ich hoffe also, daß die Leute da unten, und vielleicht Sie alle zu Hause», er schaute mit seinen klaren, babyblauen Augen direkt in die Kamera, «helfen, indem Sie spenden, was immer Sie entbehren können. Wenn Sie dieses wertvolle Anliegen mit einer Spende unterstützen wollen, rufen Sie gleich unter dieser Nummer an.» Dann erklärte er, daß Leute mit den offiziellen roten Sweatshirts mit Sammelbüchsen durch die Menge gingen. «Gebt so viel, wie ihr könnt, Leute. Ich hoffe doch, daß die Büchsen schnell voll werden.»

Abbie schaute um sich, während die Kamera über die in der Sonne glitzernden Wolkenkratzer mit ihren riesigen, metallenen Wassertanks schwenkte. Hier und dort sah man seltene grüne Flecken, wo ein unerschrockener Gärtner einen winzigen Dachgarten angelegt hatte. Die wenigen Bäume ähnelten aus dieser Höhe Brokkoliröschen.

Abbie lächelte direkt in die Kamera. «Es gibt nicht viele Orte, an denen ich in diesem Moment lieber wäre.»

Mike O'Brian starrte auf seinen Fernsehbildschirm in der Ecke seines Büros bei ABN. Diese beiden, die da oben auf der Plattform der Sprunganlage standen, waren jung, vital, tatkräftig. Er versuchte, die Perspektive eines Außenstehenden einzunehmen, sachlich und unbeteiligt. Er nahm an, daß jeder Mann, der an diesem Samstag nachmittag zu den Sportsendungen eingeschaltet hatte, sich in Abbie verlieben würde – oder, falls anders gesinnt, in Luke. Wie zum Teufel konnte man das schlagen? Am besten, man versuchte es erst gar nicht.

Er ging den Flur entlang, als seine persönliche Assistentin hinter ihm herrannte.

«Sam Wolfe ist auf Leitung eins und Katharine auf der drei, Chef.»

Die Entscheidung, welchen Anruf er zuerst entgegennahm, war leicht. «Sagen Sie Katharine, ich sei auf der Toilette und rufe sie gleich zurück», meinte er barsch und ging in sein Büro zurück.

«Hallo, Sam?»

«Was für einen Blödsinn sehe ich da im Fernsehen?»

Mike überkam ein Gefühl der Erleichterung. Der Big Boß fand es nicht gut. Sie müßten es also nicht nachmachen. «Die haben erst seit dieser Woche Trailer dafür gesendet, aber ich denke ...»

«Geniale Idee.»

Mist, dachte Mike.

«Wir brauchen etwas, das die unter Druck setzt, so wie die das auch mit uns machen. Nur noch besser. Jetzt nehmen wir die Verfolgung auf.»

«Vollkommen richtig, Chef. Montag haben Sie etwas auf Ihrem Schreibtisch.» Warum hab ich vor der Mannschaft nur das Maul so weit aufgerissen? dachte er. Bitte, lieber Gott, mach, daß Katharine es Sam ausreden kann.

Sam, der die Geduldsspanne eines Kleinkindes hatte, war schon wieder bei einem anderen Thema. «Habt ihr morgen ein gutes Programm?»

Mike frischte die Erinnerung seines Chefs auf und schilderte ihm den Inhalt von *Here and Now.*

«Scheint in Ordnung zu gehen. Ich werde anordnen, daß die Zahl der Trailer von jetzt bis morgen abend verdoppelt wird. So einfach werden wir es Globe nun auch wieder nicht machen.»

«Und für das Thanksgiving-Wochenende haben wir sogar noch was Besseres. Wir haben Steve Stone überredet, ein Interview mit Katharine aufzuzeichnen, und Sie wissen ja, wie lang er schon nicht mehr im Fernsehen war.»

«Ihr habt Steve Stone, leibhaftig im Studio?»

«Ja.»

«Das ist gut, sehr gut. Wir sollten über einige Aktionen drum herum nachdenken.»

«In Ordnung, aber wir müssen vorsichtig sein. Er verabscheut die Presse und lebt fernab von allem Trubel auf dieser Ranch. Nur Katharine konnte ihn davon überzeugen, nach New York zu kommen, und sie hat Monate dafür gebraucht. Er kommt nur für das Interview in die Stadt, aber ich laß mir etwas einfallen. Sie können sich darauf verlassen, Chef.»

Mike legte auf. Er entschied, Katharine von Sams Wünschen erst nach der Show zu erzählen. Sie war keine Mimose, aber kein Star erfuhr gern kurz vor der Sendung, daß der Chef von einer Aktion der Konkurrenz begeistert war.

Er rief sie unter der Nummer an, die sie hinterlassen hatte; er erkannte daran, daß sie bei ihrem Friseur war.

«Mike?» Katharines Stimme klang durchdringend. «Anscheinend wurde der Times Square eingenommen. Auf jedem Apparat, sogar hier, läuft Globe.»

Er bemühte sich, beruhigend zu klingen. «Das wird 'ne Eintagsfliege. Auf ihre Zahlen wird sich das nicht langfristig auswirken, aber um sicherzugehen, habe ich darum gebeten, die Anzahl der Trailer zu verdoppeln.»

«Gut. Aber ich wette, Sam findet die Bungee-Nummer toll. Ich kenne ihn.»

«Er sitzt wahrscheinlich nicht mal vor dem Fernseher», parierte Mike.

«Ach komm, dieser Football-Freak? Der rührt sich nicht aus seinem Sessel, es sei denn, Annette sagt ihm, daß er sich umziehen soll, bevor sie zum Essen ausgehen. Ich ruf ihn an.»

«Ich würde dem Ärger nicht hinterherlaufen, bis der Ärger dir hinterherläuft», riet ihr Mike rasch. «Bis später.»

Wenn Katharine über eine Eigenschaft verfügte, dann über Direktheit, und sie entschied, Mikes Ratschlag zu ignorieren. Bis zu den 13-Uhr-Nachrichten war nicht mehr viel Zeit, und anschließend fing das Football-Spiel an. Dann wäre Sam nicht mehr ansprechbar.

«Sam? Haben Sie gesehen, was Globe da treibt?»

«Sicher, und ich habe gerade zu Mike gesagt, daß es eine großartige Aktion ist. Hab ihm gesagt, daß er ein paar solcher Ideen parat haben soll. Ich hab auch veranlaßt, daß die Anzahl der Trailer für die Show von morgen verdoppelt wird, besonders während der Primetime. Keine Sorge, wir kümmern uns um alles.» Er machte eine kurze Pause. «Apropos, wie sind Sie im Bungee-Jumping?»

«Nicht so gut, aber beim Trapez, da bin ich dabei. Ich hab sogar schon das Pailletten-Trikot.»

Er kicherte. «So gefällt mir mein Mädchen. Viel Glück für die Show.»

Warum hatte Mike geleugnet, daß er mit Sam gesprochen hatte? Warum hatte er das Gefühl, ihr gegenüber nicht offen sein zu können? Ihre ganze Beziehung basierte auf Vertrauen. Zumindest hatte sie das gedacht. Indem er versuchte, sie zu beschützen, lief er Gefahr, einen Abgrund zwischen ihnen zu schaffen.

Katharine drückte einen Knopf auf der Konsole, die geschickt in das mit Chinoiserien verzierte Bambuskopfende des Bettes eingearbeitet war, und schon öffneten sich lautlos die dikken weißen Baumwollvorhänge mit der hellblauen Borte. Es regnete.

Sie schaute auf die Uhr. Sieben Uhr morgens. Gott, war sie müde. Sie war bis nach zwei Uhr morgens im Schneideraum gewesen, und als sie schließlich ins Bett kam, hatte sie sich mit wichtigen und unwichtigen Gedanken herumgewälzt und keinen Schlaf gefunden. Unausgegorene Überlegungen drängten sich auf ... Freddies größer werdende Abhängigkeit. Er versuchte, sie auf einen Urlaubstermin festzulegen, aber darauf wollte sie sich im Moment nicht einlassen. Wenn George allerdings vorschlagen würde, ihm bei seinem problematischen Hotel in Venedig zu helfen, hätte sie sich so schnell wie möglich auf den Weg zum Flughafen gemacht.

Freddie rief so häufig an wie George, aber während er mit ihr banale Gespräche darüber führte, wo man sich treffen oder essen sollte, brachten die Anrufe von George sie lauthals zum Lachen. Wenn er von seinen Unterhaltungen mit den Handwerkern erzählte, hatte sie das Gefühl, in einer Komödie zu sitzen: das heiße Wasser kam aus den Kaltwasserhähnen, in der Sitzbadewanne in Suite Nr. 5 entstand regelmäßig eine Flutwelle, welche die dort wohnende Contessa zu ertränken drohte. Nur das Planschbecken diente hervorragend zur Abkühlung. Nur leider befand es sich in einer Ecke der Küche.

«Das Problem ist, daß ich mein Italienisch in Amerika gelernt habe, da geht es also darum, Sachen jetzt zu erledigen. Die haben Italienisch in Italien gelernt, und da gibt es mehr Sätze, als man denkt, über Sachen, die man auf keinen Fall vor morgen erledigen kann.»

Nachdem er sie zum Lachen gebracht hatte, lenkte George die Unterhaltung mit vollendeter Leichtigkeit auf einen erotischeren Pfad, so daß die Telefondrähte zwischen Amerika und Italien durch ihr verbales Liebesspiel heiß liefen und ins Vibrieren gerieten.

Katharine gähnte und streckte sich, um einen anderen Schalter an der Konsole zu betätigen. Hinter ihm verbarg sich eine Spielerei, die ihr – wie der Architekt versichert hatte – stundenlange Mühen ersparte: Er öffnete die Wasserhähne der Badewanne. Innerhalb von sechzig Sekunden war ihre Wanne mit Wasser gefüllt, das die gewünschte Temperatur hatte. Sie entschied, daß 27 Grad erfrischend genug waren, um sie auf den bevorstehenden Tag vorzubereiten.

Sie mied schuldig den Anblick ihres Hometrainers, des elektronischen Tretwerks und des Expanders im Fitneßraum neben ihrem Schlafzimmer und entschied, die mörderischen Übungen auszulassen, zu denen sie sich mindestens dreimal pro Woche zwang.

Die Sonntagvormittage vor der Show unterschieden sich kaum voneinander, seit sie sich als Star-Moderatorin etabliert hatte. Zuerst erhielt sie eine Massage, meistens von einem Mann. Obwohl er tadellose Zeugnisse hatte und seine Dienste seit vielen Jahren von vielen ihrer Kollegen in Anspruch genommen wurden, hatte sie gedacht, die erste Begegnung könnte vielleicht unangenehm werden. Daher hatte sie Conchita gebeten, zu dem Zeitpunkt in der Wohnung zu sein. Aber der übernatürliche junge Mann mit seinen stahlharten Daumen schien geschlechtslos zu sein und knetete ihren Körper wie ein Pizzabäcker seinen Teig. Sie war keinen Moment lang beunruhigt.

Er hatte frühzeitig gelernt, daß Schweigen das A und O bei den meisten seiner Kunden war, und Katharine war da keine Ausnahme. Sie bat ihn, sich auf ihre Nacken- und Schultermuskeln zu konzentrieren, die sich nach den vielen Stunden, die sie im Schneideraum über dem Bildschirm hockte, versteift hatten.

An diesem Sonntag hatte Katharine den Friseur und die Maniküre gebeten, im Studio vorbeizukommen anstatt in ihrer Wohnung, aber sie hatte sich Zeit für ihre Aromatherapeutin genommen. In regelmäßigen Abständen gesellte sich auch noch eine Fußpflegerin zu dem Heer von Spezialisten in Sachen Körperpflege, die bei ihr zu Hause ein und aus gingen. Nina behauptete, der einzige fehlende Experte wäre ein Gynäkologe, worauf Katharine, um keine Antwort verlegen, erwiderte, sie zöge es bereits in Erwägung.

Ein scharfsinniger Kolumnist hatte in einem Artikel Katharines privilegierten Tagesablauf beschrieben und gesagt, daß sie, die man in jedem Tante-Emma-Laden oder in jedem Einkaufszentrum der Stadt erkannte, es sich nie leisten könne, sich gehen zu lassen: Sie sei die GoldCard der amerikanischen Fernsehwährung. Unter diesen Umständen könne das Striegeln schon zur Pflicht werden. Ebenso wäre es für eine Frau wie Katharine schwierig, eine glückliche Ehe zu führen, es sei denn, der Mann wäre in der gleichen Branche beschäftigt oder er wäre ihr untergeordnet – im günstigsten Fall beides. Katharine hielt den Artikel für einen der aufschlußreichsten, die je über sie oder die wenigen anderen Frauen in ihrer Position geschrieben wurden.

Die Aromatherapeutin kam exakt vierzig Minuten nach dem Masseur, um eine vollendete Gesichtsbehandlung durchzuführen: eine Massage zur Verjüngung, Entspannung und Reinigung der Lymphdrüsen, und zwar mit einer so gut geschützten Rezeptur, daß die Anwender verpflichtet wurden, eine Geheimhaltungsklausel zu unterzeichnen.

An diesem Sonntag bewirkte das, was normalerweise für eine wohltuende Entspannung sorgte, keine Wunder. Während ihr Gesicht mit den ätherischen Ölen sanft massiert wurde, plagte Katharine eine innere Unruhe, die sie sich aber beim besten Willen nicht erklären konnte. Sie fing an, über die Gründe zu grübeln.

Mit Sicherheit lag es nicht an der Unterredung, die sie heute abend nach der Show mit dem Chef des Senders und dem Produzenten führen würde. Sie wollte die beiden davon in Kenntnis setzen, daß sie nicht gewillt war, verrückte Aktionen nachzuäffen, die Globe sich ausgedacht hatte. Sie war recht zuversichtlich, daß sie sich in diesem Punkt durchsetzen würde.

Ebensowenig, dachte sie, konnte es mit dem zu tun haben, was gestern bei dem Essen der Aids-Stiftung oder bei der

Premiere von *Othello* passiert war. Bei einer Late-Night-Show waren ein paar Witze über die Rivalität zwischen ihr und Abbie gemacht worden, aber die hörte man jetzt so häufig, daß sie dem kaum noch Beachtung schenkte.

Peng. Das war's. Ein Interview mit Abbie im *Boulevard Magazine*. Sie hatte es überflogen, aber irgend etwas darin störte sie. Es war nicht die Überschrift «Die betörendste Begabung im Fernsehen». Katharine war stolz auf die Anerkennung, die Abbies Talent anzog. Nein, es war der kleine Stich mitten in dem Loblied auf Abbies Show. Der Journalist hatte irgendwas dahingehend gesagt, daß die Zuschauer *Tonight* mochten, weil sie dafür keinen Kurs in Politikwissenschaften belegen mußten. Abbie hatte, dem Journalisten zufolge, nicht geantwortet, sondern lediglich darüber gelacht. Das war es. Es war zu schade, daß Abbie ihn für diese höhnische Bemerkung nicht getadelt hatte. Katharine hätte es getan, und ihre Zurechtweisung wäre in den Artikel aufgenommen worden. Aber Abbie war neu im Geschäft.

Die Therapeutin beendete gerade ihre Arbeit, als Abbie ihr frisches, ungeschminktes Gesicht ins Schlafzimmer steckte. Katharine dachte spontan, daß ihre Maskenbildnerin lange zu tun hätte, um die gleiche Wirkung bei ihr zu erzielen. Es gab Tage wie diesen, an dem sie jedes einzelne Jahr ihres Alters spürte.

«Ich mache gerade Tee, falls du auch einen möchtest», meinte Abbie.

Als sie in der Küche saßen, erzählte Abbie ihrer Mutter, wie begeistert ihr Team war, daß das Bungee-Jumping so viel Geld für den wohltätigen Zweck eingebracht hatte.

«Ich wünschte, du hättest mir vorher von der kleinen Aktion erzählt», sagte Katharine. «Als ich davon hörte, hatte ich riesige Angst. Ich dachte wirklich, daß du von der Plattform springst.»

«Mum, es tut mir leid. Ich konnte einfach nichts sagen.

Die haben so einen Wirbel darum gemacht. Und in der Show heute abend...» Abbie schlug die Hand vor den Mund. «Tut mir leid. Noch so eine Sache, über die ich nicht reden darf.» Die First Lady der USA hatte kurzfristig die Einladung angenommen, um den Scheck entgegenzunehmen – ein Leckerbissen, den der Sender erst kurz vor der Sendung bekanntgeben wollte.

Katharine lachte. «In Ordnung, aber worüber können wir denn reden? Über das Wetter? Deine Gesundheit?»

«Stürmisch. Gut», meinte Abbie strahlend.

«Ich weiß, daß das Zusammenleben schwierig ist, wenn wir jedes einzelne Wort auf die Waagschale legen müssen, Abbie. Aber du mußt mir glauben, daß ich diskret sein kann. Zwischen uns muß es doch Vertrauen geben, oder?»

«Natürlich gibt es das, und das tue ich auch ... dir vertrauen, meine ich. Aber die Leute bei der Arbeit sind paranoid, wenn es darum geht, daß etwas nach draußen gelangt. Als ich mit Dad darüber sprach, meinte er, wenn ich nichts erzähle, kann man mir auch nichts vorwerfen.»

Aha, immer der kluge Vater im Hintergrund, dachte sie. «Irgendwie hat er bestimmt recht, aber es belastet unser Zusammenleben.»

Abbie runzelte besorgt die Stirn. «Hm, wäre es leichter, wenn ich auszöge?»

Katharine stockte der Atem. «Nein, das wäre schrecklich. Das würde mir überhaupt nicht gefallen.» Sie genoß mittlerweile die Anwesenheit von Abbie in vielerlei Hinsicht: das gegenseitige Ausleihen von Make-up und Klamotten, die kurzen Gespräche beim Tee und sogar die Rockmusik, die Abbie immer laut aufdrehte. Es war, als sei sie wieder jung, und es erinnerte sie an die voreheliche Zeit der Wohngemeinschaften, nur ohne all die jungen Männer, die auf den Sofas herumlagen und bis in die frühen Morgenstunden redeten. Und sie hatte sich an Abbies Unordentlichkeit gewöhnt. «Außerdem», fuhr Katharine fort, «wird es einige Zeit dauern, bis du die richtige Wohnung findest, und in der Zwischenzeit ist es doch ideal für dich, hier zu wohnen, oder?»

«Natürlich ist es das, aber wir hatten gesagt, daß wir uns mit dem unsinnigen Gerede nicht belasten wollten, doch das geschieht wohl langsam trotzdem.»

«Das muß es nicht, Abbie.» Sie dachte an das Interview im *Boulevard Magazine* und fragte sich, ob sie es erwähnen sollte. Vielleicht lieber nicht. «Nun, ich sollte mich wohl fertigmachen.»

Eine Stunde später kam Katharine aus der Eingangshalle heraus und ging zu der wartenden Limousine. Sie fühlte sich unwohl in ihrer Haut und deprimiert angesichts der verregneten, leeren Straßen dieses Sonntag morgens. Ihr mißfiel es mehr und mehr, immer dann zu arbeiten, wenn scheinbar alle anderen im Familien- oder Freundeskreis gewöhnlichen Dingen nachgingen, zum Beispiel am Sonntagmittag zusammen zu essen. Gott, wie lange hatte sie das schon nicht mehr gemacht? Wenn sie mehr Freizeit mit Abbie verbringen könnte, vielleicht könnten sie dann ein größeres Vertrauen zueinander aufbauen.

Katharine lehnte sich in der Limousine zurück und hatte die Sicherheit, daß man sie durch die getönten Scheiben nicht sehen konnte. Was sie als den technologischen Alptraum des Wagens bezeichnete – das Videogerät, das Fax, zwei Telefonleitungen und das Batterieladegerät –, war an diesem Morgen ungewöhnlich ruhig, und das genoß sie.

Sie fragte sich, warum diese Mutter-Tochter-Geschichte so lange am Leben erhalten wurde. Freunde im Fernsehgeschäft behaupteten, daß die schlechter bezahlten und weniger gefeierten Journalisten neidisch waren. Viele von ihnen dachten, daß man für die Jobs vor der Kamera nur die Fähigkeiten brauchte, den Prompter zu lesen, attraktiv zu sein und ein gutes Gebiß zu haben. Jedes dahergelaufene Model und jede Schauspielerin wären dazu in der Lage. Sie verstanden nicht, daß man dazu Erfahrung brauchte, Ausdauer und Energie, um bei jeder Aufnahme immer denselben hohen Ansprüchen zu genügen. Und nur wenige Journalisten aus den Printmedien konnten in die Kamera sprechen, einen schwierigen und manchmal feindseligen Interviewpartner befragen, vom Regisseur über einen Knopf im Ohr Anweisungen entgegennehmen und gleichzeitig auch noch die Zeitsignale der Regieassistentin auf dem Set im Auge behalten.

Doch die großen Persönlichkeiten im Fernsehen verdienten sich die Millionen auf ihren Gehaltsschecks erst durch die Fähigkeit zur Interaktion mit der Kamera. Man konnte erst beurteilen, wer diese unerklärliche Gabe besaß, wenn man sie auf dem Bildschirm gesehen hatte. Diejenigen, die sie hatten, reichten mit ihrer Ausstrahlung bis ins Wohnzimmer, wo sie bei einem breiten Publikum positive Reaktionen hervorriefen. «Wenn wir die Präsenz, die dieser Mann ausstrahlt, doch nur in Flaschen abfüllen könnten, dann könnten wir sie jemand anderem geben», hörte Katharine einmal einen legendären Produzenten sagen, als er wieder einmal das Monster beschwichtigen mußte, das er selbst geschaffen hatte. Sie hatte Glück, daß sie diese Zauberkraft besaß, daß der Großteil der amerikanischen Öffentlichkeit sie an die erste Stelle setzte und daß sie – trotz allem – immer noch die Quoten anführte.

Im Gegensatz zu dem eleganten, speziell von einem Designer konzipierten Arbeitsplatz von *Here and Now* herrschte in dem Büro von *Tonight* ein großes Durcheinander. Es war in aller Eile aus mehreren kleinen Büros zusammengeschustert worden, nachdem Globe herausgefunden hatte, daß Abbie die Tochter von Katharine war. Die unterschiedlichsten Tische waren aus dem ganzen Gebäude herbeigeholt worden.

Poster und Zeitungsausschnitte hatte man willkürlich an die Wand geheftet, was den Eindruck verstärkte, daß sich das Büro im Umbruch befand.

Die Räumlichkeiten störten diejenigen, die dort arbeiteten, nicht. Das Durchschnittsalter lag unter dreißig, und wenige aus dem Team hatten damit gerechnet, so früh in ihrer Karriere bei einer so bedeutenden Show mitzuwirken. Die Annehmlichkeiten ihrer Umgebung waren sekundär.

«Also, dreißig Millionen Menschen haben unser Bungee-Jumping gesehen.» Red Skinner, der Chefproduzent von Abbies Show, war in Hochstimmung. «Hinzu kommen die Berichte in den Zeitungen», er lehnte sich in seinem Sessel zurück und streckte die Beine aus, «und wenn nur zwanzig Prozent davon heute abend zusätzlich einschalten, haben wir es geschafft.»

Er war unfähig, ruhig sitzen zu bleiben, und sprang auf. Die jungen Redakteure, die sich um seinen Schreibtisch drängten, sahen zu, wie er auf und ab ging und mit den Armen fuchtelte, während sein feuerrotes Haar im Licht der Strahler glänzte.

«Wird die Show heute ein Renner?»

«Ja», grölten sie einstimmig.

«Verpassen wir denen heute abend eine Abreibung?»

«Mit Sicherheit», riefen sie.

«Schafft es die Kleine heute?»

Die Antwort war ohrenbetäubend.

«Ich möchte, daß ihr – wie immer – im Publikum sitzt, mittendrin.» Red stachelte sie an. «Ich will, daß ihr das Publikum in Schwung bringt, es soll rufen, anfeuern, schreien und applaudieren. Wir wollen Lärm haben, wir wollen Begeisterung. Legt euch ins Zeug, Kinder. An die Arbeit.»

Das Produktionszimmer von Globe leerte sich schnell. Zurückgelassen wurden die Reste halb gegessener Pizzen, Ciabatta-Brote, Avocado-Thunfisch-Sandwiches, Bagels mit

Frischkäse und braune Papiertüten mit den Überbleibseln von dem, was der Chefredakteur oft nörgelnd als das Kreativste an ihrer Arbeit bezeichnete: die Mittagsbestellung.

Abbie war von Jeri-Ann zum Essen eingeladen worden, wo sie sich mit einigen Salatblättern und wenigen dicken Spargelstangen zufriedengegeben hatte, da sie sich wie immer der zusätzlichen Pfunde bewußt war, die von der Kamera gesehen wurden. Als sie kurz nach zwei Uhr ins Büro kam, wurde sie von spontanen Beifallsrufen begrüßt. Sie errötete vor Freude. Dies war das erste Mal, daß sie von ihren Kollegen mit Beifall bedacht wurde, und sie war dankbar dafür. Gott, wie sehr sie diesen Job liebte, auch wenn er sie gleichzeitig in Angst und Schrecken versetzte.

«Wir zeigen die Aufnahme von dir da oben auf der Sprunganlage am Anfang der Sendung», erzählte Red ihr mit einem Lächeln. «Dann gehen wir direkt zu dir ins Studio, wo die First Lady von dir den Scheck im Namen der Wohltätigkeitsorganisation entgegennimmt.»

Der für die Öffentlichkeitsarbeit zuständige Manager der *Disco 2000* war besorgt.

«Du bist sicher, daß Steve Stone heute abend kommt?»

«So sicher, wie man es bei Hollywoodstars sein kann. Mein Bekannter hat ihm gesagt, daß ihr den besten Shit in der Stadt habt. Also wenn er kommt, versorgt ihn ordentlich.»

«Kein Problem, Schätzchen. Ich schulde dir was.»

«Mehr, als du denkst. Ich hab noch eine Bekannte, die für Globe arbeitet. Sie ist Redakteurin bei der Show von Abbie Lomax, und auf meinen Tip hin wird sie Abbie und den anderen vorschlagen, heute abend in den Club zu kommen.»

«Im Ernst?» rief der Manager. «Hey, das ist super. Abbie Lomax und Steve Stone zusammen, das gibt eine riesige Publicity!»

Die Frau lächelte. Er machte es ihr einfach.

Eine halbe Stunde nach der Show hätten Abbie und ihr Team auch ohne die Hilfe eines Gummibandes ein Bungee-Jumping veranstalten können. Ed Dantry hatte von seinem Haus in den Hamptons angerufen und eine positive Nachricht hinterlassen. «Die Show ist erste Klasse. Abbie ist großartig. Ich gebe euch zusätzliche Werbung, mehr Trailer, mehr Plakate, mehr von allem.»

Da Dantry ein berüchtigter Geizkragen war, trat das Team nach diesen Worten endgültig einen Höhenflug an. Immer noch vollgepumpt mit Adrenalin, entschieden sie, den Vorschlag einer Redakteurin anzunehmen und den Abend in der *Disco 2000* ausklingen zu lassen – dort, wo sich traf, was Rang und Namen hatte.

Orte, an denen sich die jungen Menschen versammelten, um zu sehen und gesehen zu werden, spiegelten ein jahrhundertealtes Verhaltensmuster wider. Die Franzosen hatten ihre Straßencafés und ihre Promenaden, die Spanier ihre Ramblas, die Griechen ihre Tavernen, die Briten hockten herdenweise in den Pubs, und in New York hatten sie die *Disco 2000*.

Die Diskothek war früher ein Kino gewesen, in dem Generationen auf den hinteren Sitzen herumknutschten und das nun in ein riesiges Tanzlokal umgewandelt worden war. Leute aller möglichen sexuellen Ausrichtungen – von hetero oder schwul über transsexuell und bisexuell bis zu zwitterhaft-androgyn – stellten sich dort zur Schau, in der Hoffnung, bemerkt zu werden und entweder einen Partner oder Kokain oder beides abzukriegen.

Abbie und ihr Team nahmen die typische Hürde der Kleiderordnung und bestanden die Auswahl, die von der Horde blasser, bedrohlich aussehender junger Türsteher vorgenommen wurde. Es war unmöglich, vorherzusagen, was ihnen gefallen würde; eine Gruppe vor ihnen, die offensichtlich erwartet hatte, Zutritt zu erhalten, war unsanft abgewiesen worden. Je mehr dieses Ritual bekannt wurde, um so stärker verlangten die Jungen (und die Möchtegern-Jungen) unter Protest und Bestechungsversuchen nach der Ehre, hineingelassen zu werden. Die Leute von Globe wußten, daß ihre unspektakuläre Kleidung – die Männer trugen einfache Anzüge, die Frauen überwiegend Ensembles und Abbie ein blaues Kleid mit einer passenden Jacke, das sie in der Show getragen hatte – ein Problem darstellen konnte. Aber ihr Star-Status öffnete ihnen die Türen.

Wo früher die Kinoränge gewesen waren, befanden sich jetzt ein Restaurant und eine Bar, die von Spiegeln umgeben waren. Lauter erfolgreiche Endzwanziger und einige Starlets, die auf eine Begegnung mit einem Regisseur hofften, füllten den Raum ebenso wie fast vergessene Schauspieler, die auf eine Erwähnung in den Klatschspalten hofften.

Sobald Abbie erkannt wurde, lotste man sie in die VIP-Ecke auf den oberen Rängen, wo alle Gelüste – von Cola light bis hin zum besten bolivianischen Kokain – befriedigt wurden. Abbie bestellte ihr Lieblingsgetränk: einen St. Clement's Cocktail, eine Mischung aus frischgepreßtem Orangen- und Zitronensaft. Sie hatte gerade den ersten Schluck getrunken, als der für die Öffentlichkeitsarbeit zuständige Manager der Diskothek auf sie zukam.

«Abbie, wie schön, Sie zu sehen», schwärmte er – er hatte sie noch nie getroffen. «Willkommen in unserem Club. Wir freuen uns so sehr, Sie hier begrüßen zu dürfen. Ich möchte, daß sie jemand ganz, ganz Besonderen kennenlernen.»

«Nein, danke. Ich möchte hier nur in Ruhe mit meinen Freunden etwas trinken.» Abbie war höflich, aber bestimmt.

«Ich denke, Sie sollten mitkommen und sehen, wer es ist. Das könnte für uns alle gut sein», flüsterte er.

«Lieber nicht.»

Jeri-Ann, die sich mit dem Publicity-Streben dieser Art

von Clubs gut auskannte, mischte sich ein. «Ich komme in ein paar Minuten nach, wenn du mir ein Zeichen gibst.»

Abbie runzelte die Stirn. Mit berühmten Leuten gesehen zu werden gehörte zur Arbeit. «Na gut. Aber nur kurz.»

«Folgen Sie mir, bitte. Wir sind so begeistert, daß Sie hier sind …» Abbie schnitt eine Grimasse, die nur Jeri-Ann sehen konnte, und folgte ihm durch den Raum.

«… ich bin sicher, er wartet ungeduldig darauf, Sie kennenzulernen.» Der Wortschwall ebbte schließlich ab, als der Manager vor einem Gesicht stehenblieb, das Abbie von der Leinwand aus angelächelt hatte, seit sie ins Kino ging.

«Darf ich vorstellen: Steve Stone, Abbie Lomax.»

Steve Stone stand behäbig auf und streckte seine langen Beine. Seine Füße steckten in den Cowboy-Stiefeln, seinem Markenzeichen.

Abbie war einen Moment lang eingeschüchtert. Stone war einer der wenigen Stars, dessen Name auf den Kinoplakaten allein schon Eintrittskarten auf der ganzen Welt verkaufte; er war in Shanghai ebenso berühmt wie in Beverly Hills. Er war nicht nur ein gefeierter Schauspieler und Regisseur: Sein Filmfestival in New Mexico zog jedes Jahr junge unabhängige Filmemacher an. Wie das von Robert Redford organisierte Festival bot es eine Arena für Künstler, deren Arbeit sonst vielleicht nie das Licht der Öffentlichkeit erblickte. Mehrere ausgezeichnete Regisseure hatten ihm schon in bewegenden Reden bei der Oscar-Verleihung dafür gedankt, daß er ihren Erfolg erst möglich gemacht hatte.

Seine Haare waren grauer als auf der Leinwand, aber seine nußbraunen Augen hatten auf sie die gleiche Wirkung wie im Film. Als Journalistin war sie begeistert, ihn hier zu sehen. Dies entsprach nicht seiner gewohnten Umgebung. Zwischen den Dreharbeiten führte er ein zurückgezogenes Leben und verbrachte die meiste Zeit auf seiner Ranch, wo er Besucher, Fragen und Interviews ablehnte. Sie konnte sich wirklich nicht daran erinnern, wann er das letzte Mal mit der Presse gesprochen hatte. Er war einer der wenigen Stars, die genügend Ansehen genossen, um für ihre Filme keine Werbung machen zu müssen. Sie liefen auch gut, wenn lediglich sein Name über dem Titel stand.

«Ich bin überrascht, Sie ganz allein zu sehen», sagte sie fast ein wenig schüchtern. «Ich dachte, Stars wie Sie reisen mit einem ganzen Gefolge.»

Er beugte sich vor, hob übertrieben die Augenbrauen – das Motiv vieler Kameraeinstellungen. «Ab und zu darf ich allein raus.» Die Grübchen in seinen Wangen wurden sichtbar und ließen ihn wesentlich jünger erscheinen als seine offiziellen 46 Jahre.

Der Manager lief hektisch herum, fragte, ob Mr. Stone irgend etwas benötigte oder Miss Lomax, irgend etwas.

«Lassen Sie uns allein. Bitte.» Die Worte wurden leise gesprochen, das Gesicht war freundlich, aber der Tonfall gehörte zweifellos zu jemandem, der es gewohnt war, daß man ihm gehorchte. Sofort. Dieser Mann war seit vielen Jahren Herr seines Universums, und zwar in einer Branche, die das Fernsehen in seiner Bedeutung überragte.

Steve wies neben sich auf die Polsterbank und sagte zu Abbie. «Setzen Sie sich doch.»

Konnte das Leben überhaupt noch schöner werden? Zum zweiten Mal innerhalb von wenigen Tagen stellte sie sich diese Frage. Ihr Chef steckte mehr Geld in die Show, und nun fragte sie einer ihrer großen Helden, ob sie ihm Gesellschaft leisten wolle. Sie versuchte, nicht allzu ungeschickt zu wirken, aber es fiel ihr schwer, die Begeisterung im Zaum zu halten.

«Ich weiß, Sie haben es bestimmt schon unzählige Male gehört, aber ich habe jeden Ihrer Filme gesehen und finde sie alle hervorragend.» Abbie war in ihrer besten Interviewstimmung – freundlich, aber nicht aufdringlich. «Was mir an Ihrer Arbeit gefällt, ist, glaube ich, daß Sie zu der Figur werden. Und das ist für einen der besten Filmschauspieler so ungewöhnlich.»

«Reden Sie bitte, bitte weiter.» Er machte eine einladende Geste. «Ich bin für Schmeicheleien unglaublich empfänglich.»

«Ich finde, Sie sollten noch einen Oscar für *Den reuigen Sünder* bekommen. Er war so gut, daß ich ihn zweimal gesehen habe.»

Er grinste und wiederholte seine Geste; beide lachten. Abbie fand es beeindruckend, wie natürlich sich Stone gab; er schien nicht weiter über seine Karriere oder sich selbst reden zu wollen, was bei einem Filmstar recht selten vorkam. Er machte Komplimente über die Arbeit ihrer Mutter und sagte, er wäre sicher, daß Abbie eines Tages auch so erfolgreich werden würde. Sie war diese Art der zweischneidigen Komplimente gewohnt, aber bei ihm klangen sie nicht mißbilligend.

Er war charmant und angenehm aufmerksam, aber sie mußte doch immer wieder bemerken, daß keine Frau ohne einen bewundernden Blick seinerseits vorbeigehen konnte. Eine oder zwei trugen so wenig Kleidung, daß sie den Ausdruck «mit den Augen ausziehen» ad absurdum führten. Ständig gingen Frauen an ihrem Tisch vorbei, so daß Abbie zu dem Schluß kam, daß die Damen – falls sie nicht gerade an einer schwachen Blase litten – darauf warteten, daß Abbie den Platz räumte. Aber den Gefallen würde sie denen nicht tun. Sie würde etwas ausprobieren, was immer Aufmerksamkeit erweckte. Um Rat fragen.

«Steve», sie beugte sich vor, «Sie sind schon so lange in diesem Geschäft, ich stehe erst am Anfang. Ich verstehe nicht, wie Sie mit dem ganzen Trubel zurechtkommen. Ich finde es wirklich schwierig. Ich würde gern Ihren Rat hören, wie man damit umgeht.»

«Nie an seine eigenen Werbesprüche glauben wäre als Anfang nicht schlecht», meinte er schleppend. Sie wartete, und als er ihren ernsten Gesichtsausdruck sah, wandte er seinen Blick einen Moment lang von den vorbeischlendernden Frauen ab. «Ich bin kein Experte, aber ich habe gelernt, daß man einen Preis bezahlen muß, und lassen Sie sich von niemandem das Gegenteil sagen.»

«Was für einen Preis?»

«Sie haben Verpflichtungen, die sich die Zivilisten da draußen überhaupt nicht vorstellen können. Als meine Mutter starb, war ich für die Dreharbeiten von dem *Unerwünschten* in Europa. Wir hatten nur noch etwa zwei Wochen Zeit und lagen weit hinter dem Plan zurück. Millionen Dollar standen auf dem Spiel, und die Versicherungen ließen mich nicht gehen. Ich habe einen Oscar gewonnen, aber ich konnte nicht bei meiner Mutter sein, als sie mich wirklich brauchte.»

Abbie sagte nichts, und Stone starrte ins Leere und schien ihre Anwesenheit nicht mehr zu bemerken.

«Ja, ich kann für alles mögliche einen Scheck ausschreiben, aber meine Familie und meine Freunde können sich nicht darauf verlassen, daß ich komme, wenn es etwas Wichtiges gibt. Und das ist eines der Dinge, die ich ändern würde, wenn ich noch mal von vorne anfangen müßte.»

«Sie hätten andere Prioritäten?»

«Machen Sie diesen Fehler nicht, Abbie. Entscheiden Sie, was für Sie wichtig ist. Sie bekommen vielleicht keine zweite Chance.»

Dies war ein anderer Steve Stone. Wenn sie ihn nur dazu bringen könnte, so in ihrer Show zu reden. Sie hatte zweifellos einen besonderen Draht zu ihm. Ihn jetzt darauf anzusprechen wäre überaus ungeschickt, aber sie würde Jeri-Ann morgen auf den Fall ansetzen.

Steve riß sich von seinen persönlichen Gedanken los und

gähnte verstohlen. «Entschuldigen Sie, ich hatte vergessen, wie ermüdend der Flug von Los Angeles ist.» Er wandte sich ihr zu, ein perfektes Lächeln auf den Lippen, und erneut spürte Abbie die volle Wirkung seiner Ausstrahlung. Sie mußte ihn einfach in ihre Show kriegen.

Stone stand auf und ragte turmhoch vor ihr auf. «Würden Sie mir einen Gefallen tun? Wenn ich allein von hier weggehe, wird sich ein Reporter oder sonstjemand an meine Fersen heften. Wenn Sie an meiner Seite sind, bekommen die ihre Fotos, aber ich werde sie verscheuchen können. Was meinen Sie? Macht es Ihnen etwas aus?»

Mit Steve Stone fotografiert zu werden? Ob ihr das was ausmachte? Mit Sicherheit nicht.

«Es wäre mir ein Vergnügen.»

Als sie oben auf der Treppe standen, überraschte es sie, daß er sie so eng an sich drückte; er war zuvor überhaupt nicht auf Tuchfühlung gegangen. Er wies den Vorschlag des Managers zurück, den diskreten Hinterausgang zu benutzen. Statt dessen führte er sie durch die volle VIP-Ecke und an der Tanzfläche entlang, wo sie von den Scheinwerfern kurz angestrahlt wurden. Bis sie zum Ausgang gelangten, hatten alle Fotografen ihre Anwesenheit bemerkt und warteten auf ihr Erscheinen.

Abbie war verblüfft. Man sagte von Stone, daß er sich nur sehr widerwillig den Paparazzi auslieferte, aber nun buhlte er eindeutig um ihre Aufmerksamkeit. Warum waren sie nicht zur Hintertür hinausgegangen?

Am Vordereingang kämpften zwanzig Fotografen um einen Platz auf dem Bürgersteig. Während die Blitze den nächtlichen Himmel erleuchteten, legte Stone den Arm fester um Abbie und flüsterte ihr ins Ohr: «Ich hasse das alles, Sie nicht auch? Aber wir geben denen ihr Bild, und dann lassen sie uns in Ruhe.» Er schien sich aufrichtig darüber zu freuen, daß sie bei ihm war.

Er setzte sie in eine Limousine und sagte dem Fahrer, daß er ihn vor seinem Hotel absetzen und anschließend Abbie zu ihrer Wohnung fahren solle. Als der Fahrer am Hotel vorfuhr, beugte Steve sich zu ihr hinüber, um ihr einen flüchtigen Kuß auf die Wange zu drücken, und weg war er.

Das Foto von ihnen beiden, das am nächsten Morgen fünf Spalten in der New Yorker *Post*, der *News* und sogar in der *Times* einnahm, erweckte den Anschein, als liebkoste Steve Stone ihren Hals, und nicht, als flüsterte er ihr nur etwas zu.

Der ehrenwerte Mr. Stone und der brandneue Talkstar. Eine neue Romanze am Medienhimmel. Ein gefundenes Fressen für die Zeitungen.

6. KAPITEL In ihrem verträumten Halbschlaf zwang sich Katharine, nicht aufzuwachen. Sie versuchte sich vorzustellen, daß George noch neben ihr im Bett in seinem Penthouse lag. All die Dinge, die sie in der Nacht zuvor miteinander getan hatten, kamen ihr in den Sinn: Sie erinnerte sich an seine intensive Zuwendung, seine Zärtlichkeit, seine herrliche Geduld, als er sie in die Höhen der Leidenschaft trug und dann mit ihr das lustvolle Beben teilte, das ihre beiden Körper durchdrang.

Sie sahen sich so oft, wie ihr Terminkalender und die Geschäftsreisen von George es erlaubten. Versteckte sie sich unter einer blonden Perücke und trug unauffällige Kleidung, wurde sie von ihrem bewundernden Publikum nicht erkannt, wenn sie und George auf den verschiedenen Antik-Flohmärkten in Manhattan herumstöberten und gelegentlich einen Ausflug in den Norden von New York zu privaten Haushaltsauflösungen und kleinen Ausstellungen machten. Die witzigen Geschichten von George waren für sie und die anderen Leute, die ungeniert zuhörten, unterhaltsam. Seine Lieblingsgeschichte war die über den Liebhaber von Antiquitäten, der sah, wie die Katze des Inhabers aus einer Meissner Untertasse Milch schleckte. Da er das Schnäppchen seines Lebens vor Augen hatte, bot er an, die Katze zu kaufen, und fügte scheinbar spontan hinzu: «Ich möchte, daß sie sich wie zu Hause fühlt, also nehme ich auch die alte Untertasse mit, die sie benutzt hat.»

«Gewiß», meinte der Antiquitätenhändler. «Dann macht das zwei Dollar für die Katze und fünftausend für das Meissner Porzellan.» Nach einer Pause fügte er hinzu: «Das funktioniert großartig, wenn man seine Katzen loswerden will.»

George hatte ein untrügliches Auge. Eine seiner Entdekkungen war ein hellblauer und cremefarbener Schrank im französischen Bauernstil, den Katharine unmittelbar an sich gerissen hatte. Er nahm nun einen Ehrenplatz in ihrem Schlafzimmer ein und enthielt neben der Wäsche auch Kissenbezüge, die um die Jahrhundertwende angefertigt worden waren und die sie vor vielen Jahren in der Londoner Portobello Road gekauft hatte.

Ihre Träumereien wurden unsanft vom Telefon unterbrochen, und ihre Stimmung verflog abrupt, als sie Mikes besorgte Stimme hörte. «Welche Spielchen spielt deine Tocher, verdammt noch mal?»

Es kam nur selten vor, daß Mike sie so früh an einem Montagmorgen, ihrem kostbaren freien Tag, anrief.

«Was hat sie angestellt?»

«Ich nehme an, du hast die Zeitungen noch nicht gelesen. Abbie ist überall abgebildet. In der *Post*, der *News*, der *Times*.» Seine wütende Stimme wurde lauter. «Sie hängt am Arm von Steve Stone.»

«Steve Stone?»

«Er scheint an ihrem Hals zu knabbern.»

«Das glaube ich nicht.» Katharine war entgeistert. Da hatte sie so hart gearbeitet, um ihn für ihre Sendung zu ködern, und nun sah man ihn, wie er mit der Konkurrenz auf den Putz haute. Mit ihrer Tochter.

«Kannst du sofort mit Abbie sprechen und herausfinden, was da läuft? Wir sollten zumindest wissen, ob wir uns Sorgen machen müssen.»

«Stimmt, aber ich muß auch mit Steve sprechen. Ich erledige das sofort.»

Während sie eilig duschte und sich anzog, kam Katharine zu dem Schluß, daß es das beste sei, wenn sie Abbies Version zuerst hörte, noch bevor sie Steve zur Rede stellte. Sie klopfte leise an ihre Schlafzimmertür. Niemand antwortete, und sie öffnete sie leise. Abbie war nicht da. Katharine schaute auf die Uhr. Natürlich, sie war sicherlich beim Joggen. Vielleicht war das auch gut so. Sie zogen voreilige Schlüsse; wahrscheinlich wußte Abbie überhaupt nichts von der Aufzeichnung mit Stone.

Katharine hielt auf dem gesamten Weg zum Hotel des Stars an dieser Hoffnung fest. Sie rief von dem überfüllten Foyer aus in seiner Suite an, aber niemand ging ans Telefon. Eine Empfangsdame beteuerte, der Star hätte die ausdrückliche Anweisung erteilt, nicht vor Mittag gestört zu werden.

Katharine spielte mit der Idee, nach oben zu gehen und an die Tür zu klopfen, hinterließ aber statt dessen die freundliche Nachricht, daß sie sich später melden würde, um ein Treffen zu arrangieren. Bevor sie ging, bestellte sie noch einen mediterranen Obstkorb, der mit freundlichen Grüßen von *Here and Now* in seine Suite geschickt werden sollte, sobald er auftauchte.

Am Empfang lief, leise gestellt, der unvermeidliche Fernseher. Wenn Katharine ihren Kopf um fünfunddreißig Grad nach rechts gedreht hätte, wäre ihr nicht der kurze Bericht entgangen, in dem ihre Tochter Arm in Arm mit dem scheuen Mr. Stone aus der *Disco 2000* kam.

Fünfzehn Minuten später stürmte sie wutschnaubend in Mikes Büro. «Warum war niemand von unserem Team mit Steve Stone in dieser Disco? Wir haben unzählige Mittzwanziger, die liebend gern Aufpasser gespielt hätten.»

«Wir haben getan, was wir konnten, Katharine.»

«Ich habe fünf Monate damit verbracht, dieses Interview auf die Reihe zu kriegen», fuhr sie fort. «Ich hab dafür gesorgt, daß Champagner und Blumen auf seinem Zimmer waren. Ich habe ihn telefonisch begrüßt. Ihr mußtet nur ein paar Stunden bei ihm babysitten.»

«Das haben wir. Wir haben ein hübsches Mädchen in sein Hotel geschickt – und einen hübschen Jungen, denn du weißt ja, was ich von Stone halte. Sie haben alle zusammen Tee getrunken, sehr nett, sehr zivilisiert, wie sie uns wissen ließen, und dann sagte er, er wäre todmüde und wolle früh zu Bett. Was sollten sie da tun? In seinem Schlafzimmer ein Lager aufschlagen?»

«Sie hätten im Foyer bleiben sollen. Wir hatten schon öfter mit Stars zu tun. Wir wissen doch, wie unberechenbar sie sind.»

«Katharine, wenn sich ein Star aus dem Hinterausgang davonschleichen will, dann macht er das auch.»

Sie schwieg, aber nur kurz. «Haben wir in solchen Lokalen wie der *Disco 2000* niemanden, der uns Hinweise gibt? Hatte er niemanden bei sich?»

«Also ich glaube, dieser Kerl hat es mit minderjährigen Mädchen oder mit Jungs in Ballettröckchen. Egal was, er erzählt es niemandem. Wenn er entschlossen ist, nachts allein auf Wanderschaft zu gehen, was können wir schon dagegen unternehmen?»

Sie seufzte. «Kapieren diese Stars denn nicht, wie egal es uns ist, worauf sie stehen, solange man sich auf sie verlassen kann?»

«Ja, mich kann nichts mehr schockieren. Ich kenne Stars, die es lieber mit Tieren machen, andere, die erst in Fahrt kommen, wenn mindestens drei im Bett sind, und sogar welche, denen es gefällt, wenn ihre Weiber tot sind. Aber mit der Konkurrenz fotografiert zu werden, kurz bevor wir unsere Aufzeichnung machen, das ist hart.»

Die New Yorker, die in ihrer Morgenzeitung lesen konnten, wie herrlich sich Steve Stone in ihrer Stadt zu amüsieren schien, wären beim Anblick des Stars in seiner Hotelsuite verblüfft gewesen. Der Herzensbrecher lehnte schluchzend an der Badezimmertür und preßte sich ein dickes Badetuch gegen den Mund, um jegliche Geräusche zu ersticken.

Nur eine Minute zuvor hatte er seinen schläfrigen Agenten durchs Telefon angeschrien: «Louis, ich habe mich entschieden. Ich fahre sofort ab, und du kannst mich nicht davon abhalten. Diese blöde Fernsehshow ist mir egal.»

«Steve, überlege doch nur, was das für deine Karriere bedeutet, wenn du einfach so abhaust. Denk daran, wie sehr wir uns bemüht haben, daß niemand etwas von dir und Scott erfährt. Wir haben dieses Bild des aufrechten Helden vom Lande aufgebaut. Wenn du diese Leute jetzt hängenläßt, dann werden die keine Ruhe finden, bis sie den Grund herausgefunden haben.»

«Das ist mir scheißegal. Scott hat es gerade erfahren. Er hat Aids. Ich muß bei ihm sein, er braucht mich.»

«Ich sage ja nicht, daß du nicht zu ihm darfst. Ich bitte dich nur um vierundzwanzig Stunden. Ist das zuviel verlangt? Ich werde auch durchsetzen, daß die Aufzeichnung früher gemacht wird. Könntest du nur noch ein paar Stunden warten? Kannst du mir diesen einen Gefallen tun? Bitte, Steve!»

«Nein.»

«Hör mir gut zu, die Sache ist wirklich ernst, Steve. Ein paar Blumen und eine Entschuldigung reichen nicht aus, dieses Mal nicht. Katharine Sexton ist eine einflußreiche Frau, und sie verläßt sich auf dich für ihr Special zu Thanksgiving. Wenn dir das egal ist, dann denk wenigstens an mich.»

«Nein, du hörst mir jetzt mal gut zu. Scott braucht mich. Und zwar nicht in vierundzwanzig Stunden, sondern jetzt. Das allein ist für mich von Bedeutung, das ist der einzige Mensch, der mir etwas bedeutet. Ich sprach vor kurzem mit Abbie Lomax darüber, daß es ein Fehler war, nicht zu meiner Mutter zu gehen, es ging um Prioritäten. Scott ist meine Priorität, und ich gehe zu ihm.»

«Dies ist das erste Interview von dir seit Jahren. Katharine und ich haben seit Monaten daran gearbeitet. Sie widmet dir und deinen Filmen die ganze Stunde. Du kannst sie nicht hängenlassen.»

«Das werden wir ja sehen.»

Es war einer dieser herrlichen, strahlendblauen Novembertage, an denen man scheinbar mühelos um das Staubecken im Central Park joggen konnte. Ein oder zwei Wochen nach ihrer Ankunft in der Stadt war Abbie dieser grünen Lunge verfallen, die der Stadt Sauerstoff, Raum und Freiheit zum Bewegen gab und die für die meisten New Yorker gleich um die Ecke lag. Wenn Abbie unter weitem Himmel über den Lehmboden lief, hatte sie das Gefühl, auf dem Lande zu sein. Sie hatte nur wenige Stunden Schlaf bekommen, aber ihre Energie reichte heute spielend aus, um mit ihrem persönlichen Trainer Schritt zu halten, den sie sich mit der anderen Fitneß-Fanatikerin des Senders, Jeri-Ann Hagerty, teilte.

Sie hatten sich für die Zukunft das Ziel gesetzt, zwei Runden zu laufen, aber an den meisten Tagen hatten sie ohnehin nur für eine Runde Zeit. Heute hatte Abbie das Gefühl, sie könne ewig laufen.

«Tolle Fotos, Abbie. Schöne Grüße an Steve», rief ihr eine Jugendliche mit einem drahtigen, trainierten Körper zu und drehte neben ihr eine perfekte Pirouette, bevor sie mit ihren Inline-Skates weitersauste.

Selbst mit ausgebeulter Jogginghose, Sweatshirt, Stirnband und Gewichten in der Hand erkannte man Abbie noch.

Ein Jogger mittleren Alters – hochrot und stark schwitzend – war direkter: «Habt ihr zwei schon einen Hochzeitstermin festgelegt?»

Abbie schüttelte den Kopf, und er schnitt eine Grimasse. «Schade, ihr gebt ein tolles Paar ab.»

Die gutgelaunten Neckereien, die Komplimente von Dantry, die Aussicht auf ein Interview mit Steve Stone ... Das Leben war rosarot.

Auf dem Weg zurück in die Wohnung kaufte Abbie eine Ausgabe der *Post*. Sie war auf der Titelseite abgebildet, und es war wirklich kein schlechtes Foto von ihr. Steve Stone sah toll aus. Sie verstand, warum die Leute dachten, daß zwischen ihnen etwas lief.

Als Abbie mit glühendem Gesicht die Wohnung betrat, war von Katharine keine Spur. Eine Nachricht hatte sie nicht hinterlassen, und Conchita konnte auch nicht sagen, wo ihre Mutter den Tag verbrachte, außer daß sie früh gegangen war. Vielleicht war sie der Stadt entflohen, um Nina zu besuchen oder mit Freddie auf Jagd nach Antiquitäten zu gehen.

Abbie dachte nicht mehr an ihre Mutter und wandte sich den ernsten Geschäften des Tages zu. Sie mußte verreisen, um sich um einen «Get», einen potentiellen Gast für die Show, zu kümmern.

In Los Angeles warf der Agent von Steve Stone die Hände vors Gesicht. Die Fernsehleute haßten Absagen in letzter Minute. Die einzige Entschuldigung, die sie annahmen, war der Leichnam des Stars in einem Sarg. Und dann gingen sie auf Nummer Sicher und piksten ihn mit einer Nadel.

Louis Stein stand auf und zündete sich eine Zigarre an. Die Fernsehleute würden nicht Steve die Schuld geben. Nein, es wäre der Fehler des Agenten, niemals der des Stars. Und man ließ den Agenten dafür bezahlen. Die würden keinen seiner weniger bekannten Kunden in den nächsten Monaten für die Show buchen.

Die Abteilung Spielfilm von ABN würde zu einem einflußreichen Feind werden. Was könnte er nur dagegen tun?

Er starrte an die Decke. Vielleicht wurde er zu alt für das Ganze.

«Mannie, du mußt mir einen Gefallen tun. Sofort.» Sein Partner war seit fast drei Jahren tot, aber Louis redete noch immer täglich mit ihm.

Er setzte sich an seinen Schreibtisch und hob gedankenverloren, ohne hinzusehen, den Stapel Papiere in seinem Eingangskorb. Fast ganz oben auf dem Stapel entdeckte er ein Fax der Titelseite der New Yorker Zeitung *Post*. Er sah das bezaubernde Foto des Mannes, dessen öffentliches Image er so mühevoll aufgebaut hatte. Für diesen Mann hatte er einen speziellen Therapeuten gefunden, welcher Monate damit verbracht hatte, Steve Stone darin zu unterrichten, wie man in der Öffentlichkeit lustvoll Frauen hinterherschaut und nicht jungen Männern; für diesen Mann hatte er die Kerle bezahlt, die sonst zu den Klatschblättern gerannt wären. Dies war sein Traum: Steve, der mit einer bezaubernden jungen Frau schmuste. Er las ihren Namen, erinnerte sich, daß Steve erwähnt hatte, mit ihr gesprochen zu haben, und hob dann die Augen gen Himmel.

«Danke, Mannie. Du hast bei mir was gut.»

Mike fand keine Ruhe, bis er den Beweis dafür hatte, daß Abbie nicht mit Steve Stone in dessen Suite war. Erst als Katharine in ihrer Wohnung anrief und Conchita ihr erzählte, Abbie stünde unter der Dusche, entspannte er sich.

Ihnen blieben noch zwei Stunden, bis Steve Stone zu sprechen war, also entschieden sie, die Zeit zu nutzen und an den Fragen zu feilen, die sie ihm in der Show stellen würde. Schließlich waren sie mit der Zusammenstellung zufrieden. Katharine hoffte, aus ihm die Information herauszuholen, auf die das ganze Land neugierig wartete: Warum war ein solch attraktiver Mann noch nicht liiert?

Dann nahmen sie die Zeitungen zur Hand. Das Bungee-Jumping hatte Abbies Zahlen nach oben getrieben, aber nicht so weit, wie ihr Regisseur vorausgesagt hatte. Ein älterer, weiserer Kopf hätte ihm sagen können: «Das Zuschauerverhalten wird nicht von Logik bestimmt.» Denn Katharines Einschaltquoten waren auch gestiegen, was die

Wirksamkeit der zusätzlichen Trailer unter Beweis gestellt hatte. Und sie hatte insgeheim die Genugtuung, daß sie in bezug auf die Aktion von Globe recht behalten hatte, obwohl sie nicht lauthals tönte: «Hab ich doch gleich gesagt.» Das mußte sie auch gar nicht. Mike vernahm die Botschaft auch so.

Abbies Show war noch immer auf Platz vier, aber Eingeweihte sahen, daß der Abstand zwischen ihr und den beiden Sendungen, die den Puffer zwischen ihrer Show und der ihrer Mutter bildeten, immer kleiner wurde. Ein einflußreicher Medienexperte sagte voraus, daß es nur noch eine Frage der Zeit war, bis Abbie von Platz Nummer 4 auf Platz 3 stieg. Obwohl Insider schon dasselbe behauptet hatten, war es das erste Mal, daß das Unvorstellbare schwarz auf weiß abgedruckt wurde. Das Interview mit Steve Stone konnte aber sicher dabei helfen, das Gleichgewicht zugunsten von Katharine wiederherzustellen.

Die Telefonanlage auf Mikes Schreibtisch blinkte.

«Entschuldigen Sie die Störung, Mike», sagte seine persönliche Assistentin, «aber der Agent von Steve Stone ist dran. Ich dachte mir, Sie würden ihn lieber persönlich sprechen.»

«Gut gedacht, Kind», sagte Mike, legte die Hand auf die Sprechmuschel und flüsterte Katharine zu: «Ein paar Fragen auf den letzten Drücker, nehme ich an. Sie sind so berechenbar.» Er drückte auf einen Knopf. «Ich stelle den Lautsprecher ein, dann kannst du mithören.»

Louis' Stimme war laut und sicher. «Tut mir leid, Mike. Schlechte Neuigkeiten. Wir müssen absagen.»

«Absagen?» Mike verschlug es fast die Sprache. «Soll das heißen, er kommt nicht?»

Katharine richtete sich auf, leichenblaß. «Das kann er mit uns nicht machen.»

Louis hörte sie. «Ich fürchte, er kann. Er hat es schon. Ich hab versucht, ihn zur Vernunft zu bringen, glauben Sie mir, ich hab alles versucht...»

«Aber was ist mit unserem Vertrag?» fragte Mike schwach, während Katharine ihn anstarrte. Die Mischung aus Wut und Unglaube stand ihr ins Gesicht geschrieben.

«Mike, ich kann Ihnen nicht sagen, wie leid es mir tut», sagte Louis. «Steve gibt sich nicht mit Kleinigkeiten wie den Verträgen ab. Wie immer hat er es mir überlassen, die Suppe auszulöffeln.»

«Sie wissen, daß wir klagen könnten.»

«Das habe ich ihm auch gesagt. Hat nichts daran geändert. Der Junge ist schon zu lange ein Star. Was soll ich sagen?»

Jeder von ihnen wußte, daß eine Klage das letzte wäre, was der Sender anstreben würde; sie verlören nur vor dem Publikum und der Konkurrenz ihr Gesicht.

Katharine mischte sich wieder ein. «Lassen Sie mich mit Steve reden. Ich bin sicher, daß ich seine Meinung...»

«Das bringt nichts, Katharine. Er ist schon am Flughafen. Ich habe gerade seine Hotelrechnung bezahlt.»

«Aber es war alles schon geregelt. Warum hat er uns das angetan? Was ist falsch gelaufen?»

Einen Moment lang sagte niemand etwas. «Ich wollte es Ihnen nicht sagen, aber ich empfinde zuviel Respekt für Sie beide, als daß ich Ihnen irgendwelchen Mist erzähle.» Louis saß in seinem Büro und hob den Blick gen Mannie. «Wie Sie wissen, hat Steve am Sonntag abend Abbie Lomax getroffen, und ... nun, sie hat es ihm irgendwie angetan.» Er atmete tief durch. «Um die Wahrheit zu sagen, er will ihrer Karriere behilflich sein. Deswegen bat er mich, Ihnen abzusagen.» Er kreuzte die Finger und richtete den Blick noch einmal nach oben zu seinem toten Partner. «Ich will noch deutlicher werden. Der Grund dafür, daß Steve Ihren Termin platzen läßt, ist, daß Abbie ihn gebeten hat, Ihre Show, Katharine, abzusagen. Und er war einverstanden. So einfach ist das.»

Nachdem das Telefonat beendet war, herrschte Schweigen. Katharine verbarg ihr Gesicht in den Händen. Es war einfach nicht möglich, daß ihre Tochter so hinterhältig gewesen sein sollte. Sie weigerte sich, das zu glauben. Aber warum sollte ein anerkannter Agent eine solche Lüge verbreiten? Sie lebten in einem Mediendorf, und früher oder später würde es auf ihn zurückfallen. Vielleicht ließ Abbie es in dem Eifer, die Beste sein zu wollen, zu, daß ihr Ehrgeiz die Oberhand über Loyalität und Skrupel gewann. Katharine schreckte vor dem Gedanken zurück. Nein, Abbie hatte bestimmt eine einfache Erklärung dafür, dessen war sie sich sicher. Sie mußte sie einfach nur fragen.

Dann erinnerte sie sich, daß Abbie heute nachmittag verreisen wollte. Katharine mochte sie in dieser Sache nicht am Telefon ausfragen. Es mußte eben warten, bis sie sich sahen. Wann das sein würde, wußte sie nicht. Sie wußte nicht einmal, wohin Abbie gefahren war. Die Heimlichtuerei bei allem, was mit der Arbeit zu tun hatte, ärgerte sie teuflisch, um so mehr, als sie sich dessen selber schuldig bekennen mußte.

Mike sagte als erster etwas. «Katharine, was glaubst du, wie Abbie von unserem Special erfahren hat?»

«Ich habe keine Ahnung.» Sie starrte ihren Produzenten an. «Du glaubst doch wohl nicht, daß ich irgend jemandem außerhalb dieses Büros etwas von Steve erzählt habe, oder?»

Seit Monaten hatte Mike nicht auf Anspielungen seiner Mitarbeiter reagiert, die monierten, daß ihr Star mit dem Feind unter einem Dach lebte. Nun brach sein Ärger hervor.

«Abbie ist nicht irgend jemand, oder?» erwiderte er scharf. «Du lebst mit ihr zusammen. Wie sonst sollte sie das herausbekommen? Ich weiß nicht, vielleicht hast du eine Notiz herumliegen lassen.» Katharine schüttelte heftig den Kopf, und er fuhr fort: «War es Zufall, daß sie mit ihm in der Disco war? Das glaube ich nicht. Irgendwas, irgendwer muß ihr einen Hinweis gegeben haben.»

Katharine schlug so hart auf den Tisch, daß ihre Hand rot wurde. «Ich war es nicht, Mike. Kannst du dir vorstellen, wie vorsichtig ich werden mußte? Ich verstecke Zeitungsausschnitte, ich passe auf, daß Abbie mich nicht hört, wenn ich telefoniere, ich überlege mir jedes einzelne Wort, das ich ihr sage. Es ist schrecklich, auf diese Weise mit der eigenen Tochter zusammenzuleben, und es widert mich an, aber die Sendung in Gefahr bringen wäre das letzte, was ich tun würde, insbesondere bei einem Exklusivinterview wie diesem. Mike, ich weiß, wie hart uns das trifft, aber wir haben schon zu lange zusammengearbeitet, als daß man mir einen Vortrag über unprofessionelles Verhalten halten müßte», sagte sie mit ihrem britischen Akzent, der in Momenten der Anspannung immer stärker durchdrang. «Was glaubst du, wie ich all diese Jahre überlebt habe? Als Plappermaul?»

«Natürlich glaube ich dir, aber warum sollte uns der Agent von Stone erzählen, Abbie hätte das eingefädelt?»

«Agenten lügen wohl nie, oder?» meinte sie sarkastisch.

«Nicht bei so etwas.»

Katharine drückte die Speichertaste 1 ihres Handys. «Es reicht. Ich werde das jetzt gleich mit Abbie klären. Bevor ich sie verurteile, will ich hören, was sie dazu zu sagen hat.»

Sie hörte, wie die Verbindung hergestellt wurde, doch noch bevor das Freizeichen ertönte, langte Mike herüber und stellte das Handy ab.

«Nein, mach das nicht», meinte er knapp. «Wenn sie merkt, wie sehr wir in Panik geraten, sind die im Vorteil.»

«Mike, ich weiß, daß es keinen guten Eindruck macht. Abbie und ich arbeiten zwar für konkurrierende Shows, aber ich bin sicher, daß sie nie etwas täte, das mir schaden könnte, ebensowenig wie ich ihr schaden würde.»

Er war nicht überzeugt, und seine skeptische Haltung machte sie noch wütender. Aber während sie auf seinen gesenkten Kopf starrte, wurde sie milder gestimmt. Sie und

Mike waren seit fast fünf Jahren Kollegen. Er war der Beste, und sie brauchten einander.

«Du liebe Güte, wir haben unseren ersten großen Krach. Nach all dieser Zeit.»

«Es tut mir leid, Katie», murmelte er. «Natürlich war die undichte Stelle nicht bei dir, das weiß ich.»

Sie riß sich zusammen und wandte sich abrupt den praktischen Problemen zu. Ihre Show beinhaltete zwei, manchmal drei verschiedene Themen. Im letzten Moment ein Segment ersetzen zu müssen war schwer genug, kam aber vor. Eine ganze Show aus dem Ärmel schütteln zu müssen glich einer Katastrophe.

«Ich glaube nicht, daß wir unsere Energie mit einer Hexenjagd verschwenden sollten. Im Moment haben wir ein wichtigeres Problem. Was in Gottes Namen sollen wir senden?»

In einem Wohnwagen in einem abgelegenen Waldgebiet von Dakota saß Abbie einem müde aussehenden Mann gegenüber, der ein Unterhemd und Shorts trug und sich die schläfrigen Augen rieb. Es war noch früh am Dienstag morgen. In der winzigen Küche schenkte seine Frau Orangensaft ein.

Welch bezaubernde Welt das Fernsehen doch ist, dachte sie trübselig. Sie genoß es normalerweise, Menschen kennenzulernen, und sie liebte ihre Arbeit. Aber nun saß sie hier in der Provinz, war an ihrem freien Tag hergeflogen, und ein gewisser Unmut kam in ihr auf. Das Studio verlangte ihr so viel ab, daß es schwierig war, irgendeine Art von Privatleben zu führen. Sie und Robert hatten große Probleme, Zeit für ein Treffen zu finden, so daß sie sich besorgt fragte, ob es ihm langsam zu schwierig wurde. Im Rampenlicht zu stehen war aufregend, die auf sie einströmenden Einladungen waren überwiegend amüsant, und es machte Spaß, traumhafte Klamotten vor der Kamera zu tragen. Aber sie wußte, daß vielleicht eine Zeit auf sie zukam, in der sie all dieses Drum und Dran für selbstverständlich halten und sich nach einem Job mit geregelter Arbeitszeit sehnen würde, bei dem sie sich nicht um die Paparazzi sorgen müßte und Robert so oft sehen könnte, wie sie wollte. Er hoffte auf eine Anstellung in New York, aber das schien noch etwas zu dauern.

Keiner dieser Gedanken war ihr anzusehen, als sie den angebotenen Orangensaft nahm und das Ehepaar anlächelte.

«Die ganze Nation steht hinter Ihnen beiden», sagte sie. Sie wandte sich an den Mann. «Jemand, der keinen größeren Sponsor hat, der ein Rennrad überwiegend aus Teilen einer Waschmaschine entworfen und gebaut hat ... nun, das ist fast nicht zu glauben.»

Er wollte sie unbedingt beeindrucken, so daß sie sich jeden einzelnen Schritt des mühevollen Weges bis zur Perfektion des Geschaffenen erklären lassen mußte, jede einzelne Phase, einschließlich zahlreicher Originalentwürfe. Wenn er das bevorstehende «Rennen der Meister» nicht mit diesem revolutionären Gerät gewann, würde er alles verlieren, sogar den Wohnwagen.

«Genau das möchte das ganze Land von Ihnen in meiner Show hören. Der kleine Mann gegen die Goliaths.»

Sie wurden durch ein lautes Klopfen an der Tür unterbrochen, und wenige Minuten später kehrte die Frau mit einem riesigen Strauß Blumen zurück.

«Von USTV», verkündete sie durch die Blumen hindurch. «Die laden dich in ihre Show ein.»

Abbie fuhr sich angespannt über die trockenen Lippen. «Ich hoffe, Sie entschließen sich, zu *Tonight* zu kommen», sagte sie schnell. «Wir erreichen die größte Anzahl junger Leute, die Menschen, die sich von ihrem Kampf inspirieren lassen. Ich führe keine aggressiven Interviews, und ich glaube, Sie werden im nachhinein ein gutes Gefühl haben.»

Sie konnte an dem Gesichtsausdruck der beiden nicht ablesen, ob ihre Worte Wirkung erzielten.

«Fenton TV hat uns einen Teddybär geschickt», sagte die Frau, als sie den Blumenstrauß auf einen Stuhl neben sich legte.

Ihr Mann nickte. «Und jede Menge Telefonanrufe.»

Abbie machte sich Vorwürfe, daß sie keinen größeren Obstkorb mitgebracht hatte, als sie sah, wie das Paar bedeutungsvolle Blicke austauschte.

«Wissen Sie was, Abbie?» meinte der Erfinder. «Sie sind die einzige, die die Reise auf sich genommen hat, und wir mögen Ihre Show wirklich. Wir werden es mit Ihnen machen.»

So willkürlich stellte sich manchmal der Erfolg ein, dachte sie, als sie auf dem Weg zum Flughafen Red Skinner Bericht erstattete. Sie freute sich über seine Komplimente. Ebenso sehr wie über Roberts Antwort, als sie ihn anrief, um ihm zu sagen, daß sie in einer Stunde im Flugzeug nach Chicago sitzen könne. Da das Hauptinterview für ihre nächste Show gesichert und die Sendung für diesen Sonntag im Kasten war, hatte Red ihr nahegelegt, ein paar Tage frei zu nehmen. Sie würden sich dann nach Thanksgiving wiedersehen.

Ein ganzer Tag und eine ganze Nacht mit Robert in Chicago und dann ein paar schöne Feiertage in New York. Abbie freute sich wie ein Kind. Früher waren ihre Kollegen im hektischen Nachrichtenraum in Chicago dankbar gewesen, wenn sie angeboten hatte, die vier freien Tage über Thanksgiving zu arbeiten und dafür über Weihnachten Urlaub machen zu können, was ihr und ihrer Mutter, wie auch den meisten anderen ausgewanderten Briten, mehr bedeutete. Nun arbeiteten sie in derselben Stadt und konnten die Feiertage zusammen verbringen. Abbie freute sich darauf.

Während die Kamera über das Studiopublikum schwenkte, hörte Mike, der auf der Galerie saß, das Lachen über seinen Knopf im Ohr.

«Geht auf den Kerl in der vierten Reihe, in der Mitte», rief er. Der Bildregisseur schaltete schnell, und schon war eine Großaufnahme eines jungen Mannes auf dem Bildschirm, der sich köstlich amüsierte.

Mike entspannte sich allmählich. Nicht einmal in Momenten des größten Optimismus hätte er eine solch begeisterte Reaktion auf eine Gruppe von professionellen Klatschmäulern erwartet, die mit Katharine über bekannte Stars plauderten. Die vergangenen vierundzwanzig Stunden waren ein Alptraum gewesen, in dem hektisch telefoniert, Gefälligkeiten erbeten, Trailer und Werbeblöcke neu geplant und Schadensbegrenzung in bezug auf die ausgeklügelten Urlaubspläne seiner Mitarbeiter betrieben wurden. Die Vorbereitungen für die Aufzeichnung des Steve-Stone-Specials liefen schon seit langem. Er hatte keine Probleme gehabt, seine Leute dazu zu bringen, Nächte durchzuarbeiten, sie hatten sich munter von starkem Kaffee ernährt und mit gutem Willen hinter die Arbeit geklemmt. Aber er hätte eine Meuterei riskiert, wenn er sie gebeten hätte, einen Besuch im Schoße der Familie zu Thanksgiving abzusagen.

Es war Katharines Idee gewesen, eine kleine Gruppe von Insidern des Filmgeschäfts einzuladen, um in Erinnerungen an besondere Momente hinter der Kamera zu schwelgen und über die peinlichen, ungestellten, die witzigen und die ausgesprochen verrückten Augenblicke zu reden. Und tatsächlich, sie machten wirklich das Beste daraus. Das Konzept stellte für die auf Aktuelles spezialisierte Katharine Sexton eine Premiere dar, aber bis jetzt lief es als Feiertagsspecial glänzend. Und Katharine zeigte dabei ihr ganzes professionelles Können. Nicht umsonst kannte man sie beim Sender als die «Schnell-im-Kasten-Sexton».

Bei der anschließenden Manöverkritik kam man einstimmig zu dem Urteil, daß die Anekdote, die den größten Lacher in der von horrenden Arztrechnungen heimgesuchten Nation brachte, der Spruch war, der dem Altstar des Films Walter Matthau zugeschrieben wurde: «Nach meinem Herzinfarkt gab mir mein Doktor noch sechs Monate. Als ich die Rechnung nicht bezahlen konnte, gab er mir noch mal sechs Monate.»

Dröhnendes Gelächter folgte auch auf die Lektion in Sachen Speichelleckerei, die von einem persönlichen Assistenten des legendären Produzenten Darryl Zanuck erteilt wurde. Auf die Frage, was sein größtes Ziel sei, antwortete er: «Sterben und eingeäschert werden, damit dann meine Asche auf der Auffahrt von Mr. Zanuck verstreut werden kann und sein Auto nicht mehr ins Schleudern gerät.»

Nachdem die Gäste von Chauffeuren weggefahren worden waren und die Mitarbeiter mit guten Wünschen für die Feiertage auseinandergingen, wurde Katharine von Mike in sein gläsernes Büro geführt und mit einer innigen Umarmung fast vom Boden gehoben.

«Das war großartig, Mädchen. War die Reaktion vom Publikum nicht phantastisch? Vielleicht sollten wir darüber nachdenken, den Anteil an leichterer Kost in Zukunft anzuheben.»

«Das glaube ich nicht, Mike», sagte Katharine möglichst beiläufig. «Es war eine nette Idee für die Feiertage, aber wir sollten es uns gut überlegen, bevor wir etwas an unserem Konzept ändern. Wir wollen doch nicht genauso werden wie alle anderen Shows.»

«Du hast recht. Es war nur so ein Gedanke. Was machst du über die Feiertage?»

«Ach, das Übliche. Mit allem, was dazu gehört.»

«Erzähl mir bloß nicht, daß du tatsächlich kochen wirst.»

«Ich? Kochen? Das würde Conchita niemals erlauben.

Gott sei Dank. Es tut mir leid, daß du kneifst. Buzz und Maggie kommen vorbei, ebenso Nina, Freddie und seine Familie und, ach ja, mein Steuerberater David Crozier und seine Frau – zieh nicht so eine Grimasse, er ist witzig.»

«Du sprichst in letzter Zeit wenig von Freddie. Wie läuft's bei euch beiden?»

«Gut», antwortete Katharine nach einer fast unmerklichen Pause. In Wahrheit sah sie Freddie seltener, George dafür öfter. Aber sie fühlte sich seiner nicht sicher genug, um ihn ihrem Freundeskreis vorzustellen – geschweige denn mit Freddie Schluß zu machen. Sie hatte immer noch nicht mit Abbie über George gesprochen und auch sonst mit niemandem. Er tat geheimnisvoll, wenn es darum ging, wo er die Feiertage verbrachte, und sie war zu stolz, um nachzuhaken.

«Und Abbie?» fragte Mike verbindlich. «Ist sie auch da?»

Katharines Gesicht war der Streß der vergangenen Tage anzusehen. «Ich erwarte sie», meinte sie vorsichtig, «aber sie ist im Moment nicht in New York.»

«Ach ja? Bist du sicher, daß sie nicht nach Los Angeles geflogen ist, um mit Steve Stone über seinen Auftritt in ihrer Show zu sprechen?»

«Nein, ich habe keine Ahnung, wo sie ist, aber ich hoffe, du hast unrecht», sagte sie langsam. «Ich hoffe es wirklich.»

7. KAPITEL

Für Katharine war Weihnachten eine britische Tradition und Thanksgiving einen Monat zuvor eine hervorragende Übung.

Ihr gefiel die Vorstellung, daß ein Land sich an einem bestimmten Tag zusammensetzte, um den Pilgervätern zu danken und die Familie zu feiern. Sie sah darin eine einigende Kraft und den Inbegriff aller positiven Seiten ihrer Wahlheimat. Aber gerade dann, wenn alles perfekt sein sollte, verlieh die Angelegenheit mit Steve Stone dem Ganzen einen bitteren Beigeschmack.

Abbie hatte eine herzliche und freundliche Nachricht mit dem Versprechen hinterlassen, daß sie mindestens eine Stunde vor Eintreffen der Gäste wieder da wäre. Es klang, als wäre alles in Ordnung. Wie konnte ihre Tochter nur so unsensibel sein? Ihr war doch sicherlich bewußt, wie ungeheuerlich ihr Verhalten war, oder?

Katharine wünschte sich fast, daß Abbie zu spät wiederkäme, damit sie vor dem Essen nicht mehr darüber sprechen konnten. Sie klammerte sich noch immer an die Hoffnung, daß Abbie vollkommen unschuldig war, weil weniger gewissenhafte Kollegen sie manipuliert hatten. Aber je mehr Katharine darüber nachdachte, um so mehr schwand ihr Vertrauen.

Sollte sie es gleich ansprechen, sobald Abbie zur Tür hereinkam? Vielleicht käme es zu einem reinigenden Gewitter. Katharine drückte eine Efeuranke in einen Pflanzentopf. Vielleicht wäre es klüger, zu warten, bis die Gäste gegangen waren. Nein, sie bezweifelte, daß sie ihre Wut so lange unterdrücken konnte. Falls es zu einem Krach kam, durften ihre Gäste nicht hineingezogen werden. Nur Buzz wußte, was passiert war. Außerdem waren Fremde zugegen, um Conchita zu helfen, und es war weithin bekannt, daß die Hälfte der Sensationsblätter über Kellner verfügte, die ebenso gekonnt den Medien Klatschgeschichten servierten wie den Gästen das Essen.

Katharine starrte auf ein schaurig ruhiges New York hinab. Keine Sirenen heulten auf, die gelben Taxis fuhren die leeren Straßen auf und ab, und abgesehen von einigen koreanischen Obst- und Gemüseläden, waren alle Geschäfte geschlossen. Amerika war in Urlaub. Flugzeuge, Züge, Busse und Autos waren vollgepackt mit Leuten, die aus der ganzen Welt eingeflogen waren, um zusammen mit ihren Verwandten zu Thanksgiving an einem Tisch zu sitzen. Für Abwesenheit gab es in diesen Tagen keine Entschuldigung. Und – so ungewöhnlich es für die USA auch war – dieses Fest wurde kaum vermarktet. Es wurden keine formellen Einladungen verschickt, keine Geschenke ausgetauscht, und wie kreativ die Köche auch sein mochten, die Zutaten waren immer die gleichen: Truthahn, Süßkartoffeln und Marshmallows – das Festessen der unbewaffneten Pilger.

Katharine konzentrierte sich auf ihre Arbeit im Blumenzimmer. Als sie die Wohnung im 20. Stock gekauft hatte, hatte sie fasziniert entdeckt, daß von den vorherigen Besitzern dieser winzige Raum angebaut worden war. Er war einzig den Pflanzen gewidmet. Katharine genoß die wenigen Momente, die sie erübrigen konnte, um mit den zahllosen Vasen, Kannen, Eimern, grünen und weißen Bändern, dem Draht und Moos zu arbeiten. Sie betrachtete gern ihre alten Terrakottatöpfe, die sie sich von London hatte schicken lassen, mit den Hyazinthenzwiebeln, Buchsbaumablegern und Lilien, welche auf dem geschützten Balkongarten die New Yorker Sonne genossen.

Die beruhigende, therapeutische Wirkung bei der Handarbeit in diesem Refugium trat ein, aber die bevorstehende

Begegnung mit Abbie machte sie dennoch nervös, und sie fragte sich erneut, ob es sinnvoll wäre, jegliche Diskussion über die Arbeit auf einen Moment nach dem Essen zu verschieben. Sie verwarf den Gedanken sofort. Sie konnte sich nicht verstellen, nicht gegenüber Abbie.

Katharine seufzte und wischte sich eine Haarsträhne aus dem Gesicht. Drei Blumenarrangements wollte sie noch fertigstellen: für die Eingangshalle, für die riesige Urne am Ende des langen Flures und für das lange Buffet. Im Hinblick auf dieses Essen zu Thanksgiving hatte sie einen Großteil des Labor Day im September damit verbracht, einige ihrer Terrakottatöpfe auf dem Balkon silbern einzusprühen. Sie drückte die weißen Hortensien in die feuchte Blumenerde und richtete sie so, daß sie von allen Seiten schön aussahen. Geschmückt wurde das Ganze noch durch ein weißes Band, das sie als Schleife um die Mitte eines jeden Topfes schnürte. Später würde sie noch elfenbeinfarbene Sitzkarten mit den Namen in die Schleifen stecken und die Töpfe vor die jeweiligen Plätze am Tisch stellen.

Ein rauschendes Geräusch war zu hören, dann ein dumpfer Knall, als die Eichentür ins Schloß fiel, woraufhin die Küchentür klapperte, dann kam noch ein dumpfer Knall, als ein prall gefüllter Koffer im Flur fallen gelassen wurde, gefolgt von einem Papierrascheln, als der Poststapel durchstöbert und dann auf den Beistelltisch geworfen wurde, und anschließend rasselte es, als die Gürtelschnalle eines Regenmantels gegen den Mahagonistuhl knallte.

Ursprung all dessen waren 55 Kilo pulsierende Weiblichkeit.

Abbie war zu Hause.

Katharine war angespannt. Vorsichtig legte sie den Füllhalter hin, mit dem sie die Sitzkarten beschrieben hatte.

«Mum? Wo bist du?»

«Im Blumenzimmer.» Die Stimme klang unnatürlich.

Abbie erschien mit leuchtenden Augen und einer riesigen Zierterrine im chinesischen Stil und mit dem charakteristischen blau-weißen Weidenmuster – Katharines Lieblingsmuster. «Bis Weihnachten werden unzählige weiße Hyazinthen aufgehen. Die wurden besonders rasch hochgezüchtet, und der Laden hat mir versprochen, daß sie rechtzeitig blühen. Wenn nicht, bekomme ich mein Geld zurück.»

Abbie stand im Türrahmen, wirkte lebendig, frisch und schien vor jugendlicher Energie überzuschäumen. Katharine spürte, wie ihr Tränen in die Augen stiegen. Sie war so stolz auf ihre Tochter. Und so wütend. Anstatt das Geschenk entgegenzunehmen, verschränkte sie abwehrend die Arme, so daß allein ihre Körpersprache schon verriet, wie aufgebracht sie war.

«Hast du das zufällig in Los Angeles gekauft?» fragte sie langsam.

Jedes einzelne Wort hallte in dem Zimmer wider – wie Steine, die über einen gefrorenen Teich glitten – und machten Abbies Lebensfreude unmittelbar zunichte.

«Los Angeles? Nein, ich war auf dem Land und hab mit...» Sie hielt beunruhigt inne. «Warum zum Teufel glaubst du, ich wäre in L. A. gewesen?»

«Wohnt Steve Stone nicht dort?»

Abbie sah sie wirklich verdutzt an, dann schien ihr ein Licht aufzugehen. «Ach, dachtest du, ich sei nach diesem dämlichen Foto in der Disco mit ihm abgehauen? Das war nur für die Presse. Er hat mich nicht angerührt – schade eigentlich.» Sie zuckte ironisch mit den Achseln. «Ich glaube auch nicht, daß er es je vorhatte, auch wenn es so aussah. Mensch, hab ich einen Hunger.» Sie drehte sich um und ging zur Küche. Katharine folgte ihr.

Abbie marschierte zum Kühlschrank, in dem schon die Kanapees bereitgestellt waren. «Kann ich mir davon etwas stibitzen?»

«Nimm, was du möchtest», sagte Katharine und bemühte sich um einen freundlichen Tonfall. «Bist du sicher, daß du in letzter Zeit nicht in L. A. warst?»

Abbie sah überrascht auf. «Ja, bin ich. Was soll das Ganze?»

«Willst du etwa behaupten, daß du es nicht weißt?»

Abbie zuckte mit den Schultern.

Die unbekümmerte Reaktion ihrer Tochter machte Katharine rasend. «Nun, dann erzähl ich dir eben, was passiert ist.» Sie konnte ihren wütenden Tonfall nicht kontrollieren. «Und dann kannst du mir erzählen, was du damit zu tun hattest.»

Abbie hörte schweigend zu, während ihre Mutter die katastrophale Episode mit Steve Stone vom Anfang bis zum bitteren Ende schilderte.

«Und der Agent von Stone erzählte uns, daß alles auf deinem Mist beruhte, daß du ihn überzeugt hast, meiner Show abzusagen, damit er zu dir kommt.»

Abbie ging zum Fenster und kehrte ihrer Mutter den Rükken zu.

Katharine gab etwas nach. «Hör zu, Abbie. Ich bin mir darüber im klaren, daß die Leute bei deinem Sender Druck auf dich ausüben, aber du mußt mir glauben, daß dies nicht der Weg zum Erfolg ist. Ich hatte gehofft, wir beide würden uns zu solchen taktischen Maßnahmen nicht hinreißen lassen, egal wie sehr wir provoziert werden, egal wie groß die Rivalität ist.»

Abbie drehte sich abrupt herum. «Es enttäuscht mich wirklich sehr, daß du denkst, ich hätte etwas damit zu tun», sagte sie heftig und betonte dabei jedes Wort.

Die Betonung auf dem Wort «du» war so stark, daß Katharine zögerte. «Ich weiß besser als alle anderen, Abbie, wie leicht es ist, der Faszination einer Story zu erliegen und Sachen zu tun, die man später bereut.»

«Du begreifst gar nicht, was ich sage, oder?» rief Abbie

und schlug sich verzweifelt auf die Stirn. «Warum hörst du mir nicht zu?»

«Weil du manipuliert wirst und es gar nicht merkst.»

«Manipuliert. Ausgerechnet du mußt das sagen.»

«Was zum Teufel meinst du damit?»

An der Tür wurde hartnäckig geklingelt. Die anschließende Stille wurde von ihren heftigen Atemgeräuschen erfüllt. Einige Sekunden später kam Conchita mit einem protzigen Blumengebinde aus weißen Rosen, Maiglöckchen, Farn und Schleierkraut herein. Die Karte offenbarte, daß es sich um ein Geschenk ihres Steuerberaters handelte. Er hatte schon früh in seiner Laufbahn gelernt, daß die Kunst, ein perfekter Gast zu sein, darin bestand, ein Blumengebinde vor dem Ereignis zu schicken, anstatt mit einem Strauß aufzutauchen, um den sich die gestreßte Gastgeberin dann auch noch kümmern mußte.

Während Katharine und Conchita über einen geeigneten Platz für die Blumen redeten, drehte Abbie sich um und verschwand in ihrem Schlafzimmer.

Conchita war sichtbar niedergeschlagen. «Oh, Miss Katharine, ich mag es nicht, wenn Sie beide sich streiten. Es ist Thanksgiving. Dies ist das Fest der Familien. Sprechen Sie mit ihr, bringen Sie das in Ordnung.»

Katharine schüttelte den Kopf. «Dazu gehört eine Menge, um das in Ordnung zu bringen, fürchte ich.» Sie rückte ein Kissen zurecht. «Ich geh unter die Dusche. Sagen Sie mir Bescheid, wenn Mr. Freddie da ist?»

Als Katharine das Rouge auftrug, um die Konturen ihrer schmalen Wangenknochen zu betonen – eine Fähigkeit, die sie durch jahrelanges Beobachten der besten Maskenbildner bei der Arbeit mit ihrem Gesicht erworben hatte –, konnte sie die Worte von Steve Stones Agent nicht aus dem Sinn bekommen: *«Abbie hat Steve gebeten, Ihrer Show, Katharine, zugunsten ihrer eigenen abzusagen.»*

In Kürze würden fünfzehn Gäste fröhlich im Empfangszimmer plaudern und ihren Cocktail trinken. Sie mußte die strahlende Gastgeberin spielen. Viel lieber hätte sie sich unter der Bettdecke verkrochen und erst einmal richtig ausgeheult.

Abbie lag in der Badewanne und schlug sich mit einer Mischung aus Unmut, Wut und verletzten Gefühlen herum. Warum traute ihre Mutter ihr einfach so das Schlimmste zu? Sie war sich sicher: Niemand bei ihrem Sender hatte gewußt, daß Steve Stone eine Zusage für die Show ihrer Mutter gegeben hatte. Also war die skrupellose Theorie, sie sei manipuliert worden, vollkommener Unsinn.

Manipuliert. Das Wort nagte immer noch an ihr. Sie war vielleicht noch nicht so lange wie ihre Mutter im Journalismusgeschäft, aber sie hatte immerhin schon genug Erfahrung, um zu merken, wann andere Leute für sie die Fäden zogen. Der Agent von Stone hatte offensichtlich seine eigene Vorstellung von der Wahrheit. Warum glaubte ihre Mutter ihm und nicht ihrer eigenen Tochter?

Abbie verabscheute Auseinandersetzungen. Sie hatte zuhören müssen, wenn sich ihre Eltern früher gezankt hatten, daher war sie, was Streitereien betraf, überaus sensibel. Sie bewunderte diesen Charakterzug an sich nicht, aber mit den Jahren hatte sie es gelernt, ihre Gefühle aufzuteilen: Sie konnte sich bei der Arbeit durchsetzen, Konflikten mit der Familie oder mit Freunden wich sie aber aus.

Als sie sich abduschte, faßte Abbie zwei Entschlüsse: Sie wollte so schnell wie möglich nach einer neuen Wohnung suchen, und sie wollte all diesen Ängsten und Verdächtigungen entkommen und in einem Monat nach London fliegen, um Weihnachten mit ihrem Vater zu verbringen.

Freddie kam etwas früher und merkte sofort, daß Katharine durcheinander war. Er nahm sie in die Arme, und Katharine lehnte den Kopf an seine Schulter. Er bot ihr Schutz und Trost, und Katharine wollte sich ihm anvertrauen, aber gleichzeitig wollte sie die Gefühle nicht wieder aufkommen lassen und Freddie die Party auch noch verderben. Sie wimmelte ihn mit dem Versprechen ab, alles mit ihm zu besprechen, sobald die Gäste gegangen seien.

«Sicher», stimmte er bereitwillig zu. «Ich stelle die Getränke zurecht.»

Das war es, was sie an ihm so mochte. Er war so anspruchslos, nie beharrlich und bereitete ihr nie Schwierigkeiten.

Silberne Tabletts mit Karaffen aus geschliffenem Glas, in die Malt-Whisky, trockener Sherry und erlesener Portwein gefüllt waren, standen im Empfangszimmer für Freddie bereit. Seit Jahren hatte er in ihrem Haushalt die Aufgabe, für die Drinks oder Cocktails vor dem Essen zu sorgen und darauf zu achten, daß die Zutaten für die gekühlten Martinis parat, die Limonen in Scheiben oder Stücke geschnitten und die Eiskübel gefüllt waren.

Als Katharine gerade ihr Make-up beendete, hörte sie ihn in der Anrichte mit Conchita lachen. Conchita hatte Angebote, in der eigentlichen Küche zu helfen, abgelehnt. «Dies ist ein Familientag. Ich will meinen Ofen nicht teilen», meinte sie, bevor sie den riesigen Truthahn mit allem, was dazugehörte, zubereitete.

Katharine kam aus ihrem Schlafzimmer und schloß den Gürtel eines grauen Seidenkleides von Jasper Conran – ein geliebtes Stück, das sie immer dann trug, wenn sie elegant und doch bequem gekleidet sein wollte. Sie ging rasch zu einem der riesigen Spiegel im Flur, um ihr Gesicht zu überprüfen, und wischte sich die ein wenig verschmierte schwarze Wimperntusche fort.

Freddie stand im Türrahmen und beobachtete sie bewundernd. Er ging zu ihr und küßte sie auf die Wange. «Darling, du siehst perfekt aus. Ich freue mich so, diesen Tag mit dir verbringen zu können.»

Katharine spürte den mittlerweile vertrauten Schmerz der Reue immer, wenn sie mit der Wahrheit konfrontiert wurde, daß sie Freddie hinterging. Er ahnte nichts von ihren Gefühlen und fragte munter: «Sollen wir den Sitzplan fertigstellen?» Er ging voraus ins Eßzimmer.

Katharine schaute sich in dem Zimmer zufrieden um. Die blau-weißen Tapeten brachten den prächtigen Tisch hervorragend zur Geltung. Der Raum glitzerte bei all dem viktorianischen Silbergeschirr, das sie von ihrer Großmutter geerbt hatte, und den Kristallgläsern, die sie aus Waterford in Irland importiert hatte. Da es Thanksgiving war, sollte Abbie als ihre einzige anwesende Verwandte eigentlich zu ihrer Rechten sitzen. Aber sie fühlte sich nicht stark genug, um vor den Gästen stundenlang höflich mit ihrer Tochter zu plaudern.

«Setze Abbie neben deine Enkelin», schlug sie Freddie vor. Am anderen Ende des Tisches. Weit weg von ihr.

«Hallo, meine Liebe.» Nina küßte Katharine herzlich auf die Wange. Sie hatten erst einige Tage zuvor zusammen zu Mittag gegessen – in einem dieser schicken Speiselokale, in denen sich die Oberkellner wunderten, wie jemand in einer Stunde so wenig essen und doch so viel ausgeben konnte – aber sie freuten sich aufrichtig, sich wiederzusehen.

Wie Freddie, so merkte auch Nina sofort, daß etwas nicht stimmte. «Alles in Ordnung?» fragte sie besorgt.

Katharine zögerte nur eine Sekunde. Einerseits wollte sie das Geschehene verdrängen, damit es das Fest nicht überschattete, aber Nina würde es eher gelingen als Freddie, Abbies Stimmung zu heben, falls sie schmollen sollte. Und ihre Freundin würde sicher auch dabei helfen, peinliche Situationen zu überspielen, falls Abbie den Streit weiterführte.

Katharine steuerte Nina ins Schlafzimmer und setzte sich neben sie auf eine elegante Chaiselongue.

«Diese grauenhafte Rivalität tut keinem von euch gut», meinte Nina, nachdem sie die Einzelheiten des Streits gehört hatte.

Katharine nahm einen ihrer Ohrclips ab und massierte das Ohrläppchen. Nina hatte natürlich recht. War die Arbeit all diesen Ärger zwischen ihr und Abbie wirklich wert? Die Antwort kam unverzüglich und überraschte und erleichterte sie irgendwie. Nein, sie war es nicht wert. Wenn sie ihren Job aufgab, hatten sie vielleicht eine Chance, sich näherzukommen. Ihr Verhältnis konnte jedenfalls nur noch besser werden.

War sie zu solch einem Opfer fähig? Plötzlich gefiel ihr die Vorstellung, nicht mehr im Rampenlicht zu stehen. Was bedeuteten Prestige, Ruhm und Macht, wenn sie und ihre Tochter sich entfremdeten? Aus finanziellen Gründen bräuchte sie nicht mehr zu arbeiten. Vielleicht war für sie der Moment gekommen, über das Undenkbare nachzudenken. Sie würde Buzz lieber nichts davon erzählen, es würde nur sein Thanksgiving ruinieren. Nein, aber sie könnte Nina von der Idee erzählen und sehen, wie sie darauf reagierte.

Katharine ging zu dem Spiegel hinüber und fummelte nervös an ihrem Haar herum. «Du hast recht, und ich glaube, es ist an der Zeit, manche Dinge zu überdenken», meinte sie vorsichtig.

«Welche Dinge?»

«Ach, zum Beispiel, ob ich meinen Job aufgeben sollte.»

Nina sprang auf. «Mann, das ist drastisch.»

«Vielleicht ist der Zeitpunkt gekommen, etwas anderes zu tun.»

«Meinst du das im Ernst?» Sie sah Katharines Gesichtsausdruck. «Ja, ich sehe es dir an.»

«Es hätte unwahrscheinlich viele Vorteile», sagte Katharine eilig. «Abbie und ich könnten Freunde sein, ich habe jetzt genug Geld, und es gibt außer Talk-Shows noch viele Dinge, die ich gern tun würde. Was hältst du davon?»

«Ich glaube, ich würde mich freuen. Ich brauche eine Freundin, die mich bei meinen ‹Ausflügen› begleitet. Wir könnten auf Kunstausstellungen gehen, vielleicht in Paris, Florenz oder Venedig.»

«Halt, halt», sagte Katharine lachend, aber doch mit dem Gedanken, wie reizvoll ein solches Leben sein könnte. «Ich würde nicht vollkommen aus dem Arbeitsleben verschwinden. Ich könnte als Produzentin arbeiten, Specials machen. Die großen Sachen. Auf alle Fälle», fügte sie eisern hinzu, «ist es im Moment nur so eine Idee.»

«In Ordnung, halt mich auf dem laufenden.» Nina stand auf. «Ich wechsele nur ungern das Thema, aber dürfte ich fragen … ähm, wo Mr. Hemmings den heutigen Tag verbringt?»

«Ich weiß es nicht. Da wir Thanksgiving nicht zusammen sind, habe ich ihm vorgeschlagen, mich Weihnachten freizumachen. Und nun rate mal, was er geantwortet hat! Er meinte, er wäre ‹wahrscheinlich› geschäftlich außer Landes. Glaubst du, er lügt?»

«Wer weiß? Aber ich vermute, er ist ein ewiger Junggeselle. Ich würde mich nicht zu sehr auf ihn einlassen, bevor ich ihm nicht eine Zwangsjacke verpaßt hätte.»

Katharine lächelte. «Nein, natürlich nicht. Komm, laß uns hinübergehen und Dank sagen.»

Freddies Enkelin, die fünfjährige Isabel, rettete den Tag. Abbie war von ihr entzückt, und während Katharine ihre Tochter beobachtete, wie diese mit dem Kind redete, überkam sie eine Sehnsucht und die Erinnerung an die Zeit, als Abbie noch ein Baby war, ein lächelndes, zufriedenes bildhübsches Kind; als sie im Alter von zehn Jahren die unsymmetrischen

Torten backte, die sie die Schiefen Türme genannt hatten. Wenn Katharine die Augen schloß, konnte sie noch immer das freudige Kreischen von Abbie hören, die das erste Mal das Kleid des Blumenmädchens für die Hochzeit eines Freundes anprobierte. Wie perfekt sie mit den Puffärmeln ausgesehen hatte in dem Kleid aus hellrosa Moiré, das sich über einem pinkfarbenen Petticoat aufbauschte. Und die Freude in Abbies Gesicht, als ihre Mutter ihr die Krone aus frischen weißen Rosen auf den Kopf gesetzt hatte. Dies war nun die junge Frau, die während des Essens nicht einmal in ihre Richtung geschaut hatte.

Als die Gäste vom Tisch aufstanden, um es sich bei Kaffee und Likör auf den großen Sofas im Empfangszimmer bequem zu machen, bemerkte Katharine, wie Abbie sich zu Freddies Enkelin hinunterbeugte und ihr etwas zuflüsterte. Das kleine Mädchen nickte freudig.

«Würdet ihr Isabel und mich bitte entschuldigen?» fragte sie höflich und mied dabei noch immer den Blick ihrer Mutter. «Wir schauen uns einen Zeichentrickfilm an.» Sie nahm das Kind an die Hand, verschwand den Rest des Nachmittags in der Bibliothek und tauchte nur kurz wieder auf, als Isabels Eltern sich auf den Weg nach Hause machten.

Obwohl die meisten Gäste Katharine nicht ansahen, daß etwas nicht stimmte, war ihre Stimmung getrübt. Heute war der Tag, an dem ganz Amerika die Freuden des Familienlebens feierte, und sie war von den Ihren so weit entfernt wie noch nie.

Katharine wachte früh auf und fühlte sich deprimiert und erschöpft. Dieser Streit mußte beigelegt werden, bevor er wirklich unangenehm wurde. Mit einem Anflug von Energie schwang sie sich aus dem Bett, um sich einen Tee zu machen. Heute morgen wollte sie sich mit der anregenden Sorte *English Breakfast* verwöhnen.

Die Uhr im Flur schlug acht, als sie barfuß über das Parkett schlich. Zu ihrer Überraschung hörte sie Geräusche in Abbies Zimmer, und zögernd fragte sie sich, ob sie ihr einen Tee bringen sollte.

Sie klopfte leise an die Schlafzimmertür, und nach ein paar Sekunden wurde sie geöffnet. Abbie war vollständig angezogen, und hinter ihr sah Katharine ein chaotisches Zimmer. Zwei Koffer lagen auf dem Bett und waren unordentlich mit ihren Sachen vollgestopft.

«Was geht hier vor?»

«Was glaubst du wohl? Ich ziehe aus.»

«Abbie, mach das nicht, nicht im Zorn. Wir können das klären. Ich bin mir sicher.»

«Nein, das können wir nicht. Wir haben es versucht, und zwischen uns ist es nie richtig gut gelaufen.»

«Hör mal, wir wußten, daß es nicht leicht sein würde, den gleichen Job zu machen. Und diese Sache mit Stone ...»

«Weißt du, worin dein Problem liegt?» unterbrach Abbie sie forsch. «Du bist verängstigt. Du glaubst, daß alle dir etwas anhaben wollen. Die Wahrheit ist, daß wir in meinem Büro kaum über dich reden. Wir haben aufgehört, uns darum zu kümmern, was du tust.»

Katharine schwieg angesichts dieses Wortschwalls benommen.

«Du behauptest, daß wir es uns leichtmachen», fuhr Abbie hitzig fort, «daß wir Risiken eingehen und nicht alles ordentlich machen. Nun, wenn das wahr ist, dann treten wir nur in eure Fußstapfen.»

Katharine bemühte sich, ihre Wut im Zaum zu halten. «Ich habe mich nie dazu herabgelassen, einen Gast davon abzuhalten, zur Konkurrenz zu gehen, wenn er dort schon unterschrieben hatte.»

«Du glaubst immer noch nicht, daß ich die Wahrheit sage, oder? Das war schon immer so, du glaubst allen anderen, den

Fettsäcken von ABN, deinem Produzenten, dem Agenten von Stone, allen, nur mir nicht. Kapierst du denn nicht, daß du vielleicht auch mal unrecht haben könntest? Aber nein. Du bist ja Katharina die Große. Du glaubst, du hast die Weisheit mit Löffeln gefressen. Du akzeptierst nie Kritik. Hast nie Schuld. Du glaubst, du bist perfekt, stehst über uns Sterblichen.»

Katharine war betroffen. «Zumindest arbeite ich nicht mit schmutzigen Tricks.»

«Wie kannst du das sagen, wo doch eine Redakteurin von euch mit dem Agenten von Hal Ditzler geschlafen hat, um ihn in die Show zu kriegen?»

«Als wir das herausfanden», bemerkte Katharine, «wurde sie sofort gefeuert. Ich kann mich nicht erinnern, von einem solchen Durchgreifen bei eurer Show gehört zu haben.»

«Weil niemand so weit gegangen ist.»

«Ach nein?» Katharine war nicht mehr aufzuhalten. «Ich habe gehört, daß deine Leute mit Bestechung arbeiten und daß die Agenten mit Prostituierten und wahrscheinlich sogar mit Drogen versorgt werden. Du hast offensichtlich keine Ahnung von dem, was da hinter den Kulissen abläuft.»

«Das sind alles Gerüchte. Du kannst überhaupt nichts beweisen, weil es nichts zu beweisen gibt.»

«Abbie, du hast dich so sehr verändert, du bist wie eine Fremde.»

«Das ist ja wohl nicht überraschend, oder? Wir haben nicht sehr viel Zeit zusammen verbracht. Du hattest so viel zu tun, daß es dir gut in den Kram paßte, mich ins Internat zu schicken, obwohl du wußtest, daß ich nicht dorthin wollte. Und Dad war auch dagegen.»

«Ich kann nicht fassen, daß du so etwas denkst. Es war nicht so …»

«Du hättest keine Kinder haben sollen», unterbrach Abbie sie. «Du warst immer nur an deiner Karriere interessiert und daran, im Rampenlicht zu stehen. Du hast es gehaßt, daß ich dir auch nur einen Bruchteil davon weggenommen habe. Darum geht es doch eigentlich nur bei dieser ganzen Sache mit Steve Stone.»

Katharine ließ sich auf einen Stuhl sacken. «Wie kannst du nur so etwas Grausames sagen?»

«Du verstehst mich nicht. Du hast nicht einmal versucht, herauszufinden, was ich will, wie ich mich fühle. Anders als Dad. Er zeigt mir, daß ich ihm wichtig bin.»

«Du wagst es, mir mit deinem Vater zu kommen?» zischte Katharine wütend. «Einem Mann, der sein Leben nicht einen Deut für dich geändert hat, der nichts tut, was er nicht will, einem der eigennützigsten Männer, die ich je kennengelernt habe?»

«Eigennützig?» Abbies Tonfall war vernichtend. «Das sagst ausgerechnet du.»

Katharine legte die Hände an die Schläfen und versuchte, die Tränen zurückzuhalten. In ihrem überreizten Zustand sagte sie die fatalen Worte, die sie verfolgen sollten. «Glaubst du, daß du deinen Job bekommen hättest, wenn du nicht meine Tochter gewesen wärest? Du verdankst mir deine Karriere.»

Der Hieb saß. Abbie atmete tief durch. «Ich gehe jetzt sofort. Du brauchst dich um mich nicht mehr zu kümmern, nicht einmal zu Weihnachten. Ich werde das Fest mit dem einzigen Elternteil verbringen, der mich wirklich liebt.»

Sie nahm ihre Koffer, knallte die Haustür so stark zu, daß sie in den Angeln bebte, und war weg.

Die Immobilienfirma hatte die Wohnung als «kompakt und doch effizient» beschrieben – es entsprach der Wahrheit. Die Einrichtung war offensichtlich für männliche Führungskräfte konzipiert, die duschten, schliefen, ein paar Telefonate führten und dann wieder gingen.

Der einzige Vorteil, den Abbie erkennen konnte, bestand darin, daß sie näher an den Büros von Globe lag als Katharines Wohnung. Sie mußte auch zugeben, daß ihr die Fernsehanlage im Schlafzimmer gefiel: Sie war unter der Decke angebracht und sank auf Knopfdruck auf Augenhöhe hinab. Die kleine persönliche Note, die sie in der Wohnung setzen konnte, wie zum Beispiel mit einem Foto ihres Vaters im silbernen Rahmen, linderte die sterile Atmosphäre kaum. Aber über Thanksgiving und noch dazu so kurzfristig war es die einzige Wohnung, die Matt organisieren konnte. Er war ein Schatz gewesen, denn er hatte den Urlaub bei seiner Familie abgebrochen, um ihr aus der Patsche zu helfen, und seine Sekretärin hatte versprochen, Anfang nächster Woche eine Liste mit geeigneten Eigentumswohnungen zu erstellen. Abbie war entschlossen, sich die Zeit zu nehmen, um sie anzuschauen, egal wieviel sie zu tun hatte. Sie bereute die Entscheidung, die Wohnung ihrer Mutter verlassen zu haben, nicht, aber sie wollte auch keinen Moment länger als nötig an diesem trübseligen Ort bleiben.

Um sich von ihrer Umgebung abzulenken, rief sie Robert an, der bei seinen Eltern war. Sie sackte in sich zusammen, als sie hörte, daß der Anrufbeantworter eingeschaltet war. Sie hinterließ ihm ihre neue Nummer und starrte wieder verdrossen auf die beigefarbenen Wände ihres Wohnzimmers.

Sie konnte immer noch nicht richtig glauben, daß Katharine ihr einen solch schmutzigen Trick zutraute. Welcher Job könnte es wert sein, die eigene Mutter in die Pfanne zu hauen? Es gab für sie keine erdenkliche Situation, in der sie auch nur mit dem Gedanken spielen würde. Sie konnte verstehen, daß diese Widerlinge bei ABN es glaubten. Aber Katharine? Tränen stiegen Abbie in die Augen. Sie fühlte sich so allein wie in der Zeit, als sich ihre Eltern trennten. Dies war wie eine Scheidung. Von ihrer Mutter.

Ihre Stimmung erlitt am nächsten Morgen noch einen Dämpfer. Ihr Name stand in allen Klatschblättern.

«Hat Steve tatsächlich Kate für Abbie sitzengelassen?» tönten die Überschriften. «Spielt Abbie ein doppeltes Spiel?»

Abbie las die Zeitungen voller Abscheu. Wer zum Teufel hatte geredet? Irgend jemand mußte geplaudert haben, dazu waren die Informationen zu genau. Katharine? Sie verwarf den Gedanken. Niemand von ihrer Show hätte einen Vorteil von solchen Schlagzeilen.

Sobald Robert die Story gelesen hatte, bestieg er das erstbeste Flugzeug in Chicago und brach seinen Urlaub bei seiner Familie ab, um sie aufzumuntern.

Sie war froh, daß er bei ihr war, denn die Schlagzeilen in den Sonntagszeitungen waren sogar noch schlimmer. Irgend jemand hatte die Journalisten über ihren Auszug aus Katharines Wohnung informiert. «Apartment ist für die beiden Riesenegos nicht groß genug», wurde in den Klatschspalten getönt; «Superdiva duelliert sich und haut ab».

«Woher haben die diesen Kram?» Abbie warf die Zeitungen angeekelt auf den Küchentisch. «Ich wünschte, ich hätte dem Interview mit dieser Zeitschrift morgen nicht zugestimmt.» Sie nagte an ihrem kleinen Finger. «Vielleicht könnte ich es verschieben.»

«Mach das nicht», sagte Robert. «Irgendwann mußt du dich stellen, also geh in die Offensive. Das ist die beste Art, mit negativer Publicity umzugehen. Schade, daß ich nicht für Richard Nixon gearbeitet habe, als er den Kopf einzog.»

Der Entsafter gab einen kläglichen Laut von sich. Abbie beugte sich über ihn und flüsterte ihm zu: «Laß mich nicht im Stich.»

«Laß mich mal ran», sagte Robert. «Diese Maschine arbeitet nie für eine Frau.» Er drückte, zog, schaltete herum, und der Entsafter funktionierte wieder. Triumphierend schaute Robert sie an.

Abbie stellte sich auf Zehenspitzen und küßte sein Kinn. «Paß auf, du zeigst dein dämliches Grinsen.»

«Ich grinse nie dämlich. Hör nicht auf damit», murmelte er und zog sie näher an sich.

Einen Augenblick lang konnte Abbie die schmerzhafte Erinnerung an die bittere Bemerkung verdrängen, die ihre Mutter gemacht hatte, bevor Abbie Türen knallend aus der Wohnung gerannt war. Sie und Katharine hatten seitdem kein Wort gewechselt.

Nach nur drei Monaten in diesem Job hatte das Fernsehen sie so weit gebracht. Sie beide.

Als Abbie am Montag entschlossen zum Tisch Nr. 41 des *Café des Peintures* ging, war sie etwas außer Atem und eine Viertelstunde zu spät.

Im Restaurant waren lauter Verwaltungschefs, Direktoren, Produzenten, Publizisten und, wie sie verunsichert feststellte, Blanche Casey, die ihr einen eisigen Blick zuwarf, bevor sie ihrem Begleiter etwas zuflüsterte.

Der Tisch Nr. 41 war der Schaukasten des Restaurants. Matt hatte darauf bestanden. Der Tisch stand in einem schikken gläsernen Pavillon mit herrlicher Aussicht, in dem berühmte Persönlichkeiten weder übersehen noch überhört werden konnten.

«Du kannst nicht an einem normalen Tisch sitzen», erklärte er. «Das würde dein Ansehen ruinieren. Wenn er gut genug für Barbara Walters ist, dann ist er auch gut genug für dich.»

Abbie war schockiert. «Du kannst mich doch nicht im gleichen Atemzug nennen», protestierte sie gegen den Vergleich mit der Frau, die als erste eine der großen Nachrichtensendungen moderiert hatte.

«Du vielleicht nicht, ich schon. Warte noch ein paar Monate, und dann werden es alle tun.»

Sie war immer noch nervös wegen des Interviews, aber bevor Robert nach Chicago zurückgeflogen war, hatten sie die Antworten auf alle nur denkbaren Fragen geprobt. Charlton Perry, schreibender Herausgeber des *Boulevard Magazine,* verdankte seinen hervorragenden Ruf unter anderem seinen stets akribisch recherchierten Reportagen.

Abbie begrüßte ihn verhalten und versuchte, ihre Nervosität nicht zu zeigen. Er nahm ihr schnell die Befangenheit. Da sie selbst die Kunst des Interviewens beherrschte, konnte Abbie seine Methode nur bewundern.

Nach kurzem Smalltalk bestellten sie ihr Essen: Spargelspitzen und Salat für sie, Garnelen aus dem Pazifik und Wachteln für ihn. Dann holte Charlton Perry ein winziges Aufnahmegerät aus seiner Tasche und hob fragend die Augenbrauen. Sie nickte zustimmend, und er drückte auf die Aufnahmetaste.

Er befragte sie zu ihren Sendungen: Woher stammten die Ideen dafür, wie wurden sie zusammengestellt, was war für sie die größte Herausforderung – die Interviewpartner zu finden oder die Interviews auszuführen? Dabei steuerte er sie immer nahtlos zum springenden Punkt seiner Fragen. Wenn doch nur Fernsehinterviews den Luxus einer solchen Strukturierung erlauben würden, dachte Abbie wehmütig.

«Worin liegen die Schattenseiten des Erfolges?» fragte er. «Was gefällt Ihnen bisher nicht dabei?»

Jetzt geht es los, dachte sie. Aber es war eine faire Frage, und sie beantwortete sie ehrlich. «Mir gefällt die Aufmerksamkeit, die mir von Menschen wie Ihnen entgegengebracht wird, nicht.»

Er hob fragend die Augenbrauen.

«Ich weiß, daß die Situation zwischen meiner Mutter und mir faszinierend erscheint, aber ich wünschte, die Presse würde uns etwas in Ruhe lassen und nicht alles auf die Waagschale legen, was wir tun oder sagen.» Abbie seufzte.

«Vergangene Woche verglich irgendein sogenannter Experte in der *Post* unsere Körpersprache. Dazu wählten sie ein Foto meiner Mutter aus, das bei einem dieser seriösen Empfänge der Vereinten Nationen aufgenommen wurde. Sie wissen ja, wie steif die sein können. Und das verglichen die mit einem Foto von mir bei einer Modenschau. Ihre Körpersprache verriet also, daß sie verklemmt sei und es ihr an Herzlichkeit mangele, während meine Haltung auf eine offene, freundliche Persönlichkeit schließen ließe. Aber wie steht man denn schon da, wenn man dem Botschafter von Ecuador vorgestellt wird?»

«Ist es wahr, daß Sie aus der Wohnung Ihrer Mutter ausgezogen sind?» Sein Tonfall war ruhig, unparteiisch.

«Die Schlagzeilen darüber waren vollkommen übertrieben», erwiderte Abbie gefaßt. Ihre Aufgabe bei diesem Interview lag darin, das Interesse zu verringern. «Meiner Mutter tat es leid, daß ich auszog, sie hatte sich daran gewöhnt, mich um sich zu haben. Aber wir wußten beide, daß es eine Übergangslösung war, bis ich ein Apartment finden würde. Immerhin bin ich sechsundzwanzig Jahre alt.»

«Es ist also nichts dran an den Geschichten, daß Sie und Ihre Mutter wegen der Absage von Steve Stone einen riesigen Streit hatten?»

Abbie schüttelte den Kopf. «*Tonight* hatte nie irgendwelche Pläne, Steve zu interviewen. Wir standen wegen ihm nicht im Wettstreit.» Es war zu schade, daß dieser Artikel erst in drei Monaten veröffentlicht wurde. Sie wollte, daß Katharine ihn jetzt gleich las.

«Warum hat er denn die Show Ihrer Mutter abgesagt?»

«Ich weiß es nicht. Es hatte nichts mit mir zu tun.» Würde er es dabei belassen? Sie hoffte, er würde nicht fragen, ob ihre Mutter diese Version der Geschichte glaubte.

Perry wollte gerade etwas erwidern, als sie von einem Kellner in roter Uniform unterbrochen wurden.

«Entschuldigen Sie die Störung, Miss Lomax, aber ich wurde gebeten, Ihnen dies sofort zu geben. Der Bote meinte, es wäre dringend.»

Abbie öffnete den billigen Umschlag. Du liebe Güte, es war wieder von diesem Irren, der sich «Fan aller Fans» nannte. Sie überflog den getippten Brief rasch. Er lautete: «Du wirst den Tag bereuen, an dem Du zum Fernsehen gegangen bist. Paß auf. Fan aller Fans.» Ihr war es fast gelungen, ihn aus ihrem Bewußtsein zu verdrängen, nachdem sich nach der Postkarte bei der Modenschau nichts mehr getan hatte. Sie faltete den Brief zusammen und steckte ihn in ihre Tasche.

«Ein Problem?»

Sie schüttelte den Kopf und versuchte, ihre Betroffenheit zu verbergen. Wie zum Teufel hatte der Kerl herausgefunden, wo sie zu Mittag aß? Nur wenige Leute wußten, daß sie heute hier interviewt werden sollte. Hatte er es vielleicht über das Büro von Charlton Perry erfahren? Hatte Matts Sekretärin ihren Namen erwähnt, als sie die Reservierung vornahm, um den besten Tisch zu bekommen? Es konnte jemand vom Personal des Restaurants sein, vielleicht sogar der Kellner, der ihnen gerade den Kaffee brachte.

Als das Interview beendet war und sie gehen konnte, sprach Abbie noch mit dem Portier des Restaurants. Er erzählte ihr, daß der Brief von einem jungen Mann in Jeans und Pullover gebracht worden war, der nicht gehen wollte, bevor er gesehen hatte, daß sie den Umschlag persönlich in Händen hielt.

Als Abbie den Brief Matt Nicolaides zeigte, war er außer sich. «Warum wußte ich nichts von diesem Irren? Du hättest mir von der ersten Nachricht erzählen müssen, als es passierte. Wenn ich dein Agent sein soll, dann muß ich alles wissen, was dich betrifft.»

«Ich habe versucht, dich nach der Sache mit der Postkarte

zu erreichen, aber dein Büro wußte nicht, wo du warst, und dein Handy war ausgestellt.»

Er räusperte sich. «Ah, ja, das muß in der Zeit mit den vielen Besprechungen gewesen sein.»

«Dann meinte Jeri-Ann, ich sollte es vergessen, also wollte ich dich nicht mehr damit belästigen.»

Warum hatte man in seinem Büro nicht gewußt, wo er war? dachte Abbie. Aber er schien so verlegen zu sein, daß sie nicht weiter nachhaken wollte. In den letzten Wochen hatte sich Matt immer mächtig herausgeputzt. Abbie hatte bemerkt, daß seine Anzüge neu waren und besser saßen, er hatte eindeutig ein paar Pfund abgenommen, und sogar seine Fingernägel schienen poliert und manikürt zu sein. Dieser Imagewandel konnte auf dem Umzug in eine modebewußtere Stadt beruhen, aber würde sie das glauben, wenn sie Matts Frau wäre?

«Auf alle Fälle», sagte sie, «beunruhigt mich diese Nachricht mehr. Es war öffentlich bekannt, daß ich auf der Modenschau zu Gast sein würde, aber wie viele Leute wußten von dem Interview in dem Restaurant?»

«Nur mein Büro», antwortete Matt, «und ich bürge für jeden, der dort arbeitet. Wie sieht's bei dir aus?»

«Nur meine Produzentin. Es war kein Geheimnis, aber ich kann mir nicht vorstellen, daß sie darüber reden würde. Sie ist außergewöhnlich verschwiegen.»

«Nun, es war ein Exklusivinterview, also wird es Charlton Perry wohl kaum ausgeplaudert haben. Damit bleibt das Restaurant. Da wimmelt es von Leuten, die von Zeitungen bezahlt werden, um ihnen einen Tip zu geben, wenn irgendwelche Berühmtheiten auftauchen. Ich würde da ja mal nachhaken, aber es besteht die Gefahr, daß jemand quasselt, und das können wir nicht gebrauchen. Ich werde dem Sicherheitschef von Globe sagen, daß die Sicherheitsvorkehrungen für dich verschärft werden sollen.»

Am nächsten Morgen ging Abbie wie gewohnt joggen. Als sie in ihre Mietwohnung zurückkehrte, machte sie sich einen Zimttoast und einen Kräutertee. Sie wünschte, Robert wäre noch da. Er fehlte ihr.

Sie schaltete den Fernseher ein. Eine Gruppe bekannter Leute startete einen Aufruf, um Gelder für den Verbund öffentlich subventionierter Sender, das Public Broadcasting System, aufzutreiben. Sie sendeten so etwas recht häufig, und Abbie wollte gerade umschalten, als das Gesicht ihrer Mutter auf dem Bildschirm erschien. Katharines professionelle Art zeigte sich, als sie eindringlich darüber sprach, welchen Beitrag PBS zum kulturellen Leben Amerikas leistete. Ein Gefühl der Bewunderung überkam Abbie. Sie hatte sich so viel erhofft, als sie nach New York gezogen war: einen neuen Job und eine neue Beziehung zu ihrer Mutter als gleichberechtigte Erwachsene. Sie konnte nicht zulassen, daß sich Medienleute, die nur Gift versprühen wollten, ihnen in den Weg stellten.

Mit dem Tee in der Hand ging sie zum Telefon. Sie würde ihre Mutter anrufen, sich aber nicht entschuldigen. Warum auch? Es gab nichts, wofür sie sich entschuldigen müßte. Sie mußte Katharine klarmachen, daß sie beide von Leuten ausgebeutet wurden, die ihre eigenen Ziele hatten, und daß ihre Feinde gewinnen würden, wenn sie sich einander nicht annäherten.

Erst jetzt bemerkte Abbie die blinkende rote Lampe ihres Anrufbeantworters, und sie drückte auf die Rückspultaste.

Die Stimme, die über den Apparat ertönte, war tief, monoton und ohne jeglichen Rhythmus. Sie erkannte sie nicht und verstand die kurze Nachricht nicht ganz, also spulte sie alles noch einmal zurück und lauschte erneut.

«Du kannst dich vor mir nicht verstecken. Paß auf. Fan aller Fans.»

Abbie stellte die Tasse so abrupt ab, daß der Inhalt auf den

Boden schwappte. Ihre Beine versuchten vergeblich, den Körper zu tragen. Abbie sackte auf einen Stuhl. Sie war gerade erst hier eingezogen, und nur sehr wenige Menschen kannten die Nummer, also woher in Gottes Namen hatte er sie? Wer war dieser Kerl, und was zum Teufel wollte er?

Während sie sich fragte, ob sie den Sicherheitsdienst des Senders, ihren Agenten oder Jeri-Ann anrufen sollte, fiel ihr ein, daß Katharine ihr erzählt hatte, sie sei mal von einem Fan belästigt worden, der dem Irrglauben erlegen war, sie sei seine Frau. Er hatte sie mit Anrufen und Briefen bombardiert. Ja, ihre Mutter wußte sicher, was zu tun war. Und vielleicht war dies ein besserer Weg, Brücken zu bauen, als über Ausbeutung zu reden, was vielleicht wieder zum Streit führen würde.

Abbie drückte auf die Speichertaste mit der Nummer ihrer Mutter. «Hallo, Mum, ich bin's.»

«Oh, hallo.» Katharine klang überrascht.

Abbie kam direkt zur Sache. «Hör zu, ich habe ein paar wirklich gemeine Sachen gesagt. Ich habe viel darüber nachgedacht, und es tut mir wirklich leid, was ich gesagt habe.»

Nach einer kurzen Pause antwortete Katharine leise: «Mir auch. Es ging viel zu weit.»

«Mum, ich denke, wir sollten uns unterhalten. Können wir uns irgendwie treffen?»

«Das würde ich sehr gern.»

«Heute schaffst du es nicht zufällig, oder?»

«Ich bin bis oben hin zugepackt mit Terminen, aber wenn ich etwas umdisponiere, kann ich bestimmt kurz weg.»

«Großartig», sagte Abbie. Sie zögerte. «Ich würde gern mit dir über diesen Irren reden, der mir diese Karte zur Modenschau von Alain geschickt hat, erinnerst du dich? Er hat mich hier in meiner neuen Wohnung angerufen.»

«Woher hat er die Nummer?»

«Keine Ahnung. Mum, ich brauche dringend deinen Rat.

Sollen wir uns zum Mittagessen treffen? Ich soll eigentlich einen Zwischenschnitt aufzeichnen, aber ich kann die Produzentin sicherlich überreden, einen neuen Termin dafür zu finden.»

«Ja, das geht in Ordnung.»

«Bei *Luigi's*.»

Ein Schweigen folgte. Bei *Luigi's* wimmelte es normalerweise von Medienleuten, daß es fast der verlängerte Arm der Besprechungszimmer aller Sender war.

«Da ist es ziemlich voll, Abbie. Wir werden da nicht viel Privatsphäre haben.»

«Ich gehe lieber unter Leute, da fühle ich mich sicherer», sagte Abbie und fügte hinzu: «Und vielleicht ist auch gut, allen zu zeigen, daß wir noch miteinander reden.»

«Willst du dich deshalb mit mir treffen?»

Katharines Tonfall klang gereizt, und Abbie verbarg ihre Verärgerung. Verdammt. Ihre Mutter verstand ihre Beweggründe immer falsch. «Natürlich nicht. Ich sagte doch, ich brauche deinen Rat.»

Sie verabredeten ein Treffen um zwölf Uhr. Anschließend rief Abbie bei Matt an, der ebenso beunruhigt war wie sie, als er erfuhr, was passiert war.

«Ich habe keine Ahnung, wie er deine Nummer in Erfahrung bringen konnte», sagte er. «Ich habe sie niemandem gegeben. Nicht einmal meine Sekretärin kennt sie. Sie ist in meinem Computer zu Hause abgespeichert, aber ohne das Paßwort hat niemand Zugriff auf die Datei.»

«Ach, Matt, ich habe gelesen, daß anderen so etwas passiert, aber ich habe nie darüber nachgedacht, wie krank das machen kann.»

«Genau», sagte Matt entschieden. «Es muß aufhören. Ich werde noch mal ein Wörtchen mit Globe reden. Wir müssen deinen Terminkalender geheimhalten, du bekommst jeden Tag denselben Fahrer, wir überprüfen deine Anrufe und ändern deine Nummer. Überlaß alles mir. Ich will, daß sie jeden, der mit dir arbeitet, auf Herz und Nieren überprüfen.»

«Danke», meinte Abbie aufrichtig. «Dann schlafe ich zumindest besser. Ich treffe mich mit Mum zum Essen. Sie hat vielleicht einige Ideen, wie man damit umgehen sollte.»

«Oh? Ihr sprecht wieder miteinander?»

«Nun, ich fand, wir sollten nicht ewig auf Kriegsfuß miteinander stehen.»

Das Telefon auf Abbies Schreibtisch klingelte, eine Stunde bevor sie sich mit Katharine treffen wollte. Eine Kollegin aus dem Nachrichtenraum nahm ab.

«Hier ist das Büro von Katharine Sexton mit einer dringenden Nachricht für Miss Lomax», meinte die Stimme am anderen Ende. «Ihr tut es furchtbar leid, aber ihr ist etwas dazwischengekommen. Sie schafft es nicht zum Mittagessen. Sie entschuldigt sich für die kurzfristige Absage und ruft später noch mal an.»

«In Ordnung. Ich sage es ihr sofort.»

Abbie versuchte in dem Moment gerade, einen unbeeindruckten Red Skinner davon zu überzeugen, wie wichtig es für sie war, den Studioplan für die Aufzeichnung zu ändern, ohne ihm den Grund zu verraten.

Schließlich stimmte er zu, aber einen neuen Termin für den Bildregisseur, den Aufnahmeleiter, den Kameramann, die Beleuchtungs- und Soundingenieure zu finden war kompliziert und Grund genug für seine schlechte Laune. Als er es geschafft hatte, steckte er dennoch kurz den Kopf in Abbies Büro und zeigte seinem Star den erhobenen Daumen.

Ein paar Minuten später kam Abbies persönliche Assistentin mit der Nachricht, daß ihre Mutter es nicht zum Essen schaffte. «Sie sagt, sie ruft später noch mal an.»

Verdammt. Abbies Enttäuschung war so groß, als hätte sie ein Liebhaber versetzt. Wie konnte Katharine nur absagen, wo sie doch wußte, wie sehr sie dieser unheimliche «Fan aller Fans» beunruhigte? Das Mittagessen hätte auch eine ideale Möglichkeit geboten, die Sache mit Steve Stone aus der Welt zu schaffen. Abbie war sich sicher, daß Katharine ihr glauben würde, wenn sie erst einmal ruhig und vernünftig ihre Version der Geschichte angehört hätte.

Da der Plan unter großem Aufwand zu ihren Gunsten geändert worden war, mußte sie aus dem Büro verschwinden, so als nähme sie ihren «wichtigen Termin» wahr. Sie bat ihre Assistentin, Red gegenüber nicht zu erwähnen, daß sie lediglich in Bloomingdale's bummeln würde.

Katharine schaute ungeduldig auf die Uhr und versuchte, die neugierigen Blicke der anderen Gäste bei *Luigi's* zu ignorieren. Abbie war nicht gerade die Pünktlichkeit in Person, aber dies war unverzeihlich. Katharine hörte die Gaffenden fast schon murmeln: «Wer hat sie wohl versetzt?» Es wimmelte in dem Restaurant von Leuten aus der Branche. Sicherlich stand es morgen in den Klatschspalten. Sie wünschte, sie hätte dem Oberkellner nicht verraten, daß sie sich mit ihrer Tochter traf.

Nach dreißig Minuten war Abbie immer noch nicht in Sicht, also sammelte Katharine ihre Sachen zusammen. Ihre Tochter müßte sich schon eine verdammt gute Entschuldigung einfallen lassen.

Sie ging zur Damentoilette und rief Abbies Büro an. Abbies Assistentin meldete sich; in der Annahme, sie könne ehrlich zu der Mutter sein, sagte sie: «Abbie ist eigentlich nur bummeln gegangen.»

Katharine war fassungslos. «Sind Sie sicher?»

«Ja, und man kann sie nicht erreichen, fürchte ich. Sie hat ihr Handy abgestellt.»

Katharine ging langsam hinüber zum Waschbecken und hielt die Hände unter den Wasserstrahl. Sie starrte ihr Spiegelbild an, ohne es zu sehen. Ein Eiertanz, der vielen Leuten Unannehmlichkeiten verursacht hatte, war notwendig gewesen, um diese kurzfristige Verabredung zum Mittagessen zu ermöglichen. Trotz ihres bösen Streites hatte sie es gern getan, weil Abbie dringend Rat suchte. Und nun hatte ihre Tochter nicht einmal die Güte, ihr mitzuteilen, daß sie ihre Meinung geändert hatte. Nicht wegen irgend etwas Wichtigem, nein, sondern um einkaufen zu gehen.

Der Ruhm hat sie verändert, dachte Katharine, und sie zu jemandem gemacht, den ich nicht wiedererkenne. Nun, sie würde sich jedenfalls nicht bei ihrer Tochter melden. Es war an Abbie, sich dafür zu entschuldigen, daß sie ihre Zeit vergeudet hatte.

Katharine bezahlte ihr Mineralwasser und ging schnell zum Ausgang, wobei sie starr geradeaus blickte, um jeglichen Augenkontakt zu vermeiden. Ihre Limousine würde erst in vierzig Minuten kommen; sie konnte dem Fahrer telefonisch Bescheid geben, aber bis er hier eintraf, war sie schon lange im Büro. Sie hatte das Mittagessen verpaßt, und zur Krönung des Tages blieb sie mit ihrer Feinstrumpfhose hängen, als sie ins Taxi stieg, so daß sie der Laufmasche auf ihrem Weg nach oben zusehen konnte.

Mist.

Schweißperlen rannen Abbie den Hals herunter, als sie den Widerstand des Tretwerks erhöhte.

Abbie ging am frühen Morgen immer noch joggen, aber seit sie aus Katharines Apartment ausgezogen war, gingen sie und Jeri-Ann in diesen exklusiven Sportclub in der Nähe des Senders, um noch mehr Kalorien zu verbrennen. Bisher hatte sie niemand verraten, obwohl sie beide wußten, daß es nur eine Frage der Zeit war, bis die Presse es herausfand. In der Zwischenzeit genossen sie die Freiheit, in relativer Abgeschiedenheit trainieren zu können, ohne Angst vor versteckten Kameras, die auf die breit gespreizten Beine gerichtet waren, wie bei diesen berüchtigten Bildern von der Prinzessin von Wales, die um die ganze Welt gegangen waren.

Ihre Freundschaft mit Jeri-Ann war gediehen; sie hatten die gleiche Arbeitszeit, sprachen die gleiche Sprache und teilten die Leidenschaft für diesen Job.

Als sie in New York anfing, hatte Abbie versucht, mit einigen alten Freunden vom College, die jetzt hier arbeiteten, wieder Kontakt aufzunehmen. Ihre Mutter schaffte es, Freundschaften mit «Zivilisten» zu unterhalten – Ärzten, Steuerberatern, Bankern –, aber Abbie war zu dem Schluß gekommen, daß ihr Terminkalender und ihre Lebensweise Freundschaften mit Außenstehenden irgendwie unmöglich machten. Am Wochenende wollten sich die meisten amüsieren, aber sie mußte arbeiten. In der Woche, wenn sie Zeit hatte, konzentrierten die anderen sich auf ihren Beruf. Sie waren verständlicherweise verärgert, wenn sie in letzter Minute Verabredungen absagen mußte, und wenn sie über einige der berühmten Leute sprach, mit denen sie zu tun hatte, dann waren sie entweder außer sich vor Bewunderung oder dachten, daß sie angeben wollte. Abbie merkte, daß sie die Gespräche mit ihnen zensierte. Die lauten, witzigen und herzlichen Vertraulichkeiten, die sie einst teilten, ebbten allmählich ab. Die einzigen Menschen, mit denen Abbie jetzt ungezwungen Erfahrungen austauschen konnte, gehörten zu dem kleinen Zirkel um sie herum: Robert, Matt bis zu einem gewissen Grad und die Leute bei Globe wie zum Beispiel die Redakteure, Brenda und Brooke in der Maske und Jeri-Ann Hagerty.

Die kleine, dunkelhaarige, kraftvolle Frau von 32 Jahren hatte eine Lebhaftigkeit an sich, die Abbie gefiel. Sie eignete sich auch bestens, um Abbie bei ihren therapeutischen Kaufräuschen zu begleiten. Sie verdiente gut. Sie war bei Globe hoch angesehen, aber Abbie schätzte sie nicht nur als ihre

Produzentin. In einer Branche, in der es lauter Schmeichler gab, war Jeri-Ann ungewöhnlich direkt, und für Abbie war dies sowohl erfrischend als auch hilfreich. Jeri-Ann machte ihr derbes irisch-katholisches Erbe für ihre Offenheit verantwortlich. Sie war ebenfalls eine gute Zuhörerin.

«Warum hat Katharine nicht angerufen?» schnaubte Abbie. «Mehrere Tage sind vergangen, und kein Wort der Erklärung.»

Jeri-Ann zuckte die Schultern und rückte den Träger ihres BHs zurecht. «Dann ruf du sie an.»

«Ich habe darüber nachgedacht, aber weißt du was? Ich habe es satt, immer die Böse zu sein. Warum kann sie mir nicht glauben? Von Anfang an waren wir uns einig, daß wir aneinander festhalten und ... okay, es war schwierig, aber wir sind doch beide erwachsen, wir sollten die Außenstehenden bekämpfen und nicht uns.»

«Versetz dich mal in ihre Lage», entgegnete ihre Freundin. «Sie ist seit Jahren die Königin der Einschaltquoten. Sie ist immer noch die Nummer eins, aber seit du auf der Bildfläche erschienen bist, sind ihre Quoten um ein paar Punkte gefallen. Stell dir mal vor, wie sie sich fühlen muß. Sie wird nicht jünger, und obwohl sie noch klasse aussieht, muß der Druck ganz schön groß sein. Du bist immer noch neu genug, um gelegentlich einen Fehler machen zu dürfen, und dein Publikum verzeiht es dir. Du kannst es dir sogar erlauben, ein wenig auszuprobieren. Aber mir tut Katharine allmählich leid, weil sie permanent so verdammt perfekt sein muß.»

«Vielleicht hast du recht, aber darum geht es nicht. Ich würde nie etwas tun, um ihr persönlich zu schaden, und das sollte sie endlich kapieren.» Abbie seufzte unglücklich, sprang von dem Tretwerk und wischte sich mit einem Handtuch über die glänzende Stirn. Sie griff nach zwei 5-Kilo-Hanteln. «Glaubst du, daß ich die heben kann?»

«Versuch's», grinste Jeri-Ann, die stolz darauf war, vier

Durchgänge mit den 6-Kilo-Hanteln zu schaffen. «Apropos schaden, hast du das Interview mit Blanche Casey heute morgen in der *Post* gesehen? Mensch, ist die über euch beide hergezogen.»

«Die wird nie ein gutes Wort über mich verlieren.» Abbie hing ihren Gedanken weiter nach. «Sie hat allen erzählt, sie wäre eine bessere Moderatorin als ich. Ich nehme es ihr nicht übel. Sie hat wesentlich mehr Erfahrung als ich, und – seien wir ehrlich – ohne meine Mutter wäre ich nicht hier.»

«Einen Augenblick! Das war vielleicht am Anfang so, aber jetzt nicht mehr. Die Zuschauer schalten nicht Woche für Woche ein, um die Tochter von jemandem zu sehen. Den meisten ist das egal, und das zeigte auch die letzte Umfrage. Hey, du läßt dich doch von dem Gerede nicht ärgern, oder?»

Abbie lachte. «Nicht nur, daß ich mich nicht davon ärgern lasse, ich werde es vergessen. Ich verbringe Weihnachten in London mit meinem Vater. Das wird ein richtiger Urlaub von all den Problemen hier.»

8. KAPITEL So mußten die schneebedeckten Dächer von Hampstead auf Charles Dickens gewirkt haben, dachte Abbie, als sie den Hügel hinauf zu dem Haus ihres Vaters, einem umgebauten Stall, marschierte. Hollybush Cottage mit seinen charakteristischen Fensterkreuzen und dem schiefen Schornstein war eine der am häufigsten fotografierten Sehenswürdigkeiten in dieser malerischen Gegend, in der viele Intellektuelle, Medienleute und Millionäre aus der Hauptstadt wohnten.

Abbie atmete die frostige Luft tief ein und fühlte sich plötzlich unbeschwert. Weihnachten in London. Welch wunderbarer Ort, auch wenn es nur für zehn herrliche Tage war, an denen die Sendung pausierte.

In dem winzigen Vorgarten des kleinen Hauses im Flask Walk glühten purpurfarbene Beeren in den Stechpalmen, und hier und da pickten Spatzen gierig an dem noch immer tragenden Feuerdorn. Abbie sammelte einen kleinen Zweig der Stechpalme auf – genug, um einen Christmas-Pudding zu dekorieren – und ging hinein, wobei sie nicht vergaß, den Kopf einzuziehen, um dem vierhundert Jahre alten Eichenbalken über dem Eingang auszuweichen. Ihr Vater behauptete, das Haus sei für Kobolde oder für heimkehrende, kriechende Betrunkene gebaut worden. Nach ein paar häßlichen Beulen in der ersten Zeit nach seinem Einzug duckte sich der 1,83 Meter große Mann nun immer automatisch unter den niedrigen Balken.

«Perfektes Timing», grölte Milo aus seinem winzigen Arbeitszimmer, das sich zwischen der engen Treppe und der Speisekammer verbarg. «Ich habe gerade den Rest gefaxt, und ich gäbe alles für ein Bier. Was hältst du von einem Spaziergang durch die Heidelandschaft und einem Mittagessen im Pub?»

«Wann immer du willst», sagte Abbie. «Ich habe noch nicht einmal meinen Mantel aufgeknöpft.»

Er bestand darauf, ihr einen seiner drei Meter langen Schals zu leihen, den er ihr mehrere Male um den Hals wikkelte, so daß sie gerade noch drüber hinwegspähen konnte. Sie gingen flott durch die berühmte Heidelandschaft, die Hampton Heath mit ihren weiten Waldflächen, die seit Jahrhunderten bei Straßenräubern beliebt war und noch frequentierter von Spaziergängern, Hundehaltern und Homosexuellen, die nach neuen Bekanntschaften suchten.

Sie hatten die Fäden ihrer Beziehung so einfach wiederaufgenommen, als hätten sie täglich Kontakt zueinander gehabt. Tatsächlich waren acht Monate vergangen, seit sie sich das letzte Mal in Chicago gesehen hatten. Milo hörte sich fasziniert die Details über Abbies neue Arbeit und ihr Leben im «Big Apple», wie New York gern genannt wurde, an.

Sie gingen am Whitestone Pond entlang. Im Sommer zog dieser winzige See alleinstehende Väter und ihre Sprößlinge mit den Spielzeugbooten an. Nun war er zugefroren und diente einer einsamen rutschenden Wildente als Eisbahn.

Mit glühenden Wangen stießen sie die schwere Tür des *Duck and Drake* auf. Die Wärme eines lodernden Kaminfeuers begrüßte sie. Das elisabethanische Kutscherhaus war schon mit Mittagsgästen gefüllt; Schriftsteller, Künstler und Liebhaber des richtigen Ales kamen gern hierher. Milo zeigte ihr, wie man den Dampf des Auflaufs – mit hausgemachter Steak-und-Nieren-Pastete – entweichen ließ, indem man ihn oben aufschnitt. «Guck dir das genau an. Du vergißt sonst dein britisches Erbe.»

«Nie», erwiderte sie rasch. «Manchmal wünschte ich mir, ich wäre in London geblieben. Ich liebe meinen Job, aber es ist alles so kompliziert.»

Sein Gesichtsausdruck wurde ernst. «Hör mal, dieses Problem zwischen dir und deiner Mutter wird sich in Luft auflösen, sofern ihr nicht überreagiert.»

«Dad, sie behandelt mich noch immer wie ein Kind, sie scheint immer das Schlimmste von mir zu denken. Ich kann einfach nicht so mit ihr reden wie mit dir.» Sie machte eine Pause und schaute ihn nachdenklich an. «Darf ich dich etwas Persönliches fragen?»

Er sah sie argwöhnisch an. «Ich verspreche dir nicht, daß ich antworte.»

«Hat deine Affäre die Ehe beendet, oder war die Ehe schon nicht mehr in Ordnung, so daß du eine Affäre hattest?»

Er seufzte. «Komm, Abbie. Du weißt, daß es nie so einfach ist. Wir waren sehr jung, als wir geheiratet haben, und dann sind wir erwachsen geworden. Ich war nicht immer da, also konzentrierte sich deine Mutter auf ihre Karriere. Und sie wurde verdammt gut. Ich nehme an, wir waren beide zu egoistisch, als daß es langfristig hätte gutgehen können. Die Affäre war eine gute Entschuldigung, aber deine Mutter wußte, daß sie nichts zu bedeuten hatte. Es war ein Zeichen dafür, daß die Ehe nicht funktionierte, also haben wir uns darauf geeinigt, uns zu trennen.»

«Mum sagt, daß es nicht nur eine Affäre war.»

«Das ist alles schon lange her», meinte er ausweichend.

«Tut es dir jetzt leid?» Sie sah ihn an und konnte verstehen, daß ihn immer noch viele Frauen sehr attraktiv fanden.

Er fuhr sich mit den Fingern durch sein dichtes braunes Haar – eine vertraute Geste, die er machte, wenn er sich unwohl fühlte. «Nun, ich wünschte, ich würde dich häufiger sehen», meinte er und beantwortete damit ihre Frage nur zum Teil. «Telefonate reichen nicht aus. Ich werde dem Chefredakteur wohl vorschlagen, daß wir unseren Anteil mit Artikeln über das Weiße Haus aufstocken sollten, damit ich dich regelmäßiger besuchen kann.»

«Das würde mir gefallen. Besonders im Moment.»

«Du wußtest, daß es nicht leicht sein würde, die gleiche Art Show zu machen wie deine Mutter.»

«Aber was kann ich denn dagegen tun? Ich habe einen der besten Jobs im Fernsehen an Land gezogen.»

«Und ist dir das wichtiger als deine Beziehung zu deiner Mutter?»

«In einer vollkommenen Welt bräuchte ich mich nicht zu entscheiden.»

«Was also gedenkst du zu unternehmen?»

Ihr Vater hatte immer eher Fragen gestellt als Antworten gegeben. Auf diese Art, so hatte er ihr einmal erklärt, würde sie lernen, ihre eigenen Probleme zu durchdenken und vielleicht selbst auf die richtigen Antworten zu kommen.

«Vielleicht sollte ich mich aus der Arena zurückziehen, hierher kommen und wieder hier leben. Nach meiner Erfahrung in den USA bekomme ich sicher eine gute Arbeit.»

«Etwas drastisch, oder, Abbs? Außerdem gibt es da ein Problem. Das Fernsehen kränkelt hier ziemlich. Ich bin nicht sicher, daß man dir eine ordentliche Chance geben würde. Die BBC hat immer Budgetprobleme, und um die anderen Sender steht es fast ebenso schlecht. Ich fürchte, die gute alte Zeit, in der das Geld den Kreativen hinterhergeworfen wurde, ist schon lange vorbei. Die Erbsenzähler haben jetzt das Sagen. Natürlich könntest du etwas anderes machen, aber das erscheint mir unsinnig, wenn du so einen Erfolg hast.»

«Ich fühle mich nicht gerade erfolgreich.»

«Natürlich bist du das. Ich rate dir, bleib dabei, zumindest fürs erste. Zeig denen, daß du keine Eintagsfliege bist. Außerdem solltest du dich wie ein großes, tapferes Mädchen verhalten und, wenn wir zurückkommen, deine Mutter anrufen und ihr frohe Weihnachten wünschen. So, und nun iß deine Pastete auf.»

Sie folgte seinem Rat, aber der Anruf selbst war unbefriedigend. In der Leitung war ein störendes Echo, das jegliche Spontaneität unmöglich machte. Das Gespräch machte Abbie traurig. Auch wenn sie es nicht wußte, ihre Mutter empfand das gleiche.

Katharine hätte über die Weihnachtsfeiertage einen Oscar verdient für ihre Darstellung des interessierten Gastes, der glücklichen Gastgeberin und bemühten Partnerin, während sie sich doch nur nach George sehnte.

Wie viele alleinstehende Frauen in New York hatte sie ein hilfreiches Netz von Freunden und geschäftlichen Bekannten aufgebaut, und in Freddie hatte sie einen bereitwilligen Begleiter. Sie hatten Lisa zum Mittagessen in die *Tavern on the Green* eingeladen, aber die Entfremdung von ihrer Tochter und die Abwesenheit von George verstärkten Katharines Gefühl der Einsamkeit in dieser Zeit, die eigentlich dem Fest der Familie gewidmet war.

Es freute sie, daß Abbie sich Heiligabend meldete, obwohl ihre Unterhaltung sehr schleppend war. Abbie erzählte ihr, daß sie eine wunderschöne Zeit mit ihrem Vater hatte. Das war ja nichts Neues, dachte Katharine und biß sich anschließend insgeheim auf die Zunge. Sie wollte keine Verbitterung aufkommen lassen. Sie wünschten sich frohe Weihnachten, und erst nachdem Katharine aufgelegt hatte, wurde ihr schmerzhaft bewußt, daß sie – obwohl sie wenige Straßen voneinander entfernt in derselben Stadt lebten – kein Treffen für die Zeit nach Abbies Rückkehr aus England vereinbart hatten.

Während George fort war und die Show pausierte, hatte sie viel Zeit gehabt, über ihn nachzudenken, über seinen neckenden Humor, sein liebevolles Lächeln, die Art, mit der er nachts fordernd nach ihr langte, sie aus tiefem Schlaf herausriß, um sich einem befriedigenden Liebesspiel mit ihr hinzugeben. Abgesehen von einigen unbeschwerten, witzigen Telefonaten, bei denen sie erfuhr, daß er Weihnachten mit einigen alten Freunden in Rom verbrachte und einige Tage später zurück sei, hatte sie nichts gehört. Sie konnte ihn nicht anrufen, weil er ihr keine Nummer gegeben hatte, unter der sie ihn erreichen konnte, da er es – wie er sagte – schöner fand, sich bei ihr zu melden.

Eines hatte sie schon früh in ihrer Affäre gelernt: George würde es sich nie gestatten, als fester Bestandteil ihres Lebens angesehen zu werden. Wenn sie es doch einmal versuchte, eine Verabredung weit im voraus zu planen, weigerte er sich stets, festgenagelt zu werden, und schützte Geschäftsreisen vor. Obwohl sie das Gefühl hatte, sich damit mehr zu bestrafen als ihn, hatte sie selbst auch schon ein- oder zweimal dafür gesorgt, daß sie verhindert war. Die Masche war recht erfolgreich gewesen, aber er war ihr bei diesem Spiel weit überlegen. Ansonsten war er in jeder Hinsicht ein aufmerksamer Liebhaber.

Eine Woche bevor er nach Europa geflogen war, hatten sie alle Antiquitätengeschäfte der Hamptons der Reihe nach aufgesucht und nach Porzellan- und Glasgegenständen Ausschau gehalten, die er als Inspiration für Kopien in einem seiner Hotels benutzen wollte. Sie hatte ein kleines viktorianisches Porträt einer versonnen blickenden jungen Frau bewundert, und als sie zum Wagen zurückgegangen war, hatte er es gekauft und ihr beim Mittagessen geschenkt. Es war eine wunderbare, aufmerksame Überraschung gewesen. Ein verfrühtes Weihnachtsgeschenk, wie er es genannt hatte.

Sie hatten sich getrennt in einem diskreten, exklusiven Hotel eingetragen und sich sowohl vor als auch nach dem Dinner leidenschaftlich geliebt. Ihre Liebeskunst schien immer besser zu werden, und beim Essen hatte sich George, wie immer, als ein sensibler und interessanter Gesprächspartner erwiesen.

Er erzählte ihr das Neueste über die Probleme, die er immer noch mit seinem neuen Hotel in der Stadt hatte. «Ich bin mit der Ausstattung nicht zufrieden, aber wir liegen so weit hinter dem Plan zurück, daß ich Kompromisse schließen muß. Und die Denkmalschützer machen mir das Leben immer noch schwer. Das Gebäude ist jetzt fertig, und man sollte meinen, die vergessen nun die Geschichte.» Dann – für George eher untypisch – hatte er sie ein wenig verlegen angesehen. «Ich muß dich um einen Gefallen bitten, und nun merke ich plötzlich, wie schüchtern ich bin.» Er nahm ihre Hand. «Ich möchte unsere Freundschaft nicht ausnutzen.»

Freundschaft? Mehr war es nicht?

«Ich habe mich gefragt, ob nicht vielleicht du die offizielle Eröffnung vollziehen könntest, Schatz», meinte er zögernd. «Es ist erst in ein paar Wochen, aber es wäre so gut für das Hotel. Ich weiß, daß wir in der Öffentlichkeit noch nicht zusammen gesehen wurden, und ich würde es gut verstehen, wenn du nein sagst ...»

Warum nicht? War es nicht an der Zeit, daß sie ihrem Instinkt folgte, sich von Freddie verabschiedete und anfing, sich auf George zu konzentrieren? Wenn die Eröffnung Wochen im voraus geplant wurde, war die Bitte von George ein gutes Zeichen für ihr Verhältnis. Sie konnte nicht vorhersagen, wie lange ihre Beziehung halten würde, aber wenn sie es nicht versuchte, erfuhr sie es nie.

«Natürlich mache ich das. Gern sogar.» Sie lächelte. «Sag mir wann, und ich sage einigen von meinen Freunden Bescheid. Wir kriegen schon eine große Gesellschaft zusammen.»

Er freute sich, und sie genoß das Gefühl, daß er ihr dankbar war.

Knapp fünftausend Kilometer von ihren Problemen entfernt genoß Abbie die Zeit mit ihrem Vater und seinen Freunden, von denen die meisten in den britischen Medien arbeiteten. Obwohl sie über das amerikanische Fernsehen informiert waren und sich dafür interessierten, hatten sie nichts damit zu tun, und Abbie konnte ihre Arbeit, die Gehässigkeiten und den Streß bei der Jagd nach Interviews vergessen. Am besten war, daß sie über die Entfremdung von ihrer Mutter nicht nachdenken mußte. Oder über den «Fan aller Fans».

Sie amüsierte sich so gut, daß sie sich entschloß, die Gruppe, die sich aus einer spontanen Laune heraus zu einer Fahrt mit dem Shuttle zum Mittagessen nach Paris entschieden hatte, zu begleiten und ihre Rückkehr nach Amerika zu verschieben. Der Nachteil war, daß sie auf einen Nachtflug umbuchen mußte, um rechtzeitig ins Büro zu kommen.

Die Besatzung der British Airways war gut unterrichtet und veranstaltete viel Aufhebens um sie, so daß sich in der ersten Klasse alle Augen auf sie richteten, als sie ihren Platz einnahm. Der Nachtflug hatte einen Vorteil. Der Aufenthalt in London war unterhaltsam, aber auch hektisch gewesen, und sie hoffte, die Zeit über dem Atlantik schlafend zu verbringen. Sie informierte die aufmerksame Stewardeß, daß sie auf das Essen verzichte und nicht gestört werden wolle.

Während sie die Schlaufen der Schlafmaske auf die richtige Länge einstellte und erleichtert bemerkte, daß der Platz neben ihr frei war, rutschte eine große, schlanke Gestalt auf den Nachbarsitz und lächelte sie an.

Abbie war dieses Verhalten von fremden Männern gewöhnt, aber dieser starrte sie etwas länger an, als es höflich gewesen wäre, zumal seine tanzenden braunen Augen flirtende Signale sendeten.

Obwohl sie versuchte, unbeeindruckt zu wirken, ertappte Abbie sich dabei, wie sie die Schlafmaske verstohlen unter ihren Sitz schob.

«Charme kann von Nutzen sein.» Seine Stimme klang schelmisch. «Die Flugbegleiter wollten kein Geld annehmen», erklärte er, «also mußte ich auf andere Weise an diesen Platz kommen.»

Charme hatte er wirklich reichlich, dachte sie und riskierte einen Blick auf das schöne Profil, als er aufstand, um das zweireihige Jackett auszuziehen, das sehr exklusiv und offensichtlich maßgeschneidert war. Sein weißes Baumwollhemd ließ einen muskulösen Rücken und breite Schultern erkennen, bevor er sich wieder setzte und sich anschnallte.

Ein Bild von einem Mann. Der Flug versprach amüsant zu werden.

«Ah, da kommt der Champagner.» Er nahm einen kleinen Schluck. «Guter Jahrgang», er zwinkerte ihr über das Glas hinweg zu, «guter Platz.»

Sie versuchte, sich so gelassen wie möglich zu geben. Dieser Kerl war gefährlich.

«Ich weiß genau, wer *Sie* sind, Abbie Lomax, also lassen Sie mich Ihnen vorstellen.» Er lehnte sich etwas näher zu ihr hinüber, und ein Hauch seines exotischen After-shaves kam ihr entgegen. «Mein Name ist George Hemmings.»

Noch nie war ein Transatlantikflug so schnell vergangen. Während sie durch die Nacht flogen, eingehüllt in die Dunkelheit, ihre Gesichter seltsam beleuchtet von den Deckenlampen, hatte Abbie das Gefühl, als wären sie in ihrer eigenen Zeitkapsel, abgeschirmt von den anderen Passagieren. Ihr Schutzschild fiel, und sie merkte, wie unbefangen sie mit George Hemmings über ihre Arbeit und ihr Leben sprechen konnte.

Während des ganzen Fluges erwähnte er nicht einmal ihre Mutter. Das war ungewöhnlich. Die meisten Fremden waren neugierig und stellten meist die gleichen Fragen: Machte es Katharine etwas aus, daß ihre Tochter eine Show moderierte, die ihrer eigenen so ähnlich war? Analysierten sie regelmäßig die Sendungen der anderen? Was hielt sie von dem letzten Interview ihrer Mutter, egal worum es sich handelte?

George Hemmings paßte nicht in diese Schublade. Er ließ sich auch nicht in Abbies bisherige romantische Erfahrungen einordnen. Sie war eher an die ungeduldige und direkte Leidenschaft solch junger Verehrer wie Robert gewöhnt, aber dieser weltmännische Fremde, der es überhaupt nicht eilig hatte, wirkte beruhigend auf sie, und sie schätzte seinen Verstand und seine Herzlichkeit. Wegen seines Hotelgeschäfts verbrachte er offensichtlich nicht viel Zeit vor dem Fernseher, und er vermittelte den Eindruck, als sei er an ihr als Frau und nicht als Medienprinzessin interessiert.

Er redete noch immer, nahm – scheinbar unbewußt – ihre Hand und spielte mit ihren Fingern. In dem Augenblick änderte sich alles.

Der sexuelle Schlag, der durch ihren Körper fuhr, kam so plötzlich und war so stark, als hätte man sie an das Stromnetz angeschlossen. So ein Gefühl hatte sie noch nicht oft, wenn überhaupt, ergriffen. Robert nannte sie «sein langsamer Brenner», und sie war zu dem Schluß gekommen, daß sie eine Frau war, die den Sex genoß, aber nicht davon bestimmt wurde. Dieses Gefühl war anders, und aufgrund der Wirkung, die George auf sie ausübte, fragte sie sich, ob sie es bisher mit Liebhabern zu tun gehabt hatte, die zu jung gewesen waren.

Ihre Finger glühten. Er zog die Linien ihrer Handfläche mit einer sanften, spielerischen Bewegung nach, und die Art, mit der er sie anschaute, ließ in ihr den Wunsch aufkommen, ihm die Kleider vom Leib zu reißen, sich unter der Decke der Fluggesellschaft an seinen nackten Körper zu schmiegen und hemmungslos die Folgen abzuwarten.

Sanft entzog sie ihm ihre Hand, und er lächelte sie wissend an. Abbie errötete. Vielleicht konnte er wirklich ihre Gedanken lesen.

Er war es dann, der die Kunst der Liebe zur Sprache brachte.

«Das Problem bei den meisten Menschen ist, daß sie sich falsch darauf vorbereiten», sagte er langsam. «Sie denken daran, ein Bad zu nehmen und sich zu parfümieren. Auch wenn all das natürlich wichtig ist, vergessen sie doch, den wichtigsten Teil des Körpers vorzubereiten, das Gehirn.» Er rückte auf die Ecke seines Sitzes vor, so daß sein Knie das ihre berührte. Abbie erschauerte unweigerlich.

«Viele Männer können einfach mit irgend jemandem ins Bett springen. Aber ich brauche mehr. Ich muß dieses bestimmte Gefühl bei einer Frau haben, bevor ich mit ihr schlafe. Das ist nicht nur körperlich. Ich muß vollkommen entspannt sein, ich muß in ihrer Gesellschaft lachen können. Ich muß im Geist erregt sein. Das kann einfach so passieren. Wenn alle Sinne einbezogen sind, wird die Frau, mit der ich schlafe, wissen, was ich will, und wenn sie es nicht weiß, genügt...», er schob ihr den Pony aus dem Gesicht, «eine winzige Berührung. Finden Sie nicht?»

Dies wäre der Zeitpunkt, Robert zu erwähnen. Merkwürdigerweise tat sie es nicht.

Als das Fahrwerk vibrierend auf dem John-F.-Kennedy-Flughafen aufsetzte, gab er ihr seine Visitenkarte. Sie war überrascht, wie sorgfältig sie die Karte in ihrer Brieftasche verstaute.

George beobachtete, wie Abbies Limousine vor seiner davonfuhr. Würde sie Katharine von ihrer Begegnung erzählen? Wenn ja, hatte er irgend etwas getan, an dem Katharine Anstoß nehmen könnte? Seiner Meinung nach nicht.

Er war sich darüber im klaren, daß Katharine und ihre Tochter kaum miteinander redeten. Abbie hatte sie während des Fluges kein einziges Mal erwähnt, selbst als er ihr die Gelegenheit dazu geboten hatte.

Er hatte Abbie beim Einchecken entdeckt und sie sofort erkannt. Ursprünglich hatte er nur geplant, neben ihr zu sitzen und herauszufinden, wieviel sie über ihn und ihre Mutter wußte. Als aus dem Gespräch deutlich wurde, daß sie und Katharine fast getrennte Leben führten, hatten sich seine Absichten geändert.

Dennoch mußte er vorsichtig sein, wenn er Katharine in den nächsten Tagen traf. Er wollte darauf warten, daß sie erwähnte, er und ihre Tochter hätten sich auf dem Flug kennengelernt. Katharine war eine reizende Frau, und er genoß ihre Affäre. Bisher schien sie – im Gegensatz zu vielen anderen seiner Geliebten – sein Kommen und Gehen bereitwillig zu akzeptieren. Sie fragte nicht, was er tat oder wen er traf, wenn er nicht bei ihr war. Ihm war klar, daß Freddie der Grund dafür war. Es war ein Handel. Nun, das kam ihm sehr gelegen. Da sie nie in der Öffentlichkeit zusammen gesehen wurden, merkte keine seiner anderen Frauen, daß Katharine so viel seiner Zeit in Anspruch nahm.

Aber ihre Tochter. Sie war wirklich etwas Besonderes. Intelligent, verletzlich, herrlich. Vorsichtig, George. Sie mußte irgendwann mit ihrer Mutter reden. Mit einem bedauernden Seufzer faßte er einen Entschluß. Er mußte Abbie vergessen.

Seine guten Vorsätze gerieten bald ins Wanken. Nach zwei Verabredungen mit Katharine und einigen langen Telefonaten hatte sie nichts über sein Treffen mit Abbie gesagt.

Eine boshafte Idee kam ihm in den Sinn und wollte nicht wieder verschwinden. Genieß die Mutter, genieß die Tochter. Ohne daß sie voneinander wußten. Die Vorstellung war unwiderstehlich, und er entschloß sich, das Risiko einzugehen und Abbie an seine Existenz zu erinnern, indem er ihr einen Gutschein für die Badeanlagen seines Kurhotels in New York zuschickte.

Das Personal dort berichtete, sie sei gekommen und man hätte ihr, wie angewiesen, gesagt, daß er im Ausland weile. Die Nachricht nahm sie anscheinend zuerst mit Überraschung und dann mit offensichtlicher Enttäuschung zur

Kenntnis. Er war begeistert. Der Dankesbrief war kurz. Sie hätte den Besuch des Kurhotels genossen und würde wiederkommen, die Einrichtung wäre hervorragend. Sie hoffte, seine Reise wäre erfolgreich verlaufen.

Als George das nächste Mal mit Katharine zusammen war, erwähnte er, daß er einen kurzen Ausschnitt aus der Show ihrer Tochter gesehen hätte. Katharine änderte schnell das Thema, und daraus zog er den Schluß, daß sie immer noch nicht miteinander sprachen.

In den nächsten Wochen intensivierte er seine Bemühungen und schickte Abbie frische Pasta, die aus Venedig eingeflogen worden war, dann einen Lederband mit Gemälden von Fiesole in Italien mit der Widmung «Das würde ich Ihnen liebend gerne eines Tages persönlich zeigen».

Die Geschenke hatten die gewünschte Wirkung. Abbie rief ihn unter seiner privaten Nummer, die auf seiner Visitenkarte stand, an. Doch George war immer noch vorsichtig.

«Ich würde Sie gern einmal abends treffen», setzte er an, «aber...»

«Aber was?»

«Sie haben wahrscheinlich überhaupt keine Zeit. Sie werden sicherlich von vielen Männern eingeladen.»

«Eigentlich nicht», sagte Abbie. Sie schwieg kurz. «Ich habe einen Freund, er lebt in Chicago, aber ... nun, ich denke, wir machen im Moment eine Pause. Ich will mich nicht so fest binden.»

«Sie haben vollkommen recht», meinte George gewandt. «Sie sind noch jung. Ich bin sicher, Ihre Mutter billigt das.» Er hielt den Atem an.

«Kann ich nicht sagen.» Sie lachte auf. «Wir stehen uns nicht gerade sehr nah.»

Hervorragend. George wartete nur drei Sekunden, bevor er fragte: «Haben Sie heute abend Zeit?»

Abbie starrte blind auf die ländliche Szene über dem marmornen Kamin ihres neuen Apartments in der Nähe des Plaza Hotels. Matts Sekretärin hatte die Wohnung für sechs Monate gemietet, und obwohl das Originalölgemälde den Preis nach oben getrieben hatte, war sie gern bereit gewesen, das Geforderte zu bezahlen, um schnell aus ihrem deprimierenden Loch herauszukommen. In dieser Wohnung mit seinem Wachdienst rund um die Uhr fühlte sie sich sicherer.

Sie erhielt unerwarteten Besuch von Robert. Er hatte nicht gesagt, warum er in die Stadt kam, aber wahrscheinlich steckte ein weiteres Bewerbungsgespräch dahinter. Egal. Es war eine gute Gelegenheit, ihr Leben in Ordnung zu bringen. Sie wollte ihm erzählen, daß sie die Beziehung ruhiger angehen lassen wollte. Er kam in Kürze, und da sie sich vor dem Moment fürchtete, mußte sie ihre Gedanken ordnen.

Irgendwann in ihrem Leben wollte Abbie einen Mann und Kinder. Zwei Kinder, es sei denn, sie hätten das gleiche Geschlecht. In dem Fall würde sie wahrscheinlich ein drittes Kind bekommen wollen. Sie hatte sich immer das Versprechen gegeben, wenn es soweit war, nicht viel zu arbeiten, da sie sich auf ihre Rolle als gute Frau und Mutter konzentrieren wollte. Im Gegensatz zu ihren Eltern wollte sie ihre Ehe an erste Stelle setzen. Aber das war jetzt noch nicht aktuell. Das war für die Zukunft geplant, frühestens in sechs Jahren, wie sie Jeri-Ann erzählte.

Sie wollte Robert nicht verletzen, indem sie mit anderen Männern ausging, aber eine Beziehung auf diese Entfernung war schwierig. Sie hatten nie über die Zukunft gesprochen, aber sie sahen sich als Paar, und die gesellschaftlichen Regeln sahen es vor, daß sie einander treu blieben. Abbie war jung, Single und reich, lebte in einer der aufregendsten Städte der Welt, und sie fühlte sich wie eine verheiratete Frau, deren Ehemann die meiste Zeit nicht da war.

Bisher hatte es funktioniert, weil sie niemanden getroffen hatte, der sie in Versuchung brachte, vom rechten Wege abzukommen. Wenn sie zu Premierenpartys ging, auf Wohltätigkeitsbälle oder in Discos, fragten sympathische und intelligente Männer oft nach ihrer Telefonnummer, aber irgendwie sprang nie ein Funke über. Sie merkte, wie sie sich zurückzog, sich damit entschuldigte, wie wenig Zeit sie im Moment für ein Privatleben hatte, und sie dachte, daß sie doch von Glück sagen konnte, jemanden wie Robert im Hintergrund zu wissen.

Bei George Hemmings war es anders. Wenn sie diese Gelegenheit verstreichen ließ, konnte sie es den Rest ihres Lebens bereuen. Sie könnte so viel von ihm lernen, über so viele Dinge. Alles über fremde Länder, das Leben, das Essen.

Und George brachte ihr Inneres zum Schmelzen.

Sie war nicht stark genug gewesen, um seine Einladung für ein Treffen abzulehnen, aber sie hatte die Verabredung auf den nächsten Abend verschoben, weil sie zuerst einiges mit Robert klären wollte. Jeri-Ann würde ihr wahrscheinlich raten, mit dem einen zu schlafen und den anderen in der Hinterhand zu behalten, aber mit zwei Männern gleichzeitig zu jonglieren war nicht ihre Art.

Es war kompliziert. Sie liebte es, mit Robert zusammenzusein. Er war ein Freund, ein Kamerad, ein Liebhaber. Aber das Timing war für eine langfristige Verpflichtung nicht richtig.

Abbie hatte geübt, was sie sagen wollte, aber nun, da sie Robert und nicht dem Badezimmerspiegel gegenüberstand, hatte sie das Gefühl, daß ihre Argumente ausgesprochen hohl klangen.

Robert hörte teilnahmslos zu und versuchte nicht, sie zu unterbrechen.

«Alles was ich brauche, ist ein wenig Zeit, um herauszufinden, was ich wirklich will», erörterte sie ihm. «Wir haben etwas Gutes, das weiß ich, und ich will dich nicht verlieren. Es ist einfach nur zu früh, das ist alles», endete sie schwach.

Ein kurzes Schweigen folgte.

«Ist das alles?» fragte er höflich.

Sie nickte.

«Ich bin enttäuscht, Abbie. Das ist eine so erbärmliche Ausrede.»

Sie fing an zu protestieren.

«Nein.» Die Heftigkeit in seiner Stimme ließ sie innehalten. «Halt mich nicht zum Narren. Ich weiß, was passiert ist. Du hast jemand anderen getroffen.»

«Es hat nichts damit zu tun …»

«Du bist dir noch nicht sicher, was ihn betrifft, also willst du mich auf Eis legen, bis du dich entschieden hast.»

«So ist es nicht.»

«Komm schon, Abbie, genau so ist es. Tja, das ist schade. Wir haben etwas Gutes. Sehr Gutes. Aber wenn du das nicht siehst, dann ist es wahrscheinlich auch besser, daß es jetzt dazu gekommen ist. Und ich gebe dir recht. Du bist nicht reif für etwas Ernsteres.» Roberts Blick war kühl. «Aber wenn du denkst, daß ich am Spielfeldrand stehe, während du spielst, dann vergiß es.»

«Du verstehst nicht …»

Er stand auf. «Doch, ich verstehe. Ich wünschte, du wärest aufrichtiger gewesen. Zu dir ebenso wie zu mir. Ich denke, das wärst du mir schuldig gewesen.» Er drehte sich um und ging zur Tür. «Es ist jetzt egal, aber der Grund für mein Kommen heute war, daß ich am Montag bei USTV anfange. Hier in New York.» Dann ging er.

Abbie starrte die geschlossene Tür mehrere Minuten lang an. «Ich werde nicht weinen», sagte sie sich. «Ich wollte es. Es war meine Entscheidung. Ich habe mein Leben unter Kontrolle. Robert ist jetzt durcheinander, aber er kommt da durch. Natürlich kommt er das.»

Sie ließ sich auf das Sofa sacken und nahm ihre Recherchenotizen, aber sie konnte sich nicht konzentrieren. Sekunden später sprang sie auf, um sich Mineralwasser einzuschenken. Dann schaltete sie CNN ein, aber nachdem sie einige Minuten gezappt hatte, schaltete sie wieder aus. Warum hatte sie immer wieder Roberts verletzten Gesichtsausdruck vor Augen? Sie brauchte sich sicherlich nicht schuldig zu fühlen. Robert würde bald merken, daß sie nur vernünftig handelte. Er sah sicherlich, daß sie sich beide eine Zeitlang auf ihre Karrieren konzentrieren mußten, anstatt sich auf eine ernsthafte Verpflichtung einzulassen. Und sie hätte sich ohnehin zu dieser Entscheidung durchgerungen – unabhängig davon, ob George auf der Bildfläche erschienen wäre, oder? Sicher.

Was sie nun brauchte, war eine lockere Beziehung, und die bot ihr George. Abbie hatte ihn noch nicht so ganz durchschaut. Sie hatte mehr oder weniger erwartet, ihn im Kurhotel nach den Behandlungen zufällig zu treffen. Statt ihres Lieblingstrainingsanzuges hatte sie – falls er auftauchen sollte – ein neues Outfit von Armani angezogen, von dem jeder behauptete, es sei wirklich schmeichelhaft. Er war jedoch nicht auf der Bildfläche erschienen, und sie war überrascht, wie enttäuscht sie gewesen war.

Bisher hatte George ihr aus einer gewissen Entfernung den Hof gemacht, aber morgen abend würde sie herausfinden, ob der Zauber einer Verabredung zum Abendessen in heimischen Gefilden standhielt und nicht nur auf der Fremde-in-der-Nacht-Atmosphäre eines Fluges über dem Ozean beruhte.

Am folgenden Abend warf Abbie noch einen Rock auf den Haufen aussortierter Kleider, die auf dem Fußboden im Schlafzimmer herumlagen. Wenn sie sich nicht bald entschied, würde sie viel zu spät kommen. Das enge pinkfarbene Kleid? Zu aufgedonnert, machte vielleicht einen falschen

Eindruck. Das aquamarinblaue? Dazu mußte man schön braun sein. Schließlich entschied sie sich für ein cremefarbenes Kleid, welches ihre helle Haut attraktiv zur Geltung brachte. Es war nicht perfekt, mußte aber reichen.

Der anerkennende Blick von George, als sie von einem Oberkellner in schwarzem Frack durch das schwach beleuchtete Restaurant geführt wurde, bestätigte ihre Wahl. Sein Blick wich nicht von ihrem Gesicht, während er ihre Hand nahm, sie sanft zu sich zog und ihre Wangen kaum spürbar mit seinen Lippen streifte.

Abbie fühlte das Glühen ihrer Wangen, als sie auf den gepolsterten Stuhl ihm gegenüber sank. Ohne ein Wort zu verlieren, hatte dieser Mann die Fähigkeit, ihr das Gefühl zu geben, ein unbeholfenes Schulmädchen zu sein. Sie bemühte sich krampfhaft, die Beherrschung über ihre Stimme wiederzuerlangen, während sie sich nervös in der unvertrauten Umgebung umschaute.

«Ich bin hier noch nie gewesen.» Sie versuchte, abgeklärt zu klingen.

«Dies ist das bestgehütete Geheimnis in der Stadt», sagte George und bedeutete dem Kellner, den Champagner zu öffnen. «Ich dachte, hier erkennt man Sie vielleicht nicht.»

«Es ist so dunkel, hier würde mich niemand bemerken. Verbringen Sie jedes Ihrer ersten Rendezvous hier?» fragte sie munter.

Er senkte den Kopf, und eine dunkle Locke fiel auf seine Stirn, während er entwaffnend lächelte. «Ich könnte Sie anlügen, und das werde ich auch. Ich habe hier noch nie ein Rendezvous gehabt.»

Sein Kichern war ansteckend, und so begann ein Abend unaufhörlichen Lachens. George schien alles, was Abbie sagte, amüsant zu finden, und tatsächlich merkte sie, daß sie mit steigendem Selbstbewußtsein ihren besten Anekdoten Pfiff verlieh. Sie fühlte sich geistreich wie noch nie.

George vergriff sich nicht im Ton. Nachdem Abbie die Akte mit Artikeln über ihn gründlich studiert hatte, war eigentlich fast zu erwarten gewesen, daß dieser Unternehmer zu selbstsicher, zu anmaßend und zu versiert war. Aber er war nichts davon. Abbie hielt ihn für sensibel, warmherzig und überaus sympathisch. Mehr noch, mußte sie sich eingestehen: Sie wollte, daß er mit ihr schlief. Die sexuelle Spannung, die sie gespürt hatte, als sie sich kennenlernten, war noch immer sehr stark, zumindest was sie betraf. Aber George ließ sich nicht ansehen, ob er die gleichen Gedanken hatte. Es gab keine sexuellen Zweideutigkeiten, keinen Körperkontakt nach dem ersten kurzen Kuß auf die Wange, und doch bebte Abbie so sehr vor Lust, als hätte er ihren nackten Körper gestreichelt.

Was hatte George an sich, daß er für sie begehrenswerter schien als Robert? Lag es einfach nur daran, daß sie es nie schaffen würde, ihn zu zähmen, sich seiner Zuneigung sicher zu sein, so wie sie sich Roberts sicher gewesen war? Warum fühlte sie sich von Männern angezogen, die – wie jede intelligente Frau erkennen konnte – unzuverlässige Schwerenöter waren? Sie wußte es nicht, und am Ende des Abends, als er ihr anbot, sie nach Hause zu begleiten, war es ihr auch egal.

Während der uniformierte Fahrer von George sie auf dem Rücksitz des schwarzen Mercedes Platz nehmen ließ, überlegte Abbie, was sie sagen sollte, wenn sie vor ihrer Wohnung vorfuhren. Wenn sie ihn auf eine Tasse Kaffee hinaufbitten würde, klang sie sicher wie eine Studentin. Aber hatte sie überhaupt Brandy? Und was, wenn es nicht die richtige Marke war? Abbie fühlte sich allmählich wie eine zufällig aufgestiegene Provinzreporterin aus Chicago.

George betätigte den Schalter, der den Sichtschutz zwischen ihnen und dem Fahrer hochgleiten ließ. Sie hatte noch nicht ganz entschieden, ob sie heute abend mit ihm ins Bett wollte. Dies war ihre erste Verabredung, und sie kannte ihn kaum. Aber ihre Zweifel schwanden, als George einen Arm um ihre Schultern legte und anfing, ihren Hals sinnlich mit warmen, trockenen Lippen zu küssen. Abbie schauderte und atmete heftig ein, als er mit scheinbar quälender Langsamkeit endlich ihren Mundwinkel erreichte. Sie wandte sich ihm zu, als seine Lippen die ihren suchten und sie sich in einem langen, sehnsüchtigen Kuß verloren. Endlich ließ sie den Gefühlen freien Lauf, die sie vereinnahmt hatten, seit sie ihn das erste Mal gesehen hatte.

Nach vielen Minuten erst merkte Abbie, daß der Wagen vor ihrem Wohnhaus angehalten hatte. George löste sich sanft von ihr und küßte ihre Nasenspitze. Bevor sie die Fassung wiedererlangte, um ihn auf einen Nachttrunk einzuladen, sagte er: «Dies war ein wunderschöner Abend, das müssen wir wiederholen. Sehr bald.»

Er stieg aus dem Auto und streckte ihr seine Hand entgegen, um ihr zu helfen. Verwirrt griff Abbie nach ihrer Tasche und dem Mantel und folgte ihm. Es war ein eisiger Abend, und als der Portier sie sah, öffnete er sofort die schwere Tür mit den Messingbeschlägen, so daß sie schnell hineineilen konnte. Die Worte von George hallten hinter ihr her: «Ich melde mich.»

Kurze Zeit später, als sie nachdenklich vor dem Badezimmerspiegel saß und ihr Make-up entfernte, war Abbie niedergeschlagen. Waren dies nicht die substanzlosesten Worte der englischen Sprache überhaupt? Ihrer Erfahrung nach und selbst in der heutigen sogenannten liberalisierten Zeit war mit diesem Satz oft eine Zeit verbunden, in der man wartete und spekulierte, wann und ob der Mann diesen Anruf tätigen würde. Es war so ärgerlich, denn sie wußte, daß sie George leicht zu einem Dutzend verschiedener Veranstaltungen einladen könnte. Sie könnte ihm so eine Verabredung leicht als geschäftsfördernd verkaufen, aber sie würde lieber sterben, als das zu tun.

Abbie fuhr erschrocken auf, als das Telefon im Badezimmer klingelte, und einen Moment lang starrte sie den weißen Apparat an und fragte sich, ob ihr Peiniger wieder einmal ihre Geheimnummer herausgefunden hätte. Aber es war George.

«Ich bin noch im Wagen», sagte er leise. «Ich muß immer an dich denken.»

Abbie hielt den Atem an und wußte nicht, was sie antworten sollte.

«Ich muß dich unbedingt wiedersehen, Abbie. Hast du morgen abend Zeit?»

Hatte sie nicht, aber sie antwortete, ohne zu zögern: «Ja.»

Am folgenden Abend gab es kein Versteckspiel. Sie hatte zugestimmt, ihn in seinem Penthouse auf einen Drink zu treffen. Vom Abendessen war nicht die Rede gewesen.

George führte sie kurz durch die beeindruckende 5-Zimmer-Wohnung über seinem Hotel mit seinem weitläufigen Empfangszimmer, das in fünf verschiedenen Weißtönen gestrichen war. Sie bewunderte die Sauna und den Whirlpool, der – wie er ihr erzählte – einen besonders verstärkten Boden benötigte.

«Aber dies», sagte er, «ist der Grund, weshalb ich hier wohne.»

Abbie war sich seiner brennenden Berührung bewußt, als er sie am Ellbogen faßte und zu dem Balkonfenster führte, um die erleuchtete Skyline zu bewundern. Er stand hinter ihr und legte die Hände auf ihre Schultern, um ihre Aufmerksamkeit auf die verschiedenen charakteristischen Gebäude zu lenken. Einige Sekunden lang sagten sie nichts, und Abbie konnte die Hitze seines Körpers fühlen, als er sich näher an sie lehnte. Sie spürte, wie sein Atem schneller wurde, als er sie zu sich herumdrehte. Sein Kuß war nun drängend, fordernd.

Als sie in das weiche Daunensofa sanken, staunte Abbie

insgeheim über ihre Hemmungslosigkeit. Es war, als wäre sie mit diesem Mann schon viele Male zusammengewesen; er fühlte sich so vertraut an, daß sie sich keinen Moment lang unbeholfen vorkam. George durchsetzte sein Liebesspiel mit leisen Worten und so zärtlichen Liebkosungen, daß ihre Nervenenden bebten. Abbie hatte noch nie ein so gemächliches Vorgehen und solch eine Konzentration auf ihre Lust erlebt. Dies war sicherlich das erste Mal, daß sie die wirkliche Liebeskunst kennengelernt hatte.

9. KAPITEL George klopfte ungeduldig mit den Fingern auf den Tisch und wartete darauf, daß Katharine ans Telefon kam. Er mußte vorsichtig vorgehen. Abbie hatte heute Zeit, aber ihre Mutter auch. In den letzten Wochen hatte er zwischen den beiden abgewechselt, aber die neuere Affäre brachte ein gewisses Prickeln mit sich. Abbie war im Bett so wunderbar, wie er es geahnt hatte. Nicht so erfahren wie ihre Mutter, aber das hatte er auch nicht erwartet. Straffere Haut, größere Vitalität und die bedingungslose Bereitschaft, mehr zu lernen, machten den Mangel an Erfahrung wett.

Einen Moment lang schwelgte er in dem herrlichen Gefühl, daß er wählen konnte, welche er sehen wollte. Mutter oder Tochter? Keine wußte von der anderen, was die Frucht noch verbotener machte. Und schmackhafter.

Er hatte sich schon mit Katharine zum Abendessen verabredet, aber Abbie war verfügbar, und in diesem Stadium ihrer Beziehung durfte er den Fisch an der Angel nicht zappeln lassen.

«George?» Endlich hatte Katharines Assistentin sie aufgetrieben.

«Schatz, hallo. Es tut mir so leid, aber ich muß das Abendessen absagen.» Er klang bedauernd. «Das neue Hotel, noch mehr Probleme, fürchte ich.»

«Verstehe.»

Guter Gott, klang sie frostig. Es war offensichtlich, daß sie ihm nicht glaubte. Dies war erst das zweite Mal, daß er absagte, und noch nie so kurzfristig.

«Hey, Katie, sei nicht so. Du weißt, wenn ich zwischen einer geschäftlichen Besprechung und dir wählen könnte, gäbe es kein Zögern.»

Sie sagte nichts.

«Wie sieht's mit morgen aus?» fragte er.

«Ich bin bei einem Wohltätigkeitsdinner.»

Er mußte sich Mühe geben, sie zu beschwichtigen, nicht zuletzt weil sein problembeladenes Hotel zu Ostern die Pforten öffnete und er sie als Ehrengast brauchte.

«Schatz, ich rufe dich morgen an», sagte er. Sie sprachen noch ein paar Minuten über Allgemeines, aber ihr Tonfall war nicht herzlicher, als sie sich verabschiedeten.

Er zuckte mit den Schultern und war sich sicher, daß er sie zurückerobern konnte.

Das Taxi setzte Katharine an der Ecke der Greene Street in Soho ab, einem der ältesten Viertel von New York, wo Künstler wie Basquiat, Keith Haring und Warhol die Gegend besiedelt und Multimillionäre angezogen hatten, die sich unbedingt mit Künstlertalenten anfreunden wollten und sich dazu in den riesigen Bauten niederließen. Die Reichen machten aus den erhabenen Lofts Paläste mit gewölbten Decken und gigantischen Tafelglasfenstern, die weitläufige Küchen umgaben. Die Erdgeschosse hatten sich in winzige Boutiquen verwandelt, in denen Künstler und Designer alle möglichen Gegenstände von handgefertigten Möbeln bis hin zu exotischen Töpferwaren anboten.

Als Katharine zu der Galerie ging, in der sie sich mit Nina verabredet hatte, fühlte sie sich von der Unterschiedlichkeit der Menschen, die die Bürgersteige bevölkerten, beschwingt. Puertoricaner, die goldenen Schmuck zu Niedrigstpreisen verkauften, drängten sich neben Kunstsammlern von der Upper West Side, die auf der Suche nach den neuesten Talenten waren, und neben Kunstkennern von der East Side, die sich auf dem laufenden halten wollten. Obwohl ihr London manchmal fehlte, liebte Katharine mittlerweile diese Stadt, den Rhythmus, die Aufregung und sogar den Lärm.

Nina wartete in der Galerie, die für sich schon eine Entdeckung war, wo sie hoffte, eine neue Skulptur für ihre Sammlung zu finden, die sie seit Jahren zusammenstellte. Ein oder zwei ihrer Errungenschaften hatten sich als Investition erwiesen, aber das war eher Zufall. Sie kaufte nicht, um zu verkaufen.

Als sie die gegenwärtigen Ausstellungsstücke der Galerie betrachteten, merkten die beiden Frauen recht schnell, daß dieser Bildhauer von endlosen Würfeln und Eisenstäben, die in unterschiedlichen Positionen zusammengesteckt waren, besessen war. Sie sahen darin jedoch keine Kunst. Katharine freute sich, denn sie brauchte unbedingt Ninas ganze Aufmerksamkeit, um über ihr ungutes Gefühl in bezug auf George zu sprechen.

Gott sei Dank gibt es Freunde, dachte Katharine, als Nina in einem ruhigen Café in der Nähe der Galerie zwei Cappuccino bestellte. Nina hatte ihre Pläne sofort geändert, als sie hörte, daß George sie versetzt hatte – das zweite Mal, daß er eine Verabredung in ebenso vielen Wochen platzen ließ. Es war möglich, daß er tatsächlich plötzlich eine Katastrophe in einem seiner Hotels in den Griff bekommen mußte, aber als er anrief, hatte sie das untrügliche Gefühl, daß er sie hinterging, und wie gern hätte sie geschrien: «Du Mistkerl, ich weiß, daß du lügst.»

«Nun», meinte Nina sachlich wie immer, «ich habe dich gewarnt, als ihr euch kennengelernt habt, daß George hinterhältig ist. Und von sich besessen. Er erinnert mich an einen Kerl, auf dessen Spiegel Knutschflecke sind.»

«Was meinst du damit?»

«Ich denke, er ist ein Profi der Täuschung.» Nina rührte gemächlich ihren Cappuccino um. «Das erkenne ich sofort. Ich war nach Harry und Jeff selbst so.» Harry und Jeff waren Ehemänner Nummer eins und zwei. «Ich habe mich mit größter Begeisterung ausgetobt. Ich glaube, du ahnst nicht, wie sehr ich mich ausgetobt habe. Ich sah mich als die Original-Martini-Frau. Jederzeit. Überall.»

Katharine konnte sich ein Lächeln nicht verkneifen.

«Wie viele Männer haben dir gesagt, daß sie dich lieben, nur damit du die Hüllen fallen läßt?» fragte Nina.

«Nicht so viele, wie ich hoffte.» Katharine versuchte, witzig zu sein, um zu verbergen, wie verletzt sie war.

Nina sah sie spitzbübisch an. «Mir mußte man keine ewige Liebe schwören, um mich rumzukriegen. Manchmal mußte man mir gar nichts schwören. Jetzt fühle ich mich nur noch bei den Alten und Häßlichen sicher.»

Katharine schüttelte den Kopf angesichts dieser maßlosen Übertreibung. Keiner von Ninas Männern konnte als häßlich beschrieben werden, auch wenn nur wenige von ihnen die Fünfzig noch einmal sahen. Ihre große, schlanke Modelfigur, die durch Training und Fettabsaugen in Form gebracht und mit Hilfe eines riesigen Vermögens instand gehalten wurde, wirkte auf eine bestimmte Sorte Mann immer noch anziehend.

«Katie, kannst du nicht aufhören, dir Sorgen zu machen, und einfach nur genießen, was George zu geben bereit ist?»

«Ich bin nicht sicher», sagte Katharine. «Ich ärgere mich über mich selbst, daß es mir etwas ausmacht. Ich weiß immer noch nicht, was ich von ihm will. Ein Teil des Problems ist, daß wir nicht genügend Zeit miteinander verbringen. Wenn er Zeit hat, habe ich keine. Es ist so ärgerlich. Wir kennen uns seit acht Monaten, und die Hälfte der Zeit habe ich keine Ahnung, wo er steckt. Er ist viel unterwegs. Ich habe seine Handynummer, und angeblich funktioniert sie auf der ganzen Welt, aber meistens ist das Gerät ohnehin abgestellt.» Katharine schüttelte den Kopf. «Ich bin es nicht gewohnt, herumzusitzen und darauf zu warten, daß mich ein Mann anruft, und es gefällt mir nicht. Aber ich weiß nicht, was ich tun könnte. Ich passe mich nicht gern zu sehr an.»

Nina zuckte mit den Achseln. «Du hast recht. Nichts törnt Männer wie ihn mehr ab. Glaubst du nicht, daß er dir eins auswischt, weil er eifersüchtig auf Freddie ist?»

«Nein. Freddie war nie ein Thema zwischen uns. Vielleicht bin ich nur zu empfindlich wegen all der anderen Sachen, die um mich herum passieren.»

«Du meinst, bei der Arbeit?»

«Ja. Das Problem ist, daß Globe ordentlich aufgeholt hat. Ich verstehe, daß wir unseren Vorsprung wieder ausweiten müssen, aber nicht durch vorhersehbare Reaktionen auf Panikmache und Zeitungsspekulationen.»

Der Jahreswechsel war immer eine müde Zeit für die Printmedien, und die Herausgeber, die dringend Stories brauchten, füllten die Zeitungen mit Prophezeiungen, wer in der kommenden Saison in oder out sein würde. Viele Kommentatoren sahen Abbie als das Gesicht der Zukunft, auch wenn niemand die Show von Katharine kritisierte. *Here and Now* galt als fester Bestandteil des Fernsehens und stand in keinem Zusammenhang mit Spekulationen um Neulinge. Dennoch befürchtete Katharine, daß die Vorhersagen, auch wenn sie lediglich als Füller dienten, von ihren Bossen beim Sender zu ernst genommen wurden. Einige Männer in der Chefetage gerieten durch die Aufregung um Abbies neuere Sendung eindeutig in Panik.

In der Weihnachtszeit hatte ABN seine kostspielige Marktstudie weitergeführt und intensive Befragungen von Zielgruppen vorgenommen. Das Ergebnis zeigte, daß Katharine als Moderatorin ihrer Sendung unumstößliche Unterstützung genoß, aber die Studie offenbarte auch beunruhigende Anzeichen. Abbies Name wurde bei den Befragungen der Zielgruppen immer häufiger erwähnt. Ihr fehlte die Perfektion ihrer Mutter, aber viele Zuschauer fühlten sich von ihrer Begeisterung und Jugendlichkeit angesprochen. Man mochte ihre Art, und viele nahmen ihre Sendung auf Video auf, während sie die Show der Mutter schauten. Dies wurde durch die neuesten Einschaltquoten bestätigt, denen zufolge Abbies Show nun eindeutig auf Platz drei stand und damit die seit langer Zeit bestehende Comedy-Sendung von USTV verdrängt hatte.

Auf diese beunruhigende Information folgte rasch eine breitangelegte Werbekampagne für Abbies erstes weltweites Exklusivgespräch, ein erstes Interview mit dem zukünftigen König von Großbritannien. Bei Katharines Sender sagte Mike voraus, daß dies das typische verwässerte Interview werden würde, das die gerissenen Mitglieder des Königshauses immer gäben, wenn sie Geld für ihre bevorzugten Wohltätigkeitsorganisationen auftreiben wollten.

Nina beobachtete Katharine mit ihrem scharfsinnigen Blick genau. «Du hast im Moment ziemlich viel am Hals. Ist George den Ärger wert?»

Katharine antwortete nicht, und Nina tätschelte ihren Arm. «Ich erinnere mich daran, als ihr euch kennengelernt habt. Es war offensichtlich, daß ihr noch am gleichen Tag zusammen im Bett landet.»

«Ich habe so etwas vorher noch nie gemacht, aber ich bereue es nicht. Es war nicht nur Begierde. Er gefällt mir – mehr als das.»

«Liebe?»

«Ich weiß es nicht. Als ich ihn kennenlernte, erzählte ich ihm, daß ich bisher keine Affären hatte, weil ich mir nicht die Finger verbrennen wollte. Weißt du, was er geantwortet hat? ‹Da geht es mir anders. Ich habe Asbesthände.›»

Nina kicherte.

«Vielleicht hätte ich mich an dem Punkt lieber zurückziehen sollen.»

«Nee», meinte Nina verächtlich. «Wer nicht wagt, der nicht gewinnt. Wenn du erst einmal darüber nachdenkst, ob du eine Affäre anfangen willst oder nicht, ist es meist schon zu spät. Und wo, wenn ich fragen darf, ist Freddies Platz in der ganzen Angelegenheit?»

«Da, wo er schon immer war. Meistens in Reichweite. Das hat sich nicht geändert. Ich mag Freddie sehr, das weißt du.»

«‹Mag›.» Nina verzog das Gesicht. «Der Todeskuß.»

«Nein, das stimmt nicht. Ich brauche jemanden wie Freddie. *Er* ist zuverlässig. Und er begleitet mich liebend gern zu Veranstaltungen, wie langweilig sie auch sein mögen. Wie dieses Wohltätigkeitsfest heute abend. Was würde ich ohne ihn tun?»

Nina hatte all dies schon gehört. «Ich werde dir mal sagen, was Billy Wilder geantwortet hat, als sich ein Schauspielerkollege darüber beschwerte, daß Marilyn Monroe immer zu spät kam. Er sagte: ‹Ja, du hast recht. Ich sollte meiner Tante Ethel die Rolle geben. Die würde immer pünktlich kommen. Aber wer zum Teufel würde Schlange stehen, um meine Tante Ethel zu sehen?›»

«Und das heißt?»

«Das heißt, wie weh es auch tut, rücke George etwas weniger auf die Pelle. Mal sehen, was passiert. Wer immer er auch sein mag, er ist nicht Tante Ethel.»

Trotz der besten Vorsätze erfüllte Katharine die Aussicht auf einen Abend mit Freddie und dreihundert New Yorker Prominenten mit Trübsinn. Lustlos zog sie sich für die glanzvolle Veranstaltung um.

Die Wohltätigkeitsorganisation hatte den Ägyptischen Saal im Metropolitan Museum gemietet, und trotz ihrer Stimmung war Katharine beeindruckt. Die runden Tische schimmerten mit ihren goldenen Tischdecken und schienen fast über dem schwarzen Marmorboden zu schweben. Alte Freunde zu sehen, neue Witze zu hören und im Zentrum der Aufmerksamkeit zu stehen taten das Ihrige. Als der Abend zu Ende ging, hatte sich Katharines Gemütsverfassung gebessert. Als Freddie vorschlug, noch auf einen Schlaftrunk hinaufzukommen, wimmelte sie ihn nicht mit der Entschuldigung ab, daß sie früh aufstehen müßte. Es war ohnehin erst kurz nach zehn Uhr. Der strikte Zeitplan der New Yorker hatte sie überrascht, als sie erstmals in die Stadt kam. Alles war viel früher zu Ende als in London. Je wichtiger der Anlaß, desto mehr legten die großen Tiere Wert darauf, weit vor Mitternacht zu gehen. Die unausgesprochene Botschaft lautete, daß sie so früh aufstehen und am Ball bleiben mußten, um die wichtigen Geschäfte am Morgen alle erledigen zu können.

Nach einem großen Whisky schien Freddie es nicht eilig zu haben, in seine Wohnung zurückzufahren. In der Vergangenheit war er ab und zu über Nacht geblieben, aber nicht mehr, seit Abbie eingezogen war, und Katharine hatte ihn nicht ermuntert, die Angewohnheit wiederaufleben zu lassen, nachdem ihre Tochter wieder ausgezogen war.

«Ich nehme an, sie ist zu jung, als daß es sie schockieren könnte», scherzte Freddie oft ironisch. Etwas zu oft.

Es war fast Mitternacht, als Katharine die Whiskygläser wegräumte. Sie stellte sie gerade in die Spüle, als sie Freddies Arme um sich spürte. Sie zuckte unweigerlich zusammen.

«Ich muß früh aufstehen», sagte sie automatisch und war nicht in der Lage, die Erinnerung an das Gefühl zu verdrängen, wie es war, wenn George seine Arme um sie legte.

«Katharine.» Freddies Stimme klang bittend.

Dieser Mann war verfügbar, zuverlässig, ein Fels, dachte Katharine. Sie war es, die sich verändert hatte. Unvermittelt überkam sie eine Woge der Zuneigung, und sie versuchte, seinen Kuß zu erwidern. Allmählich gab sie nach, nicht der Lust oder Leidenschaft, sondern der behaglichen Sicherheit, die seine Anwesenheit vermittelte.

Der erste Anruf des Morgens kam vom Studio mit der Nachricht, daß sie bis Mittag nicht gebraucht würde.

Der zweite kam von George.

Katharine war noch nie sehr talentiert im Vortäuschen gewesen, und ihre einsilbigen Antworten schienen George äußerst argwöhnisch zu machen.

«Du bist nicht allein, stimmt's?»

«Doch, bin ich», sagte sie verlegen.

Freddie sah von seinem Kissen neugierig zu ihr auf.

«Ich möchte vorbeikommen. Jetzt.» Die Stimme von George klang leidenschaftlich.

«Tut mir leid. Unmöglich.» Katharine bemühte sich um einen geschäftsmäßigen Ton.

«Bist du noch im Bett?»

«Ja.»

«Bist du nackt?»

«Nein.»

Freddie interessierte sich mittlerweile offenkundig sehr für die Unterhaltung, und mit einer geschickten Bewegung nahm sie den Hörer auf die andere Seite und wandte sich ab.

«Was trägst du? Beschreibe es mir.»

«Das geht wirklich nicht.»

«Da ist jemand. Ist es Freddie?»

«Vielleicht.»

«Ignoriere ihn. Stell dir vor, was wir täten, wenn ich da wäre.»

«Das geht.»

«Stell dir vor, was meine Hände täten.»

«Könnte ich mich, was das angeht, später bei Ihnen melden?»

«Nein, ich möchte jetzt darüber reden.» Als sie nicht antwortete, sagte er leise: «Du bist doch nicht wütend wegen gestern?»

«Natürlich nicht.»

«Wann können wir uns sehen?»

«Ich rufe Sie morgen zurück.»

«Ich liebe dich, wenn du so streng bist», neckte er sie. «Dann möchte ich dich am liebsten gegen die Wand drücken und dich hart und schnell nehmen.»

Katharine stockte der Atem. «Das klingt … interessant», sagte sie und versuchte verzweifelt, sachlich zu klingen. «Aber ich muß jetzt Schluß machen.»

Als sie den Hörer aufgelegt hatte, begegnete sie Freddies fragendem Blick.

«Diese Redakteure werden von Tag zu Tag jünger und frecher», sagte sie so ruhig wie möglich, wobei sie nicht in der Lage war, den köstlichen Gedanken daran zu verdrängen, was sie und George in diesem Moment tun könnten.

«Wenn du sicher bist, daß es nicht wichtig war.»

Sie sah ihn an. «Ich glaube nicht, daß es das war.»

«Gut», sagte er, und Katharine flüchtete unter die Dusche.

Während das heiße Wasser über ihren Rücken rann, versuchte sie die Erinnerung an Freddies traurige Augen auszulöschen. Die Erfahrung der letzten Nacht hatte sie gelehrt, daß es ihr unmöglich war, Sex wie eine gute Fee zu verteilen.

Beim Frühstück erklärte sie ihm behutsam, daß ihre Beziehung von nun an auf anderer Ebene stattfinden mußte. «Es tut mir leid, Freddie. Aber die sexuelle Seite haut für mich einfach nicht hin. Wenn wir uns weiterhin sehen, dann nur im Rahmen einer platonischen Freundschaft.»

Er sah betroffen aus, akzeptierte die Situation aber taktvoll. «Ich liebe dich zu sehr, Katharine, als daß ich auf dich in meinem Leben verzichten könnte. Wenn du es also so willst, bin ich einverstanden. Aber du mußt wissen, daß ich immer mit dir zusammensein möchte. Das hat sich nicht geändert und wird sich nicht ändern.»

Sie war ihm dankbar und zufrieden mit sich, daß sie die Entscheidung getroffen hatte. Nun mußte sie George nur noch etwas mehr ins Zentrum ihres Lebens rücken.

Abbie starrte sich im Spiegel des Maskenraums von Globe an. Noch eine Stunde, dann mußte sie ins Studio. Sie schloß ihre Augen halb, damit Brenda die Wimperntusche auftragen konnte. Dies mußte ihr bestes Interview werden, so viel hing davon ab. Mit diesem einen Prinzen zu reden war die Gelegenheit, in eine andere Liga aufzusteigen und als Moderatorin mit Substanz angesehen zu werden. Vor allem konnte sie aus dem Schatten ihrer Mutter treten. Sie hatte sich besser als je zuvor vorbereitet und war «bis in die Zehenspitzen instruiert», wie Jeri-Ann es ausgedrückt hatte. Sie schaute noch einmal kurz in den Spiegel. Die Konturen ihres Gesichts waren gekonnt nachgezeichnet, professionell betont, und ihre innere Anspannung war ihr nicht anzusehen. Nicht zum ersten Mal dankte sie Gott für die Expertenhände der Maskenbildner, die es schafften, alle Ärgerfalten verschwinden zu lassen. Sie waren Genies.

Wie immer war es weniger die Qualität ihrer Vorbereitung als Abbie selbst, die zählte. Sie zog das große Los, indem sie sich in der Öffentlichkeit mit dem jungen Prinzen verbündete. Sie verzichtete auf jegliches Gerede über die Natur oder gute Taten und diskutierte statt dessen über die Probleme, das Produkt geschiedener Eltern zu sein und abgeschieden im Internat zu leben. Die Rechnung ging glänzend auf. Die meiste Zeit des Interviews verglichen Seine Königliche Hoheit und Abbie ihre gefühlsmäßigen Erfahrungen vor aller Augen, so als nähmen sie an einer Gruppentherapie teil. Mitunter schien der Prinz wirklich zu vergessen, daß er vor einer Fernsehkamera saß und Millionen Menschen ihm zuhörten. Er beschrieb Momente, in denen er seine Mutter angefleht hatte, nicht mehr zu weinen, und er seinen Vater getadelt hatte, weil er sie so unglücklich machte. Er sprach auch über den seelischen Schock, den ihr Tod mit sich gebracht hatte. Er erwähnte die Bemühungen seiner Großeltern, der Queen und ihres Gemahls, ihm zu helfen.

Es war fesselndes Fernsehen, und die Medien übertrafen sich gegenseitig mit Lob. Moderatoren der Konkurrenz knirschten insgeheim mit den Zähnen, und während Katharine nicht umhin kam, einfach nur stolz zu sein, weinten sich ihre Kollegen bei ABN in den Schlaf.

Ed Dantry, Abbies aktiver, selbstsüchtiger Chef, rief sie persönlich an, um seine Glückwünsche zu überbringen. Er hatte vor kurzem seine Ambitionen verwirklicht und den Posten des Präsidenten des Senders übernommen. Die Kampagne gegen den früheren Chef war lückenlos gewesen. Der Mann wurde innerhalb von sechs Monaten nach Dantrys Ankunft in New York ausgestochen, ausmanövriert und aus seinem Job katapultiert. Einer Legende zufolge hatte der alte Chef kaum den Ausgang im Erdgeschoß erreicht, als schon das Messingschild seines Nachfolgers angeschraubt wurde. Dantry witzelte später, daß er das Schild an seinem ersten Tag in der Stadt hatte anfertigen lassen.

Die Hand durchwühlte einen Stapel Fotos, sortierte hektisch eines nach dem anderen aus und hielt bei einer Aufnahme inne, das ein Auto zeigte, welches wie eine Ziehharmonika zusammengequetscht war und dessen Fahrer so sicher von Abbie getötet worden war, als hätte sie den Wagen selbst gefahren.

Ja. Wenn man diesen Ausschnitt des Fotos vergrößerte, war die Botschaft deutlich. Abbie Lomax wäre verwirrt, aber sie könnte es nicht zurückverfolgen.

Die Schlampe war jetzt international tätig. Interviewte ausländische Hoheiten. Verbreitete ihren Ruhm.

Man mußte sie aufhalten.

Als am Ende des Monats die Einschaltquoten feststanden, hielt Katharines Show beständig den ersten Platz, aber angesichts des Erfolges von Abbie verlangten die Kunden, die Unmengen Geld bezahlten, Beweise dafür, daß die Werbespots für ihre Produkte das Zielpublikum auch erreichten.

Bisher war es Katharine gelungen, die Verwirklichung ausgefallener Ideen zur Förderung ihrer Show abzuwehren, aber Mikes Kommentare bei ihrer privaten Manöverkritik im Anschluß an ihre letzte Sendung ließen ihre Befürchtungen wachsen.

Unter den Themen war ein Interview mit einem Filmstar, dessen Sohn kürzlich getötet worden war, als er auf dem Highway einen Reifen wechseln wollte, sowie eine offene Diskussion mit dem Anführer der Christlichen Rechten, die die Telefonleitungen heißlaufen ließ.

«Großartig, Kleines. Unter den gegebenen Umständen hast du dich prima geschlagen.»

«Unter den gegebenen Umständen?» Sie erkannte den Jargon des Showgeschäfts für «in Ordnung, aber nicht brillant». «Danke», meinte sie lakonisch.

«Wir haben es in letzter Zeit nicht gerade leicht, und es ist ja auch nur eine Sendung.»

«Ich fand, es lief ziemlich gut.»

«Ja, tat es auch. Du warst wunderbar, aber wir alle waren wegen dieser Geschichte mit Abbie beträchtlichem Druck ausgesetzt, und das zeigt sich unweigerlich auf dem Bildschirm.»

Die Botschaft war laut und deutlich. Er fand, daß die Show nicht einmal durchschnittlich gewesen war, daß sie müde aussah und etwas dagegen unternommen werden mußte. Kein Kommentar zu der Qualität ihrer Fragen, die auf ihrer journalistischen Erfahrung beruhten und den Grundstein ihrer Karriere bildete. Nein, es ging nur um den Schein, Schein und nochmals Schein.

«Wie verliefen denn eigentlich deine Feiertage?»

Es war offensichtlich, daß er das heikle Thema nicht weiter

verfolgen wollte. Sie hatte diese Spielereien satt. Sie wünschte, irgend jemand würde ihr sagen, was sie wirklich von ihr wollten, anstatt mit Anspielungen und Euphemismen zu arbeiten.

Mike bat um eine Besprechung mit Sam Wolfe, um über die höhere Quote zu reden, die Katharines Tratschsendung eingebracht hatte, ebenso über die geringfügig höhere Zustimmung, die ihre Zielgruppen dieser leichteren Kost entgegengebracht hatten. Katharine war zu dem Gespräch nicht eingeladen worden.

«Sie wird es wahrscheinlich bestreiten, aber das bedeutet, daß wir so viel Yassir Arafat und Bosnien nicht gebrauchen können», meinte er zum Chef.

«Sie kann diese Zahlen nicht bestreiten», sagte Sam und deutete auf die Unterlagen.

«Ja, und ich werde auch vorschlagen, daß sie ein bißchen Pep in ihre Garderobe bringt, mehr Schwung, vielleicht auch eine neue Frisur ...»

Sam Wolfe war anzusehen, daß dies für ihn ein vollkommen neuer Gedankengang war, und sie diskutierten mindestens zehn Minuten darüber.

Als Mike Katharine einen ausführlichen Bericht über dieses Gespräch gab, ohne zu erwähnen, daß die Besprechung auf sein Bitten hin stattgefunden hatte, war sie nicht überrascht. Dennoch war sie entschlossen, ihre Position zu verteidigen.

«Man sollte nie an einem gut laufenden Konzept herumdoktern, Mike», warnte sie. «Wir sind immer noch die Nummer eins.»

«Aber um dort zu bleiben, Katharine, müssen wir mit der Zeit gehen. Wir müssen etwas machen, das unser Publikum nicht erwartet, Leute mit übersinnlichen Fähigkeiten, Geisterjäger. Solche Sachen.»

Mike redete über Untersuchungen des Bildungsniveaus

des Publikums in der modernen westlichen Welt und endete mit der nicht allzu überraschenden Schlußfolgerung, daß Katharines Tratschsendung über berühmte Stars den Weg zu größerem Erfolg bei den Quoten wies. Er wollte also, dachte sie trübsinnig, Teil der Verdummung Amerikas werden. Wenn sie den Anspruch ihrer Sendung herunterschraubten und ihren Konkurrenten anglichen, würden sie ein jüngeres Publikum anziehen. Aber darin lag eine Gefahr, und die sah sie genau. Warum sahen die anderen sie nicht? Wenn sie das Niveau senkten, würden sie nicht nur ihre Stammzuschauer, sondern auch ihr Markenzeichen verlieren. Für gewöhnlich hatten diejenigen Zuschauer, die sowohl Inhalte als auch seichte Unterhaltung wollten, höhere Einkünfte und standen daher eher im Zentrum des Interesses der Werbekunden. Warum wurde diese wichtige Tatsache nicht in Betracht gezogen?

Sie hörte schweigend zu, während Mike ihr weiter seine Vorstellungen darüber unterbreitete, wie ihr Erscheinungsbild vor der Kamera gefälliger gemacht werden konnte. Sie hatte schon vor langer Zeit gelernt, nicht unmittelbar auf Ideen zu reagieren, die sie für nicht akzeptabel hielt. Mike war immerhin ihr vierter Produzent. Er war notfalls ersetzbar. Statt dessen suchte sie den klugen Rat ihres Agenten.

«Meine Güte, bin ich noch Herr meiner selbst, oder was?»

Da er seine Klientin gut kannte, wartete Buzz, bis sie zur Sache kam.

«Es ist das alte Lied», schnaubte sie. «Sie glauben, sie brauchen etwas Neues, und fangen immer damit an, das Set zu verändern. Das haben sie jetzt gemacht. Nun machen sie mit der Moderatorin weiter. Mike sagte, ich sollte mich verändern.» Ihr Tonfall wurde schärfer. «Er meinte, ich sollte etwas an meinem Aussehen arbeiten. ‹Pepp deine Garderobe auf› – das hat er tatsächlich gesagt. Und dann schlug er vor, daß ich zu einem anderen Friseur gehen sollte, vielleicht einen etwas helleren Farbton nehmen und so. Was haben die vor, Buzz? Eine ältere Version meiner Tochter aus mir machen? Das Ganze beunruhigt mich wirklich.»

Nach einer sehr kurzen Pause sagte Buzz, was sie am wenigsten erwartete hätte: «Ich finde, Mike hat recht.»

«Was?»

«Hör mal, Katie, das Fernsehen muß jetzt mit harten Bandagen kämpfen. Du hast schon einen direkten Konkurrenten auf deinem Sendeplatz, und ich habe gehört, daß USTV auch darüber nachdenkt, ihre Version deiner Show zur gleichen Zeit zu senden.»

«Das ist eine irrsinnige Sendeplanung.»

«Vielleicht, aber dieses Publikum scheint plötzlich Millionen einzubringen, und ABN wird nicht tatenlos zusehen, wie die anderen absahnen. Du bekommst neue Klamotten, siehst etwas anders aus, und das Publikum staunt und sagt: ‹Hey, guckt euch die mal an.› Das bedeutet, mehr Leute schalten ein, wir bekommen bessere Quoten und damit mehr Geld von Werbekunden, und dein Sender ist glücklich. Du mußt nur ihr Geld ausgeben, noch schöner aussehen und die Arbeit machen, die du so gut und brillant beherrschst.»

Sie dachte nach. «Was du sagst, klingt logisch, aber ich werde das Gefühl nicht los, daß dies erst der Anfang ist. Wenn sie erst einmal das Set und mein Erscheinungsbild ‹aufgepeppt› haben, dann habe ich bald Miss Universe als Stargast in der Sendung und rede mit ihr über ihre Pläne für Wohltätigkeitsarbeit. Wenn sie wollen, daß ich gleichzeitig weiterhin hochrangige Interviewpartner auftreibe, was für eine Stimmung kommt denn da auf?»

«Katie, du bist eine der Besten in dem Job, die ich je im Fernsehen gesehen habe. Die wären verrückt, wenn sie das verwässern würden. Die wollen sicher einfach nur alles ein wenig aufhellen.»

«Ich mache doch schon meinen Anteil an ‹überwundenen Schicksalsschlägen›.»

«Mein bescheidener Rat lautet: Halte dich zurück. Bisher verlangen die von dir nur, deren Geld für Klamotten und eine neue Frisur zu verschleudern. Ist dir das so zuwider?»

Katharine lachte. «Ich weiß, es klingt blöd, aber ich habe einen bestimmten Stil.»

«Was werden die denn schon machen? Dich in Lack-Klamotten stecken? Nein, die werden mit Farben experimentieren, die du noch nie getragen hast. Solche Sachen. Das ist nicht so verrückt. Katie, ich kämpfe für dich bis zum Umfallen, wenn die versuchen sollten, gegen deinen Willen den Inhalt der Show zu ändern. Aber wir sollten uns nicht wegen dieser Nebensächlichkeiten den Kopf zerbrechen.»

Sie atmete tief durch. «In Ordnung, wenn du das so siehst, mache ich es mit. Aber Buzz, ich rieche förmlich die Heuchelei, die in der Luft liegt.»

Die Veränderungen, die Katharine abverlangt wurden, waren minimal im Vergleich zu denen, die ihr Produktionsteam in den nächsten paar Wochen über sich ergehen lassen mußte. Viele der älteren Redakteure wurden durch junge Trendforscher von Musikzeitschriften und Universitäten und von Mitarbeitern populistischer Talk-Shows ersetzt. Katharine bestand darauf, einige ihrer bewährten Helfer zu behalten, aber der Rest der Mannschaft bekam lediglich befristete Arbeitsverträge. Die Stimmung sank auf den Tiefpunkt. Die meisten fühlten sich verpflichtet, noch mehr zu arbeiten. Niemand hielt eine Verlängerung des Vertrages für selbstverständlich, und einige verbrachten die wertvolle Zeit am Tage damit, sich heimlich um andere Jobs zu bewerben. Am Set war das Selbstvertrauen derer erschüttert, die so lange ein gut eingespieltes, hervorragendes Team von Fernsehprofis gewesen waren.

Katharine war so unsicher wie alle anderen, aber sie verbarg ihre innere Unruhe unter einem Mantel der Professionalität. Sie verbat sich illoyales Gerede, nahm die neuen Mitarbeiter freundlich auf und unterstützte gleichzeitig die alten, indem sie ihre Beziehungen nutzte, um ihnen bei der Arbeitssuche zu helfen. In überraschend kurzer Zeit fügte sie das neue Team zusammen und erntete die Dankbarkeit von Mike, der schnell merkte, daß sich ihre Fähigkeiten auch günstig auf ihn auswirken würden.

Sie trieb sich stärker als je an. Da sie schon immer Perfektionistin gewesen war, bastelte sie nun ewig im Schneideraum herum – zum Ärger einiger Mitarbeiter, die nicht gerade froh darüber waren, ihre Schicht weit nach Mitternacht zu beenden. Mike mußte Beschwerden darüber abwehren, wie schwierig es im Moment war, mit ihr Schritt zu halten. «Schicksal», lautete seine Antwort. «Sie kann nicht anders. Kate macht keine Kompromisse. Was glauben Sie, warum sie all die Jahre ganz oben stand? Wenn Sie nicht mithalten können, sehen Sie zu, daß Sie zurück an den Herd kommen», meinte er zu einer wütenden Feministin.

Ihr erstes Bravourstück unter diesem neuen Regime bestand darin, ihrem Gefühl zu vertrauen, das ihr sagte, sie könnten es noch einmal schaffen, Steve Stone zu einem Exklusivinterview zu überreden. Er war nicht in Abbies Sendung aufgetreten, und da Katharine wußte, wie schwierig er sein konnte, nahm sie an, daß die Verhandlungen gescheitert waren.

Sie flog nach Los Angeles zu einem Mittagessen mit Stones Agenten, der voller Reue und Entschuldigungen für die plötzliche Absage seines Klienten war. Ihre Strategie, nie über Steve Stone hergezogen zu sein, erwies sich als unschätzbarer Vorteil. Louis Stein war sowohl beeindruckt als auch dankbar für Katharines Zurückhaltung angesichts der kurzfristigen Absage und der erfundenen Begründung dafür gewesen. Was ihm zu dem damaligen Zeitpunkt wie eine himmlische Eingebung erschienen war, hatte ihm in den darauffolgenden Tagen ein Unwohlsein verschafft. Angetrieben von Schuldbewußtsein, freute er sich über die Gelegenheit zur Wiedergutmachung.

Zwei Wochen später trat Steve Stone in Katharines Sendung auf und gestand, daß sein ganzes Leben eine Farce gewesen sei. Im Laufe eines fair, aber hart geführten Interviews brach er zusammen und beschrieb den Verlust seines langjährigen Lebenspartners durch Aids.

Als er sich wieder gefangen hatte, ergriff Katharine seine Hand und sagte: «Steve, Ihr Publikum hört Ihnen jetzt zu, was wollen Sie ihnen sagen?»

Er sah direkt in die Kamera und in Millionen amerikanische Wohnzimmer hinein. «Es tut mir leid. Ich habe Sie von Anfang an belogen, und ich bitte Sie um Verzeihung. Aber ich habe gelitten, und ich werde den Rest meines Lebens leiden.»

«Warum erzählen Sie uns das gerade jetzt?» Katharine zeigte größtes Mitgefühl.

Der Star atmete tief durch und zögerte einen Moment lang, so als faßte er einen Entschluß. «Ich nehme an, es wird ohnehin bald an die Öffentlichkeit gelangen, also kann ich es Ihnen ebensogut erzählen. Ich bin auch HIV-positiv.»

Katharines sensible Handhabung dieses zerbrechlichen Mannes und sein Mut beeindruckten die Nation so sehr, daß jegliches Panik verbreitende Gerede entschärft wurde, wie die Anrufe von schockierten Zuschauern, sogar der Rechten, bei Radiosendungen am nächsten Tag zeigten.

Nur Sam Wolfe zeigte sich verärgert. Er beschrieb Aids als «schäbiges» Thema und machte deutlich, daß er einen Rückschlag von den Werbekunden befürchtete.

Aber Katharine verteidigte ihr Interview vehement. «Ich würde es genauso wiedermachen», sagte sie. «Man muß ab und zu ein Risiko eingehen, sogar mal einen Salto mortale riskieren. Wo liegt der Sinn in diesem Job, wenn man immer auf Nummer Sicher geht?»

Sam Wolfe hatte unrecht. Katharines Quoten stiegen sprunghaft an, und ein oder zwei herrliche Wochen lang wurde sie von ihren Kollegen gefeiert, von den Kritikern gelobt und von den Werbekunden, die sich um kurzfristige Spots prügelten, beglückwünscht.

Die Euphorie hielt nicht lange an. Bei den Einschaltquoten lag *Here and Now* immer noch auf Platz eins, aber Abbies Sendung hatte den Sprung auf den zweiten Platz geschafft – eine unmittelbare Folge auf ihr Interview mit dem Prinzen.

Die junge Aufsteigerin war ihrer Mutter auf den Fersen.

10. KAPITEL Abbies wichtigstes Interview an diesem Abend mit dem neuesten Schwarm der Teenager hatte abwechselnd herzliches Lachen, freche Bemerkungen und Erstaunen angesichts der Zahlen in seinen Verträgen verursacht. Mit zweiundzwanzig Jahren hatte er eine Vereinbarung über drei Filme unterzeichnet, was selbst die Sensationsreporter Hollywoods überrascht hatte. Während Jeri-Ann auf der Galerie zufrieden feststellte, daß die Einschaltquoten der Sendung bestätigt wurden, waren schon den ganzen Abend Neuigkeiten über Steve Stones Offenbarungen in *Here and Now* durchgesickert und hatten die Freude über Abbies Leistung überschattet. Sobald die Kameras abgestellt waren, sah sie sich eine Videoaufnahme von Katharines Interview in Jeri-Anns Büro an.

Die Produzentin spulte die Credits von Katharines Sendung und die einleitenden Sätze weiter und sagte dann: «Jetzt kommt's.»

«Ich kann's einfach nicht glauben», sagte Abbie nach ein paar Minuten. «Normalerweise merkt man es, wenn ein Kerl schwul ist, aber ich war ihm so nah ...» – sie zeigte mit den Händen, wie nah sie neben ihm gesessen hatte – «und ich sage dir, der Mann stank nach Testosteron. Er beäugte jede Frau, die vorbeiging. Er hat eine großartige Show abgezogen.»

Jeri-Ann schüttelte trübselig den Kopf. «Was für eine Verschwendung.»

Abbie rieb sich nachdenklich das Ohrläppchen. «Dieser Mann hat so viel Ärger zwischen mir und meiner Mutter verursacht. Ich würde nur zu gern den Grund dafür erfahren, weshalb er ihre Show abgesagt hatte. Vielleicht hatte unser Gespräch über Prioritäten im Leben etwas damit zu tun.»

«Ach was», meinte Jeri-Ann abfällig, «dafür könnte es unzählige Gründe geben. Stars sind verrückt. Deshalb sind sie ja auch Stars. Du kannst sicher sein, daß er nicht vorhatte, seinem ergebenen Publikum zu erzählen, daß er vom anderen Ufer ist, es sei denn ...», sie schwieg einen Moment, «... es sei denn, er dachte, es käme sowieso bald heraus. Ich kann mir vorstellen, daß sein Arzt ihm nur noch wenige Monate gegeben hat.»

«Gott, wie schrecklich», sagte Abbie. Nach einem kurzen Zögern fragte sie: «Glaubst du, daß Steve mir bei der Sache mit Mum hilft und erklärt, was wirklich passiert ist?»

«Vergiß es. Stars erklären nie etwas. Diese Ungeheuer kümmern sich nur um sich selbst. Besonders wenn sie sterben. Aber mach dir nichts vor. Ich höre von allen Seiten, daß Katharine und ihr Team wegen uns in Panik sind. Wenn du mich fragst, kann ein Interview, das einem durch die Lappen gegangen ist, nicht solche Auswirkungen haben. Da muß mehr dahinterstecken.»

«Vielleicht hast du recht.» Abbie dachte nach. «Sie hat mir öfter vorgeworfen, wie wir unsere Interviews an Land ziehen würden – mit schmutzigen Tricks, wie sie sagte.»

«Es gibt niemanden, den ich beruflich mehr bewundere als deine Mutter», sagte Jeri-Ann vorsichtig. «Aber sie stand zuvor noch nie so unter Druck. Und du bist jung und klug. Das Problem ist, daß du auch ihre Tochter bist, und das macht es noch schwieriger. Ich würde ihr etwas Zeit lassen, dann vertragt ihr euch schon wieder.»

Abbie schaltete den Fernseher aus. «Man muß es Mum schon lassen, sie macht großartige Interviews. Es lief wie geschmiert, er merkte kaum, wieviel er erzählte.»

«Sie macht es schon seit langem, aber du bist auf dem Weg, genauso gut wie sie zu werden.»

Abbie zuckte voller Selbstzweifel die Schultern.

«Hey, hast du Lust, später noch auf den Putz zu hauen?»

Abbie zögerte. «Nein, ich glaube, ich geh mal früh ins Bett.»

Jeri-Ann sah sie überrascht an, und Abbie bekam Gewissensbisse. Es war das erste Mal, daß sie ihre Freundin bewußt anlog.

Dies war das einzige, das sie an der Affäre mit George störte. Er weigerte sich, irgend jemanden aus ihrem Freundeskreis kennenzulernen, und meinte spaßend, daß er sie mit niemandem teilen wolle. Da sie, wenn sie ausgingen, unweigerlich Leute treffen würden, die sie erkannten, verbrachten sie die meiste Zeit in dem Apartment von George, sahen Filme, spielten Backgammon und liebten sich.

Aber andererseits kam es Abbie auch gelegen, George geheimzuhalten. Es vermied die endlosen Spekulationen in der Presse, ob sie heiraten würden oder nicht. Außerdem hatte ihr der «Fan aller Fans» einen Schock versetzt. Ihr war vom Sicherheitsdienst der Rat erteilt worden, Informationen über ihr Tun vorsichtiger herauszugeben, sowohl an Journalisten als auch an Freunde. Es war wirklich schade, denn sie zog es vor, offen zu sein, wann immer es möglich war. Noch eine Schattenseite des Ruhmes, wie Jeri-Ann es ausdrückte.

Die Affäre mit George war unbeschwert, amüsant und brachte keine Diskussionen über die Zukunft mit sich. Ganz anders, als es mit Robert gewesen war. Aber wenn Abbie ehrlich war, fehlte ihr der frühere Liebhaber, und sie sehnte sich mitunter nach der Art, wie er in ihr Leben einbezogen gewesen war, wie ihn jeder einzelne Aspekt ihrer Arbeit fasziniert hatte, während George nicht besonders daran interessiert zu sein schien.

George war flatterhaft und unvorhersehbar, und sie war durch ihn wie hypnotisiert. In früheren Beziehungen war sie für gewöhnlich die dominante Partnerin gewesen, wie zum Beispiel in der College-Zeit, oder sie hatte sich – wie bei Robert – als gleichberechtigt angesehen. George war nicht so unhöflich, daß er es laut sagen würde, aber sie hatte durchaus den Eindruck, daß er der Tonangebende war und auch sein wollte, besonders im Bett. Ihre Affäre war so spannungsgeladen, daß sie wahrscheinlich nicht andauern würde, aber im Moment genoß sie es.

Die Frau war ein Blickfang, sah richtig klasse aus, und als sie ihm ihre perlweißen Zähne zeigte, war Buzz vollkommen hin. Er starrte sie freudig an. Tolle Titten, dachte er. Was machte Sam Wolfe mit ihr als Sekretärin? Bei dem Körper und dem Lächeln müßte sie eine seiner Quizsendungen moderieren. Zur besten Sendezeit.

Er betrachtete gerade einige der Preise, die die Wände von Sam Wolfes Büro schmückten und von denen viele ausdrücklich Katharine gewidmet waren, als die Sekretärin wieder das Wort an ihn richtete.

«Es tut mir schrecklich leid, Mr. Newbold.» Ihre Stimme war kehlig und verführerisch. «Ich fürchte, Mr. Wolfe wird durch eine dringende Angelegenheit aufgehalten, und es dauert sicherlich noch zehn Minuten. Er läßt sich vielmals entschuldigen und hofft, daß Sie die Zeit erübrigen können, noch ein wenig zu warten. Kann ich Ihnen etwas zu trinken bringen?»

«Ja, gern.»

«Koffeinfreien Kaffee, doppelten Espresso oder Tee? Englischen, Kräuter-, Pfefferminz- oder Jasmintee? Wir haben auch die wunderbaren kalorienarmen Muffins, die Mr. Wolfe so abgöttisch liebt.» Sie blickte ihn flehend an, so als hinge ihr Arbeitsplatz von seiner Bereitschaft zu warten ab. So wie er Sam kannte, tat es das auch.

«Nur einen einfachen schwarzen Kaffee», sagte er gelassen, obwohl er in Gedanken schrie: «Sagen Sie dem Arschloch, daß er sich beeilen soll. Ich warte nicht mehr lange.»

Die Fernsehbranche hatte den Ruf, Agenten warten zu

lassen, um sie vor Verhandlungen weichzuklopfen. Aber dies war ihm seit Jahren nicht mehr passiert – nicht mehr, seit sich ABN mit einem 7-Millionen-Vertrag und nach einem eisernen Wettstreit mit Konkurrenzsendern Katharine geschnappt hatte. Aber das war damals, und dies war jetzt. Der Anruf von Sam war die Krönung einer Woche, die schon schlecht begonnen hatte. Die Einschaltquoten von Abbies Sendung schienen eine Hysterie bei ABN entfacht zu haben. Buzz hatte einen Anflug von Panik bemerkt, als er das letzte Mal mit Mike gesprochen hatte. Der Agent hatte versucht, die Stimmung zu beruhigen, indem er auf Umfragen hinwies, die besagten, daß nur 59 Prozent aller Amerikaner Abbie ein Begriff war, während Katharines Bekanntheitsgrad bei starken 84 Prozent lag. Mike ließ sich nicht beruhigen. «Aber ihre Punkte sind gleichbleibend, die von Abbie steigen», lautete sein Kommentar.

Katharine hatten die Zahlen keine übermäßigen Sorgen bereitet. Sie akzeptierte, daß der Kuchen bei der steigenden Anzahl von Mitstreitern in der Branche auf mehrere aufgeteilt werden mußte. Aber in der letzten Zeit, gestand sie ein, war es für sie immer schwerer geworden, sich vor der Sendung aufzuputschen. Den potentiellen Gästen wurden von so vielen Konkurrenten der Hof gemacht, daß es nicht mehr wie in den letzten Jahren eine Gewißheit war, daß ihre Sendung die bedeutendste Nachricht der Woche präsentieren konnte.

In letzter Zeit hatten viele der Interviewpartner mit großen Namen zunehmend gefragt, mit wem sie in einer Sendung auftreten würden. Nicht alle freuten sich zum Beispiel darüber, mit einem Mörder auf der Bildfläche zu erscheinen. Einige millionenschwere Geschäftsleute oder Staatsmänner, die die Publicity nicht zum Überleben brauchten, hatten Einladungen von schlechter plazierten, eher auf Nachrichten basierenden Sendungen angenommen, die während der Woche ausgestrahlt wurden.

Eine der Klauseln in Katharines aktuellem Vertrag legte fest, daß sie keine persönlichen Besuche abstatten mußte, um bestimmte Fische an Land zu ziehen. ABN hatte die Bedingung bereitwillig akzeptiert, da ihr Name und Ruf in der Vergangenheit ausgereicht hatten, um bedeutende Persönlichkeiten zu einem Exklusivinterview bei *Here and Now* zu locken. Mit der aggressiveren Konkurrenz änderte sich das jedoch, und Katharine verwendete immer mehr Mühe darauf, potentielle Gäste zu einem Auftritt in ihrer Show zu überreden. Sie hatte in diesen Tagen wirklich keine Zeit für etwas anderes als die Arbeit. Wenn es den Redakteuren nicht gelang, einen zögerlichen Gast zu überzeugen, flehten sie oft Katharine an, ihm zu versichern, daß die Sendung zwar etwas lockerer präsentiert wurde, sich ihr Stil aber nicht verändert hatte. Die Themen, die sie diskutierten, würden so ernst genommen wie zuvor.

Aber wenn sie versuchte, jüngere Gäste für sich zu gewinnen, mußte sich Katharine immer häufiger geschlagen geben. Ihr Ruf als Interviewerin, die für ihre Diskussionen über komplexe Themen bekannt war, schreckte junge Popstars ab. Gelegentlich tauchten die Gäste, die ihre Einladung abgelehnt hatten, in der Sendung *Tonight* auf, wo sie unbeschwert plauderten. Der permanente Vergleich zwischen den Moderatorinnen war für Katharines Team nervenaufreibend. Abbies Selbstvertrauen vor der Kamera bedeutete, daß von einer Eintagsfliege nicht mehr die Rede sein konnte; sie mußten sie ernst nehmen.

Buzz war besorgt gewesen, als Sams Büro angerufen hatte, um eine Besprechung anzuberaumen. Normalerweise kommunizierten sie informell am Telefon und trafen sich nur, wenn Katharines Vertragsverhandlungen anstanden. Aber das war erst in vierzehn Monaten.

«Mr. Wolfe empfängt Sie jetzt.» Die Erleichterung war der Sekretärin anzusehen, und Buzz fragte sich, wie weit sie gegangen wäre, um ihn vom Gehen abzuhalten. Aber er wurde alt. Er spielte solche Spielchen nicht mehr gern.

Als sein Blick auf Sam fiel, widerrief er seinen Argwohn. Er schien die Verzögerung aufrichtig zu bedauern.

«Es tut mir leid, Buzz. Diese verdammten Anwälte warten auf niemanden. Und Verleumdungsklagen ebensowenig. Kann ich Ihnen etwas anbieten? Kaffee, Orangensaft?»

Buzz lehnte lächelnd ab und nahm Sams freundliches Verhalten zum Anlaß, sich zu entspannen. Vielleicht gab es gar keinen Grund zur Sorge.

«Sie wissen, wie zufrieden ich mit Katharines Arbeit bin.»

Also doch, dachte Buzz.

«Sie ist ein so großer Gewinn für den Sender. Und wir sind sehr, sehr erfreut darüber, wie alles läuft.»

Dies versprach doch nicht, allzu gut zu verlaufen.

«Natürlich haben wir jetzt größeren Wettbewerb, wir müssen darauf achten, was die anderen tun, aber sie wird nicht umsonst Katharina die Große genannt, oder? Sie ist allen anderen um Längen voraus.»

Buzz hielt seinen entspannten Gesichtsausdruck bei, aber jeder einzelne Nerv in seinem Körper wartete angespannt darauf, daß Sam auf den Punkt kam.

«Und wenn ich sage, daß sie die Nummer eins ist, dann tun wir auch alles, damit sie es bleibt.»

«Genau», meinte Buzz ausdruckslos.

«Globe hat die Abbie-Lomax-Sendung zu einem wahren Quotenwunder gemacht. Sie waren die letzten drei Wochen auf Platz zwei, und sie sind nicht untätig, aber damit muß es auch aufhören, oder ich will nicht mehr Wolfe sein – weder mit Namen noch vom Wesen her.» Er lachte.

Jetzt kommt's, dachte Buzz.

«Wie alt ist Katharine? 45, 46?»

«44», sagte Buzz und zog automatisch zwei Jahre ab. Darum ging es hier also.

«Hm, 44», wiederholte Sam langsam. «Wir sollten uns vor Augen halten, wen wir vor allem bei Laune halten müssen. Die Werbekunden. Vor zwei Tagen war ich in Scottsdale im Hause von – in dem palastartigen Hause», fügte er mit einem wissenden Blick hinzu, «von Bill Riley.» Bill Riley war ein wichtiger Mensch, der beim Sender großen Einfluß auf die Planung der Werbeblöcke hatte. «Also, wie wir, so liebt auch er Katharine abgöttisch. Seine Frau liebt Katharine. Seine Töchter lieben Katharine. Aber», Sam lehnte sich vor, «seine Söhne, junge, intelligente Männer – genau der Typ Mann, der Bills Produkte kaufen soll –, die gucken Abbie.»

«Nun, wir können nicht immer alle glücklich machen», meinte Buzz schwach.

«Wir wissen, daß wir die Frauen mittleren Alters haben, und ihre Töchter haben wir uns auch geschnappt, aber wenn jemand wie Bill eine millionenschwere Modekollektion für geschniegelte junge Männer herausbringt, dann will man auch die Kerle haben. Besonders wenn man zwei Spots pro Abend plant.»

Insgeheim pfiff Buzz anerkennend. Jeder Spot von dreißig Sekunden konnte bis zu einer halben Million Dollar kosten.

«Bill meinte, er hätte das Gefühl, Katharine wirkt, so wunderbar sie auch sein mag, ein wenig ... wie soll ich sagen? Ein wenig müde, etwas erschöpft.»

Buzz war empört. «Ich hoffe, Sie haben ihm das nicht durchgehen lassen.»

«Sicher nicht, obwohl ich ihn natürlich besänftigen mußte. Nun, nachdem ich darüber nachdachte, kam ich auf etwas, was ich für den perfekten Kompromiß halte. Er war ziemlich erfreut darüber. Und deshalb sind wir jetzt hier, Buzz.»

Endlich.

«Katharine sollte eine Pause einlegen, Urlaub machen, auf unsere Kosten. Und während sie diesen Urlaub macht, könnte sie ein Augenlifting bekommen, ein Kinnlifting, alles mögliche. Diese kleinen Stellen, die langsam schlaff werden. Ich persönlich finde, daß sie in der Brustgegend auch etwas machen könnte, das Ganze etwas ... na, Sie wissen schon.» Mit den Händen demonstrierte Sam anschaulich, was er meinte. «Und alles andere, was sie für nötig hält. Ich glaube, Katharine wird sich darüber freuen, nicht wahr? Sie wird mir am Ende dankbar sein.»

«Das macht sie nie», explodierte Buzz.

«Katharine ist nicht dumm. Sie weiß, daß es eine Zeit für Operationen gibt. Buzz, die Zeit ist gekommen.»

«Ich hab seit acht Jahren mit Katharine zu tun, und Sie können mir glauben, es gefällt ihr nicht, wenn man ihr sagt, daß sie etwas tun soll, zu dem sie nicht bereit ist.» Buzz betonte jedes einzelne Wort, indem er mit der Hand auf das Sofa hämmerte.

«Bevor Sie sich aufs hohe Roß setzen, sehen Sie sich dies an.» Sam schob ein Blatt Papier über seinen Schreibtisch.

Es war ein Memo vom Produzenten der Show. Buzz las es mit Entsetzen: «Wie angewiesen, habe ich die Beleuchtung für Katharines persönliche Kamera geändert. Wenn Sie den Probelauf gesehen haben, könnten Sie mir vielleicht Ihre Ansicht mitteilen, ob das Ergebnis weicher und vorteilhafter ist. Mehr können wir nicht machen, da wir ihre Ausleuchtung nicht vollkommen anders als die der Gäste machen können.»

Sam beobachtete ihn. «Katharine braucht ein vollkommen neues Erscheinungsbild, und ich bin sicher, Sie stimmen mir darin zu», sagte er.

«Nein, sicher nicht.» Buzz klang entschiedener, als er sich fühlte. «Ich denke nicht, daß irgend etwas an ihrem jetzigen Erscheinungsbild nicht in Ordnung ist.»

«Falsch. Sie muß jünger, modischer, schmissiger aussehen. Das ist die Mischung, die sie an der Spitze halten kann.»

«Ich werd's ihr ausrichten ...» Buzz schüttelte den Kopf.

«Es steht hier sehr viel auf dem Spiel, Buzz, und ... Sie haben vielleicht einen falschen Eindruck gewonnen.» Sam machte eine kurze Pause. «Dies ist keine Bitte.»

Buzz sah ihn fest an. «In dem Fall warne ich Sie, daß Katharine vielleicht gehen will.»

«Wenn sie das macht, werden wir klagen. Und Millionen verlangen.» Sam langte in eine Schublade seines schweren Mahagonischreibtisches und holte eine Ausfertigung von Katharines Vertrag hervor. «Ich habe die entsprechenden Abschnitte gekennzeichnet», sagte er ruhig. «Unsere Anwälte haben dies genau geprüft. Es ist vollkommen koscher. Sie sagen, daß es unser gutes Recht ist, Veränderungen ihres Erscheinungsbildes zu verlangen.»

Buzz runzelte die Stirn. Der gelb markierte Absatz gehörte in der ganzen Branche der Präsentatoren zum Standard. Er besagte, daß sich der Star einverstanden erklärte zu tun, «was immer der Sender für notwendig hielt», um die Einschaltquoten der Sendung zu verbessern. Damit war in der Regel gemeint, daß Promotionsarbeit geleistet werden oder mit der Abteilung für Öffentlichkeitsarbeit kooperiert werden mußte. Niemals, soweit Buzz wußte, war diese Passage so interpretiert worden, daß es bedeutete, daß man sich unters Operationsmesser zu legen hatte, zum Teufel noch mal. Er konnte seine Wut kaum zügeln.

«Buzz, wir wollen keinen Streit. Was ist denn schon ein kleiner kosmetischer Eingriff? Das verlängert ihre Karriere. Sie verdient noch viel länger viel Geld. Ist das gut für uns? Mit Sicherheit. Ist es gut für sie? Na klar.»

Buzz erwiderte nichts.

«Ich habe mit Mike über den Zeitpunkt gesprochen. Während der Osterpause wäre es am besten. Wir schicken sie zu Brescia nach Rio de Janeiro, er ist weltweit der Beste auf seinem Gebiet. Das kostet natürlich, aber wir bezahlen.» Sam stand auf. Die Besprechung war beendet. «Ich sehe, daß dies überraschend für Sie gekommen ist, aber wenn es von Ihnen kommt, wird sie es akzeptieren. Sie vertraut Ihnen.»

Wie lange noch? fragte sich Buzz.

Buzz hatte sein Leben lang die Erfahrung gemacht, Überbringer schlechter Neuigkeiten zu sein. Die gesamte Unterhaltungsindustrie benutzte ständig einen Agenten, um die üble Nachricht zu überbringen, wenn ein Vertrag nicht erneuert oder eine Prämienforderung nicht aufgegriffen wurde. Gute Neuigkeiten teilten sie dem Klienten direkt mit.

Aber diese Bombe bereitete Buzz eine schlaflose Nacht. Wie konnte er einer attraktiven, erfolgreichen Profimoderatorin erzählen, daß ihr Job nun davon abhing, ob sie sich einen Fetzen Haut von den Augen und den Wangen entfernen und ihren Busen aufpumpen ließ? Sie war eine Freundin, verdammt noch mal, ebenso wie eine Klientin. Sie würde es unverzüglich ablehnen, dessen war er sich sicher. Katharine hatte immer deutlich gemacht, daß journalistische Fähigkeiten zählten und nicht das Aussehen eines Filmstars. Und über acht erfolgreiche Jahre hinweg hatte sie ihren Standpunkt vertreten. Sicher, sie war eine attraktive Frau, und das hatte ihr nicht geschadet. Und natürlich liefen einige Interviews wegen ihres Aussehens so gut. Sie akzeptierte, daß ihre Anziehungskraft zum Teil auf ihrem Erscheinungsbild beruhte. Aber der Grund dafür, daß ihr Gehalt immer weiter stieg, war ihre Fähigkeit, die Grenzen der Geschlechter zu überschreiten. Ihre harte, aber faire Art, Fragen zu stellen, und ihr Einfühlungsvermögen sprachen männliche und weibliche Zuschauer gleichermaßen an. Buzz konnte sich nicht vorstellen, daß Sam Wolfe irgendeinem seiner männlichen Moderatoren anordnete, die Wangen straffen zu lassen. Es war so verdammt unfair. Stimmt, Abbie war jünger, und ihre Zahlen stiegen, aber das war kaum überraschend, wenn man bedachte, was für einen Müll Globe vorher auf diesen Sendeplatz gelegt hatte.

Buzz schätzte den Wert Katharines für seine Agentur realistisch ein. Er hatte sie nie nur als Hauptsponsor angesehen, aber die Wahrheit war nun einmal, daß ihre Arbeit den Großteil seines Einkommens ausmachte. Er war sich darüber im klaren, daß sie nicht ewig arbeiten würde, aber es galt als abgemacht, daß sie noch ein paar gute Jahre mit hohen Gagen vor sich hatte, und da sie jünger war als er, hielt er es für selbstverständlich, daß sie bis zu seiner Rente an der Spitze arbeitete.

Katharines Ansichten über plastische Chirurgie waren ihm wohlbekannt. Auch wenn sie nie die Möglichkeit außer acht ließ, daß es in einem Beruf, in dem das Aussehen eine so bedeutende Rolle spielte, nötig werden könnte, so betrachtete sie es als eine mögliche Maßnahme für die Zukunft, auch wenn die meisten anderen Stars im Licht der Öffentlichkeit vom ersten Tag an über Operationen nachdachten. In der britischen Kultur, sagte sie immer, war plastische Chirurgie etwas, über das man eher später als früher nachdachte. Und sie scherzte oft, daß sie außer bei der Geburt von Abbie nie im Krankenhaus gewesen war und daß sie zu feige war, um sich freiwillig unter das Messer zu legen.

Um Zeit zu gewinnen, rief Buzz am nächsten Tag bei Sam an, um einen Vollstreckungsaufschub herauszuschlagen. Der Chef der Sendeanstalt war charmant und vergnügt, aber kompromißlos.

Nachdem er sich fünfzehn Stunden lang mit dem Problem herumgeschlagen hatte, mußte Buzz der Tatsache ins Auge sehen, daß er die Medizin noch so versüßen konnte, Katharine würde sie als äußerst bitter und unverdaulich ansehen. Außerdem wollte er nicht das Vertrauensverhältnis aufs Spiel setzen, das sie über Jahre hinweg aufgebaut hatten.

Grimmig faßte er den Entschluß, daß es für ihn nur den einen Weg gab: mit offenen Karten zu spielen.

«Das mach ich nicht. Das mach ich einfach nicht.» Die normalerweise melodische Stimme klang verstimmt. «Wie kann er es wagen? Der Feigling. Er hatte nicht einmal den Schneid, es mir ins Gesicht zu sagen.»

«Katie, ich weiß, was du ...»

«Ich bin nicht gegen plastische Chirurgie, ganz und gar nicht. Praktisch jede Frau in meinem Alter in unserem Umfeld hat es gemacht. Aber es ist etwas ganz anderes, den Befehl für eine Brustvergrößerung zu erhalten, und das nur, weil meine Tochter gut ausgestattet ist. Das ist eine Unverschämtheit. Ich werde den Teufel tun und mir so etwas vorschreiben lassen, nur weil die in Panik geraten. Lieber gehe ich.»

«Ich habe Sam gesagt, daß du so reagieren würdest. Er wies mich darauf hin, daß du formell gesehen damit deinen Vertrag brechen würdest.» Würde sie ihm Vorhaltungen machen, weil er nicht clever genug gewesen war und Probleme bei dieser Klausel vorhergesehen hatte? Buzz hielt den Atem an, entspannte sich dann aber erleichtert, als sie weiterredete.

«Dann breche ich ihn eben. Pech.»

«So wie ich ihn kenne, wird er wohl klagen. Und zwar ordentlich.»

«Soll er.»

«Aber dann hängst du Gott weiß wie lang in Gerichtssälen herum, erscheinst nicht auf der Mattscheibe und bekommst kein Geld.» Buzz natürlich auch nicht.

«Das ist mir egal.» Katharine war entschieden. «Wenn ich in dieser Sache klein beigebe, was kann ich dann in Zukunft überhaupt noch steuern?» Sie schüttelte den Kopf, rückte den Stuhl vom Tisch und ging im Zimmer auf und ab.

«Meine gesamte Karriere basiert auf dem Journalismus, nicht auf der Form meiner Nase. Meiner Meinung nach ruinieren die den Ruf der Sendung durch ihre kurzsichtige Besessenheit mit den Einschaltquoten. Die manövrieren mich immer wieder in flachere Interviews, in weniger gehaltvolle Themen. Und nun diese beleidigende Anordnung.»

«Katharine, sei vernünftig. Fälle keine voreiligen Entscheidungen.»

«Buzz, du hast immer gesagt, mein Timing wäre unschlagbar. Und nun ist es Zeit, eine Entscheidung zu fällen. Ich habe genug Geld angelegt, um unabhängig zu sein. Und es ist nicht nur diese lächerliche Angelegenheit. Ich bin nicht glücklich damit, wie sich die Branche entwickelt. Prinzipien und Freundschaften werden über Bord geworfen, um an tolle Stories zu kommen. Gerade letzte Woche habe ich gehört, daß Norm Thompson als Nachrichtensprecher aufhören mußte, um nun auf der Straße Exklusivinterviews hinterherzujagen – auf Anweisung irgendeines schnöseligen Produzenten, der halb so alt ist wie er. Als nächste bin ich dran.»

«Das würde ich nie zulassen.»

«Du wirst es nicht verhindern können, Buzz. Egal, die Arbeit wird schwerer, man muß sich ordentlich ins Zeug legen, um ein großes Interview zu bekommen. Und Ratgeber wie Anwälte, Verwandte oder Freunde sind auch oft auf dem Machttrip. Wenn sie nicht mit jedem Komma im Vertrag einverstanden sind, drohen sie, den Klienten davon zu überzeugen, die Sache mit jemand anderem zu machen. Nein, lieber gehe ich mit Anstand, bevor ich hinausgedrängt werde.»

Buzz versuchte, etwas zu sagen, aber sie war noch nicht fertig.

«Bei Abbie ist das etwas anderes. Dies passiert ihr am Anfang ihrer Karriere, sie ist flexibel genug, um damit fertig zu werden. Abbie hat ‹die gute alte Zeit› nicht erlebt. Und weißt du was?» Sie drehte sich schwungvoll um und schaute ihn an. «Ich sehe viele Vorteile darin, die Arbeit aufzugeben. Diese Sache mit Abbie zerstört mich, zerstört uns beide. Wenn ich die Arena verlasse, können mein einziges Kind und ich aufhören, Konkurrentinnen zu sein. Ich lerne vielleicht etwas spät, aber Abbie und ich könnten – wohlgemerkt: könnten – doch noch Freunde werden. Das ist eine schöne Vorstellung. Und bevor du mir wieder sagst, daß ich voreilig handele: Dies ist nicht das erste Mal, daß ich darüber nachdenke.»

«Du könntest es bereuen», sagte Buzz kopfschüttelnd. «Bist du dir sicher, daß es klug ist, ein so großes Opfer zu bringen?»

«Was für ein Opfer? Ich hab seit Jahren großes Geld verdient, und mein Steuerberater meint, daß ich dank meiner Wertpapiere mit diesem Standard», sie wies auf ihr Apartment um sich, «den Rest meines Lebens verbringen kann. Ich werde ihm einen Besuch abstatten und alles besprechen.»

Sein Gesicht erstarrte vor Schreck, und sie lehnte sich vor, um seine Hand zu tätscheln. «Es tut mir leid, Buzz, aber wie sagt man doch gleich? Wir hatten eine schöne Zeit zusammen.»

«Ich hätte nie gedacht, daß du aus so einem Traumvertrag aussteigen würdest. Bitte, versprich mir, daß du noch nichts unternimmst. Laß mich noch einmal mit Sam reden.»

«Ich werde selbst mit Sam reden.»

«Nein, mach das nicht. Laß mich mit ihm verhandeln. Ich bin sicher, mir fällt etwas ein.»

Aber Katharine gab nicht nach. Wenn Buzz mit dem Rükken zur Wand stand, versuchte er immer, Zeit zu gewinnen. Es war klar, daß ihm nichts einfallen würde, auch keine Strategie für eine Verhandlung mit Sam außer der, seinen Wünschen zu folgen.

«Sam wird von den Werbekönigen der Madison Avenue beeinflußt, die Jugend für die Antwort auf alles halten», meinte

Katharine sachlich. «Sie ist es nicht, aber weil meine Tochter einen solchen Erfolg hat, will er mich verändern. Natürlich können sie mich jünger aussehen lassen. Ich habe das große Glück, zu der ersten Generation Frauen zu gehören, die von der modernen Wissenschaft profitieren können. Sieh mich an», sie kam immer mehr in Fahrt, «ich esse gut, trainiere, bis es weh tut, und ich habe das Glück, eine gewisse Statur und Gesichtszüge zu haben, die es mir erlauben, noch viele Jahre jugendlich auszusehen. Und dann, wenn der Schönheitschirurg sich an seine Arbeit macht, kann er noch weitere Wunder bewirken: meine Augen richten, meine Nase, meinen Busen. Aber Buzz, nur weil die Wissenschaft das heute alles kann, ist es noch lange nicht richtig. Beunruhigt es dich nicht, daß dies die ganze Ordnung durcheinanderbringt? Stimmt, Abbie und ich verstehen uns im Moment nicht gut, aber zumindest versuche ich nicht, sie nachzuäffen, meine Jugend wiederzuerlangen und wieder so alt zu sein wie sie.»

Katharine hielt inne. Ihr war nicht bewußt gewesen, wie nahe ihr das Ganze ging.

«Ich habe nie versucht, ihre Schwester zu sein. Ich bin ihre Mutter, zum Teufel noch mal. Und was, glaubst du, wird später passieren, wenn die Schwerkraft auch vor meinem Körper kein Halt macht? Dann kommt das Fettabsaugen, Hautpeeling und was weiß ich. Ich werde mit dem Aussehen einer jungen Frau sterben, die mehr Narben auf ihrem Körper hat, als es bei der Grand Central Station Gleise gibt. Dies ist meine Gesundheit, mein Leben, mit dem Sam Wolfe spielt, und das lasse ich mir nicht gefallen.»

Buzz konnte sie nur anstarren. Sie war großartig.

«Nun, dank Sam mußte ich mich mit meiner Zukunft auseinandersetzen. Vielleicht hätte ich mich nicht heute entschlossen, den Hut zu nehmen, aber es schwirrt mir seit dem schrecklichen Streit zu Thanksgiving im Kopf herum. Ich weiß, daß ich das Richtige tue.»

«Entscheide dich noch nicht endgültig, nicht bis ...»

«Nein, Buzz. Ich habe mich entschlossen. Ich könnte als Produzentin arbeiten. Ich glaube, ich wäre glücklicher, wenn ich hinter der Kamera stehe, meine eigenen Sendungen mache. Ich könnte sogar ein paar Specials machen und sie Sam verkaufen.» Ihre Augen funkelten schelmisch. «Du könntest immer noch als mein Agent arbeiten. Du verdienst vielleicht nicht soviel, aber ich bleibe länger am Ball. Niemanden kümmert es, ob eine Produzentin Falten hat oder nicht.»

Sie lachte zum ersten Mal an diesem Nachmittag.

Als sie aus der Dusche stieg, überkam Katharine ein Gefühl unendlicher Zufriedenheit. Buzz hatte sie gedrängt, ihre Entscheidung noch einmal zu überschlafen. Nun, das hatte sie. Und sie fühlte sich großartig dabei. Sie sah, wie ein neues Kapitel in ihrem Leben aufgeschlagen wurde. Ihre Wut auf Sams herrschsüchtiges Verhalten hatte Energien freigesetzt.

Sie würde ihn nicht zur Rede stellen. Statt dessen sah sie seine Anordnung als Triebkraft, die sie gebraucht hatte, um ihr Leben in neue Bahnen zu lenken. Der erste Schritt in der Abnabelung von ABN bestand darin, die veränderten Bedingungen mit ihrem Steuerberater zu besprechen.

Katharine rubbelte sich kräftig mit einem riesigen, dicken Badetuch trocken und freute sich, ihrer Tochter eine Kameradin werden zu können. Nach dem Treffen mit David Crozier würde sie Abbie ausfindig machen und sich noch einmal mit ihr zum Mittagessen verabreden. Dieses Mal würde sie ihrer Tochter verständlich machen, daß sie eine einschneidende Veränderung in ihrem Leben mit ihr zu besprechen hatte.

Als sie einen kurzen Blick in den Badezimmerspiegel warf, fiel ihr ein, daß es noch mehr Vorteile gab, vom Bildschirm zu verschwinden.

Käsekuchen.

Wie lang war es her, daß sie ein ganzes Stück essen konnte? Ganz zu schweigen von Schokolade, Blätterteiggebäck, Chili Dogs, Milch im Kaffee, Baguette … und Butter, herrlicher, kalorienreicher, gelber Butter. Und einkaufen gehen. Wenn sie erst einmal den Zwängen ihrer Sendung entkommen war, wäre das Aussuchen von Kleidungsstücken keine Pflicht mehr, der sie mit der leitenden Kostümbildnerin nachgehen mußte. Dann könnten sich auch zum ersten Mal seit Jahren ihre Klamotten nach Herzenslust mit dem Hintergrund beißen, sie konnte so lange wach bleiben und so viele dunkle Ringe unter den Augen haben, wie sie wollte. Wen würde das denn noch kümmern?

Sie entschloß sich, die Reaktion auf die Neuigkeit bei den drei Menschen auszuprobieren, die ihr am nächsten standen.

Freddies Verhalten vermittelte ihr eine Ahnung davon, wie das weitere Umfeld reagieren würde.

«Darling, das meinst du doch nicht ernst.» Er klang unglücklich und ungläubig zugleich. «Ich halte das ganz und gar nicht für eine gute Idee. Es würde dir so sehr fehlen.»

«Vielleicht, aber ich möchte andere Sachen machen, und ich möchte, daß Abbie mich nicht als Konkurrentin, sondern als ihre Mum sieht.»

Er schien nicht zuzuhören. «Sehen wir den Tatsachen ins Auge: Du hast dich daran gewöhnt, ganz oben in der ersten Liga zu spielen. Und in dieser Stadt wird man ziemlich schnell degradiert.»

Katharine war über seine Antwort wütend, aber sie hielt sich zurück. Ihn störte lediglich, daß er die Früchte ihres Ruhms nicht mehr genießen konnte. Sicherlich würde sich einiges ändern, aber sie käme wahrscheinlich besser damit zurecht als er. Freddie freute sich immer diebisch, wenn eine begehrte Einladung auf ihrem Kaminsims lag. Er bildete sich etwas darauf ein, wenn sie auf Premieren geknipst wurden und in den Hochglanzmagazinen erschienen. Seine Sekretärin hatte ein Autogrammbuch, zum Teufel noch mal. Dies war eine Seite an Freddie, die sie schon immer gestört hatte, aber da er so viele Vorzüge hatte, war sie immer darüber hinweggegangen. Nun runzelte sie kurz die Stirn. Diese Vorteile schwanden unmittelbar.

Die Reaktion von George war unerwartet.

«Tu, was immer dich glücklich macht, mein Schatz», war alles, was sie von ihm zu hören bekam. «Es ist dein Leben.»

Auch wenn sie erfreut war, daß seine Antwort das Gegenteil von Freddies beinhaltete, so wurde ihr doch schmerzhaft bewußt, daß er so unverbindlich blieb wie je. Sie sollte zu Ostern sein neues Hotel eröffnen, und sie fragte sich, ob ihr Verschwinden aus dem Rampenlicht von *Here and Now* eine Rolle spielte.

Ninas Freude kam von ganzem Herzen. «Das ist toll», sagte sie sofort. «Dann kannst du mehr mit mir unternehmen. Ich kann es kaum abwarten.»

Gott sei Dank war Nina noch da, dachte Katharine nicht zum ersten Mal.

Sie war sehr zuversichtlich, als sie in das Büro von Crozier, Smitz und Barrell – einer der besten Steuerberaterfirmen in New York – marschierte. Sie und David Crozier kannten sich seit langem. Als sie anfing, ihr erstes gutes Gehalt zu bekommen, hatte ihr ein Kollege geraten, dasselbe zu tun wie er und ihr Geld in einer Steueroase anzulegen. Als sie ihn verständnislos anstarrte, hatte er sie seinem «super cleveren» Steuerberater vorgestellt.

David Crozier hatte mit Katharine und ihrem Kollegen eine Kommanditgesellschaft gegründet und zwei Millionen Dollar ihres gemeinsamen Geldes in ein Wohnprojekt für Rentner in Florida investiert. Unter dem Management von David florierte die Gesellschaft. Zwei Jahre später machte eine erfreute Katharine ihn zu ihrem persönlichen Finanzberater, übergab ihm die Aufsicht über ihr gesamtes Einkommen und vertraute vollkommen auf seine Erfahrung. Ihr Vertrauen hatte sich bezahlt gemacht. Er war auch in den schlechten Zeiten der Rezession durch und durch zuverlässig gewesen.

Als ihr Kollege unerwartet starb, war sein Sohn der Gesellschaft beigetreten, aber da er in San Francisco lebte, war er an der Geschäftsführung nicht beteiligt. Es war ohnehin nicht sehr aufwendig. Abgesehen von der Unterzeichnung von Unterlagen bei den Quartalssitzungen hatte Katharine wenig zu tun. Gelegentlich kam David bei ihr vorbei, damit sie Mietvereinbarungen unterschrieb, aber sie reduzierten den Papierkram auf ein Minimum, und die wenigen Absprachen, die notwendig waren, fanden oft telefonisch statt.

Bei ihrem verrückten Arbeitspensum war Katharine froh, daß zumindest dieser Teil ihres Lebens effizient, rechtschaffen und – ihren Konten nach zu urteilen – mit Erfolg geregelt wurde. Für sie waren die Spitzenhonorare, die David in Rechnung stellte, eine weitere gute Investition in ihre Zukunft.

Davids Büro entsprach seinem Erfolg und seinem Rang. Er hatte ein begehrtes Eckbüro mit einem spektakulären Panorama – in zwei Himmelsrichtungen – von Manhattans wunderbarer Skyline und mit einem Blick auf die Spielzeugstadt, ihrer berühmten Eisbahn und den darauf Pirouetten drehenden Schlittschuhläufern.

«Katie, du siehst himmlisch aus.» Sie trug einen hervorragend geschnittenen Hosenanzug aus Tweed und einen passenden weißen Kaschmirpullover mit einem runden Halsausschnitt. Er warf ein Licht auf ihr Gesicht, das ihre lavendelfarbenen Augen betonte. Sie verbreitete eine Aura des Wohlbefindens und purer Lebenslust.

«Danke, ich fühle mich auch so.»

«Nein, wirklich, hast du gerade eine Million Dollar geerbt?»

«Irgendwie schon», sagte sie glücklich und ging zum Fenster. Die Sonne, die tief am Himmel stand, verströmte das charakteristische helle Licht Manhattans, das den Raum wie eine Bühne beleuchtete. Ohne den Blick von der herrlichen Aussicht abzuwenden, sagte sie: «Ist dies nicht ein wunderschöner Tag, um in New York zu sein?»

Er lachte. «Ich weiß ja nicht, was du genommen hast, aber ich möchte auch etwas davon.» Er setzte sich auf die Armlehne des braunen Ledersofas. «Setzt du dich, während wir uns unterhalten, oder bleibst du da stehen und strahlst vor Lebensfreude?»

«Also, ich bin tatsächlich außer mir vor Freude, aber laß uns erst deinen berühmten entkoffeinierten Kaffee bringen, und dann erzähle ich dir alles. Ach was, ich nehme richtigen Kaffee. Ich habe Lust auf ein Risiko.»

So ruhig wie möglich erzählte Katharine ihm von den Gründen, die sie zu dem Entschluß gebracht hatten, ihre Karriere als Moderatorin zu beenden. Sie erwartete nicht von David, daß er sich für ihre Entscheidung begeisterte. Ähnlich wie Buzz, so hatte auch er an ihrer Verbindung im Laufe der Jahre Millionen verdient. Es wäre ein großer Umsatzverlust für ihn, aber er hatte einen hervorragenden Ruf und hätte sicherlich keine Probleme, neue Klienten zu gewinnen. Sie war sich sicher, daß er innerhalb weniger Monate jegliche Verluste, die ihm ihre Entscheidung vielleicht einbrachte, ausgleichen konnte.

Davids Gesichtsausdruck ließ nicht darauf schließen, wie er die Neuigkeit aufnahm, also fuhr sie fort.

«Ich weiß, daß dich dies wie ein Schlag trifft, aber ich möchte nicht, daß du versuchst, mich umzustimmen», sagte sie entschieden. «Ich habe alles sorgfältig durchdacht, und ich will mein Leben so weiterführen. Meine Arbeit zu beenden wird nicht nur gut für mich, sondern auch gut für Abbie sein. Und es ist ja nicht so, daß ich unbedingt weiter auf dem gleichen Niveau verdienen muß. Darum hast du dich gekümmert.» Sie strahlte ihn an.

Nun war es an David, zum Fenster zu gehen.

«David? Sag etwas. Sag wenigstens, daß ich verrückt bin.»

Er starrte ins Leere. Als er sich schließlich herumdrehte, registrierte Katharine schockiert, was sie in seinem Gesicht sah. Verschwunden war die Jovialität und das vergnügte Wesen von vor wenigen Minuten. Nun lag ein wachsamer Ausdruck in seinen Augen, und sein Verhalten war formell.

«Ich kann es nicht genügend betonen, Katharine», sagte er vorsichtig. «Ich gebe dir den überaus dringenden Rat, deinen Job nicht aufzugeben.»

Er nannte sie Katharine, nicht Katie. «Warum nicht?»

«Eine große Summe Geld steht auf dem Spiel. Du bist auf dem Gipfel deiner einkommensstarken Jahre. Meiner Ansicht nach wäre es verwegen, und ich bitte dich dringend, es nicht zu tun.»

Katharine war von seiner Reaktion enttäuscht. Sie hatte gehofft, daß er sich für sie freuen würde, und wenn nicht als beruflicher Berater, dann doch als Freund. Aber Steuerberater waren von Natur aus argwöhnische Geschöpfe, und sie nahm an, daß er zu Recht eine vorsichtige Haltung einnahm.

«Du hast wahrscheinlich recht, David, aber ich habe mich entschlossen zu gehen. Ich kann nicht ewig weitermachen. Warum soll ich mir nur um des Geldes willen das Hirn zermartern und mich selbst quälen? Ich habe den Ruhm und das Ansehen genossen, aber jetzt möchte ich etwas anderes mit meinem Leben anstellen. Und Gott sei Dank habe ich die finanzielle Freiheit, um genau das zu tun.»

«Was würdest du sagen, wenn ich dich bitten würde, noch sechs Monate weiterzumachen?»

«Ich würde nein sagen. Warum sollte ich?»

«Weil der Zeitpunkt nicht gut ist. In etwa sechs Monaten

schaffe ich es, die Konten zu ordnen, Zahlungen abzuschließen und alles zu regeln.»

«David, du bist ein großartiger Steuerberater, aber du hast nicht zugehört. Wenn ich bliebe, sei es auch nur für die kurze Zeit, würde Sam darauf bestehen, daß ich mich den Schönheitsoperationen unterziehe, und ich will verdammt sein, wenn ich tue, was er will. Er würde keine sechs Monate warten, und ich werde es auch nicht.» Ihr Tonfall klang gereizt. «Ich hoffe, ich habe mich deutlich ausgedrückt.»

«Du mußt alle Konsequenzen in Betracht ziehen, und es ist meine Pflicht, dich daran zu erinnern. Du wirst eine Menge Geld verlieren, wenn du jetzt alles einlöst. Steuerlich ist es nicht die richtige Jahreszeit. Diese Dinge müssen sorgfältig abgewogen und vorbereitet werden.»

«Wieviel würde ich denn verlieren? Und wieviel brauche ich überhaupt? Ich habe mehr Klamotten, als ich anziehen kann, und ich kann sogar Geld sparen, wenn ich nicht arbeite, weil ich nicht mehr die Grande Dame spielen muß. Ausgaben für Kleidung und Schönheitspflege kann ich zurückschrauben.»

Während der langen Pause, die folgte, betrachtete David seine Fingernägel. «Also, ich wollte es verhindern, aber nun muß ich dir doch etwas erzählen, das für dich schwer zu verstehen sein wird. Ich kann nicht machen, was du von mir verlangst, weil das Geld nicht da ist.»

Katharine riß die Augen ungläubig auf. «Nicht da? Was soll das heißen?»

«Jetzt rege dich nicht auf», sagte er eilig. «Es ist nicht verloren, jedenfalls nicht für immer. Es ist einfach im Moment nicht verfügbar.»

«Erkläre mir, wie mein Geld ‹im Moment› verschwunden sein kann? Entweder es ist da oder nicht. Gib es mir sofort.»

Katharine zügelte ihre Ungeduld. Obwohl sie ihn instinktiv gern mit Fragen bombardiert hätte, wußte sie aus Erfahrung, daß es schneller ging, wenn sie David Zeit gab, seine Geschichte zu erzählen. Wie alle Menschen, die mit Zahlen besser als mit Worten umgehen konnten, mußte er die Fakten in logischer Abfolge erklären und durfte nicht gedrängt werden.

Er begann mit einer Einlassung. «Ich möchte, daß du weißt, daß ich deine Konten in all den Jahren in deinem Interesse geführt habe, auch wenn es nicht so erscheinen mag.» Er wischte sich mit einem weißen Seidentaschentuch über die Stirn. «Dies fällt mir so schwer ...»

Katharine wartete.

Langsam und gequält erzählte er ihr, wie er ihr Geld verloren hatte. Während Katharine nach und nach registrierte, was er sagte, ballte sie die Fäuste so fest, daß sich die Fingernägel in die Handballen gruben. Sie konnte kaum glauben, was dieser gewandte Charmeur, dieser Topsteuerberater, ein Partner in einer der angesehensten New Yorker Firmen, da von sich gab.

Davids Probleme hatten angefangen, als eine seiner privaten Investitionen zusammenbrach. Um sie aufzustocken, knüpfte er Kontakt zu einem großen Bauträger, um ein Darlehen von 500000 Dollar aufzunehmen. Der Bauträger machte ihm einen Vorschlag, den er ihm als geniale Lösung anpries. Ein Handelszentrum war gerade fertiggestellt worden, war aber noch nicht vollständig vermietet. Der Bauträger wollte es daher schnell verkaufen, um einen weiteren Bau in der Nähe zu finanzieren. David sollte schnell einen Barzahler auftreiben und dann mit der ausreichenden Provision seinen Verlust abdecken.

Die Lösung war einfach. David hatte Verfügungsgewalt über Katharines Wertpapiere, und die waren für ihn eine Versuchung gewesen, der er nicht widerstehen konnte.

«Du hast mein Geld genommen? Ohne meine Genehmigung?»

«Nur als Darlehen», sagte er rasch, «eine zeitweilige Maßnahme, das ist alles.» Er konnte ihrem finsteren Blick nicht begegnen.

«Was lief dann falsch?»

«Der Bauträger brauchte zunächst einmal mehr Geld, und er bestand darauf, daß ich meine Provision und ein beträchtliches Bankdarlehen zusätzlich einbringe, was ich auch getan habe.» David hielt inne, und Katharine hatte das Gefühl, er würde jeden Moment in Tränen ausbrechen. «Aber das reichte immer noch nicht, und ich mußte den Handel absichern. Ich steckte zu dem Zeitpunkt schon zu tief mit drin.»

«Und?»

Er atmete tief durch. «Dann erwähnte ich, daß ich dein Finanzberater wäre, und die meinten, der Handel wäre so gut wie im Sack, wenn ...»

«Wenn was? Sag schon!»

«Wenn du für die Schulden bürgen würdest. Katharine, ich hatte keine Wahl. Es war das einzige, womit sie sich einverstanden erklärten.»

«Erzähl weiter.» Ihre Stimme war bedrohlich ruhig.

«Ich mußte dich dazu bringen, die Unterlagen zu unterschreiben.»

«Wann habe ich das getan?»

«Du hast alles unterzeichnet, was ich dir vorgelegt habe.»

«Weil ich dir *vertraut* habe.» Die Betonung ließ ihn zusammenzucken, und er biß sich auf die Lippe.

«Ich dachte, ich verdiene ein Vermögen für uns. Und das kann ich vielleicht immer noch. Das Geld liegt fest, aber sobald ...»

«Vielleicht? Du hast Nerven, mir das jetzt an den Kopf zu werfen.» Sie stand auf. «Ich hätte nie gedacht, daß du etwas so Hinterhältiges tun würdest und dabei auch noch meinen Namen und meinen Ruf benutzt.» Sie starrte ihn wütend an. «David, versteh mich. Ich will mein Geld jetzt haben. Alles.

Ich will es jetzt, verdammt noch mal.» Sie ging um seinen Schreibtisch herum und machte sich daran, die Schubladen zu öffnen. «Es ist mir egal, wie du es besorgst. Wo ist dein Scheckheft?»

Er ergriff grob ihre Handgelenke und drückte so fest zu, daß sie die Luft anhielt. «Ich will deine Zeit nicht verschwenden. Der Scheck würde ohnehin platzen. Katharine, es gibt kein Geld, und wenn der Bauträger herausfindet, daß mein Hauptbürge ein beträchtliches Einkommen aufgibt, wird das Darlehen für verfallen erklärt. Aber ich verspreche dir ...»

Sie hielt sich die Ohren zu. «Ich will nichts mehr hören.» Sie ließ die Hände sinken. «Du Betrüger! Warum sollte ich für deine Fehler bezahlen? Warum kannst du nicht dein Haus, das schicke Auto und das alles verkaufen?»

Er schüttelte traurig den Kopf. «Da gibt es nichts zu verkaufen, keine Versicherung, nichts. Alles ist voll und ganz mit Hypotheken belastet, wir müssen in eine Mietwohnung ziehen. Ich habe nichts», flüsterte er.

«Nun, wenn ich es einklagen muß, tue ich es auch», sagte sie zornig und ging zur Tür. «Ich werde sofort meinen Anwalt hinzuziehen.»

«Einen Moment, Katharine. Ich fürchte, du kannst dich nicht so einfach aus der Affäre ziehen.»

Sie hielt inne und drehte sich um.

Dieses Mal war David wesentlich präziser. «Wenn du mich jetzt verpfeifst, ja, dann wandere ich ins Gefängnis. Wegen Betrugs. Aber ich ziehe dich mit hinunter.»

Katharine setzte sich und dachte, daß er übertrieb, damit sie mit ihm zusammenarbeitete. Ein Blick in sein Gesicht zeigte, daß er nicht übertrieb.

Er erklärte, daß er die Wertermittlung auf einem hohen Niveau hatte sicherstellen wollen und daher den Eindruck vermittelt hatte, das Gebäude sei vollständig vermietet und brächte lukrative Mieteinnahmen ein. Zu diesem Zweck hatte er fiktive Mietverträge mit nicht existenten Firmen aufgesetzt. Mietverträge, die sie scheinbar mitzuverantworten hatte.

Sie fand schließlich ihre Stimme wieder. «Du hast arglistige und strafbare Täuschung begangen, um ein Darlehen zu bekommen?»

«Ja, Katharine.» Er schwieg nur kurz. «Und du auch.»

Katharine war sich darüber im klaren, daß ihre Unwissenheit vor Gericht nicht zu ihrer Verteidigung herangezogen werden konnte, egal wie clever der Anwalt wäre. Ebensowenig würde es helfen, wenn sie sagte, daß sie nicht gewußt hatte, was sie unterzeichnete. Man würde sie für eine Närrin halten. Und genau das war sie gewesen.

Sie starrte ihn feindselig an. «Du hast mich in diesen Schlamassel hineingeritten. Wie holst du mich wieder heraus?»

David war so weiß wie sein Taschentuch. «Ich befinde mich in ebenso großen finanziellen Schwierigkeiten wie du, aber es ist nicht vollkommen hoffnungslos. Ich denke, wir könnten einen rechtmäßigen Käufer für das Gebäude bekommen», meinte er eifrig und verhaspelte sich nahezu, «nur braucht der Mischkonzern, mit dem ich verhandele, etwa sechs Monate, bis er soweit ist. Sie werden nichts unterschreiben, bevor sie müssen, aber sie sind durchaus kapitalkräftig.»

«Kapitalkräftig», wiederholte sie verächtlich.

«Ja, und wenn es abgeschlossen ist, können wir mit dem Kapital die Schulden bezahlen und unser ... ich meine, dein Geld zurückholen. Du machst vielleicht sogar einen Gewinn.»

Warum sollte sie ihm glauben? Wie konnte sie ihm je wieder vertrauen?

Er bemerkte ihr Zögern und redete weiter auf sie ein. «Ich weiß, ich sollte dich nicht um etwas bitten, Katharine. Ich hatte schon Glück genug, deine Freundschaft zu besitzen, und die ist offensichtlich jetzt beendet. Ich bedaure diese Sache mehr, als ich sagen kann, aber du hättest es nie erfahren, wenn du mir heute nicht dieses Ultimatum gestellt hättest.»

«Genau. Oberflächlich gesehen möchtest du gern als der anerkannte Berater erscheinen, rechtschaffen und vorsichtig. Aber darunter bist du verkommen und steckst mit jedem unter der Decke, der auf schnelles Geld aus ist.»

«Ich kann es dir nicht übelnehmen, daß du das denkst, aber ich flehe dich an, nichts zu unternehmen. Gib mir Zeit, den Handel bis zum Ende durchzuziehen. Ansonsten bekommen wir beide Schwierigkeiten. Ich bitte dich nur darum, noch etwas länger zu arbeiten.»

«Sechs Monate, sagtest du.»

Er zögerte. «Vielleicht neun Monate. Höchstens ein Jahr.»

Ein Jahr.

Sie stand auf, die unbeschwerte Stimmung war längst verflogen. Plötzlich schien die Sonne nicht mehr so hell. Sie erkannte nur zu deutlich, daß sie in der Falle saß.

Gefangen in der Rivalität mit Abbie.

Gefangen in der erbarmungslosen Last der Arbeit.

Und, trotz all ihrer mutigen Worte, gefangen und verdammt, Sam Wolfes Anweisungen zu befolgen.

Mein Gott!

11. KAPITEL

Abbie spähte in den kleinen Ofen. Der Yorkshire-Pudding hätte doch sicher schon etwas mehr aufgehen müssen? Und warum war er nicht braun geworden?

Ein Essen in ihrer Wohnung, von ihr selbst gekocht, sollte ihre Art der Wiedergutmachung für George sein, der sie wochenlang mit kostspieligen Diners verwöhnt hatte.

«Ich finde, es ist an der Zeit, daß du mal richtiges britisches Essen probierst», hatte sie gescherzt.

«In Ordnung, ich sage dem Chef de cuisine, daß er es zubereiten soll.»

«Nein, ich möchte es kochen.»

Er fand die Idee anscheinend amüsant. «Warum?»

«Weil du mich nicht in einem Restaurant bezahlen läßt, obwohl wir ja ohnehin nur in deinem Penthouse essen.»

«Da gibt's den besten Service in der Stadt.»

«Egal, die meisten Frauen kochen, manche von ihnen sogar jeden Tag, also will ich es versuchen. Das ist eine Herausforderung.»

Es wäre für sie billiger gewesen, wenn sie ihn in das beste Restaurant in der Stadt eingeladen hätte. Die Zutaten hatten sie ein Vermögen gekostet, insbesondere das Einfliegen der Garnelen aus Irland – genaugenommen nicht gerade britisch, dachte sie, aber fast. Ihr «hausgemachter» Apfelkuchen war von der Frau des Presseattachés der britischen Botschaft backfertig zubereitet. Sie hatten sich vor kurzem im Anschluß an ein Interview angefreundet. Für den Hauptgang gab es keine Konkurrenz: Roastbeef mit allem, was dazugehörte, stand auf dem Plan.

George kam – mit einem Bukett Freesien und einer Flasche Rotwein in der Hand – pünktlich. Abbie glühte zu dem Zeitpunkt schon, war zermürbt und sah alles andere als bezaubernd aus. Ihre Erfahrungen im Kochen gingen nicht über einfache Studentenkost hinaus, und ihr war nicht bewußt gewesen, daß die zeitliche Organisation bei der Zubereitung des Hauptgerichtes sogar für Profis eine knifflige Angelegenheit war. George verzog das Gesicht, als sie ihn eilig zum Tisch schob, da bereits alles fertig war. «Das Gemüse ist ein wenig zerkocht», entschuldigte sie sich. Es sah in der Tat recht strapaziert aus, ebenso wie der Fleischklumpen, der die Farbe einer Schieferplatte angenommen hatte, während sich der blasse, platte Yorkshire-Pudding nie richtig von den kalten Luftzügen erholt hatte, die sie bei ihren häufigen Inspektionen in den Ofen gelassen hatte.

Abbie stützte den Kopf auf die Hände und schaute ihn über den Tisch hinweg zerknirscht an. «Zum Teufel mit dem ganzen Zeug.»

«Komm mal her», sagte George leise.

Er zog sie auf seinen Schoß und küßte sie zärtlich, bis sie anfing zu lächeln.

«Was geht in deinem lebhaften Hirn nur vor?» fragte er neckend.

«Ich bin so enttäuscht. Ich wollte dir ein wirklich schönes Essen kochen. Ich dachte, es wäre einfach. Und nun schau dir diesen Müll an. Jedes Kind hätte das besser hingekriegt. Ich wollte dich bekochen, damit du deinen Schutzschild fallen läßt.»

Er sah sie amüsiert an. «Ich wußte gar nicht, daß ich einen habe.»

«Ach, komm schon, George, du baust immer dann Schranken auf, wenn ich dir persönliche Fragen stelle. Du bist gern geheimnisvoll.»

«Bin ich nicht.»

«Bist du doch.»

«Versuch's doch mal. Was möchtest du wissen?»

«Etwas über deine Vergangenheit.»

«Das ist einfach. Ich wurde in London, Paris und Genf zum Hotelmanager ausgebildet und dann ...»

«Nein, nein, nichts über dein Geschäft. Ich meine so was wie, wo du geboren wurdest und», sie zögerte, «du weißt schon, warum du nie geheiratet hast, so etwas eben.»

Seine Augen funkelten vor Vergnügen. «In Ordnung, wie du siehst, wurde ich geboren und wuchs heran zu diesem wunderbaren Menschen, den du vor dir siehst. Und nein, ich habe nie die besondere Person kennengelernt, mit der ich mein Leben verbringen wollte.» Er wickelte ihr Haar um seine Finger. «Bisher jedenfalls nicht.»

Abbie errötete. Warum hatte sie die Frage nur gestellt? Er schaute ihr so tief in die Augen, daß sie nicht wußte, was sie sagen sollte. George flirtete gern, und sie war nicht so eingebildet, daß sie dachte, er zöge eine feste Bindung in Betracht. Aber was genau erwartete sie von dieser Beziehung?

George versuchte, sein Lächeln zu kontrollieren. Irgendwann brachten sie alle das Thema Ehe zur Sprache. Manchmal erfand er eine italienische Ehefrau, und manchmal sagte er, er suche unaufhörlich nach der richtigen Partnerin. Das hing von den Umständen ab. Aber diese Frau hielt sein Interesse wach. Jedesmal, wenn er diese strahlende Haut sah, wollte er sie berühren. Sie war so natürlich im Vergleich zu älteren Frauen. Ihrer Mutter zum Beispiel. Katharine hatte zweifellos Charme, sie regte ihn intellektuell und körperlich an. Aber es hatte seinen Reiz, einer jüngeren Frau die Freuden der Erotik zu lehren. Wenn man die beiden nur zusammenklonen könnte, die Mischung würde seine perfekte Frau ergeben. Welch genußvolle Situation dies für einen Mann doch war; er hoffte, daß er sie so lang wie möglich aufrechterhalten konnte.

Natürlich war es nicht einfach, er mußte vorsichtig sein. Es war verrückt gewesen, Katharine so kurzfristig abzusagen. Ihr Stolz war verletzt, und er mußte es wiedergutmachen, sonst würde sie ihn zum Teufel jagen. Sie war im Moment sehr verletzlich. Anscheinend hatte sie berufliche Probleme, auch wenn er keine Einzelheiten kannte. Er hatte es sich zur Regel gemacht, sich nicht mit den geschäftlichen Problemen seiner Frauen zu belasten. Das brachte nur Ärger. Man hatte ihm in der Vergangenheit vorgeworfen, er wüßte nicht, was Schuldgefühle seien, und dem konnte er nur zustimmen. Wenn die Frauen zu kompliziert wurden, ging er einfach seiner Wege.

Aber er war nicht bereit, Katharine schon jetzt aufzugeben, zumindest nicht, bis das Hotel zu Ostern eröffnet wurde. Er war sich absolut sicher, daß er sie mit seiner telefonischen Spezialtherapie zurücklocken konnte.

Aber was unternahm er nun in bezug auf die süße Abbie und ihr ungenießbares Mahl? Einfach. Er würde ihr zu verstehen geben, daß er auf etwas anderes Hunger hatte.

Drei Wochen nachdem Sam Wolfe von Buzz mitgeteilt worden war, daß Katharine ohne Erklärung nachgeben und seiner Bitte Folge leisten würde, wurde der berühmte plastische Chirurg Roberto Brescia unter größter Geheimhaltung eingeflogen, um mit dem besorgten Star von ABN eine vertrauliche Unterredung zu führen. In seiner Hotelsuite schilderte er ihr, wie er die Form ihrer Augen verändern könnte. Während sie auf die vom Computer gestalteten Bilder ihres Gesichtes starrte, staunte Katharine, wie einfach es auf dem Bildschirm war.

Trotz ihrer prekären Finanzlage wäre sie fast aus dem Zimmer marschiert, als sie merkte, daß Mike O'Brian bei ihrem Gespräch mit dem Arzt dabeisein würde.

«Das ist überaus erniedrigend», protestierte sie und war nur teilweise beschwichtigt, als Mike darauf hinwies, daß der Sender eine beträchtliche Summe ausgab und er lediglich als

Aufpasser agierte, um sicherzustellen, daß das Geld gut angelegt wurde.

Katharine war sich nicht sicher, daß diese Vormundschaft über die Finanzen sein einziger Grund war. Ihr Verdacht bestätigte sich, als sie merkte, daß der Arzt Mikes Ansichten darüber, was notwendig war, ebensoviel Aufmerksamkeit schenkte wie seiner Patientin. Sie wußte allerdings nicht, daß der Sender dem guten Doktor schon Videos und Fotos von einer anderen Moderatorin geschickt hatte, und zwar von ihrer Tochter Abbie Lomax – «um Ihnen eine Vorstellung davon zu verschaffen, was wir anstreben», wie Mike es in einem früheren Telefongespräch brutal formuliert hatte.

Während sich Katharine damit abgefunden hatte, einige Veränderungen um die Augen herum in Kauf zu nehmen, war sie schockiert, als sie von Mike und dem Arzt zu einem radikaleren Lifting gedrängt wurde, das eine stärkere Straffung ihrer Wangen- und Halspartie einschloß.

«Das wird Ihnen eine solche Festigkeit verleihen, Sie werden zehn Jahre jünger aussehen. Das garantiere ich Ihnen», sagte Dr. Brescia. «Ich habe mir die Videos Ihrer Sendung genau angesehen, und ich muß sagen, daß Ihr Erscheinungsbild gut ist, sehr gut.» Der Arzt lehnte sich vor. «Aber ich kann Sie viel jünger aussehen lassen.» Erneut wandte er sich seinem Computer zu und legte dar, wie er es anstellen würde.

Katharine schaute schweigend zu. Ihre Kollegen in der Branche sahen in einer Schönheitsoperation nichts Schlimmeres, als beim Zahnarzt eine Krone verpaßt zu bekommen. Es war eine zusätzliche Möglichkeit, den Kampf gegen die Konkurrenz zu seinen Gunsten zu entscheiden. Es lag wohl an ihrer britischen Herkunft, daß sie so argwöhnisch und so zögerlich war.

Aber der Arzt hatte noch nicht einmal das Wort benutzt, das Chirurgen, laut Nina, nie benutzten.

«Schmerzen», sagte Nina, eine der überzeugtesten Anhängerinnen plastischer Chirurgie, «gehören zu den Aspekten, über die sie kaum reden. Wenn du es zur Sprache bringst, sagen auch die Besten unter ihnen so etwas wie ‹jeder ist da anders, aber meine Patienten sagen, sie empfinden eher so ein unangenehmes Gefühl›. Das ist Quatsch. Es tut höllisch weh.»

Katharine entschied, Ninas Zynismus auszutesten.

«Wird dies alles sehr schmerzhaft sein?»

Dr. Brescia nickte ihr verständnisvoll zu. «Jeder ist da anders, meine Liebe, aber die meisten meiner Patienten sagen, daß sie eher so ein unangenehmes Gefühl verspüren, da man ein paar Tage nicht richtig kauen kann, eine gewisse Flexibilität fehlt und so etwas.»

«Ich verstehe.» Nina wußte eindeutig, wovon sie redete. Katharine warf einen Blick auf ihr Computerbild. «Auf Ihrem Bildschirm sieht das alles ja sehr gut aus, aber ich habe schon zu viele Frauen gesehen, die nach der Operation wie bespannte Skelette aussahen.»

Der Arzt warf die Hände theatralisch in die Höhe. «Vandalen, Vandalen! Das wird Ihnen bei mir nie passieren. Ich, Roberto Brescia, verspreche Ihnen das.» Er beschrieb ihr dann ein ausgeklügeltes Verfahren mit der neuesten Laserbehandlung, das hervorragende Ergebnisse erzielte und eine wesentlich kürzere Heilungsphase ermöglichte. Er versicherte ihr, daß sie nach fünf oder sechs Tagen die volle Beweglichkeit ihres Gesichtes wiedererlangt hätte. «Und wenn Sie schon unter Betäubung sind, warum fügen Sie nicht noch drei, vier Zentimeter zu Ihrer Brust hinzu?»

«Nein, ich habe Ihnen schon gesagt, ich will nicht …»

«Es ist doch sinnvoll, alles auf einmal machen zu lassen», unterbrach sie Mike, «damit du nur einmal vom Studio abwesend bist.»

«Mike, ich möchte wirklich nichts hinzufügen lassen. Ich bin dazu nicht bereit.»

Mike wandte sich an Dr. Brescia. «Ist dies nicht genau der richtige Zeitpunkt? Wenn sie noch großartig aussieht und bevor es wirklich notwendig wird?»

«Ganz genau.» Der Chirurg nickte so heftig, daß Katharine mutmaßte, er und Mike hätten sich über all dies schon vorher verständigt. «Je länger Sie warten, desto weniger Elastizität haben wir, mit der wir arbeiten können. Meiner Erfahrung nach ist es um so besser, je früher wir es machen.»

Er wandte sich vom Computer ab und wirbelte herum, um ihr ins Gesicht zu schauen.

«So viele Patienten meinten im nachhinein zu mir, sie wünschten, sie wären mutiger gewesen, hätten hier mehr Haut herausnehmen lassen», er pikste auf die glatte Oberfläche unter seinen Augen, «und mehr, viel mehr hier oben hineinstecken lassen sollen», er wölbte die Hände über seinem Brustkorb. «Nehmen Sie meinen Rat an, lassen Sie alles jetzt machen, und Sie werden sehr glücklich sein.»

Der Arzt wandte sich wieder seinem Computer zu und holte rasch die Graphik eines Frauenkörpers auf den Bildschirm, die – wie Katharine annahm – mit ihren Maßen gezeichnet worden war. Mit einem Mausklick vergrößerte er die Brustgegend.

«Schauen Sie», er klopfte mit dem Finger auf den Bildschirm. «Ich schlage vor, diesen Bereich nur um gut zwei Zentimeter zu vergrößern, nicht mehr. Dies hebt dann Ihr eigenes Brustgewebe und verleiht dem Ganzen eine rundere, festere Form.»

Nina hatte Katharine zu Brustimplantaten gedrängt. «Ich hab es nie bereut. Guck sie dir an. Sie haben meine Figur geändert und mir mehr Selbstvertrauen gegeben, so daß es mir leichtfällt, mich auszuziehen.»

Dr. Brescia spürte, daß die Entschlossenheit seiner Patientin wich, und er beschrieb das auf Soja basierende Material, das er benützen würde. Dies, so erklärte er ihr, hatte natürlichere Eigenschaften. «Wenn Sie sich zum Beispiel hinlegen, ragen sie nicht wie Berggipfel in die Höhe, so wie das bei Silikonimplantaten der Fall ist. Aber sie haben doch einen Nachteil. Wenn Sie Ski fahren, reagieren sie auf die extreme Kälte, so daß sie eventuell massiert werden müssen.» Er zwinkerte ihr spitzbübisch zu. «Ich bin sicher, Sie haben jemand, der das für Sie erledigen könnte.»

Katharine stimmte letztendlich einem Termin zu Beginn der Osterpause zu, in der sie nach Rio de Janeiro fliegen sollte. So hätte sie Zeit, um sich vor der Arbeit für die nächste Staffel zu erholen. Bis dahin, so verabredete sie mit Mike, würden sie mehrere Interviews aufzeichnen, die während ihres Aufenthaltes in der Klinik benutzt werden konnten.

Als der Arzt sie und Mike zur Tür brachte, tätschelte er ihren Arm. «Nur Mut, meine liebe Miss Sexton. Vertrauen Sie sich mir vollkommen an. Ich bin der Beste, und ich garantiere Ihnen, daß Sie von meiner Arbeit begeistert sein werden. Sie werden jünger, schöner und – falls ich es sagen darf – sogar noch begehrenswerter aussehen.»

Katharine erwiderte sein Lächeln. Sie mußte zugeben, daß er recht liebenswürdig war, und er trug ja auch keine Schuld an ihrer Zwangslage.

Zum Teufel mit ihrem betrügerischen Steuerberater. Zum Teufel mit Sam Wolfe. Und zum Teufel mit der Fernsehbranche, in der mit zweierlei Maß gemessen wurde und in der Männer mit Tränensäcken unter den Augen, ergrautem Haar, Falten und Bierbauch überleben konnten, während die Frauen ewig jung, schlank und makellos erscheinen mußten.

Der karminrote Lack funkelte, wenn das Licht des Garderobenspiegels darauf fiel. Brendas Assistentin trug gerade den Fixierlack auf Abbies Nägel auf, als Jeri-Ann hereinkam.

Die Assistentin, Brooke, war sehr talentiert. Wenn es nicht mit ernsthaften diplomatischen Schwierigkeiten verbunden gewesen wäre, hätte sich Abbie ihr Make-up gern von ihr machen lassen anstatt von der weniger einfallsreichen Abteilungsleiterin.

«Die Farbe ist sehr exotisch», kommentierte Jeri-Ann. Sie lehnte sich gegen die Make-up-Theke, während Brooke ihre Sachen zusammensammelte und ging. «Damit siehst du aus wie ein Vamp. Da steckt ein Mann dahinter, richtig? Ich habe dieses Lächeln bemerkt, wenn du denkst, daß dich niemand beobachtet, und du glühst in letzter Zeit so richtig. Bist mit ihm so etwa seit einem Monat zusammen, oder?»

«Sechs Wochen», sagte Abbie und pustete auf ihre Nägel. «Am nächsten Dienstag.»

Jeri-Ann bewunderte Abbies Fähigkeit, Männer anzuziehen, aber sie schien nicht neidisch zu sein, auch wenn sie sich in aller Offenheit einen Robert in ihrem Leben wünschte. Bisher hatte Jeri-Ann an allen falschen Orten nach Liebe gesucht. Sie hatte den Mr. Perfect noch nicht gefunden, auch wenn sie Affären mit Mr. Vollkommen-Falsch, Mr. Total-Unterlegen und Mr. Komplette-Katastrophe nicht von der Jagd abgehalten hatten. Im Moment verschwendete sie keine Zeit mit Spitzfindigkeiten. «Spuck's aus.»

«Da gibt's nicht viel zu erzählen.» Jeri-Ann war verschwiegen, aber Abbie wollte nichts vermasseln. «Ich habe ihn auf dem Rückflug von London kennengelernt.»

«Verheiratet?»

«Nein.»

«Schwul.»

«Mit Sicherheit nicht.»

«Neurotisch? Psychotisch? Geisteskrank? Lach nicht, irgend etwas stimmt nie. Er könnte insgeheim ein Nazi sein. Oder schlimmer noch», sie zuckte theatralisch zurück, «eine Mutter haben. Ich rate dir, sei vorsichtig.»

«Danke für die Warnung.»

«Wie sieht er aus?»

«Hm, sympathisch, dunkelhaarig und stattlich.»

«Du Glückliche.»

«Außerdem ist er kultiviert, viel herumgekommen, spricht vier Sprachen, und», Abbie stöhnte auf, «hat wunderschöne Hände.»

«O ja. Hände. Die sind unersetzlich im Leben. Wie Hunde.»

«Aber weißt du, was das Beste an ihm ist? Ihn läßt dieser ganze Fernsehrummel total kalt. Er strahlt so eine innere Ruhe aus.»

«Worauf wartest du noch? Was gäbe ich für so einen? Ich treffe anscheinend immer nur infizierte Junggesellen.»

«Was für welche?»

«Du weißt schon, der Bindungsangst-Virus dieser schlüpfrigen Aale, die sagen, daß sie dich lieben, und gleichzeitig serienmäßige Monogamie betreiben.»

«Vielleicht ist George auch so. Es ist merkwürdig, daß er noch nicht verheiratet ist.»

Jeri-Ann sah es gelassen. «Vielleicht lügt er. Das findest du schon früh genug heraus. Bis dahin, genieß es. Hey, ich hoffe, daß deine Nägel trocken sind. Ich habe Mrs. Stern versprochen, daß wir in genau fünfundzwanzig Minuten bei ihr sind.»

Abbie rannte zum Aufzug. «Komm, wir dürfen uns auf keinen Fall verspäten, nach alldem, was wir angestellt haben, um sie für ein Interview zu bekommen.»

Adele Stern war die verwirrte Mutter eines jungen Mannes, der vor ein paar Tagen seelenruhig in ein Fast-food-Restaurant gegangen war, eine Waffe hervorgeholt und sechs Teenager, die dort einen Geburtstag feierten, erschossen hatte. Dann hatte er die Waffe auf sich selbst gerichtet.

Die anderen Talk-Shows hatten sich auf die trauernden Familien der Opfer gestürzt, aber Abbie hatte sich auf die Mutter des Täters konzentriert: eine Witwe aus North Carolina, die vernünftigerweise untergetaucht war. Intensive Detektivarbeit war nötig gewesen, um sie aufzuspüren, ebenso wie eine Menge mitfühlender Überzeugungskraft, um sie zu einem Interview zu überreden. Abbie hatte den Handel mit dem Argument unter Dach und Fach gebracht, daß Mrs. Stern sich ewig verstecken müßte, bis sie dann doch irgend jemandem zu irgendeinem Zeitpunkt ihre Geschichte erzählen würde. Da sie über ihren Anwalt von jedem Zeitungsreporter der Branche belagert wurde, trafen Abbies Worte ins Schwarze.

Inmitten all dieses Wahnsinns schien Abbie – in Mrs. Sterns Augen – der verständnisvollste aller Menschen zu sein. Die trauernde Mutter hatte schon eine riesige Geburtstagstorte zurückgewiesen, die ihr von ihrem Anwalt geschickt worden war. Darauf stand geschrieben: «USTV – Wir stehen auf IHRER Seite.» Einer von Abbies Redakteuren hatte ihr erzählt, daß der Konkurrenzsender sich damit gerühmt hatte, daß er sich im Grunde so stark wie möglich einschmeicheln wollte, ohne sich dabei übergeben zu müssen. Der Zynismus war deutlich zu erkennen.

Nachdem Mrs. Stern sich einverstanden erklärt hatte, in Abbies Sendung aufzutreten, wurde sie nun in einem außerhalb gelegenen Hotel versteckt, wo sie darauf wartete, mit Abbie zu reden. Mrs. Stern sah Abbie als Freundin an, die sie vor den schlimmsten Launen einer gierigen Pressemeute schützen würde und die ihr die Gelegenheit gab, ihre eigene Sicht darzulegen. Sie war der Ansicht, daß ihr Sohn ebenso ein Opfer war wie diejenigen, die er getötet hatte.

Abbie wurde von dem Portier des Hotels freundlich begrüßt. Das war eines der Dinge, die sie an Amerika so liebte: die einfachen Menschen, die sich über Erfolg aufrichtig freuen konnten. Die Empfangsdame hieß sie ebenso herzlich willkommen.

«Hallo, Miss Lomax», sagte sie mit einem freundlichen

Lächeln. «Ich dachte mir, daß Sie kommen, denn ich habe hier einen Brief für Sie. Er wurde vor etwa einer halben Stunde abgegeben.»

Abbie und Jeri-Ann sahen sich beunruhigt an. Dies sollte eine Aktion mit höchster Geheimhaltungsstufe sein. Nur wenige Menschen wußten, wo sie waren. Einige aggressive Trailer, die wenige Stunden vor der Ausstrahlung gesendet werden sollten, würden die Zuschauer noch früh genug auf ihr Exklusivinterview aufmerksam machen. Die unvermeidlichen Reaktionen von Spinnern, Waffengegnern und religiösen Fanatikern, die sich darüber beschweren würden, daß einer «Frau, die einen Teufel hervorbrachte», Sendezeit eingeräumt wurde, sorgten dann sicher für zusätzliche Publicity. Bis dahin, so hatte Abbie Mrs. Stern gesagt, sollte sie einen falschen Namen benutzen, den nur sie und Jeri-Ann kannten. Es war nicht nötig, die Witwe aus Carolina zu ermahnen, unter keinen Umständen das Zimmer zu verlassen. Sie zitterte seit dem Massaker unaufhörlich vor Angst.

Die Empfangsdame, die Abbie ihr Unbehagen ansah, hielt es für Sorge über den Inhalt des großen, kartonierten Umschlages und versicherte ihr rasch: «Keine Sorge, Miss Lomax. Wir haben es geröntgt. Was immer da auch drin ist, es ist harmlos.»

Abbie nahm den Umschlag in eine ruhigere Ecke der Eingangshalle. «Wer zum Teufel wußte, daß wir hierherkommen?» meinte sie beunruhigt eher zu sich selbst als zu Jeri-Ann. Sie riß den Umschlag auf und starrte dann entsetzt auf das Foto eines Autos, das bis zur Unkenntlichkeit zerknautscht war.

«Das ist von diesem verdammten Irren», sagte sie wankend und gab Jeri-Ann das Foto. Eine mit einer Schreibmaschine getippte Botschaft lautete: «Du bist für diesen Tod verantwortlich, du Miststück. Nimm dich in acht. Fan aller Fans.»

«Diese Verrückten geben oft berühmten Leuten die Schuld, wenn in ihrem Leben etwas Schlimmes passiert», meinte Jeri-Ann bedächtig. «Ich verstehe nur nicht, woher er wußte, daß du hier sein würdest.»

«Er will mir zu verstehen geben, daß ich nirgends sicher bin. Langsam wird das beängstigend», sagte Abbie mit bleichem Gesicht. «Er hat irgendwie Zugang zu meinen Terminen. Und die Sicherheitsleute denken, daß es genügt, wenn sie meine Post überprüfen und mir einen Wagen schicken.» Sie verbarg das Gesicht in den Händen. «Immer wenn ich denke, es gibt ihn nicht mehr, bekomme ich eine neue Nachricht. Ich fange an, jeden um mich herum zu verdächtigen. Es ist schrecklich, damit zu leben. Glaubst du, daß es jemand aus dem Büro ist?»

«Nein, das glaube ich nicht», antwortete Jeri-Ann entschieden. «Ich bin sicher, daß dort niemand etwas gegen dich hat.» Sie schaute in Abbies verängstigtes Gesicht. «Also, wir machen jetzt folgendes. Ich werde den Sicherheitschef sprechen und ihm Druck machen, daß er dich rund um die Uhr beschützen läßt. Das ist nervig, aber wir müssen das machen, bis dieser Kerl die Nase voll hat. Das ist bei diesen verkommenen Leuten oft so. Hauptsache, du nimmst es dir nicht so zu Herzen.»

«Das sagt mir jeder, aber das ist leichter gesagt als getan. Ich frage mich immer wieder, warum will er mir Angst einjagen? Was hat er davon?»

«Hinter dem, was diese Sorte Spinner tut, steckt normalerweise keine Logik, aber es würde nicht schaden, mal deine früheren Interviews in Chicago durchzugehen, um zu sehen, ob du irgend jemanden provoziert hast. Aber zuerst sollten wir herausfinden, ob die Empfangsdame gesehen hat, wer den Brief hier abgegeben hat.»

Die Empfangsdame erklärte ihnen, daß so viele Sachen geliefert wurden und daß es unmöglich wäre, sich zu erinnern, wer was gebracht hätte. Auf der Empfangsbestätigung war ein gekritzeltes Zeichen, das allerdings unleserlich war. Die Frage nach der Identität des Absenders mußte erst einmal offenbleiben; sie mußten mit Mrs. Stern reden.

Abbies volle Konzentration war nötig, um mit den Gedanken bei ihrer jetzigen Aufgabe zu bleiben; sie mußte die verängstigte Frau auf ihr bevorstehendes Interview vorbereiten. Später, als Abbie ins Büro zurückkehrte, machte sie sich als erstes daran, George anzurufen. Er könnte alles etwas relativieren, würde sie zum Lachen bringen und ihren Trübsinn in Luft auflösen.

Wie gewöhnlich war er nicht zu Hause, nur sein verdammter Anrufbeantworter. Hastig legte Abbie auf und versuchte es auf seinem Handy. Es war abgestellt. Schließlich erreichte sie seine Assistentin, aber die Frau blockte wie immer alles ab. Er war in einer Besprechung und hatte die Anweisung gegeben, nicht gestört zu werden.

«Möchten Sie eine Nachricht hinterlassen, Miss Lomax?»

Nein, wollte sie nicht.

Da sie unbedingt mit jemandem sprechen mußte, drückte Abbie auf die Speichertaste 2 ihres Telefons. Matt war immer für sie zu sprechen, wenn sie anrief.

Sie erzählte, was an dem Nachmittag passiert war, und wiederholte ihre Befürchtung, daß sie verfolgt wurde. «Matt, ich habe das Gefühl, ich drehe durch. Ehrlich, nehme ich das Ganze zu wichtig?»

«Nein, das glaube ich nicht.»

«Hast du irgend jemandem das Hotel genannt?»

«Ich überlege gerade, aber ich bin mir ziemlich sicher, daß ich es niemandem gesagt habe.»

«Es muß irgendwo eine undichte Stelle geben.»

«Nicht in meinem Büro, da bin ich mir sicher.»

«Glaubst du, daß es jemand von einem anderen Sender sein könnte?» fragte sie vorsichtig.

«Du meinst von *Here and Now*? Könnte sein, aber das erscheint mir schon etwas extrem.»

«Können wir uns treffen, Matt? Wo bist du jetzt?» fragte sie.

«Ich laß mich massieren.»

Matt schaute dankbar die nackte Frau an, die träge neben ihm in seinem Bett lag. Ihr schien es nichts auszumachen, daß er sie immer von den beliebten Restaurants fernhielt.

Abbie war seine einträchtigste Klientin, aber sie konnte ein wenig warten. «Gib mir eine Stunde», meinte er zu ihr.

Es war das erste Mal, daß er Abbie keine Priorität gegeben hatte, aber er konnte von dieser unglaublichen Frau einfach nicht genug bekommen. Gott weiß, warum sie gerade ihn auserwählt hatte, aber seit jenem Treffen in der Bar hatte sie sich für ihn Tag und Nacht verfügbar gemacht. «Du bist der Planer, Denker und Träumer, nach dem ich gesucht habe», meinte sie zu ihm. «Egal was ich brauche: Du törnst mich an, Baby.»

Zuerst hatte er ihr nicht geglaubt und war vorsichtig gewesen. Sicher würde sie ihn bald bitten, ihretwegen mit diesem Produzenten oder jenem Regisseur zu sprechen. Aber nein, auch wenn sie ihm liebend gern zuhörte, wenn er über seine Arbeit sprach, so schien sie doch an einer Karriere als Schauspielerin, Model oder im Fernsehen nicht interessiert zu sein. Nach den morgendlichen Flügen an den Montagen von Chicago eilte er direkt zu ihrer Wohnung, wo sie auf ihn wartete: unterwürfig, ungeduldig und nur an einem interessiert. Was für ein Glückspilz er doch war.

Diese Frau gab ihm das Gefühl, der beste Liebhaber auf Erden zu sein, und wenn er bei ihr war, konnte er es auch sein. Er dachte sich oft, daß seine Frau über seine Phantasie staunen würde, obwohl er sich Sorgen machte, daß Angela Verdacht schöpfen könnte. Aber er paßte auf, daß nichts von seinem neuen sexuellen Wissen nach Chicago drang. Ein- oder zweimal hatte sie ihn etwas zu intensiv ausgefragt, wo er an einem bestimmten Abend gewesen war. Und am vergangenen Wochenende hatte sie ihn wieder einmal darauf hingewiesen, daß er mit einer Klientin in New York so viel Geld verdiente wie die gesamte Agentur in Chicago. Wäre es nicht vernünftig, fragte sie, darüber nachzudenken, mit der Familie nach New York umzuziehen und dort die Agentur mit lukrativeren Klienten auszuweiten?

Matt mußte ordentliche Beinarbeit an den Tag legen, um die logische Vision ihrer Zukunft ins Jenseits zu befördern. War Angela denn nicht bewußt, daß erst einmal beide Büros profitabel laufen mußten, bevor sie jemanden einstellten, der die Arbeit von ihr erledigte? Außerdem war es nicht vorauszusehen, wie lange Abbies Karriere andauern würde. Das Fernsehen war ein launenhaftes Geschäft. Niemand, und Matt schon gar nicht, konnte vorhersagen, ob Globe ihren Vertrag erneuern würde. Es war viel zu früh, um überhaupt über einen Umzug mit den Jungs nach New York nachzudenken. Angela hatte dies akzeptiert.

Wie versprochen, war Matt eine Stunde später mit Abbie und Jeri-Ann im Büro der Produzentin.

«Wir haben dieses Interview mit höchster Geheimhaltungsstufe bedacht», sagte Jeri-Ann. «Nur sechs Leute wissen, daß wir es planen, und von denen wußten nur vier, daß wir uns in dem Hotel treffen wollten: Abbie, ich, Matt und die Mutter selbst.» Sie sah Abbie ruhig an.

«Ich bin in Gedanken jede einzelne Minute meines Tages durchgegangen, und ich bin vollkommen sicher, daß ich mit niemandem über Abbies Sendung gesprochen habe», sagte Matt. «Ich hatte eine lange Besprechung mit meinem Steuerberater, und da ging es nur um Zahlen, Zahlen und nochmals Zahlen. Ich habe überhaupt nicht über Abbie gesprochen. Mit niemandem.» Und das stimmte auch.

«Ich bezweifle, daß es aus dem Büro gekommen ist», sagte Jeri-Ann. «Wir hatten zuvor noch nie so eine undichte Stelle, und meine Assistentin und die Sekretärin arbeiten seit Jahren mit mir zusammen. Sie sind mir von meinem letzten Posten gefolgt. Wenn sie anfingen, Sachen auszuplaudern, dann würden sie mit Sicherheit nicht bei dieser Geschichte damit anfangen, und schon gar nicht meine Sekretärin. Sie war diejenige, die geholfen hat, das Interview zu organisieren.»

«Vielleicht war die undichte Stelle bei mir», sagte Abbie. «Man könnte mir gelauscht haben, als ich im Besprechungszimmer oder auch an meinem Schreibtisch telefoniert habe.»

«Was ist mit der Mutter?» fragte Matt.

Abbie verwarf den Gedanken sofort. «Mrs. Stern macht das Interview sehr nervös. Mensch, sie hat Morddrohungen erhalten. Sie würde kein unnötiges Risiko eingehen.»

«Ich bin mit meinem Latein am Ende», sagte Jeri-Ann.

«Sollen wir die Polizei hinzuziehen?»

«Nein», sagten Matt und die Produzentin gleichzeitig.

«Wir können in diesem Fall keine Publicity gebrauchen», erklärte Jeri-Ann. «Die Polizei hat eine Hotline zu fast allen Zeitungen. Dieser Typ sehnt sich wahrscheinlich vor allem nach dem Eingeständnis, daß du Angst hast und daß wir Notiz von ihm nehmen. Wie schwierig es auch sein mag, mein Rat für uns alle lautet, kühlen Kopf zu bewahren, und dann verläuft das Ganze sicher im Sande. Wir haben in der Vergangenheit schon festgestellt, daß die Polizei ohnehin nur wenig Möglichkeiten hat, die unsere Jungs vom Sicherheitsdienst nicht auch hätten.»

«Und bis jetzt ist der Kerl nicht schuldiger als Hunderte andere Irre», sagte Matt. «Eine pornographische Karte, ein Anruf, ein Bild von einem Autounfall. Ich verstehe, wie unheimlich dir das alles ist, aber was kann die Polizei schon unternehmen, wenn er keine richtigen Drohungen ausspricht?»

Sie hatten recht, dachte Abbie trübselig. Sie wünschte, sie könnte mit Katharine darüber reden und sie um Rat bitten. Aber sie hatten seit Weihnachten nicht miteinander gesprochen, und sie hatte noch immer die grausame Beleidigung in den Ohren, die sie ihr an den Kopf geworfen hatte, bevor sie ihr Apartment verließ: «Du hättest keine Kinder haben sollen!» Würde ihre Mutter ihr je vergeben?

In den folgenden Tagen lebte Abbie in höchster Alarmbereitschaft und schreckte jedesmal auf, wenn das Telefon bei ihr zu Hause klingelte. Einmal versuchte ein Passant, ihr den Weg zu versperren, und sie wich zurück, bis sie merkte, daß es ein Autogrammjäger war. Sie wartete immer in der Limousine vor ihrem Wohnhaus, bis der Portier sie entdeckte und hinter seinem Tisch hervorkam, um ihr die Tür zu öffnen, was er für andere Bewohner nicht tat. Als sich einer von ihnen beschwerte, erzählte er ihm eilig, daß er gebeten wurde, zusätzliche Sicherheitsmaßnahmen zu unterstützen. Er sagte nicht, warum, er kannte keine Einzelheiten, aber dieser Gesprächsfetzen gelangte schnell in die Klatschspalten, was Abbie noch nervöser machte. Der «Fan aller Fans» rieb sich wahrscheinlich die Hände vor Freude über diese öffentliche Bestätigung, daß er ihr zu schaffen machte.

Matt sprach inoffiziell mit seinem Bekannten bei der Polizei und erzählte ihr anschließend: «Es war richtig, sie nicht hinzuzuziehen», meinte er. «Er sagte, daß ihnen die Hände gebunden sind, bis ein Verbrechen verübt worden ist.»

«Bis mir also jemand Säure ins Gesicht schüttet, werden sie nichts tun? Großartig.»

«Dazu werden wir es nicht kommen lassen, Abbie.»

Danach wurde es für sie zur Gewohnheit, von dem Auto, das sie zu Globe fuhr, zu der sicheren Drehtür ihres Gebäudes zu laufen. Obwohl sie versuchte, ihre Gedanken nicht von dem «Fan aller Fans» beherrschen und sich an einem normalen Leben hindern zu lassen, merkte sie immer wieder, daß sie im Geiste die Gesichter überprüfte, wenn sie unter Menschen war.

Sie war von Georges Haltung in bezug auf ihr Problem verwirrt. Er schien demgegenüber recht gleichgültig zu sein.

«Aber du mußt doch schon andere Haßtiraden per Post erhalten haben», sagte er.

«Nicht solche. Warum? Denkst du, ich sollte dies nicht so ernst nehmen?»

«Das habe ich nicht gesagt. Natürlich ist es nicht angenehm, aber es sollte nicht dein Leben bestimmen.»

«Leicht gesagt», murrte sie.

Sie bemerkte, daß jeden Morgen ein rothaariger Jogger in der Nähe ihrer Wohnung vorbeilief. Er hatte keinen Versuch unternommen, sich ihr zu nähern, aber es störte sie. Als sie George von dem Jogger erzählte, zeigte er Mitgefühl, schlug aber nicht vor, daß sie vorübergehend zu ihm ins Penthouse ziehen sollte, was sie sich erhofft hatte. Vielleicht hielt er es für unpraktisch, weil er permanent zwischen Washington, Paris und Rom hin und her flog.

Merkwürdig war auch, wie verlegen er gewesen war, als er ihr erzählte, daß Katharine die Eröffnungszeremonie seines neuen Hotels am nächsten Donnerstag, dem Tag vor Karfreitag, vornehmen würde. Abbie machte sich deswegen keine Sorgen. George würde mit Katharine nicht über sie reden. Fernsehstars wurden ständig zu Veranstaltungen eingeladen, es gehörte zu ihrem Job. Und George erzählte ihr, daß die Einladung von seiner Presseabteilung arrangiert worden war, lange bevor er Abbie getroffen hatte. Sie fand es nicht seltsam, daß er sie nicht zu der Feierlichkeit einlud. Da er von der Entfremdung von ihrer Mutter wußte, wollte er sie sicher nicht in Verlegenheit bringen. Es zeigte, wie sensibel er war, dachte sie.

Ihre Affäre war leidenschaftlich und losgelöst von der Realität. So ein Verhalten hatte sie noch bei keinem anderen Mann gesehen. Obwohl er aufmerksam war und sie oft anrief, machte er sich nicht immer frei, wenn sie Zeit hatte. Eines Tages warf sie ihm in Gedanken vor, daß er sich mit ihr nicht in der Öffentlichkeit sehen lassen wollte, weil er eine andere Frau hatte. Die Heftigkeit seines Liebesspiels an jenem Abend überzeugte sie, daß dies nicht wahr sein konnte.

«Warum sollte ich jemand anderen brauchen, wenn ich dich habe?» fragte er.

Wenn das ausweichende Verhalten von George auch beunruhigend und die Aufmerksamkeit des «Fan aller Fans» besorgniserregend war, so florierte Abbies Karriere doch weiterhin. Das Interview mit Mrs. Stern, das letzte vor der Osterpause, war ein riesiger Erfolg. Jeri-Ann zufolge – und sie hatte Erfahrung darin, die Stimmungen des Publikums und Schwankungen einzuschätzen – hatte die Sendung an jenem Abend *Tonight* in eine andere Arena katapultiert: fort von dem Sicherheitsgurt der Showbusiness-Geschichten und hinein in das Minenfeld der aktuellen Stories mit ihrer unvorhersehbaren, aber möglicherweise lohnenden Spannung.

Mrs. Stern versuchte zunächst, das Morden in den Kontext der Erziehung ihres Sohnes zu stellen. Erst als Abbie sanft, aber hartnäckig nachfragte, platzte die Mutter mit der Geschichte heraus, die am nächsten Tag in den Schlagzeilen stehen sollte.

«Was meinte Ihr Sohn, als er – bevor er abdrückte – sagte: ‹Schlaf ist gut, der Tod ist besser›?» fragte Abbie. Ein Bekannter bei der Polizei hatte ihr diese Information zugespielt; sie war sonst nirgends bekannt.

Ein langes Schweigen folgte. Mrs. Stern bemühte sich, ihre Gefühle unter Kontrolle zu bringen. Sie sagte: «Das stand in dem Abschiedsbrief seines Vaters, der Selbstmord beging.» Sie zauderte, und Abbie wartete, bis sie die Fassung wiedererlangt hatte. «Es ist ein Zitat von Heinrich Heine – mein Mann war Deutscher, müssen Sie wissen. Er las gern die deutschen Philosophen. Heine sagte: ‹Schlaf ist gut, der Tod ist besser; aber natürlich ist es am besten, gar nicht erst geboren zu werden.›» Tränen rannen Mrs. Stern über die Wangen. «Es ist meine Schuld», schluchzte sie. «Mein Sohn war derjenige, der seinen Vater fand. Es war ein schrecklicher Schock für ihn, er war noch so klein. Ich habe versucht, mit ihm darüber zu reden, aber er hat sich nie geöffnet, und ich hatte mit meiner eigenen Trauer zu tun. Ich hätte ihn damals zu einem Psychiater schicken sollen. Ich hätte darauf bestehen sollen. Wenn ich das doch nur getan hätte, dann wäre diese ... Sache nicht passiert.»

Dann erschien eine Falte auf ihrer Stirn, und sie sagte zögernd: «Abbie, ich möchte diesen armen Eltern sagen, daß ich den Rest meines Lebens ihre Trauer teilen werde ...»

Nie dagewesene Mengen von Zuschauerreaktionen fluteten auf sie ein, und ein Großteil – wie Abbie dankbar erfuhr – zeigte Mitgefühl für Mrs. Stern. Der Studioleiter erzählte ihr nachher, daß das Interview eine der spannungsgeladensten Stimmungen geschaffen hatte, die er in seiner Laufbahn je erlebt hatte. «Sie haben den Augenblick geschaffen», sagte er. «Sie haben die Gelegenheit ergriffen und wußten, wann Sie den Mund zu halten und sie zu reden lassen hatten. Es war ganz großartiges Fernsehen.»

Matt triumphierte auch, und nicht nur wegen des Erfolges der Sendung. In der Woche vorher war Abbies Q-Quote – die von den Sendeanstalten durchgeführte und streng geheimgehaltene Untersuchung zur Messung der Beliebtheit der Stars bei den Zuschauern – auf 20 gestiegen. Auch wenn sich Katharine mit einer Q-Quote von 27 rühmen konnte, so war der Abstand zwischen ihnen doch der kleinste, seit *Tonight* auf Sendung gegangen war. Nachdem Matt dies herausgefunden hatte, bestand er auf einer Besprechung in der obersten Etage mit dem Chef des Senders, um Abbies Vertrag neu zu verhandeln, und ihm wurde gerade mitgeteilt, daß seine Bemühungen um eine saftige Gehaltserhöhung für seine Klientin erfolgreich gewesen waren.

Er schnappte sich Abbie gleich nach der Sendung und überbrachte ihr die gute Nachricht. «Du weißt natürlich, warum sie zugestimmt haben. Die Produktionskosten für deine Show betragen weniger als eine halbe Million Dollar. Wenn du nicht wärst, müßten sie Spielfilme oder Comedy-Shows machen, die bis zu zwei Millionen kosten könnten, und mit deiner Sendung bekommen sie fast ebensoviel an Werbeeinnahmen, wie es bei Spielfilmen der Fall wäre.» Abbie hatte Matts Ausführungen zu diesem Thema schon mehrmals gehört. «Es ist also klar, weshalb sie dich bei Laune halten wollen. Ich habe auch eine neue Vertragsklausel eingebracht, die besagt, daß der Sender alle Rechnungen für zusätzliche Sicherheitsvorkehrungen, die eventuell nötig werden könnten, übernehmen muß.»

Abbie applaudierte ihm.

Matt strahlte vor Stolz. «Zum Glück stand in deinem Vertrag, daß wir nach sechs Monaten neu verhandeln können.»

Sie lächelte ihn herzlich an.

«Mit Glück hatte das nichts zu tun», meinten sie einstimmig und lachten.

«Das muß gefeiert werden», sagte Abbie, die Matt seit Wochen schon nicht mehr so entspannt gesehen hatte. «Warum besorgen wir nicht etwas zu trinken, um uns bei den Jungs und Mädchen zu bedanken?»

«Das ist eine taktisch kluge Idee», sagte Matt. «Ich besorge Champagner, und dann feiern wir durch.»

«Ich wünschte, ich würde wieder mit meiner Mutter sprechen, dann könnte ich sie einladen.»

«Ist vielleicht auch besser so», entgegnete Matt. «Die

Truppe hätte Hemmungen, und die Chefs hier halten sicher auch nichts von einer Verbrüderung mit dem Feind.»

Dem Feind. Abbie mußte zugeben, daß diese harte Verurteilung ihrer Mutter und des Senders ABN die vorherrschende Atmosphäre bei Globe sehr zutreffend beschrieb. Auch wenn die irrsinnige Berichterstattung in den Medien abgeflaut war, so gab es doch immer noch Tage, an denen einfallslose Kolumnisten einige Spalten mit spottenden Vergleichen ihrer Sendungen füllten. Es wurde auch immer wieder aufgebauscht, daß die zwei nie bei denselben Veranstaltungen auftauchten. Man hörte, daß sich die Gastgeber darüber im klaren waren, daß eine von ihnen absagen würde, wenn die andere auch auf der Gästeliste stand.

Inmitten des Gelächters, der klingenden Gläser und des Stimmengewirrs fühlte Abbie sich wohl. Redakteure, Sekretärinnen, Kameramänner, Bildregisseure und einige aus der Chefetage liefen umher und verbreiteten eine belebte, gutgelaunte und kameradschaftliche Stimmung. Sie fühlte sich als Mitglied eines erfolgreichen Teams. Sogar der normalerweise kummervoll dreinblickende Soundingenieur lächelte, und als Jeri-Ann ein ruhiges Essen mit einigen der Kollegen vorschlug, stimmte Abbie freudig zu.

Die Gesellschaft ging langsam auseinander, und Abbie kehrte in ihre Garderobe zurück, die am Samstag für die Proben und am Sonntag, wenn die Sendung produziert wurde, eigens für sie reserviert war. An den anderen Tagen war die Garderobe von den Moderatoren der Wochentage belegt, aber die umsichtige Verwaltung hatte jedem von ihnen eine verschließbare Schublade zugestanden.

Wenn sie das Zimmer für sich hatte, breitete Abbie sich gern aus – frei nach dem alten Sprichwort «Langweilige Frauen haben aufgeräumte Häuser». Die Unordnung in ihrem Schlafzimmer zu Hause wiederholte sich nun hier in dieser Garderobe. Es war schwierig, die Farbe ihres

Schminktisches zu erkennen, da sich darauf alle möglichen Kosmetika in Tuben, Töpfen und Packungen stapelten, die allesamt von ihren Deckeln getrennt waren.

Abbie entdeckte einige Nachrichten, die an dem Schminkspiegel hefteten. Sie nahm sie herunter, um sie zu lesen. Die erste Notiz stammte von dem diensthabenden Studioleiter, der sie daran erinnerte, daß die Aufzeichnung des nächsten Tages um eine Stunde verlegt worden war. Sie zerknüllte sie und warf sie in die grobe Richtung des überlaufenden Papierkorbs.

Als sie die nächste, getippte, Nachricht las, wich jegliche Farbe aus ihrem Gesicht. Sie ließ sich auf den Stuhl sacken.

Jeri-Ann kam zur Tür herein und blätterte irgendwelche Pläne für die folgende Woche durch. «Hast du die Zeiten für die Aufzeichnung morgen gesehen? Warum können die das nicht vorher mit mir absprechen? Paßt es dir?»

Sie merkte, daß Abbie regungslos und offensichtlich vollkommen verstört dasaß. «Was ist los?»

Mit zitternder Hand gab Abbie ihr die Nachricht.

Jeri-Ann las den am Computer geschriebenen Text laut vor: «‹Ich habe in deinem Kühlschrank eine kleine Überraschung für dich. Ich bin noch nicht mit dir fertig. Paß auf. Fan aller Fans.› O nein, nicht er schon wieder. Was glaubst du, meint er damit?»

«Das läßt sich leicht herausfinden», sagte Abbie bestimmt und ging zu dem kleinen Schrank, der geschickt unter einer Arbeitsfläche eingebaut worden war.

«Nein, Abbie, laß mich nachsehen», sagte Jeri-Ann rasch.

Zögernd ging Abbie beiseite, während Jeri-Ann sich bückte und langsam die Kühlschranktür aufmachte.

Angeekelt taumelte sie zurück. «O Scheiße», rief sie aus. «Der Kerl ist echt krank.»

«Was ist es?» fragte Abbie und schaute über ihre Schulter.

«Er hat hier ein Kondom hineingelegt.» Jeri-Ann machte

eine kurze Pause. «Nachdem er es benutzt hat. Es liegt auf einem deiner Werbebilder.»

Abbie hielt die Hand vor den Mund, ihr wurde übel. Der Gedanke an so einen abartigen Typen, der hier masturbierte und dabei daran dachte, was er wohl mit ihr anstellen würde, war widerlich.

Jeri-Ann schob sie sanft zurück und schloß den Kühlschrank. «Wir rühren besser nichts an, falls Fingerabdrücke darauf zu finden sind.»

«Ich krieg diesen Mistkerl», fauchte Abbie. Sie schnappte sich dic Nachricht und rannte zur Tür. Den Zettel drückte sie dem Wachmann in die Hand, der auf dem Flur seinen Dienst versah.

Er überflog die Nachricht kurz und eilte in die Garderobe. Er schaute sich im Zimmer um und öffnete dann alle Schranktüren.

Abbie sah leichenblaß und schweigend zu, bis er zufrieden feststellte, daß sich niemand versteckt hielt. Dann holte er sein Handy hervor, sprach dringlich mit seinem Chef und verließ das Zimmer.

Ein paar Minuten später klopfte es an der Tür, und Brenda steckte besorgt den Kopf herein.

«Nein, nein. Komm ruhig herein», sagte Abbie.

Die Maskenbildnerin, gefolgt von Brooke, war von dem Wachmann informiert worden, daß der Star in Nöten sei, hatte aber nicht den Grund erfahren.

Jeri-Ann erklärte, was sie im Kühlschrank vorgefunden hatten, und Brooke verzog angewidert das Gesicht. Brenda sagte: «Kann ich irgendwas für dich tun, irgendwas?»

Abbie schüttelte den Kopf.

«Wenn doch, du findest uns in der Maske», meinte sie und tätschelte Abbies Arm, bevor sie gingen.

Abbie hatte das dringende Bedürfnis, von vertrauten Gesichtern umgeben zu sein. «Jeri-Ann, könntest du bitte meine Mutter anrufen? Sie ist wahrscheinlich im Studio. Wir sagen am besten auch sofort Matt Bescheid, daß er kommen soll.»

Jeri-Ann wurde bei ABN kurz abgefertigt. Katharine war außer Landes, wurde erst in einigen Wochen zurückerwartet, und, nein, sie könnten ihr keine Nachricht überbringen. Angesichts dieser Kompromißlosigkeit hielt Jeri-Ann es nicht für angebracht, die Situation zu erklären.

Abbie rief dann ihren Vater in London an. Milo Lomax verschwendete keine Worte. Er sicherte ihr zu, den nächsten Flug nach New York zu nehmen.

Matt ging in die Luft, als er hörte, was geschehen war. «Jetzt reicht's. Es wird höchste Zeit, daß wir den besten Sicherheitsdienst von Amerika zu Rate ziehen anstatt diese dämlichen Mistkerle bei deinem Sender. Von nun an muß dieser Typ schon früher aufstehen, wenn er an dich herankommen will.»

12. KAPITEL Nach sechs Stunden Nachtflug von Los Angeles sah Nick Toshiba so frisch aus, als wäre er gerade durch den Park spaziert. Sein ruhiges, autoritäres Auftreten entsprach dem herausragenden Ruf als Spezialist in der Auffindung und Bekämpfung von Fans, deren Interesse an einer Berühmtheit über das Akzeptable hinausgingen. Menschen, die nachstellten, erpreßten, peinigten.

In Hollywood hatte sich die heldenhafte Verehrung der Stars zu einem Magnet für diese moderne Art der Bedrohung entwickelt. Toshiba hatte bereits Berge von Geld in diesem Bereich verdient. Seine Familie hatte hauptsächlich mit Computerfirmen zu tun; diese Branche interessierte ihn nicht, aber er teilte die Geschäftstüchtigkeit seiner Familie.

Nach elf Jahren bei der Polizei von Los Angeles hatte Toshiba gekündigt, um eine unabhängige Truppe von Spezialisten zur Bekämpfung von derartigen Peinigern aufzubauen. In kürzester Zeit hatten er und sein Team sich einen Namen gemacht, und Toshiba Incorporated wurde nun von Polizeibehörden der ganzen Welt bei Ermittlungen hinzugezogen.

Nachdem sich Matt an ihn gewandt hatte, bat Toshiba als erstes um einen Brief an den Leiter der Personalabteilung von Globe TV, der ihn befugte, die Datenbanken genauestens zu überprüfen. Wie genau er das Datenschutzgesetz umgehen wollte, um Zugang zu diesen streng vertraulichen Informationen zu bekommen, wurde nicht erklärt. In Anbetracht des saftigen Honorars, das er in Rechnung stellte, war Matt auch der Meinung, daß sie das Recht gekauft hätten, nicht damit belastet zu werden. Dann bat Toshiba darum, daß Matt ihm alle Nachrichten des «Fans aller Fans» schickte. Zum Glück hatte Abbie noch die Postkarte, die sie bei der Modenschau von Alain bekommen hatte. Sie hatte sie damals nicht allzu ernst genommen, aber einem Instinkt folgend hatte sie die Karte aufbewahrt, nur für den Fall, daß das Ganze noch Folgen hatte.

Nun war Nick Toshiba bereit, seine Klientin zu treffen. Der kleine, untersetzte Mann war kräftig gebaut, und mit ein paar zusätzlichen Pfunden und einem intensiven Training hätte er als Bewerber um die Meisterschaft im Schwergewichtsboxen antreten können. Er war wachsam und beweglich, und seine Masse flößte den Kunden irgendwie zusätzliches Vertrauen ein. Er gab sich formell und würdevoll und sah sich als ebenbürtig an, egal welch großen Namen der Klient trug.

«Natürlich handelt es sich bei dem Verbrecher für gewöhnlich um einen Mann, aber wir sollten zunächst allen Möglichkeiten gegenüber offen sein, nicht wahr?» meinte er in dem Büro von Matt zu Abbie und ihrem Agenten.

«Aber ist er ein besessener Fan oder irgend jemand aus meiner Vergangenheit, den ich irgendwie gekränkt habe?» Abbie hatte sich darüber immer wieder den Kopf zerbrochen.

«Ich werde Ihr Adreßbuch durchgehen und alle Möglichkeiten überprüfen. Er hat kein Geld verlangt, also kommt Erpressung nicht in Frage. Er übt Druck auf Sie aus, weil er aus irgendeinem Grund denkt, daß sein Groll gegen Sie berechtigt ist, Miss Lomax.»

«Ich habe mir das Hirn zermartert, aber mir fällt niemand ein, der so voller Haß und Wut auf mich sein könnte.»

«Die telefonische Nachricht hat Ihnen sicher auch keinen Hinweis gegeben.»

«Überhaupt nicht. Ich könnte nicht einmal sagen, ob es ein Mann oder eine Frau war.»

Toshiba nickte. «Jedermann kann in einem Geschäft mit Sicherheitsvorrichtungen ein Gerät kaufen, das die Stimme verzerrt. Man setzt das Gerät auf das Mikrofon im Hörer, und dies kann dann die Stimme so verändern, daß sie hinsichtlich Tonhöhe und Klang nicht wiederzuerkennen ist und auch keinen Hinweis auf das Geschlecht des Sprechers gibt.»

«Ich verstehe einfach nicht, woher er scheinbar soviel über mich weiß», sagte Abbie. «Das macht mir besonders angst.»

Toshiba warf einen Blick auf seine Notizen. «Nun, herauszufinden, wo Sie essen, oder eine Postkarte in ein Geschenk zu stecken, auf dem Ihr Name steht, ist nicht so schwierig. Aber Ihre private Telefonnummer in Erfahrung zu bringen, das ist schon etwas anderes. Wir müssen davon ausgehen, daß er einen Komplizen hat, der hier Zutritt hat.» Toshiba nahm seine Brille ab. «Ich werde offen zu Ihnen sein. Es würde Ihnen nicht helfen, Miss Lomax, wenn ich die Gefahren, denen Sie vielleicht ausgesetzt sind, herunterspiele.»

Er holte ein Blatt Papier aus seiner Aktentasche hervor. «Ich habe grundsätzliche Nachforschungen angestellt. Die Nachrichten wurden alle am Computer geschrieben. Ich habe sie einem Psychoanalytiker geschickt, der mir mitteilte, daß die erste Nachricht auf der Postkarte nicht auf ein besonders gewalttätiges Verhalten schließen läßt. Obwohl die Worte ‹Paß auf› später noch einmal wiederholt werden, glaubt der Experte, daß sie wie eine Art Mantra benutzt werden und nicht auf die Absicht hindeuten, Ihnen Schaden zuzufügen. Bei dem Foto mit dem zerschmetterten Auto sieht die Sache allerdings anders aus. Ich werde Ihnen vorlesen, was der Analytiker davon hält: ‹Der Absender gibt Ihrem Klienten die Schuld an dem Tod des Fahrers. Als Folgerung daraus ergibt sich, daß Ihr Klient ein ähnliches Schicksal erleiden muß, was auch durch die kurze Nachricht auf dem Anrufbeantworter bestätigt wird.›» Toshiba schaute auf und sah ihre besorgten Gesichter. «Selbstverständlich müssen Vorsichtsmaßnahmen getroffen werden, aber er fügt hinzu, daß seiner Erfahrung nach von einem Peiniger, der seine Absicht im Vorfeld angekündigt hat, keine Gefahr für das körperliche Wohlbefinden ausgeht.»

«Das ist beruhigend», sagte Matt.

«Das Kondom, das in Ihrer Garderobe gefunden wurde, verleiht dem Ganzen eine sexuelle Komponente, obwohl der echte Phantast in diesen Situationen sein eigenes Sperma benutzen würde. In diesem Fall enthielt das Kondom – wie mir die Sicherheitsleute von Globe mitteilten – nur ein bekanntes Spermizid.»

Abbie lief bei dem Gedanken daran ein Schauer über den Rücken. «Was hat das zu bedeuten?»

«Das könnte mehreres bedeuten. Er könnte impotent sein oder Angst haben, daß wir seinen genetischen Fingerabdruck überprüfen. Oder es könnte sich um eine Frau handeln.» Toshiba legte den Bericht zurück in seinen Aktenkoffer. «Der Täter handelt keinem typischen Muster zufolge. Aber wir haben unsere Untersuchungen ja gerade erst begonnen. Es ist noch früh am Tag.»

«Was glauben Sie, warum macht er all das?» fragte Matt.

«Sie wollen mehr als eine bloße Vermutung hören? Es könnte Rache für etwas sein, für das er Ihnen die Schuld gibt, Miss Lomax, weil Sie in der Öffentlichkeit stehen. Er will, daß Sie etwas tun, und ein Teil von ihm will Sie im ungewissen lassen, damit Sie gefügiger sind, wenn er diese Forderung stellt, was immer es auch ist.» Toshiba lehnte sich vor und stützte die Ellbogen auf die Knie. «Ich weiß, wie beunruhigend diese Zeit für Sie ist, Miss Lomax. Meine Art zu arbeiten schließt ein, so offen und direkt wie möglich zu Ihnen zu sein. Es gibt nichts, was der Täter tun könnte, was ich nicht schon erlebt hätte. Ich habe nur eine einzige Priorität, und die besteht darin, daß Ihnen weder seelischer noch körperlicher Schaden zugefügt wird.»

«Wie werden Sie das sicherstellen?» fragte Matt.

«Als erstes müssen wir einen Sicherheitsgürtel um Sie

ziehen. Bisher hat Ihr Sender versucht, glaube ich, die Sache diskret zu behandeln, aber ich will, daß der Kerl sieht, daß Sie beschützt werden», antwortete Toshiba. «Das ist wichtig, aber ich muß Ihnen auch sagen, daß es dabei ein Problem gibt. Es wird ihm zeigen, daß Sie besorgt sind, und das könnte seinen Wahn nähren. Wir haben beide Vorgehensweisen ausprobiert, aber in Ihrem Fall subtil vorzugehen ist zu diesem Zeitpunkt zu riskant. Meiner Ansicht nach müssen wir zu erkennen geben, daß Sie rund um die Uhr schwer bewacht werden. Ich habe eine sehr gut ausgebildete Mannschaft, Männer und Frauen, und von nun an wird Sie einer von denen ständig begleiten, egal wohin Sie gehen – und damit meine ich auch die Toilette.»

Abbie runzelte die Stirn, und er blickte sie streng an. «Ich möchte, daß Sie ab heute alle persönlichen Auftritte absagen und daß Sie keine Autogrammkarten mehr hinausschicken.»

«Warum sollte das schaden?» fragte Matt.

«Wenn man einen Schrein einrichten will, braucht man Bilder.»

«Ich weiß nicht, wie die Abteilung Öffentlichkeitsarbeit darauf reagieren wird», sagte Abbie.

«Mit denen rede ich schon, Miss Lomax», schlug Toshiba höflich vor.

Abbie empfand allmählich ein Grauen bei dem Gedanken daran, welche Auswirkungen all diese Sicherheitsmaßnahmen haben würden – auch auf ihre Treffen mit George. «Es wird merkwürdig sein, daß mich praktisch jemand beschattet, überall mit mir hingeht, wirklich überall. Ist das alles wirklich notwendig?»

«Tut mir leid, Miss Lomax, meine Bekannten bei der Polizei und in den Sicherheitsabteilungen könnten Ihnen eine Liste mit all den Stars geben, die zu Anfang das gleiche gesagt haben. Candice Bergen. Rod Stewart. Sandra Bullock. Julia Roberts. Und sogar Sylvester Stallone. Letztendlich haben sie alle festgestellt, daß es notwendige Vorsichtsmaßnahmen waren.» Er blickte sie starr an. «Und es wird vorbeigehen. Das verspreche ich Ihnen.»

Toshiba strömte eine solche Zuversicht aus, daß sich Abbie allmählich entspannte.

«Neunzig Prozent dieser Verrückten wollen nur Aufmerksamkeit erregen, Miss Lomax. Wenn sie erst einmal ihre fünfzehn Minuten Ruhm genossen haben, verschwinden sie wieder von der Bildfläche. Aber wenn unser Peiniger zu den anderen zehn Prozent gehört, und das scheint bisher nicht der Fall zu sein, dann werde ich mit ihm fertig. Jedesmal wenn er einen Fehler macht und eine klar erkennbare Straftat begeht, wie zum Beispiel Hausfriedensbruch oder unerlaubter Waffenbesitz, dann können wir zuschlagen.»

Waffenbesitz. Dies war das erste Mal, daß jemand erwähnt hatte, daß dieser Kerl bewaffnet sein könnte. Abbie drehte sich der Magen um.

«Und wenn er lang genug weitermacht, dann können wir ein Gesamtbild einer ‹glaubhaften Bedrohung› aufbauen und ihn vor Gericht bringen.»

Abbie und Matt tauschten entsetzte Blicke aus.

«Wenn er lang genug weitermacht? Was soll das heißen?» fragte Abbie argwöhnisch.

«Nun, je länger er gegen Sie operiert, um so größer sind unsere Chancen, ihn zu schnappen.»

Toshiba bestand darauf, daß einer der Wachmänner des Senders seine neue Klientin ins Studio zurückbegleitete und sie sicher bei ihrer Produzentin ablieferte. Dann ging er in Begleitung von Matt zu der Finanzabteilung der Fernsehanstalt und unterzeichnete einen Vertrag. Zur gleichen Zeit wurde über die Bank des Senders ein wöchentlicher Dauerauftrag zugunsten der Toshiba Inc. eingerichtet.

Nachdem die Formalitäten erledigt waren, schlug Matt vor, in eine der vielen Bars zu gehen, die sich um die Zentrale der Fernsehanstalt ausgebreitet hatten. Er wollte Toshiba einige Fragen stellen, und er hoffte, daß der Sicherheitsfachmann sie mit einer Offenheit beantworten würde, die er sich in Anwesenheit von Abbie nicht erlaubt hätte.

«Jetzt mal im Klartext», sagte Matt, als sie ihre Drinks bekommen hatten, «womit haben wir es zu tun?»

Toshiba starrte nachdenklich in sein Glas Bourbon. «Es gibt drei verschiedene Arten von Peinigern. Als erstes gibt es die Nervensäge, die geistig verwirrt ist, dann haben wir den Erotomanen, den an Haßliebe Erkrankten», er schaute über seine Brille hinweg zu Matt, «aber ich denke, der Peiniger von Miss Lomax gehört zur dritten Kategorie, den Besessenen. Und das sind oft die gefährlichsten.»

«Warum?»

«Sie sind oft so auf ihre Mission fixiert, was immer es auch ist, daß sie unglaubliche Risiken eingehen. Es gibt kein eindeutiges Schema, daher ist es schwierig, sie zu fassen.» Toshiba nahm einen Schluck seines Bourbons. «Aber am Ende schaffen wir es doch.»

«Abbie schwört, daß es in ihrer Vergangenheit niemanden gibt, der zu so etwas fähig ist.»

«Oft ist es die unwahrscheinlichste Person. Deshalb wird Miss Lomax auch von nun an immer in Begleitung eines Bodyguards sein. Wir werden versuchen, uns diskret zu verhalten, aber sie wird nie außer Sichtweite sein, selbst auf privaten Veranstaltungen.»

«Dann geht ihr Liebesleben wohl den Bach runter», scherzte Matt.

Toshiba ignorierte die Bemerkung. «Ich habe vor, über jeden Nachforschungen anzustellen, der seit Beginn der Sendung mit Miss Lomax in Kontakt steht.»

Er erhob sich und steckte seine Brille ein. «Und das schließt Sie mit ein.»

Matt verstand sofort, daß Nick Toshiba nicht scherzte.

Milo Lomax hielt Wort und nahm den ersten Flug von Heathrow, nachdem seine beunruhigte Tochter angerufen hatte. Er landete am nächsten Tag, und Abbie holte ihn vom Flughafen ab.

Er schloß sie in die Arme. Erst nach einigen Minuten konnte sie etwas sagen.

«Dad», stieß sie unter Tränen hervor, «ich kann dir gar nicht sagen, wie froh ich bin, daß du hier bist. Danke, daß du gekommen bist.»

«Ich werde immer dasein, wenn du mich brauchst, mein Schatz. Das weißt du doch. Na komm, ich brauche dringend einen ordentlichen Drink und ein heißes Bad, und zwar in dieser Reihenfolge.»

Während sie Toshibas Bodyguard zurück in ihre Wohnung fuhr, schilderte Abbie, was ihr zugestoßen war. Alles mit ihrem Vater zu besprechen beruhigte sie schon ein wenig. Allein seine Anwesenheit war ein Trost und versetzte sie in die Zeit zurück, als sie glaubte, er könnte all ihre Probleme lösen, wie unüberwindlich sie auch erschienen. Auf eine gewisse Art und Weise glaubte sie das fast immer noch.

Sie bot ihm an, in dem kleinen Abstellraum zu schlafen, damit er ihr Schlafzimmer benutzen konnte, aber davon wollte er nichts hören.

«Ich bin ein ehemaliger Kriegsberichterstatter», meinte er grinsend. «Ich hab mal im Dreck übernachtet, und ich habe so fest geschlafen wie auf einer Federmatratze.»

Auch wenn die Wohnung eher für eine alleinstehende Person gedacht war, hatte Abbie ihren Vater gern um sich. Es freute sie, die Geräusche zu hören, die er Singen nannte, wenn er unter der Dusche stand, zu sehen, wie er unendliche Telefongespräche führte, und ihn zu beobachten, wie er mit dem Behälter für die Eiswürfel kämpfte.

Sie hatten beschlossen, Gerichte aus aller Herren Länder – außer Großbritannien – zu essen, während er in New York war. Sie fingen an diesem Abend mit chinesisch an, das sie sich von einem Viersternelokal am Ende der Straße bringen ließen. Beim Essen erzählte sie ihm, daß sie sich mit ihrer Mutter noch nicht versöhnt hatte.

«Das ist eine sehr heikle Situation, Abbs. Ihr seid in derselben Branche tätig und noch dazu in demselben kleinen Mediendorf. Trotzdem denke ich, daß du ihr erzählen solltest, was passiert ist. Ich wollte sie anrufen, nachdem ich alles erfahren hatte, aber ich hab sie nicht zu fassen bekommen.»

«Ich auch nicht. Das ist alles sehr geheimnisvoll. Anscheinend ist sie nicht in der Stadt, und ihre Nummer gibt man uns auch nicht. Und nun, na ja, will ich sie nicht damit belasten. Du bist hier, und Matt kümmert sich um die Sicherheitsmaßnahmen ...» Abbie zuckte mit der Schulter, und ihr Vater sah sie mitfühlend an.

«Dennoch, es wäre unhöflich, Abbie, wenn ich nicht versuchen würde, mit ihr zu reden, wenn ich schon einmal hier bin. Weißt du, wo sie ist? Ich bin sicher, ich könnte ihre Nummer herausfinden.»

Abbie schüttelte den Kopf. «Meine Produzentin hat den Agenten von Mum angerufen, und der erwähnte irgendwas mit Brasilien, sagte aber auch, daß sie frühestens übernächste Woche wieder zu sprechen ist. Keine Ahnung, wen sie da unten auftreibt, aber es muß jemand Wichtiges sein, denn die Sendung von Sonntag wurde vorher aufgezeichnet.»

«Nun, ich hoffe, ich kann mindestens eine Woche bleiben. Ich glaube, du brauchst eine große Portion seelischer Streicheleinheiten, aber danach muß ich zurück. Wäre es nicht eine gute Idee, deine Mutter anzurufen, wenn sie von ihrem geheimnisvollen Aufenthaltsort zurückkehrt?»

«Dad, du hast nicht mitbekommen, was wir uns für Sachen an den Kopf geworfen haben. Und einmal habe ich es ja versucht, wie du weißt, und dann hat sie mich zum Mittagessen versetzt. Was könnte sie denn auch schon tun? Sie würde sich nur einmischen, und jetzt, wo du da bist, brauche ich sie auch nicht.»

Milo verzog das Gesicht. «Das meinst du doch nicht so, Kleines. Du kannst doch nicht den Rest deines Lebens nicht mehr mit deiner Mutter sprechen.»

«Ich habe dir noch nicht alles erzählt. Ich wollte unsere Weihnachtsferien nicht verderben.» Sie berichtete ihm kurz von dem Vorfall mit Steve Stone. «Sie war Richter und Geschworene zugleich und hat mich verurteilt. Sie hat sich meine Seite der Geschichte gar nicht angehört.»

Ihr Vater schüttelte den Kopf. «Hört sich bekannt an.»

«Steve ist in *Tonight* nicht aufgetreten, kam dann aber letzten Endes doch noch in ihre Sendung. Sie müßte jetzt eigentlich wissen, daß ich mit seiner anfänglichen Absage nichts zu tun hatte, aber sie hatte nicht einmal die Freundlichkeit, sich bei mir zu melden und sich zu entschuldigen. Nein, ich denke, im Moment ist es das beste, wenn wir sowenig wie möglich miteinander zu tun haben.»

Katharine legte den Termin für ihre Operation in die Osterpause, zwei Tage nachdem sie die Eröffnungsfeier in dem umstrittenen Hotel von George mitgestalten sollte. Aber weniger als eine Woche vor den Feierlichkeiten mußte sie absagen. Ein internationaler Staatsmann benötigte die Dienste von Dr. Brescia in einer Klinik in seinem Heimatland. Der überfüllte Terminkalender des Arztes mußte umgeschrieben werden, und Katharine mußte an dem Sonntag vor Ostern nach Brasilien fliegen. Am Samstag wurde das letzte Interview aufgezeichnet, mit dem ihre Abwesenheit überbrückt werden sollte. Als sie an dem Abend nach Hause ging, begann offiziell ihr «Arbeitsurlaub», auch wenn der Flug erst am Sonntag abend gebucht war.

Für jemanden, der selbst ein Meister der Absagen war, reagierte George alles andere als gnädig, als sie ihm entschuldigend mitteilte, daß sie sich an seinem großen Abend im Ausland aufhalten würde. Seine Verärgerung ruinierte den bis dahin herrlichen Nachmittag mit ihm.

«Das ist sehr kurzfristig», fuhr er sie an. «Könntest du deine Reise nicht um ein paar Tage verschieben?» Es war eine vernünftige Bitte, aber sie konnte ihm nicht die Wahrheit sagen. Sie hatte nicht vor, George von ihrer erniedrigenden Situation zu erzählen.

«Nein, das ist unmöglich, fürchte ich. Es liegt nicht in meiner Gewalt. Es tut mir wirklich sehr leid», meinte sie und war aufrichtig betrübt, ihn hängenzulassen.

«Nun, wenn du nicht kannst, dann eben nicht», meinte er verstimmt.

«Kann ich irgendwie helfen?» fragte sie. «Ich könnte einen Brief schreiben, den du vorlesen kannst, und sagen, daß ich gern dabeigewesen wäre.» Sie machte eine Pause, aber er sagte nichts. «Das ist doch besser als nichts.»

«Nein, ist es nicht.»

«George, ich kann wirklich nichts daran ändern. Das sind berufliche Gründe. Das verstehst du doch sicher.» Er sagte immer noch nichts. «Aber zweifellos wird die Eröffnung auch so ein Hit», meinte sie herzlich. Doch er wollte sich absolut nicht milder stimmen lassen und ging kurz darauf.

Auch hierfür gab sie verbittert Sam Wolfe die Schuld.

Bisher war es dem Sender erfolgreich gelungen, Katharines Spuren zu verwischen. Die Pressemeute war über keinerlei Hinweise auf ihre bevorstehende Operation gestolpert, und ihre Kollegen hatten die Geschichte geschluckt, daß sie ins Ausland flog, um irgendeinen weltbekannten Star zu einem Auftritt in der Sendung zu überreden. Um wen es sich dabei handelte, darüber wurde im Büro eifrig spekuliert.

Katharines Ankunft am Hintereingang der Klinik von Dr. Brescia zeugte von beispielhafter Diskretion. Das Personal war es gewohnt, berühmte Patienten zu begrüßen, von denen berichtet wurde, sie befänden sich «auf einer Reise nach Sri Lanka zu einem Gedankenaustausch mit ihrem Guru» oder auf einem «Europatrip» oder «auf der Chinesischen Mauer». Zu den vielen Spitzfindigkeiten, die sie ausgetüftelt hatten, um den Aufenthaltsort ihrer Kunden geheimzuhalten, gehörte auch ein Postdienst, der dafür sorgte, daß Briefe an Schwesterkliniken im Ausland geschickt wurden, damit sie dort frankiert werden konnten, falls ein Patient dies wünschte. Sie wurden auch für ihre Fähigkeit gerühmt, selbst die eigenartigsten Geschmäcker zufriedenzustellen; bei einer legendären Gelegenheit ließen sie von *Harrod's* in London eine bestimmte Marke einer britischen Wurst für eine Frau einfliegen, die so berühmt war, daß selbst die Initialen ihre Identität preisgegeben hätten.

Katharine hatte sich spontan unter ihrem Mädchennamen, Palmer, registrieren lassen, den nur ihre Tochter und ihr Exmann erkennen würden.

Ihr Zuhause für die nächsten zwei Wochen war eine große, aber spärlich eingerichtete Suite, in der ein Fernseher und ein Videorecorder einschließlich der neuesten Filme standen, ebenso eine Bibliothek mit Bestsellern und Hochglanzmagazinen. Es fehlte jeglicher Firlefanz, bis auf ein buntes Kissen auf dem weißen Ledersofa. Das Kissen war mit kleinen Stichen von einer dankbaren Patientin mit dem Motto «Schwerkraft mit Würde» bestickt worden.

Die berühmten Patienten von Dr. Brescia sahen in ihm den da Vinci des Skalpells. Sie behaupteten sogar von ihm, er wäre mit Worten ebenso begabt.

«Sie haben die schönsten Augen, Miss Sexton. Überwältigend. Aber ich gebe Ihnen die Perfektion», hatte er selbstgewiß verkündet.

Katharine hatte Dr. Brescia fast bis zur Unhöflichkeit eingebleut, daß ihr Erscheinungsbild nicht dramatisch verändert werden solle. Die Kollegen und die Öffentlichkeit sollten denken, daß sie für einen wenig anstrengenden Job unterwegs gewesen war und dies mit einem Urlaub verbunden hatte.

Der Chirurg hatte die Hände erhoben und sagte: «Meine Liebe, ich glaube, ich habe Sie verstanden.» Er lachte. «Eine Frau mit Ihrer Grazie und Ihrem Charme möchte nicht so aussehen, als hätte sie sich einer Schönheitsoperation unterzogen. Aber wenn das der Fall wäre, wären Sie jetzt nicht hier.»

Sein Ruf beruhte auf seiner leichten, geschickten Korrektur an den Schläfen, hinter den Ohren zur Straffung der Wangen und unter dem Kinn. Er würde auch unter Katharines 75B-Brüsten einen sauberen Schnitt für die Implantate machen, um sicherzustellen, daß ihr Busen auch noch «in ihren goldenen Jahren» flott aussah.

Erst am dritten Tag nach der Operation fühlte sich Katharine in der Lage, die Anstrengung auf sich zu nehmen und Nina von ihrem großen, kühlen Zimmer, dessen hölzerne Fensterläden vor der Mittagssonne schützten, anzurufen. Vorsichtig hielt sie den Hörer, um nicht auf die winzigen Klammern zu drücken, die den Schnitt hinter ihrem Ohr zuklemmten, und mit einer strammen Bandage um die Brust versuchte sie, ihrer Freundin mitzuteilen, ohne zu sehr ihren Kiefer zu bewegen, daß Dr. Brescia unrecht gehabt und sie, Nina, recht gehabt hatte. Sie empfand in diesem Moment kein unangenehmes Gefühl, sondern betäubende, pulsierende, sie rasend machende Schmerzen. Das war nur zum Teil im Spaß gemeint.

«Man sagte mal zu mir, es wäre wie Kinderkriegen», sagte Nina. «Ich nehme an, das vergißt man ziemlich schnell, und bei den Operationen ist das genauso. Wenn die Verbände erst einmal entfernt wurden, bewunderst du das Ergebnis und erinnerst dich nicht mehr an die Qualen.»

Die blauen und gelben Flecken verdeckten zunächst den

Erfolg der Operation, aber nach ein paar Tagen mußte Katharine zugeben, daß Dr. Brescia gute Arbeit geleistet hatte.

Dies minderte nicht ihre Wut auf ihren Steuerberater, und sie sinnierte regelmäßig darüber nach, wie sie David Crozier sehr, sehr langsam körperlich ebenso wie seelisch quälen könnte, ohne gefaßt zu werden. Ihre Gedanken in bezug auf Sam Wolfe waren auch nicht allzu herzlich.

Sie hatte genügend Zeit, um über George und was er wohl so trieb nachzudenken. Sie stellte sich lebhaft vor, wie er eine andere Frau leidenschaftlich liebte, so wie nur George es konnte, so daß die Eifersucht ihr einen Stich durch den Körper jagte, der schmerzhafter als jegliche Operation war. Sie würde versuchen, die Unstimmigkeiten zwischen ihnen aus dem Weg zu räumen, sobald sie zurückkam, und sie fragte sich, warum sie den Fehler beging, den Mann, der sie liebte, nicht zu akzeptieren, und statt dessen einem Mann nachzulaufen, der es nicht tat. Vielleicht weil sie in George eine Herausforderung sah. Er vermied jedes Gespräch über seine Vergangenheit, aber irgendwo hinter der Fassade aus Selbstvertrauen, Charme und der Fähigkeit, ihr das Gefühl zu geben, sie sei die einzig wichtige Person in seinem Leben, mußte es einen Spalt in seinem Panzer geben. Wenn sie den wahren Menschen hinter der Fassade entdeckte, vielleicht würde sie dann herausfinden, ob sie ihn lieben konnte.

Toshiba rief einen Tag nach dem Gespräch in Matts Büro einen Kriegsrat im Gebäude von Globe zusammen. Außer Abbie waren Matt, Chuck Dempsey, Dantrys Gehilfe und Spion mit der obersten Verantwortung für Sicherheitsfragen, und Jeri-Ann geladen worden.

Toshiba dankte zunächst Dempsey für seine Kooperation. «Mit meinem besonderen Wissen und Ihrer Organisation werden wir den Täter dingfest machen.»

Ganz schön clever, dachte Abbie, die gegenüber Toshiba,

Matt und ihrem Vater keinen Hehl aus ihrer Kritik an den Sicherheitsvorkehrungen des Senders gemacht hatte. Dempsey verzog keine Miene. Toshiba würde ihn noch wesentlich stärker umwerben müssen.

«Wir wissen, daß die gesuchte Person hier in diesem Gebäude arbeitet», sagte Toshiba. «Oder zumindest einen Komplizen hier hat.»

«Das ist verdammt naheliegend, wenn ich das mal sagen darf», sagte Dempsey.

Toshiba blickte ihn ausdruckslos an. «Verzeihen Sie, wenn ich das Naheliegende ausspreche. Ich habe die Erfahrung gemacht, daß es manchmal eine hilfreiche Idee oder Erinnerung hervorrufen kann, wenn man alle Fakten noch einmal zusammenfaßt.»

Dempsey antwortete nicht. Typisch, dachte Abbie. Erst einen Spezialisten hinzuziehen, und dann alles, was er sagt, in den Dreck ziehen. Sie nahm es Dempsey übel, daß er in bezug auf ihre Probleme nur Lippenbekenntnisse abgegeben hatte.

Toshiba ging rasch die Liste der Vorfälle durch, die ihren Höhepunkt erreicht hatten, als das Kondom im Kühlschrank hinterlassen wurde. «Unser Täter hält sich an kein erkennbares Schema. Er scheint Miss Lomax verunsichern zu wollen, indem er ihr beweist, daß er überall und jederzeit an sie herankommen kann.»

Dempsey seufzte ungeduldig. «Haben Sie 'ne Ahnung, was hinter alldem steckt?»

«Ich habe die Theorie, daß Eifersucht das Motiv ist. Ich habe mit Miss Lomax und ihrem Agenten darüber gesprochen, wer vielleicht die Absicht haben könnte, sie zu destabilisieren, aber auch wenn es keine offensichtlich Verdächtigen gibt, so müssen wir doch mehrere Leute im Globe-Gebäude in Betracht ziehen.»

Toshiba ging seine Liste der Verdächtigen durch. Obwohl einige kaum in Frage kamen, müßten sie doch alle überprüft werden. Er hatte sie auf drei Bereiche ihres Lebens aufgeteilt. Zunächst ihren kleinen Freundeskreis, zu dem auch Robert Bridges und George Hemmings gehörten. Dann die Kollegen von Globe wie Jeri-Ann Hagerty, Red Skinner, die Redakteure, Techniker, Personal der Maske und Kostümabteilung, ganz besonders Teilzeit- und Aushilfskräfte und auch ihr Agent Matt Nicolaides. Schließlich ebenso ihre Konkurrentinnen wie zum Beispiel Blanche Casey von USTV.

«Wir können auch nicht ausschließen, daß unser Verdächtiger bei ABN sitzt, dem Konkurrenzsender, bei dem die Mutter von Miss Lomax angestellt ist», fügte Toshiba hinzu. «Er könnte hier einen Komplizen an Land gezogen haben.»

Abbie schüttelte den Kopf. «Das will ich einfach nicht glauben.»

«Falsche Loyalität kann die Menschen zu Extremen treiben. Wer würde am meisten davon profitieren, wenn Ihre Konzentration und Energie von Ihrer Sendung abgelenkt werden würde?»

Niemand antwortete.

«Wie unangenehm und schmerzhaft es auch sein mag», sagte er, «wir können es uns nicht leisten, irgend jemanden von unseren Nachforschungen auszuschließen.» Toshiba stand auf und ging hinter den Stühlen auf und ab. «Ich möchte mit jedem reden, der Sie persönlich kennt. Mr. George Hemmings, zum Beispiel.»

Wie stark ihre Familie und Freunde von alldem betroffen waren, wurde Abbie erst jetzt so richtig bewußt. «Das ist doch lächerlich», erwiderte sie heftig. «Er war nicht einmal in New York, als das Kondom auftauchte, er war in Paris. Ich habe mit ihm gesprochen, als er dort war. Ich bin sicher, George hat nichts damit zu tun.»

«Und Mr. Bridges? Vielleicht versucht er, Sie unglücklich zu machen, weil Ihre Beziehung zu Ende ging, als Sie Mr. Hemmings kennenlernten.»

«Robert ist damit beschäftigt, sich eine neue Karriere aufzubauen. Ich gehe jede Wette ein, daß er in keinem Zusammenhang mit alldem steht.»

«Wie kam es dann, daß er genau nach der Modeschau von Alain in dem Hotel zu Mittag aß?» fragte Matt eilig. «Ich habe ihn dort gesehen.»

«Sie waren auch dort, Mr. Nicolaides», sagte Toshiba.

«Worauf wollen Sie hinaus?»

«Daß jeder unter Verdacht steht», er wandte sich an Abbie, «und das schließt Sie mit ein, Miss Lomax.»

Matt schnaubte verächtlich. «Wollen Sie damit sagen, daß sie sich selbst Kondome schickt?»

«Es wäre nicht das erste Mal, daß jemand diese Taktik gewählt hat, um sich Publicity zu verschaffen. Aber so, wie ich die Sache sehe, ist das hier nicht der Fall. Ich versuche lediglich sicherzustellen, daß Sie allen Möglichkeiten gegenüber aufgeschlossen bleiben, wie unwahrscheinlich sie Ihnen im Moment auch vorkommen mögen», meinte Toshiba ruhig.

«Ich verstehe das durchaus», sagte Abbie, «aber dies Ganze ist für mich sehr schwierig. Ich möchte die mir Nahestehenden so weit wie möglich vor vermeidbaren Unannehmlichkeiten bewahren.»

Dempsey konnte seine Verärgerung nicht zurückhalten. «Werde ich hier noch gebraucht?»

«Nein, Mr. Dempsey, wir sind am Ende dieser Besprechung angelangt.» Toshiba schaute um sich. «Sie wissen jetzt, worum es mir geht. Ich bitte Sie lediglich um uneingeschränkte Kooperation.»

«Geschenkt», meinte Dempsey, bevor er das Zimmer verließ. Matt und Jeri-Ann folgten ihm, doch Toshiba bat Abbie noch um ein Gespräch unter vier Augen.

«Ich hoffe, Sie verstehen, daß ich immer in Ihrem Interesse handeln werde und daß ich manchmal vielleicht sehr direkt sein muß», meinte er zu ihr, als sie allein waren.

«Reden Sie weiter.»

«Welchen Platz nimmt George Hemmings in Ihrem Leben ein?»

Abbie errötete. «Ich bin nicht sicher. Wir kennen uns erst seit Weihnachten. Wir haben uns auf dem Rückflug von London kennengelernt.» Sie sah zu, wie er dies in sein unvermeidliches Notizbuch schrieb. «Aber bei meinem Terminkalender und seinen geschäftlichen Verpflichtungen konnten wir noch nicht viel Zeit miteinander verbringen.»

«Ist es etwas Ernstes zwischen Ihnen beiden?» hakte er nach.

«Meine Intuition sagt mir, daß es etwas Ernstes werden könnte, aber wir sind noch nicht so weit, daß wir über die Zukunft reden.»

Er notierte erneut etwas. «Sie sagten, er war in Paris, als das Kondom auftauchte. Sind Sie da sicher?»

Abbie wurde allmählich wütend. «Sie können doch nicht glauben, daß er mit dieser widerlichen Angelegenheit etwas zu tun hatte», erwiderte sie heftig. «Ich werde es Ihnen beweisen. Ich frage ihn auf der Stelle.»

Toshiba war unverbindlich. «Gute Idee.»

Abbie holte ihr Handy hervor und drückte auf die Speichertaste 4. «Könnte ich mit Shelley sprechen, bitte? Hier ist Abbie Lomax. Ach, Sie vertreten sie für ein paar Tage? In Ordnung, könnten Sie mir vielleicht einen Gefallen tun? Könnten Sie mir Mr. Hemmings' Nummer in Paris geben? Ich hab sie dummmerweise verlegt.» In Wahrheit hatte sie die Nummer nie gehabt. George rief sie immer an, wenn er unterwegs war.

Abbie lauschte und sagte dann: «Oh, ich dachte ... Da muß ich mich geirrt haben. Wann ist er zurück?» Eine Pause. «Verstehe.» Sie lachte verlegen. «Ich kann mir nie merken, wo er gerade steckt. Entschuldigen Sie die Störung.»

Toshiba beobachtete sie aufmerksam, und um ihre Verwirrung zu verbergen, neigte sie den Kopf über das Telefon, als sie es abstellte. «Es gibt Dutzende von Gründen, weshalb er seine Reise abgesagt hat, ohne es mir gegenüber zu erwähnen», meinte sie fast trotzig.

«Sicher», meinte Toshiba gelassen.

Er wartete, bis Abbie das Zimmer verlassen hatte, und rief dann selbst im Büro von George an. Nachdem er sein Anliegen kurz erklärt hatte, kam George an den Apparat und stimmte zögernd einem Treffen in seinem Büro am nächsten Morgen zu.

Toshiba hatte Übung im Umgang mit solchen Männern, und daher waren seine einleitenden Worte gut vorbereitet.

«Mr. Hemmings, ich möchte Ihre kostbare Zeit nicht zu sehr in Anspruch nehmen, und ich gebe Ihnen mein Wort, daß alles, was Sie sagen, unter uns bleibt, es sei denn, es ist für meine Nachforschungen von Bedeutung. Aber ich sollte Sie darauf hinweisen, daß meiner Erfahrung nach die Wahrheit früher oder später immer ans Licht kommt.»

George rutschte kaum merklich auf seinem Stuhl hin und her. «Was hat Abbie Ihnen erzählt?»

«Nur daß Sie befreundet sind, sehr eng befreundet.»

«Dann wissen Sie ja, daß ich nichts tun würde, das unsere Freundschaft gefährden könnte.»

«Dies ist eine reine Formalität. Wir müssen jeden überprüfen, den sie kennt.»

«Die Vorstellung, daß ich ein Verdächtiger sein könnte, ist lächerlich», er lehnte sich zurück, «aber unter der Bedingung, daß Sie alles vertraulich behandeln, können Sie fortfahren.»

«Sie sollten eigentlich in Paris sein, aber Sie haben die Reise abgesagt, richtig?»

«Ähm, nein. Es war keine Reise geplant.»

«Sie haben Miss Lomax gesagt ...»

«Ich führe ein kompliziertes Leben, Mr. Toshiba. Mitunter ziehe ich es vor, wenn mich die anderen im Ausland vermuten.»

«Verstehe. Würde es Ihnen etwas ausmachen, mir zu sagen, wo Sie vergangenen Sonntag waren?»

«Die meiste Zeit war ich hier im Büro und habe gearbeitet. Mein Geschäft kommt an den Wochenenden leider nicht zum Stillstand.»

«Und die übrige Zeit?»

Eine Pause folgte. «Ich war auswärts zum Mittagessen.»

«Könnten Sie etwas genauer sein?»

George saß schweigend da und blickte auf seine Finger.

«Ich muß wissen, wie lange Sie fort waren.»

«Ich ging gegen zwei Uhr und kam etwa um sechs ins Büro zurück.»

«Und mit wem waren Sie zusammen?»

George starrte aus dem Fenster. «Ich war mit einer Freundin zusammen.»

«Aha. Einer Freundin. Ist sie eine Freundin in demselben Sinne, wie Miss Lomax eine Freundin ist?»

«Ja.»

«Könnte sie bestätigen, daß Sie zusammen waren?»

George richtete sich abrupt auf. «Ich verbiete es Ihnen, sich mit ihr in Verbindung zu setzen.»

Toshiba hob die Augenbrauen. «Sie waren vier Stunden fort, Mr. Hemmings. Das reicht vollkommen, um das Kondom in den Kühlschrank gelegt zu haben.»

«Machen Sie sich nicht lächerlich. Sehe ich aus wie jemand, der so etwas Verrücktes anstellt? Ich war nicht einmal in der Nähe des Gebäudes von Globe.»

«Wo waren Sie?»

«In der Wohnung der Frau.»

«Hat Sie dort jemand gesehen?»

«Der Portier.»

«Kennt er Sie?»

«Nein.»

«Dann gehen Sie also nicht sehr oft dahin?»

«Nein.»

«Ich hätte gern den Namen dieser Frau.» Als George nicht antwortete, fügte er hinzu: «Ich werde überaus taktvoll mit ihr reden.»

George drehte sich in seinem Stuhl herum und sah Toshiba an. «In Ordnung», meinte er schroff, «ich sage Ihnen, wo ich war, aber nur unter der Bedingung, daß Sie sich von ihr fernhalten. Sie können sich die Geschichte von dem Portier bestätigen lassen. Sie müssen sie nicht hineinziehen. Und Sie werden dem Portier nicht sagen, worum es geht.»

Toshiba nickte langsam und öffnete dann sein Notizbuch. «Einverstanden.»

«Ich war bei Katharine Sexton.»

«Der Mutter von Miss Lomax?» Toshibas Gesichtsausdruck war teilnahmslos, aber George wurde rot vor Wut.

«Mein Privatleben ist meine Angelegenheit und geht niemanden etwas an. Ich kann gut auf irgendwelche Moralapostel verzichten. Jetzt gehen Sie und kümmern sich um Ihren Kram.»

Toshiba klappte sein Notizbuch zu. «Vielen Dank für Ihre Zeit», sagte er höflich und stand auf.

Der Portier identifizierte George auf einem Foto und bestätigte, daß er den ganzen Nachmittag in dem Wohnhaus verbracht hatte. Schade, dachte Toshiba. Er hätte sich gefreut, zurück zu George Hemmings zu gehen und ihn etwas mehr in die Mangel zu nehmen. Er strich seinen Namen aus der Liste der Verdächtigen und wünschte, er könnte seine Klientin warnen, daß ihr Liebhaber ein mieses Schwein war.

Katharine betrachtete sich eingehend in dem von Glühbirnen umringten Spiegel in ihrem Badezimmer. Die Blutergüsse waren fast verschwunden, aber ihr Gesicht war immer noch unbeweglich und etwas empfindlich. Sie beäugte ihr Äußeres mit der Objektivität, die sie sich in den Jahren angeeignet hatte, in denen sie sich auf Monitoren oder in Videoaufnahmen gesehen und nüchtern nach Mängeln und unattraktiven Gesten gesucht hatte, um sie zu vermeiden. Die Art, wie sie sich vor der Kamera gab, war modellhaft geworden und wurde von Fernsehtrainern zur Nachahmung empfohlen.

Buzz war voll des Lobes gewesen, als sie, von Brasilien wiederkommend, aus dem Flugzeug stieg. «Du siehst aus wie die Frau, die ich vor etlichen Jahren kennengelernt habe», hatte er gesagt.

Buzz war der erste Mensch, der sie gut genug kannte, um das Ergebnis von Dr. Brescias Arbeit erkennen zu können, aber sie traute seinem Urteil nicht; es war in seinem Interesse, ihre Stimmung zu heben. Seine überschwenglichen Komplimente beunruhigten sie sogar, denn sie wollte sich nicht zu sehr von der Katharine unterscheiden, die nach Rio geflogen war. Aber vielleicht hatte er recht. An diesem Abend sah sie – bei diesem Licht – eher wie eine Schwester als wie eine Mutter von Abbie aus. Sie hatte sich dagegen gewehrt, ihr schulterlanges Haar kürzer zu schneiden und mit Strähnchen zu versehen, aber ihr Friseur war unerbittlich gewesen. Jetzt war sie froh darüber. Es stand ihr. Die neue Frisur, die Operation und die fünf Pfund, die sie abgenommen hatte, machten sie um Jahre jünger.

In den zwei Tagen, die sie wieder im Büro war, hatten ihr sämtliche Kollegen Komplimente über ihr Aussehen gemacht. Anscheinend gaben sie sich mit ihrer verbindlichen Erklärung zufrieden, daß sie die Fülle ihres Busens verbessern konnte, indem sie während ihres «Arbeitsurlaubes» mit Hanteln trainiert hatte.

Diese Story sickerte an die Presse durch, und ein oder zwei Wochen lang waren alle Fitness-Studios in der Stadt mit älteren Damen überfüllt, die hofften, das gleiche Wunder zu erleben. Obwohl die Presse einige Tage tratschte und ein Journalist tatsächlich bei mehreren Kliniken anrief, um die Möglichkeit einer Schönheitsoperation bei Katharine zu überprüfen, ebbte die Geschichte langsam ab, als trotz intensiver Bemühungen keine handfesten Beweise für die Spekulationen zutage traten.

«Wir wollen nicht, daß es an die Öffentlichkeit gelangt», sagte Mike, «sonst verstärkt es noch die Gerüchte, daß wir uns wegen Abbies Sendung Sorgen machen.»

«Aber wir machen uns doch keine Sorgen, oder?»

«Auf keinen Fall», erwiderte Mike und klang für Katharines Ohren etwas zu energisch. Sie wollte das Thema gerade vertiefen, aber sie wurden von einem Anruf unterbrochen, der sie zu einer Teambesprechung bestellte.

Sam Wolfe nahm, wie viele Männer in hohen Positionen, das volle Verdienst für den Erfolg für sich in Anspruch. «Sehen Sie, ich hatte recht. Sie sehen großartig aus. Ich wette, Sie sind nun froh, daß ich darauf bestanden habe.»

Sie nahm seine Komplimente gnädig entgegen, aber im Geiste schrie sie ihm ins Gesicht: «Falls ich in diesem Geschäft je richtige Macht erlangen sollte, du Kotzbrocken, dann feuere ich dich, weil du zu fett bist!»

Dieser Gedanke verlieh ihr eine solche Genugtuung, daß ihre Augen leuchteten, ihr Lächeln Sam aus dem Sessel hob und er sie tatsächlich zur Tür geleitete.

Katharine beendete ihre kritische Prüfung im Badezimmerspiegel und ging zu ihrem Schrank. Was sollte sie heute abend tragen? Unschlüssigkeit in Sachen Garderobe sah ihr nicht ähnlich, aber sie war angesichts Ninas Party nervös und aufgeregt. George würde auch dort sein. Freddie war geschäftlich in Rotterdam, also ging sie allein.

Freddie hatte auch bestätigt, wie hervorragend sie aussah, als er vorbeikam, um sie mit einem riesigen Strauß weißer Rosen willkommen zu heißen, aber er war ohnehin immer sehr großzügig mit seinen Komplimenten. Die Reaktion von George war wichtig. Sie hatte nach ihrer Rückkehr kurz mit ihm gesprochen – sein Handy war ausnahmsweise einmal nicht abgestellt gewesen –, und es war eindeutig, daß sich seine Wut über ihre Absage für die Eröffnungsfeier seines Hotels in Manhattan noch nicht gelegt hatte. Er hatte kein Treffen vorgeschlagen, was wohl die Strafe dafür war, daß sie ihn hängengelassen hatte.

Sie sah ein zweites Mal die Reihe enger Kleider durch. Die Kleider, die alle ohne BH getragen wurden, hatte ihre Assistentin vorbeigeschickt und waren Leihgaben von Boutiquen auf der Fifth Avenue, die wie viele Geschäfte im Süden Frankreichs und im Londoner Viertel Knightsbridge für Frauen mit einer Kleidergröße über 40 nicht in Frage kamen. Schließlich entschied sie sich für ein weißes Kleid mit einem passenden Bolereo, den sie während des Cocktails tragen und beim Dinner ausziehen konnte.

Als Katharine eine Dreiviertelstunde zu spät auf Ninas Party kam, wurde sie von vielen bekannten Gesichtern überschwenglich begrüßt. Aber George war nicht zu sehen. So schnell, wie es das Gebot der Höflichkeit erlaubte, befreite sie sich von einem Produzenten, der darauf bestand, der ungeduldigen Katharine offenbar den gesamten Inhalt seines neuen Filmes zu erzählen. Sie ging in den Speisesaal, in dem ein Buffet aufgebaut war. Doch dort war auch niemand.

Schließlich fand sie George in der Bibliothek, wo seine ganze Aufmerksamkeit einer langbeinigen, geschmeidigen Blondine galt, die ihn anscheinend sehr erregte. Sie hatten sich von allen anderen im Zimmer abgesetzt und saßen auf einem Sofa am anderen Ende. Sie sah ihn von der Seite, wie er sich dicht zu der jungen Frau hinüberlehnte und eine wirksame Mauer gegen alle aufbaute, die ihnen vielleicht Gesellschaft leisten wollten. Seine Finger glitten langsam an ihrem bloßen Arm auf und ab – eine Geste, die die von Eifersucht verzehrte Katharine nur allzu gut kannte.

Sie wandte dem beschäftigten Paar den Rücken zu und verschwand schnell im Empfangszimmer. Sie brauchte nur Sekunden, um ein lebhaftes Gespräch mit dem am besten aussehenden Mann, den sie finden konnte, anzuzetteln. Sie war entschlossen, nicht zu zeigen, wie verletzt und bestürzt sie war. Welch Ironie darin lag, daß ausgerechnet an einem Abend, an dem sie sich so attraktiv fühlte wie seit Jahren nicht, George sie absichtlich ignorierte.

George hatte die ganze Situation inszeniert; die junge Blondine war perfekt für seine Absicht gewesen, er hatte sie zu dem Sofa geführt und dann darauf gewartet, daß Katharine sie entdeckte. Bevor sie es wußte, hatte er gemerkt, daß sie die beiden beobachtete. Er hatte die Leidenschaftlichkeit ihres Gesprächs verstärkt und sich darüber gefreut, daß Katharine ihm dabei zusah. Er wollte ihr so sehr weh tun, wie sie seiner Hoteleröffnung weh getan hatte.

Bei ihrer kurzfristigen Absage war es nicht möglich gewesen, einen anderen Publikumsmagneten aufzutreiben. Er hatte Abbie angefleht, das Dinner der Fernsehindustrie abzusagen, aber sie sollte die programmatische Rede halten, und selbst er hatte verstanden, daß sie die einflußreichen Organisatoren nicht vor den Kopf stoßen konnte.

Sein Hotel sollte eigentlich die Art von Gästen anziehen, die zur Eröffnung gekommen wären: Stars, Millionäre, Meinungsmacher. Katharines Abwesenheit hatte die ganze Veranstaltung in einer peinlichen Katastrophe enden lassen. Die kurzfristigen Absagen hochrangiger Gäste, die erfuhren, daß Katharine im Ausland war, bedeutete, daß er und sein Personal fast Passanten vom Bürgersteig hereinzerren mußten, damit der Bankettsaal voll aussah. Die positive Publicity, die hochgradige Besucher ausgelöst hätten, wäre sehr günstig für die Akzeptanz der hohen Preise gewesen, die durch Verzögerungen im Bau – verursacht durch diese verrückten Denkmalschützer – notwendig geworden waren. So jedoch war das Hotel unterbelegt und zehrte massiv an seinen Rücklagen.

Nun, sein Spiel mit Mutter und Tochter war vorbei. Er würde Katharine nie verzeihen. Und das würde er ihr bald sagen.

Während des Essens verhielten sie sich wie Fremde, und erst nachdem der Kaffee im Empfangszimmer serviert worden war, merkte Katharine, daß George ihr endlich Beachtung schenkte. Sie spürte einen festen Griff um ihren Ellbogen.

«Laß uns hier verschwinden», sagte er schroff. «Ich muß mit dir reden.»

Er steuerte sie in Ninas üppigen Wintergarten, der voller Palmen und stark duftender Orchideen und Gardenien war. Die Schönheit der Blumen blieb ohne Wirkung auf sie.

Sein unverschämter Blick glitt über ihren Körper.

«Du siehst … erholt aus.»

Katharine ignorierte das halbherzige Kompliment und griff nach seinem Arm. «Du hast mir gefehlt», sagte sie. Mit einer fast verärgerten Geste zog er den Arm zurück. «Was ist los? Du bist doch nicht mehr wütend auf mich, oder?»

«Warum auch? Du hast mein Hotel um sechs Monate zurückgeworfen – das Hotel, mit dem ich von der Planung bis zur Fertigstellung ständig Ärger hatte.»

«George, ich habe es dir so früh wie möglich gesagt. Es tat mir so leid, dich hängenzulassen, aber es war unvermeidbar. Du weißt, ich wäre gekommen, wenn es nur irgendwie möglich gewesen wäre.»

Sein Gesichtsausdruck war unnachgiebig, und Katharine

entdeckte eine andere Seite des feurigen Liebhabers, der ihr all die Monate den Hof gemacht hatte.

«Kannst du dir überhaupt vorstellen, wie es mir an diesem Abend ergangen ist?» fragte er schroff. «Ich kam mir wie ein Idiot vor.»

«Es tut mir leid. Wie oft soll ich das noch sagen? George, ich bin nicht sicher, daß du mir für alles die Schuld geben kannst.»

«Aber das tue ich. Du mußtest ja nicht all deinen berühmten Freunden sagen, daß du nicht kommen kannst. Als sie das wußten, fielen sie um wie die Fliegen.»

«Du hast unrecht. Ich habe niemandem etwas gesagt.»

«Das glaube ich dir nicht. Warum sonst sind sie nicht aufgetaucht?»

«Willst du etwa behaupten, ich lüge?» Katharine war außer sich. «Deshalb auch die Show mit dieser Blondine?»

«Das war keine Show. Ich habe die Gesellschaft einer Frau genossen, der nicht nur die eigene Karriere wichtig ist.»

Katharine atmete tief durch. «Wie kannst du es wagen? Ich habe dir gezeigt, wie wichtig du mir bist. Aber von Anfang an konnte ich mich in unserer Beziehung nicht auf dich verlassen. Die meiste Zeit über weiß ich nicht einmal, wo du steckst.»

«Wir interessieren uns immer nur für das, was der Star will. Was der Star haben will, das bekommt er auch», meinte er sarkastisch.

«Ich finde, das reicht jetzt, meinst du nicht? Wenn du das denkst, dann ist es wohl besser, wenn wir uns nicht mehr treffen.» Katharine sprach das Ultimatum halbherzig aus und hoffte, erwartete fast, daß er es aus der Welt schaffen würde und wieder zu dem George wurde, den sie gekannt und begehrt hatte – und den sie noch immer wollte.

Seine Antwort war frostig. «Das paßt mir gut.» Er zuckte gleichgültig mit den Schultern und wollte gehen.

Gegen ihren Willen streckte Katharine eine Hand aus, um ihn zurückzuhalten. Sie hielt ihn am Ellbogen, und er schaute über die Schulter zu ihr zurück. «Es ist nämlich so, mein Schatz, daß ich – wie die meisten in Amerika – schon auf das neuere, jüngere Modell umgeschaltet habe.»

«Was zum Teufel meinst du damit?»

«Frag doch Abbie.»

«Abbie? Meine Abbie?»

«Nein, nicht deine Abbie. Meine. Seit einigen Monaten schon, sooft wie wir es einrichten können.»

Sie starrte ihn an, wie betäubt. «Das ... das glaube ich dir nicht», konnte sie gerade noch hervorbringen.

«Nicht? Hm, wie könnte ich dich überzeugen? Laß mich mal nachdenken. Ich weiß. Klingt das vertraut? Erinnere dich doch an deinen letzten Streit mit ihr, als sie dich – genau wie ich – verlassen hat. ‹Du verdankst mir deine gesamte Karriere›, hast du zu ihr gesagt. Mann, war sie sauer. Und was hat sie dir noch mal an den Kopf geworfen? Ach ja. Daß du so mit deinem Beruf beschäftigt warst und nie Kinder hättest bekommen sollen, so etwas in der Art.»

Katharine machte einen Schritt zurück, als wenn er sie geschlagen hätte.

«Und, Schatz, da ist noch etwas», meinte er schleppend. «Abbie weiß alles über dich und mich. Sie findet die ganze Situation überaus amüsant. Wir beide finden das.»

Dann ging er zur Tür hinaus.

13. KAPITEL Abbie riß die Glastür zum Balkon auf, atmete tief durch und betrachtete genußvoll das Grün des Hyde Park an diesem Frühlingsmorgen. Es war einer dieser wolkenlosen englischen Tage, an denen es unmöglich war, sich einen grauen Himmel vorzustellen.

Als sie sich am Abend zuvor eingetragen hatte, war es bereits dunkel gewesen. Das Gladstone Hotel war einer der reizvollsten Orte in London. Mit einem Blick auf einen von Kastanienbäumen gesäumten See rühmte es sich des Rufes, ein Landsitz im Herzen der Stadt zu sein. Hinter der georgianischen Fassade verbargen sich die modernsten technologischen Zaubereien, die Architekten und Designern zur Verfügung gestanden hatten, um Luxus, Bequemlichkeit und Effizienz zu garantieren. Die imposant-heimelige Erhabenheit des Gladstone war der Grund dafür, daß das Hotel Höchstpreise von denen verlangen konnte, die reich genug waren, um sich diese Annehmlichkeit zu leisten.

Der mit einem Frack bekleidete Empfangschef hatte Abbie zwei Suiten zur Auswahl gestellt, die genau übereinander lagen. «Von beiden hat man einen hervorragenden Blick auf die Flamingos im Garten des Buckingham Palastes», sagte er. «Die eine ist für Sie, die andere», er warf einen Blick auf die Reservierungen, «für Katharine Sexton. Da Sie zuerst eingetroffen sind, haben Sie die Wahl. Darf ich Ihnen die Horatio Nelson Suite empfehlen? Ich glaube, der Balkon ist eine Spur breiter als der in der Winston Churchill Suite.»

Abbie streckte sich noch einmal genüßlich – der Jetlag war überwunden – und entspannte sich allmählich. Die Angst vor dem «Fan aller Fans» schwand, nun da sie außerhalb der Vereinigten Staaten war. Ausgerechnet zu dem Zeitpunkt, zu dem ein überaus kostspieliger Sicherheitstrupp engagiert worden war, um sie mit schußbereiten Wachleuten zu beschützen, hatte sich der Peiniger Urlaub genommen. Vielleicht war der Kerl angesichts der starken Sicherheitsvorkehrungen verängstigt und zu dem Schluß gekommen, daß weitere Belästigungen zu riskant seien. Sie hoffte es jedenfalls.

Es war schade, daß George die Reise abgesagt hatte. Anfänglich war er einverstanden gewesen, sie nach London zu begleiten, um ihre genau fünf Monate zurückliegende erste Begegnung zu feiern. Die Aussicht, mit ihm in der Öffentlichkeit gesehen zu werden, hatte sie in Hochstimmung versetzt. Er wäre auch – wie sie zu ihm gesagt hatte – eine große Unterstützung gewesen, wenn sie nach Monaten zum ersten Mal wieder mit ihrer Mutter sprach. Leider kam etwas so Dringendes dazwischen, daß George die Reise bedauernd absagen mußte.

Abbie hatte ihre Wut gezeigt, indem sie ihm vorwarf, sich nicht so sehr zu bemühen, wie sie es tat. «Warum kannst du deine Pläne nie für mich ändern, nur ein einziges Mal?» Er war aufgebraust, hatte dann versucht, sie zu besänftigen, und es schließlich wie immer geschafft, ihre Zweifel zu zerstreuen. «Ich bin deshalb so erfolgreich, weil ich mich auf das konzentriere, was ich tun muß», hatte er zu ihr gesagt. «Und ich gestatte nicht, daß sich dem irgend etwas oder irgend jemand in den Weg stellt, auch du nicht, mein Liebling. Du kannst nicht behaupten, daß ich dir das nicht von Anfang an klargemacht habe.»

Sie war zu stolz, um ihn wissen zu lassen, daß sie mehr von ihm wollte, daß sie ein Teil seines Lebens sein wollte. Nun verstand sie, wie Robert sich gefühlt haben mußte. Aber vielleicht wollte George ja doch ihre Beziehung verändern. In der Suite stand ein herrlicher Blumenstrauß, dessen süßlicher Duft in jeden Winkel der angrenzenden

Zimmer strömte. Auf der Karte stand lediglich «Von einem Verehrer», aber nach Auskunft des Empfangschefs hatte der Absender aus New York besondere Anweisungen an den Hotelmanager gefaxt, der ein persönlicher Freund von ihm war. Der Absender war ein Mr. Hemmings. Es war noch zu früh, um ihn anzurufen, sie würde später mit ihm reden.

Sie war kurzfristig gebeten worden, bei der diesjährigen Preisverleihung der renommierten International Television Awards Commission in London eine Auszeichnung zu überreichen. Anders als beim Oscar bestand die Jury der ITAC aus hochrangigen Fernsehmachern der fünf Kontinente. Die Auszeichnungen wurden nicht aus emotionalen Gründen verliehen, es gab keine «Du-lebst-noch»- und keine «Weil-du-beim-letzten-Mal-leer-ausgegangen-bist»-Preise; die Empfänger waren alle Meister ihres Faches. In Los Angeles wurde gesagt, daß eine ITAC-Auszeichnung für eine zusätzliche Null auf dem Gehaltsscheck sorgte.

Der ursprünglich von ITAC ausgewählte Gast war krank geworden, und für einen relativen Neuling wie Abbie war die Einladung ein Hinweis darauf, daß sie in der Branche ernst genommen wurde. Da die Veranstaltung mitten in der Woche stattfand und sie nur drei Tage fort war, würde ihre Sendung nicht darunter leiden. Sie wäre rechtzeitig zurück, um die nächste Show zu moderieren.

Die einzige Wolke am Horizont stellte ihre Begegnung mit Katharine dar. Das wurde mit Sicherheit heikel. Sie befanden sich im Kriegszustand, und das war auch der Öffentlichkeit wieder nicht entgangen. In einem Artikel, der erst in der Woche zuvor publiziert worden war, wurde Katharine folgendermaßen zitiert: «Junge Interviewer begehen oft den Fehler, den Antworten nicht zuzuhören. Das läßt sie vielleicht mitunter, nun, etwas ichbezogen und selbstsüchtig erscheinen. Eigenschaften», hatte sie lachend gesagt, «die normalerweise eher im Privatleben zum Vorschein kommen.» Obwohl sie deutlich gemacht hatte, daß dies eine allgemeine Erkenntnis und keine Kritik an ihrer Tochter war, hatte Abbie es persönlich genommen.

Als man sie um einen Kommentar bat, war sie bereit: «Ich finde, es ist an der Zeit, daß man in der Branche erkennt, daß die jungen Leute das langweilige, etablierte Fernsehen ablehnen. Da schalten das Publikum und die Interviewer gleichermaßen ab. Wenn man sich unsere Einschaltquoten ansieht, dann scheinen die Zuschauer Sendungen zu bevorzugen, die direkt und draufgängerisch sind und die Stellung beziehen.»

All das war Teil der Aufregung um die Spekulation, daß die höchste Ehre Katharina der Großen zukommen könnte, der ersten Frau und der ersten Fernsehsprecherin seit vielen Jahren, die für die Auszeichnung des Lebenswerks nominiert worden war. Matt hatte sein Bestes getan, um Abbie in einem anderen Hotel unterzubringen, aber man hatte ihm gesagt, daß die Veranstaltung aus dem Gladstone übertragen wurde und daß die ITAC daher die Teilnehmer in der Nähe haben wollte.

Als Ed Dantry von den Organisatoren vernommen hatte, daß Abbie als eine der Präsentatoren gewünscht wurde, vergaß man die Budgets angesichts der freudigen Aufregung darüber, daß ein gerade flügge gewordener Sender auf diese Weise von seinesgleichen akzeptiert wurde.

«Kind, das wird weltweit übertragen. Das bringt uns – und dir – Millionen ein.» Er genehmigte sofort die Beschäftigung von zwei weiteren freiberuflichen Redakteuren, die bis zu Abbies Rückkehr Material gesammelt haben sollten, und er unterschrieb, ohne mit der Wimper zu zucken, den Scheck für das Gladstone Hotel. Auf seinen Vorschlag hin nahm Globe Kontakt zu einer unabhängigen Produktionsfirma in London auf, die bei der Erstellung von Material für spätere

Shows helfen sollte. Abbie, so war geplant, sollte einige der weltberühmten Stars interviewen, die bei der Veranstaltung erwartet wurden.

Zuerst war Abbie überrascht, freute sich dann aber doch, als Matt sagte, er würde sie begleiten, auch wenn er natürlich nicht in «dem teuren Laden übernachten» wollte, den man für sie ausgesucht hatte. «Alle großen Tiere aus der Fernsehindustrie werden dort versammelt sein», fügte er hinzu. «Da kann es nicht schaden, in ihrer Mitte gesehen zu werden. Und dein Preis wird nach oben schießen, wenn wir deinen neuen Vertrag aushandeln.»

Der Butler, der ihrer Suite zugeteilt worden war, erschien auf dem Balkon mit einem tadellos polierten Tablett, auf dem er warme Croissants und frisch gepreßten Orangensaft servierte. Er stellte es auf den dekorativen gußeisernen Tisch. Als Abbie kurz hineinging, um die Zeitung zu holen, hörte sie schwirrende Flügelschläge und ein lautes Kreischen, während eine unverschämte Taube sich an den Croissants zu schaffen machte. Lachend riß sie den Rest in Stücke, warf ihn über das Geländer und sah belustigt zu, wie der Vogel von einem Dutzend anderer kreischender Artgenossen Gesellschaft erhielt.

Na ja, dachte sie, war vielleicht auch besser so. Der Designer des Kleides, das sie bei der Preisverleihung tragen wollte, hatte sie ermahnt, in Sachen Nahrungsaufnahme sehr vorsichtig zu sein, wenn sie dem karminroten Futteral gerecht werden wollte, das er ihr auf den Körper geschneidert hatte. «Bitte, meine Kleine, keine Unterwäsche. Im Fernsehen wird jede Linie zu sehen sein.»

Abbie sah auf die Uhr. Matt wartete sicher schon im Foyer auf sie. Sie wollten sich zusammen ein wenig die Stadt anschauen, bevor sie nachmittags zu den Proben mußte.

Sobald die Fahrstuhltür aufging, hörte sie seine wütende Stimme aus einer der Boutiquen. «Hören Sie, meine Dame, ich bin schon um die ganze Welt gereist, und nirgends hat man meine Kreditkarte abgewiesen.»

Die elegante Verkäuferin versuchte sich zu rechtfertigen, blieb aber auch bestimmt. «Es tut mir leid, mein Herr, aber wenn Sie nicht hier wohnen, müssen Sie in bar bezahlen. Ich verstehe, daß es Ihnen Unannehmlichkeiten bereitet, aber so lauten die Vorschriften des Hotels.»

Abbie eilte ihm zur Rettung. «Nimm's nicht so schwer, Matt, du befindest dich in guter Gesellschaft. Sie akzeptieren nicht einmal die Kreditkarten von solchen Leuten wie den Murdochs oder Turners, wenn die nicht hier wohnen. Was wolltest du denn gerade kaufen?» Sie schaute ihm über die Schulter und entdeckte rote Dessous auf der Ladentheke. «Glückwunsch an deine Frau, sie hat dich gut trainiert.»

Matt schien in Verlegenheit zu geraten. «Ach, es ist nicht so wichtig», meinte er schulterzuckend. «Angela bat mich nur darum, ihr etwas Delikates aus London mitzunehmen. Ich könnte ihr auch einen Kuchen kaufen.»

«Nein, nein», sagte Abbie entschieden. «Ehemänner wie dich muß man unterstützen.» Sie lächelte die Verkäuferin an. «Ich wohne in der Nelson Suite. Bitte schreiben Sie alles, was dieser Herr möchte, auf meine Rechnung.»

«Es ist nicht so wichtig», protestierte Matt und deutete der Verkäuferin: «Vergessen Sie es.»

Abbie sah sich die hauchdünnen Strapse genauer an. «Die sind doch für deine Frau, oder?»

«Natürlich! Woher sollte ich denn die Zeit nehmen, anderen Frauen nachzustellen?» Er nahm ihren Arm und steuerte sie aus dem Laden hinaus, durch das hektische Foyer und in ein Taxi hinein. Abbie hatte versprochen, ihm Covent Garden zu zeigen.

Abbies Gesicht war in England nicht bekannt, und daher wurden sie auch nicht von Autogrammjägern gestört, während sie in einem Straßencafé an dem gepflasterten Platz, der als Piazza bekannt war, eisgekühlten Champagner tranken. Matt riß sich von dem geschäftigen Treiben der protzig über den Platz Stolzierenden los und merkte, daß sie nachdenklich in ihr Glas starrte.

«Was ist los?»

«Ach, mir graut vor der Begegnung mit meiner Mutter, und die Aasgeier werden alle dabeisein und nach irgendwelchen Anzeichen für unseren Streit Ausschau halten.»

«Ich weiß, daß die Presse dich nervt, aber dieser Streit ist nicht so schlecht», sagte Matt, während sein Blick auf einem Straßenmusikanten in einem Anzug aus Leopardenfell ruhte, der sich in Ketten gelegt hatte und von einem Kreis von Touristen umgeben war. «Er begeistert die Zuschauer, die Sonntag abends einschalten, und hat deiner Sendung richtigen Auftrieb gegeben.» Er nippte an seinem Champagner. «Super für die Einschaltquoten.»

Abbie stellte krachend ihr Glas ab. «Ich weiß, daß das Fernsehen eine zynische Branche ist, aber ich hätte nie gedacht, daß du jemals etwas so Dummes und Unsensibles sagen würdest. Verdammt, Matt, meine Mutter und ich haben seit Monaten nicht miteinander gesprochen. Sie wohnt in der Suite genau über mir, und ich werde ganz nervös, wenn ich an die Begegnung mit ihr denke. Mit meiner eigenen Mutter. Und du redest von Einschaltquoten!» Sie sprang auf. «Wir sehen uns im Hotel.»

«Mensch, Abbie, das war doch nicht so gemeint. Es tut mir leid, ich rede manchmal eben mehr, als ich denke ...»

Sie ging weiter, ohne ihm zuzuhören. Matt suchte noch immer nach seinem Geld, um die Rechnung zu bezahlen, als ein Doppeldecker mit Touristen auf der gepflasterten Straße anhielt. Das aufgeregte Hämmern an den Fensterscheiben ließ Abbie aufsehen. Bestürzt entdeckte sie, daß die Businsassen – offensichtlich Touristen aus Amerika – sie erkannt hatten und versuchten, ihre Aufmerksamkeit zu erregen.

Einige versuchten, sie durch das Fenster hindurch zu fotografieren.

Pffft. Die pneumatischen Türen wurden geöffnet, und eine geschlossene Front von Businsassen stieg eilig aus. Etwa zwanzig von ihnen rannten über die Pflastersteine stolpernd, schreiend und winkend auf Abbie zu.

Wie ein gejagtes Wild stand sie regungslos da, bis Matt eingriff. Er griff nach ihrer Hand und zog sie rennend die Straße hinter sich her. Nach einigen Sekunden bemerkte Abbie die neugierigen Blicke von vorbeigehenden Büroangestellten und fragte schnaufend: «Haben sie aufgegeben?»

Ohne langsamer zu werden, schaute Matt über die Schulter zurück. «Alle, bis auf den sportlichsten Rentner, den du je gesehen hast.»

Abbie kicherte.

«Komm schon, Tempo! Er holt auf.»

«Nein, warte.» Abbie blieb stehen und konnte es gerade noch verhindern, mit dem älteren Herrn zusammenzustoßen. «Sie haben gewonnen», meinte sie zu ihrem Fan und faßte sich an die schmerzende Seite. «Da kann ich nicht mithalten.»

«Sie hatten auch keine Chance, junge Frau», stimmte er ihr zu. «Ich bin 1956 bei den Olympischen Spielen mitgelaufen. Den Marathon.»

«Oh», Abbie schnappte nach Luft.

«Ja, ich bin siebzig Jahre alt und laufe noch jeden Tag. Und nun Ihr Autogramm, wenn Sie so nett wären.»

Abbie gab es ihm bereitwillig und bat ihn dann um seine Adresse. Vielleicht wäre er ein interessanter Gast für ihre Sendung.

Matt merkte, daß sich die übrigen Businsassen näherten, weil sie entdeckt hatten, daß ihr Idol mit einem von ihnen sprach. Er rannte zum Busfahrer. Sie unterhielten sich kurz, und dann pfiff der Fahrer plötzlich laut und grell. Die

Gruppe blieb stehen, drehte sich um und sah zu dem Fahrer, der sie dringlich herbeiwinkte. Gehorsam machte die Meute kehrt und bestieg wieder den Bus, der anschließend langsam davonfuhr.

«Wie hast du das angestellt?»

«Ich hab ihm die Wahrheit gesagt. Du wolltest im Moment nicht gestört werden, ob er sie zurück in den Bus befördern und um den Block fahren könnte.»

«Siehst du, so sind die Engländer», sagte Abbie, während sie auf das Savoy Hotel zuging, wo sie sicherlich ein Taxi auftreiben konnten. «Kriegsmentalität, weißt du. Der Instinkt bleibt und läßt sie schnell die Situation begreifen. Jemand braucht Hilfe, und sie helfen.»

«Ja, du hast recht», sagte Matt. «Das liegt wohl an der Kriegsmentalität.» Er hielt ein vorbeifahrendes Taxi an. «Aber die zwanzig Pfund, die ich ihm gab, haben sicherlich auch nicht geschadet.»

Sie lachte und stieg ins Taxi. Matt folgte ihr und sah sie unsicher an.

«Was ich da eben gesagt habe, tut mir leid. In Ordnung?» Sie nickte. «Sind wir wieder Freunde?»

«Befreundet mit meinem Agenten?» Sie lächelte. «Verlang nicht zuviel vom Leben.»

Die Digitalanzeige im vorderen Teil der Concorde mit Kurs auf London zeigte Mach 2 an. Sie flogen über der Schallgeschwindigkeit, aber Katharine schenkte dem ebensowenig Beachtung wie dem üppigen Mahl, das von den British Airways serviert wurde. Sie konnte sich auch nicht auf ihre Dankesrede konzentrieren, die sie vielleicht – vielleicht auch nicht – am nächsten Tag brauchen würde. Sie war eingehüllt in eine Welt des Schmerzes, der zwar nicht körperlich weh tat wie ihre Schönheitsoperation, sondern emotional und der daher auch schwerer zu ertragen war.

Sie hatte zwischen zwei Concorde-Flügen nach London an dem Tag auswählen können. Katharine hatte sich für den ungünstiger gelegenen entschieden, da sie sicher war, daß die meisten Gäste der Veranstaltung früher fliegen würden. Höfliche, intelligente Gespräche auf dem ganzen Flug über den Atlantik hätte sie nicht ertragen.

Ihr graute vor den nächsten Tagen. Es war eine Ironie des Schicksals, daß sie sich ausgerechnet dann so elend fühlen sollte, als sie zur Wahl stand, die First Lady ihres Berufsstandes zu werden. Nur ein einziger anderer Fernsehsprecher, Walter Cronkite, hatte bisher die ITAC-Auszeichnung für das Lebenswerk erhalten, und eine Frau hatte den Preis noch nie bekommen.

Sie hatte kurz in Erwägung gezogen, die Einladung abzulehnen, aber die Organisatoren hatten sie überredet, doch zu kommen. Sie wußten nur zu gut, wie auch Katharine und alle anderen, daß eine internationale Preisvergabe ohne eine starke Präsenz amerikanischer Prominenter für die weltweite Fernsehindustrie nicht repräsentativ war.

Sie hatte bereits eine Vitrine gefüllt mit Auszeichnungen, zwei Emmys für die beste Nachrichtenmoderatorin und verschiedenen Plaketten, die sie für ihre Arbeit an Sendungen mit den höchsten Einschaltquoten bekommen hatte. Aber die Auszeichnung der ITAC wurde in der Branche als die bedeutendste angesehen und machte den Empfänger zu einem Mitglied einer winzigen Gruppe nahezu unsterblicher Fernsehmacher. Die finanzielle Zuwendung, die mit dieser Auszeichnung verbunden war, käme ihr in ihrer momentanen prekären Lage sehr gelegen. Katharine sah die Angelegenheit jedoch realistisch. Obwohl sie als einzige in ihrer Kategorie aus den Staaten nominiert worden war, gab es mehrere andere Kandidaten, vor allem aus Großbritannien und Kanada.

Als sie erfuhr, daß Abbie gebeten worden war, eine der Auszeichnungen zu überreichen, wollte sie instinktiv ihren

Flug nach London stornieren. Aber welch glaubwürdigen Grund hätte sie dafür angeben können – nicht nur den Organisatoren, sondern auch Buzz und Sam Wolfe? Für ABN stand immerhin auch einiges auf dem Spiel. Und die Klatschkolumnisten würden sich freuen. Deren Appetit war allein schon durch die Tatsache angeregt, daß sowohl Mutter als auch Tochter zu der Feier eingeladen worden waren.

Seit der schockierenden Offenbarung von George wurde Katharines Vermögen, sich auf die Arbeit zu konzentrieren, auf eine harte Probe gestellt. Das Bild von George und Abbie ging ihr nicht aus dem Kopf. Zuerst hatte sie sich gesagt, daß er log, daß er sie nur verletzen wollte. Des öfteren war sie kurz davor gewesen, Abbie anzurufen, aber jedesmal wenn sie den Hörer in die Hand nahm, klangen ihr die Worte von George in den Ohren: «Sie weiß alles über uns … findet die ganze Situation sehr amüsant … wir beide finden das.» Und dann knallte sie den Hörer wieder heftig auf. Nein. George wagte es sicher nicht, etwas zu erfinden, was sie so leicht überprüfen konnte. Er mußte die Wahrheit sagen. Woher sonst kannte er den genauen Wortlaut ihres bitteren Streites?

Abbie. Ihre Tochter.

Die beiden hatten im Bett über sie gesprochen. *Sie hatten über sie gelacht.*

Wie um Himmels willen waren sie und Abbie an diesem Punkt ihres Leben angelangt? Es war Katharine nie auch nur eine Sckunde lang in den Sinn gekommen, daß sich ein Liebhaber zwischen sie stellen könnte. Abbies Vater, Geld, die Arbeit, ja. Aber nicht dies.

George hatte es ein solches Vergnügen bereitet, ihr die grausame Neuigkeit mitzuteilen, und zweifellos hatte er Abbie schon die Einzelheiten ihres Streites erzählt. Abbie übergab zwar nicht den Preis in der Kategorie, in der Katharine nominiert war, aber irgendwann mußten sie einander begegnen. Irgendwoher mußte sie die Kraft nehmen, um neben ihrer Tochter zu stehen und lächelnd in die Kameras zu schauen. Sie mußte sich programmieren, ihre Gefühle unter Kontrolle behalten und ihre Körpersprache beherrschen. Keine einzige Sekunde lang durfte sie jemanden erkennen lassen, und schon gar nicht Abbie, wie überaus erniedrigt sie sich fühlte.

Ihre düsteren Gedanken wurden von der Stewardeß unterbrochen, die ihr ein Glas eisgekühlten Champagner anbot. Sie lehnte ab, konnte aber dem Beluga-Kaviar, der großzügig auf einem Toast verteilt war, nicht widerstehen.

Sie konnte verstehen, daß Abbie sich in George verknallt hatte, aber wo hatten sich die beiden kennengelernt? George hatte gesagt, die Affäre liefe schon seit Monaten. Einige Männer, und George gehörte eindeutig dazu, sahen sicherlich ein herrliches Bravourstück darin, Mutter und Tochter ins Bett zu kriegen, besonders wenn beide gefeierte Medienstars waren. War er jemals direkt aus ihrem Bett in Abbies gestiegen? Erneut versuchte Katharine das Bild von George, der mit Abbie schlief, zu verdrängen, aber die vernichtende Frage blieb: *Hatte er den festen, jungen Körper ihrer Tochter ihrem eigenen vorgezogen?*

Warum hatte sie nicht geahnt, daß es noch eine andere Frau in seinem Leben gab? Die Teile des entsetzlichen Puzzles fügten sich allmählich zusammen. Die abgesagten Verabredungen, wenn er in letzter Minute «verreisen» mußte, seine ungenauen Angaben über die Ziele, seine Entschuldigungen, wenn er sich nicht gemeldet hatte. Wahrscheinlich traf er viele andere Frauen – in Rom, Paris, sicher überall, wo er Hotels hatte. Aber nie, nie hätte sie dabei an ihre eigene Tochter gedacht. Gott, wie hatte sie sich nur zum Narren halten lassen.

Und nicht nur von George, auch von anderen Männern. Von ihrem doppelzüngigen Steuerberater. Von ihrem Boß. Wenn sie doch nur ihre Arbeit, ihren Ruhm, ihr altes Leben hinter sich lassen könnte. David Crozier hatte ihr mehr als nur ihre finanzielle Absicherung gestohlen; er hatte ihr ihre Unabhängigkeit genommen. Nicht sie bestimmte ihr eigenes Schicksal, sondern Sam Wolfe. Diejenigen, die behaupteten, daß Geld keine Rolle spielte, waren naive Optimisten. Ein gutgefülltes Bankkonto ermöglichte es jedem, Leuten wie diesen Concorde-Passagieren gehörig die Meinung zu sagen und per Fallschirm den Schwierigkeiten des Lebens den Rükken zu kehren.

Noch vierzig Minuten bis zur Landung; Katharine entschied sich für die Joan-Collins-Taktik. Sie würde sich auf die Toilette zurückziehen und sich umziehen, um ihr inneres Gleichgewicht halbwegs wiederherzustellen.

Die lächelnde Stewardess holte ihr das rote Kostüm aus Wildseide aus der geräumigen Garderobe des Flugzeuges. Die meisten Passagiere reisten nur mit Handgepäck, damit sie bei der Ausgabe nicht so lange warten mußten. Eine Maskenbildnerin des Senders hatte ihr eine Sammlung von Kosmetika im Kleinformat organisiert, so daß sie alles dabeihatte, um ihr Make-up aufzufrischen. Die britische Presse hatte immer noch eine Schwäche für sie – wie für alle Ausgewanderten, die im Ausland Erfolg hatten. Sie würden am Flughafen und am Hotel sicher zahlreich auf sie warten.

Trotz ihres Kummers freute sich Katharine auch ein wenig darauf, in ihre alte Heimat zurückzukehren. Dies war ihr Zuhause. In ihrer Jugendzeit war London voller Lebenslust gewesen, und anscheinend war es jetzt wieder so. Zu schade, daß sie beide Male verpaßte: das erste Mal, weil sie zu jung gewesen war, um an den nächtlichen Partys in Soho teilzunehmen, und nun, weil sie nur für ein paar Tage in der Stadt bleiben konnte.

Als Katharine die Gepäckausgabe verließ, entdeckte sie einen livrierten Chauffeur, der ein Schild mit ihrem Namen in die Höhe hielt. Sie winkte ihn herbei, und schon stürzte eine Flut von Blitzlichtern auf sie ein. Perfekt lächelnd drängte sie sich durch die Menge der Fotografen, die ihre Ankunft festhalten wollten, und sah dankbar, daß der Kollege des Fahrers den Wagen schon gestartet hatte und sie rasch zum Hotel davonfahren konnten.

Für London mußte sie eine tapfere Miene aufsetzen.

Abbie lag auf den Kissen und säuselte ins Telefon.

«George ... oh», stöhnte sie. «Das ist aber ungezogen! Und so grausam, wenn ich dreitausend Meilen entfernt bin.» Sie rekelte sich. «Nein, nein, das ist Verschwendung ...» Sie verkniff sich erfolglos ein Lachen. «Damit würde ich lieber warten, bis ich dich persönlich in die Finger bekomme. Ich hoffe, diese Leitung wird nicht – Mist, da hat jemand geklopft. Häng nicht ein, den wimmele ich ab.»

Der schmächtige junge Mann mit dem Schnauzbart, der auf dem Flur stand, hatte einen Korb mit Friseurzubehör in der Hand.

«Ach, natürlich. Kommen Sie herein. Es tut mir leid, ich dachte, Sie kämen später.»

Während der Mann mit einem zaghaften Lächeln näher trat, rannte Abbie zurück zum Telefon. «George, es tut mir leid, der Friseur ist gekommen», sagte sie leise. «Diese telefonische Besprechung müssen wir um ein paar Stunden verschieben.» Sie hauchte einen Kuß in den Hörer. «Bis dann», sagte sie und wandte sich dem Friseur zu.

«Es tut mir leid, ich bin noch nicht ganz fertig. Ich gehe nur noch schnell unter die Dusche und wasche mir die Haare. Es dauert nicht lange.» Dann hielt sie inne. Es war herrlich, hier in London keinen Bodyguard zu haben, und es gab keinen Grund, diesen jungen Mann zu verdächtigen, aber sie hatte Toshiba versprochen, daß sie kein Risiko eingehen würde.

«Können Sie sich irgendwie ausweisen?»

Er wies auf sein Revers, auf dem ein Namensschild und das Logo des Hotels befestigt waren. «Ich habe das hier», sagte er, «Sie können aber auch den Salon unten anrufen.»

«Nein, ist schon in Ordnung. Ich bin gleich soweit.»

Keine zehn Minuten später setzte sie sich an die Frisierkommode. Sie hatte ein Pressefoto von sich selbst mitgebracht, das sie dem Friseur zeigte, damit er die Frisur nachmachen konnte. Er war anscheinend kein Mann großer Worte, und da sie im Spiegel nicht mehr als ihren eigenen Kopf und seine fähigen Hände sah, bestand nicht die Notwendigkeit, Small talk zu führen.

Es war wirklich schade, daß ihr Vater nicht im Lande war. Sie hätte gern mit ihm über einige Aspekte ihrer Beziehung zu George geredet. Sie war erleichtert, daß sie nicht wie eine Trophäe an der Seite von George zur Schau gestellt werden würde. Aber warum bestand er darauf, so ein Geheimnis aus ihrer Beziehung zu machen? Vielleicht hätte ihr Vater eine Erklärung dafür. In regelmäßigen Telefonaten hielt sie Milo darüber auf dem laufenden, was sie tat und wen sie traf. Sie unterhielten sich natürlich nicht über die Einzelheiten ihres jeweiligen Liebeslebens, aber den Rat ihres Vaters zu dem Umgang mit einem gebildeten älteren Mann hätte sie gebrauchen können. Aber ausgerechnet wenn sie nach London kam, mußte er nach Kapstadt fliegen.

«Möchten Sie Spray, Madam?» unterbrach der Friseur ihre Gedanken.

«Nein, danke. Das mache ich selbst, bevor ich gehe.»

Sie gab ihm ein Trinkgeld, als er ging, legte dann ihre schwarzen Seidenstrümpfe auf das Bett und überprüfte den Inhalt ihrer Handtasche. Ihr Kleid hing eingehüllt in Zellophan im Schrank. Bei der zweiten Anprobe hatte die Schneiderin die schwere Seide in Falten geheftet, so daß der Stoff wie eine zweite Haut anlag und den Brustansatz stützte. Selten hatte sie sich so verführerisch gefühlt. Abbie hoffte, daß es ihr genügend Selbstvertrauen gab, um einem so kritischen, glanzvollen Publikum, zu dem auch ihre Mutter gehörte, gegenüberzutreten.

Sie wollte gerade das Kleid hervorholen, als das Telefon klingelte. Matt war dran.

«Ich bin gerade mit dem Leiter der Abteilung Aktuelles des BBC Fernsehens hier», erklärte er. «Hättest du ein paar Minuten Zeit, um herunterzukommen und ihn kennenzulernen?»

«Jetzt? Ich mache mich gerade für die Feier fertig.»

Matt hatte sie vorgewarnt, daß er versuchen würde, ein Treffen zu arrangieren. Die Chefs der BBC waren der Ansicht, daß ihre britische Herkunft und ihre Erfahrung in den USA ideal für eine geplante Serie von Interviews seien, die sowohl das Publikum in Großbritannien als auch in den USA ansprechen sollten.

«Ich weiß, daß du dich fertigmachen mußt, aber nach der Verleihung werden wir keine Zeit dafür haben, und er reist morgen ganz früh nach Johannesburg ab. Es dauert auch nicht lange.»

Abbie hatte nichts gegen eine Erfahrung bei der BBC einzuwenden. Es würde bedeuten, daß sie einige Zeit in London verbrachte und ihren Vater häufiger sehen konnte. Vorsichtig schlüpfte sie in ein marineblaues Mantelkleid, ohne ihr Haar in Unordnung zu bringen oder das Make-up zu verschmieren.

Die versprochene kurze Besprechung weitete sich zu einer halben Stunde aus, und Abbie rannte fast in ihre Suite zurück, um sich umzuziehen. Sie bezweifelte, daß sich schon in nächster Zeit etwas mit der BBC ergeben würde, aber sie hatte versprochen, ihnen einige Ideen für mögliche Interviews zu faxen.

Sie schloß die Tür hinter sich, machte das Licht an und eilte in den Ankleideraum. Sie setzte sich auf den Hocker vor dem Spiegel, um ihr Make-up aufzufrischen und die künstlichen Wimpern aufzukleben, wozu sie vorher keine Zeit gehabt hatte. Dann stand sie auf und ging zum Schrank. Sie nahm ihr Kleid heraus und entfernte vorsichtig die Zellophanhülle. Nur wenige Sekunden vergingen, bis sie begriff, was geschehen war.

Das dicke Material war von oben bis unten aufgeschlitzt worden. Ihr Kleid, ihr schönes Kleid, war ruiniert ... und nicht mehr zu tragen.

«O mein Gott», Abbie sackte entgeistert in sich zusammen. «Ich glaub es nicht. Ich glaub es einfach nicht», stammelte sie vor sich hin, während sie gegen die Tränen ankämpfte. Wer konnte so etwas getan haben? Und warum?

Panik überkam sie. Ihr schien, als zögen sich ihre Eingeweide zu einem Knoten zusammen. Und wenn der Täter noch in der Suite war, nebenan im Schlafzimmer oder im Badezimmer? Verstohlen schlich sie sich zur Tür und eilte auf den Flur hinaus, wo sie geradewegs mit dem Butler zusammenstieß. Schnell erzählte sie ihm, was passiert war. Er ging sofort in ihre Suite und durchsuchte sie gründlich, während sie zitternd draußen wartete. Der Butler entdeckte nichts und niemanden. Abbie bat ihn, Matt anzurufen, und nur Minuten später war er bei ihr.

Abbie war untröstlich. «Wer könnte das getan haben?» fragte sie unter Tränen. «Das kann kein gewöhnlicher Dieb gewesen sein, er hat nichts mitgenommen. Hier, mein Geld ist noch da.» Sie öffnete ein großes, flaches Portemonnaie. «Und hier ist der Schmuck, den ich heute abend tragen wollte. Warum haben die den nicht mitgenommen?» Sie starrte ihn an. Über ihr Gesicht zogen sich Spuren grauer Wimperntusche. «Warum macht man so etwas? Was habe ich getan, daß mich jemand so sehr haßt?»

Matt legte den Arm fest um ihre Schulter und führte sie zum Sofa. «Ich habe den Butler gebeten, den Sicherheitsdienst des Hotels zu benachrichtigen. Sie sind sicher gleich hier. Und ich werde Toshiba anrufen, aber wir müssen die Ruhe bewahren und genau überlegen.»

«Die Ruhe bewahren!» Die Tränen schossen ihr wieder in die Augen. «Das muß passiert sein, als ich unten bei dir war. Außer dem Hotelfriseur ist niemand hier gewesen. Matt, stell dir nur vor, wenn ich hier gewesen wäre, dann hätte sich der Irre vielleicht an mir und nicht an dem Kleid vergriffen. Es ist ruiniert. Was soll ich denn jetzt anziehen?» Abbie begann, an den Nägeln zu kauen, was sie das letzte Mal als Teenager getan hatte.

«Mist, Abbie, ich hab das Gefühl, jemand will dich aus dem Gleichgewicht bringen und vielleicht sogar verhindern, daß du heute abend zu der Verleihung gehst.»

«Aber wer?»

Matt zögerte. «Ich sag es nicht gern, aber wer würde am meisten davon profitieren, wenn du nicht kämest?»

Sie starrte ihn verständnislos an.

«Der Sender deiner Mutter», sagte er barsch. «Sieh mich nicht so an. Ich hab das ungute Gefühl, daß irgend jemand in ihrer Anstalt etwas damit zu tun hat.»

Abbie war so bestürzt, daß sie aufhörte zu weinen.

«Denk doch mal nach», fuhr er fort. «All die Dinge, die passiert sind ... Dahinter müssen ihre Leute stecken. Und wenn das der Fall ist, dann weiß garantiert auch deine Mutter Bescheid.»

«Meine Mutter? Das meinst du nicht im Ernst.»

«Sieh dir die Tatsachen an. Ihr habt seit Monaten nicht miteinander gesprochen. Du hast keine Ahnung, welches Gift die ihr einflößen. Jeri-Ann sagt, diese Leute werfen mit Gemeinheiten um sich, wenn ihr wegen eines Interviews konkurriert. Sie wollen unter allen Umständen die Nummer eins bleiben. Ich kann mir nicht vorstellen, wie sie sich da heraushalten könnte.»

Abbie bemühte sich verzweifelt, die Gedanken, die sich in ihrem Kopf überschlugen, unter Kontrolle zu bringen. Dann sagte sie plötzlich: «Ich kann es einfach nicht glauben, aber es gibt nur einen Weg, um das herauszufinden.» Sie schnappte sich das aufgeschlitzte Kleid und rannte wie wild den Flur entlang, da sie zu ungeduldig war, um auf den Aufzug zu warten.

Matt eilte hinter ihr her. «Warte. Ich begleite dich.»

«Nein», rief sie über die Schulter hinweg zurück. «Das muß ich selbst klären.»

Sie war so entschlossen, ihre Mutter zur Rede zu stellen, daß sie sich später nicht mehr daran erinnerte, wie sie die Treppen hinaufgerannt war. Einzig das laute Hämmern ihrer Fäuste gegen die Tür der Winston Churchill Suite war ihr bewußt.

Katharine war schockiert, als sie ihre aufgewühlte Tochter sah. Abbie drängte sich barsch an ihr vorbei, drehte sich dann um und hielt das Kleid hoch.

«Dies ist das Kleid, das ich heute abend tragen sollte», schrie sie. «Sieh es dir an, sieh es dir gut an. Man hat es ruiniert.» Sie warf es zu Boden.

Katharine kniete nieder, um das zerrissene Kleid zu betrachten. Ein Ausdruck wachsender Besorgnis erschien auf ihrem Gesicht.

Abbie schaute sich kurz im Wohnzimmer um und rannte dann ins Schlafzimmer. Sie schaute auf die Frisierkommode, dann riß sie Schubladen auf und durchsuchte den Inhalt.

«Würde es dir etwas ausmachen, mir zu erklären, wonach du suchst?» fragte Katharine wütend von der Schlafzimmertür aus.

«Eine Schere, ein Messer, irgend etwas, das schneidet», erwiderte Abbie mit zitternder Stimme. Sie kniete nieder, um unter dem Volant des Himmelbettes zu suchen.

Katharines Augen funkelten vor Zorn. «Glaubst du, ich

würde so etwas tun?» rief sie, während sie das Kleid an den Trägern in die Höhe hielt. «Meiner eigenen Tochter so etwas antun? Das ist ja großartig! Nach allem, was *du mir angetan hast.*»

Abbie warf ihr einen streitlustigen Blick zu. «Du fängst doch wohl nicht schon wieder mit dieser verdammten Geschichte mit Steve Stone an, oder?»

«Ich rede nicht von ihm.»

«Wovon dann?»

«Fällt dir nichts anderes ein, was du mir angetan hast?»

«Nein.»

«Willst du damit sagen, daß du dich nicht daran erinnerst, mit meinem Liebhaber geschlafen zu haben?»

«Mit Freddie?» Abbies Tonfall war ungläubig.

«Du weißt genau, daß er es nicht ist», sagte Katharine.

Die beiden Frauen standen sich wie kampfbereite Gladiatoren gegenüber.

«Er ist der einzige Freund, von dem ich weiß», sagte Abbie schließlich.

«Lüg mich nicht an.»

«Von wem zum Teufel redest du?»

«George Hemmings.»

Abbie starrte sie mit offenem Mund an. George? *George und ihre Mutter?* Das war unmöglich.

«Versuch nicht, es zu leugnen. Er hat es mir selbst erzählt.»

«Ich habe nicht die Absicht, zu leugnen, daß ich ein Verhältnis mit George Hemmings habe», erwiderte Abbie heftig. «Warum auch? Ich bin nicht verheiratet und er auch nicht. Aber du bist mit Freddie zusammen, solange ich und alle anderen denken können …» Abbies Stimme verlor sich und versagte vollkommen, als ihr bewußt wurde, was ihre Mutter gesagt hatte. «Was meinst du damit, er hat es dir selbst gesagt?»

Jede Faser von Katharines Körper war angespannt. «Ich habe seit letztem Sommer ein Verhältnis mit ihm.»

«Das denkst du dir nur aus. Ich glaube dir nicht», stieß Abbie aus.

«Ich bin Dutzende Male in seinem Penthouse zum Essen gewesen. Sein Koch heißt Mario, und seine Haushälterin Wendy serviert den erlesenen Champagner, nachdem sie die Mäntel abgenommen hat.» Katharine sah, wie jegliche Farbe aus Abbies Gesicht wich. «Er fährt einen Mercedes Coupé, sein Schlafzimmer ist in Königsblau gestrichen, er benutzt ein After-shave von Versace. Soll ich weitermachen?»

Abbie war sprachlos.

«Du brauchst gar nicht erst zu leugnen, daß du wußtest, daß er zur gleichen Zeit ein Verhältnis mit mir hatte. Er hat mir gesagt, es machte dir nichts aus. Er hat mir sogar den Wortlaut unseres Streites wiedergegeben, den wir hatten, bevor du aus meiner Wohnung ausgezogen bist.»

Schließlich fand Abbie ihre Stimme wieder. «Glaubst du wirklich, ICH», und sie betonte das letzte Wort überdeutlich, «würde irgend etwas mit dem Mann zu tun haben wollen, der meine eigene Mutter fickt?» Tränen der Wut und des Schmerzes traten ihr in die Augen. Abbie drehte Katharine den Rücken zu, so daß ihre Mutter nicht sehen konnte, wie verletzt sie war. Ganz offensichtlich sagte sie die Wahrheit. Katharine spielte keine Spielchen.

George, der Mann den sie liebte, hatte ein Verhältnis mit ihrer Mutter.

«Wenn du mich verletzen wolltest, dann hast du es erreicht.» Katharines Stimme war ebenfalls tränenerstickt. «Ich verstehe dich nicht. Habe ich nie getan. Du scheinst neuerdings zu allem fähig.»

Abbie drehte sich zu ihr um. «Du glaubst immer das Schlechteste von mir», rief sie unter Tränen. «In Zweifelsfällen entscheidest du nie zu meinen Gunsten.»

Katharine war von Abbies Schmerz so überrascht, daß sie anfing zu zweifeln. «Er hat gesagt, daß du alles von mir wüßtest, aber daß es dir nichts ausmacht.» Katharine sah, wie verletzt ihre Tochter war. «Und er sagte auch, daß ihr beide die Situation sehr amüsant fandet und darüber gelacht habt.»

«Wie konntest du so etwas glauben? Das ist alles gelogen. Ich wußte nichts von dir, überhaupt nichts. *O mein Gott.*» Abbie sackte aufs Bett und verbarg das Gesicht in den Händen.

Katharine setzte sich neben sie. Vorsichtig legte sie eine Hand auf Abbies Arm. «Ich glaube dir, Abbie.»

Abbie hob ihr tränenüberströmtes Gesicht und sah ihre Mutter an. «Ich hab gedacht, ich liebe ihn. Er war so … anders als meine anderen Freunde, das Gegenteil von Robert, und er stellte eine Herausforderung dar, ich konnte ihn nie auf etwas festlegen … O Mum, es tut mir alles so leid. Er hat mich so zum Narren gehalten.»

«Uns beide. Mir tut es auch leid. Ich wünschte, ich hätte den Mut gehabt, dich zur Rede zu stellen, nachdem er mir das an den Kopf geworfen hatte, aber ich dachte, ich mach mich nur noch lächerlicher.»

Abbie ergriff die Hände ihrer Mutter. «George wäre mit seiner lausigen Tour nie durchgekommen, wenn wir miteinander gesprochen hätten.»

«Stimmt. Sobald er merkte, daß wir keinen Kontakt zueinander hatten, bestand für ihn keine Gefahr aufzufliegen. Und man hat uns nie zusammen gesehen. Ich wollte es so. Ich wollte Freddie nicht weh tun. Er weiß nichts von George.» Katharine hielt inne. «Freddie ist immer noch ein lieber Freund, aber wir sind kein Liebespaar mehr.»

Abbie schaute sie nachdenklich an. «George und ich wurden auch nie zusammen gesehen. Er hat mir erzählt, daß er mich ganz für sich allein in seinem Penthouse haben will.

Jetzt weiß ich warum. Verdammt, so ein Mistkerl. Ich will ihn nie wiedersehen.» Sie schwieg einen Moment lang. «Warum um Himmels willen hat er dir all diese Lügen aufgetischt?»

«Er war wütend auf mich, weil ich die Eröffnung seines neuen Hotels kurzfristig absagen mußte.»

«Gütiger Gott», sagte Abbie, «also hat er all diese schrecklichen Sachen zu dir gesagt, weil es einmal nicht nach seiner Nase ging. Und wir haben es ihm so leicht gemacht.» Sie seufzte. «Jetzt sehen wir, wohin uns diese ganze Rivalität gebracht hat. Vor ein paar Minuten dachte ich tatsächlich, meine eigene Mutter hätte etwas damit zu tun, daß mein Kleid zerschlitzt wurde. Matt meinte, du und deine Leute, ihr wäret die einzigen, die einen Nutzen daraus ziehen könnten, und ich hab die falschen Schlüsse gezogen.»

Katharine verbarg ihre Wut nicht. «Wie unverantwortlich von ihm, so etwas anzudeuten. Mein Sender kämpft vielleicht mit harten Bandagen, aber zu denken, daß ich bei einer so niederträchtigen Sache mitmachen würde, ist unerhört.»

«Es war wohl der Schock darüber, das Kleid so zerfleddert zu sehen, und ich nehme an, er wird von diesem Propaganda-Krieg beeinflußt.»

Das Telefon klingelte, und beide Frauen zuckten erschrokken zusammen.

«Ich bin mit den Nerven am Ende», sagte Abbie, als Katharine den Anruf entgegennahm.

«Matt ist dran.» Sie übergab den Hörer an ihre Tochter, die ihn rasch informierte, daß sie einen anderen Schuldigen suchen mußten.

«Das paßt zu dem, was ich gerade herausgefunden habe», meinte er zu ihr. «Entschuldigst du dich bitte in meinem Namen bei deiner Mutter? Ich bin wohl etwas durchgedreht. Ich komme jetzt hoch.»

Matt hatte erstaunliche Neuigkeiten. Der junge Mann, der

Abbie so gekonnt die Haare gestylt hatte, war in dem Schönheitssalon des Hotels nicht bekannt. Abbies Friseurtermin war früher an diesem Nachmittag von jemandem abgesagt worden, der sich als ihr persönlicher Assistent ausgegeben hatte.

«Wer zum Teufel war er dann?» fragte Abbie. «Er trug ein Namensschild des Hotels.»

«Das kann man leicht nachmachen», sagte Matt, «obwohl es wahrscheinlicher ist, daß er es aus dem Salon geklaut hat. Gott sei Dank hat er sich nur an deinem Kleid zu schaffen gemacht», fügte er heftig hinzu.

«Er muß das gemacht haben, als ich kurz unter die Dusche ging. Er kam etwas zu früh, vielleicht dachte er, ich wäre nicht da. Aber wie zum Teufel hat er herausgefunden, daß ich mich in meinem Zimmer frisieren lassen wollte?»

Das war das erste, was Matt überprüft hatte. Abbie hatte Stars interviewt, die bei der Preisverleihung anwesend sein würden, und ihr Terminplan war für mehrere Teamkollegen fotokopiert worden. Matt berichtete auch, daß der Kalender des Friseursalons offen auf einem Tisch lag und für jedermann einsichtig war. «Und die Krönung von alldem ist, daß jetzt schon vier britische Zeitungen hinter mir her sind.»

«Das überrascht mich nicht», sagte Katharine. «Die englische Sensationspresse hat ein sehr gut funktionierendes Netz von Informanten, und in diesem Hotel wimmelt es sicherlich von denen. Ebenso wie bei der Polizei.»

«Ich gebe kurz eine Erklärung ab», sagte Matt, «aber ich rate dir, nichts zu sagen, absolut *nada*. Im Hotel kommen die Reporter auf keinen Fall an dich heran, aber draußen haben sie sicher schon ein Lager aufgeschlagen. Irgendwann wirst du sicher auch noch mit der Polizei reden müssen. Sie sind im Moment unten in deiner Suite und suchen nach Fingerabdrücken, die sie mit denen des Hotelpersonals vergleichen werden. Aber sie sind nicht sehr zuversichtlich, daß es sie weiterbringen wird. Ich habe Toshiba angerufen und ihm das Neueste schon mitgeteilt. Er wird dich wahrscheinlich später noch anrufen.» Damit ließ Matt sie allein, um dem Sicherheitsdienst des Hotels auf den Zahn zu fühlen.

Abbie rannte aufgeregt hin und her. «Wenn ich daran denke, was dieser Verrückte noch alles hätte anstellen können, dann bekomme ich eine Gänsehaut. Er hat meine Haare angefaßt, verdammt noch mal. Er hatte eine Schere in seinem Korb. Wenn ich nicht geduscht hätte, während er da war, hätte er das Kleid nicht aufschlitzen können. Was für andere Ideen hätte er dann wohl gehabt ... und hat sie noch?» Abbie blieb stehen und setzte sich aufs Bett. «Ich freue mich wirklich nicht darauf, nach draußen unter all die Leute zu gehen. Er lungert vielleicht immer noch irgendwo herum, und wenn er sieht, daß mich das zerstörte Kleid nicht davon abhält, zu der Veranstaltung zu gehen ... Wer weiß, was er dann noch alles macht.»

«Hör mal, das zerfetzte Kleid diente einzig dazu, dir Angst einzujagen», sagte Katharine. «Wenn er dir etwas antun wollte, dann hätte er dazu jede Menge Gelegenheit gehabt. Ich verspreche dir, daß ich dir den ganzen Abend nicht von der Seite weiche, und ich halte es für eine gute Idee, wenn du hier oben meine Suite mit mir teilst.»

Abbie nahm das Angebot dankbar an. Sie beide wußten genau, daß es zwischen ihnen noch viel zu klären gab, aber dies war dafür nicht der geeignete Zeitpunkt.

Die Zimmermädchen und Butler beider Etagen halfen dabei, Abbies Kleidung nach oben zu tragen und sie in den zweiten Schlafzimmerschrank ihrer Mutter zu hängen. Abbies Wertsachen, ihr Make-up und andere Kleinigkeiten wurden ihr von dem Butler in antiken Glasschalen mit Silberrand überreicht.

Katharine sah auf die Uhr. «Wir haben nicht mehr viel Zeit, bevor die Preisverleihung beginnt.»

«Was soll ich denn um Himmels willen anziehen, Mum?»

«Wie wär's hiermit?» Katharine hielt ein enges, schwarzes Seidenkleid in die Höhe.

Abbie war sicher, daß ihre Mutter es ursprünglich selbst tragen wollte; es hatte außen am Schrank gehangen. «Das kann ich nicht nehmen», protestierte sie.

«O doch, du kannst. Ich hab zur Sicherheit mein smaragdgrünes Lieblingskleid mitgenommen, und damit bin ich genauso gut bedient.»

«Aber das hast du bei der Oscarverleihung getragen. Das willst du doch nicht ein zweites Mal anziehen.»

Katharine lächelte. «Das Kleid hat mir damals ja auch nicht gerade geschadet, oder?» Tatsächlich lautete damals die Überschrift einer bekannten Modezeitschrift: «Katie gewinnt um Längen». Sie hatten ihr Dekolleté zu dem «herausragendsten des Abends» gewählt. Damals war ihr Busen mit Hilfe von Schaumstoffeinlagen angehoben worden. Das wäre dieses Mal – Dr. Brescia sei Dank – nicht nötig.

«Das ist sehr großzügig von dir», sagte Abbie. «Ich bin dir wirklich sehr dankbar.»

«Wie kann ich dir jetzt helfen, fertig zu werden?»

«Wenn du einfach nur alles bereitlegen könntest, ich schminke mir meine Augen neu.» Abbie langte in die Schale mit ihrem Make-up. Während sie nach Augentropfen suchte, fiel ihr Blick auf eine Karte von einem Floristen mit einer getippten Nachricht darauf. Sie wollte sie gerade sicher verstauen, damit sie später einen Dankesbrief schicken konnte, als ihr die Unterschrift entgegensprang und sie entsetzt aufschrie.

«Was ist los?» fragte Katharine besorgt.

Leichenblaß gab ihr Abbie die Karte. Die Nachricht lautete: «Das Kleid war zu gut für ein Miststück wie dich. Paß auf. Fan aller Fans.»

«O mein Gott. Das ist dieser Verrückte, der dir das Bild bei der Modenschau zukommen ließ. Er ist dir bis nach London gefolgt?»

«Ich hab einige Nachrichten von ihm erhalten», sagte Abbie mit zitternder Stimme.

Katharine war bestürzt, als sie hörte, wie sehr der «Fan aller Fans» ihrer Tochter das Leben zur Hölle gemacht hatte. «Warum hast du es mir nicht gesagt, spätestens als es ernst genug wurde, um Nick Toshiba einzuschalten?»

«Du warst nicht da, und Dad kam nach New York. Ich weiß nicht, was ich ohne ihn getan hätte.»

Katharine ergriff die Hand ihrer Tochter. «Es tut mir leid, daß ich nicht für dich da war. Ich kann nur sagen, daß ich es von jetzt an sein werde.»

«Danke, ich habe wirklich große Angst.»

«Wir müssen dies der Polizei geben und uns um Sicherheitsvorkehrungen kümmern», sagte Katharine energisch. «Wir wissen, daß dieser Mistkerl verhindern will, daß du bei der Veranstaltung erscheinst», fuhr sie fort. «Nun, du wirst aber gehen. Mach dich also fertig, ich regele das mit der Polizei und sag dann auch den ITAC-Organisatoren Bescheid, daß du etwas später kommst. Und wir gehen zusammen hinunter. Ich will nicht, daß du auch nur eine Sekunde lang allein bist.»

Als die beiden Frauen die geschwungene Treppe hinuntergingen, zwischen den marmornen Balustraden und den unzähligen Kameras hindurch, wurden sie von einer Mauer rufender Paparazzi und einem wilden Klicken und Blitzen empfangen. Die Fotografen erkannten schnell den Nachrichtenwert eines Schnappschusses, auf dem die sich bekriegenden Fernsehköniginnen zusammen abgebildet waren.

Es wurde behauptet, daß diese beiden nicht miteinander sprachen, aber hier waren sie nun, lächelnd, Arm in Arm, und anscheinend verstanden sie sich sehr gut. Falls es nur inszeniert war, dann war es sehr gelungen. Die alten Hasen vermuteten dahinter Publicity-Streben, aber wie ihre Kollegen von der Konkurrenz baten sie um «nur noch ein einziges, bitte ... Abbie, etwas näher, danke. Sehen Sie zu mir, zu mir ... nur noch ein einziges, bitte!»

Während Abbie und Katharine für die Fotografen posierten, konnte nicht einmal der erfahrenste Beobachter irgendein Anzeichen ihrer Unruhe erkennen. Während Abbie herzlich in die Kameras strahlte, flüsterte sie: «Glaubst du, der Mistkerl ist einer von ihnen?»

«Wer er auch ist», sagte Katharine zuversichtlicher, als sie sich fühlte, «wir kriegen ihn. Mach dir keine Sorgen.»

Die drei Kamerateams, die ausgewählt worden waren, um die unzähligen Organisationen zu vertreten, die sich um die Filmrechte beworben hatten, drängten sich durch die Menge. Draußen waren berittene Polizisten und Sicherheitsbeamte im Einsatz, um Tausende eifriger Fans unter Kontrolle zu bringen, die alles daransetzten, die Stars zu Gesicht zu bekommen. Einkäufer von Fernsehsendern aus solch entfernten Orten wie Malaysia, Usbekistan und Peking wetteiferten miteinander, um Verträge über Material auszuhandeln, das weltweit vertrieben wurde und das im Westen schon seit Jahren konsumiert wurde. Katharines Sendungen wurden bereits an acht englischsprachige Länder verkauft, und Abbie holte stark auf, denn bisher waren fünf Firmen zum Kauf bereit.

Das köstliche Mahl vor der Verleihung hätte jeden Gourmet entzückt, aber Katharine stocherte in ihrem Essen herum und war wie benommen. Es war ihr nicht möglich, Small talk zu führen, und ihre Tischnachbarn schrieben ihr Schweigen der Nervosität zu. Wenn sie des öfteren zu dem Tisch rechts von ihr blickte, sah sie, wie ihre Tochter angespannt und mit einem gezwungenen Lächeln dasaß. Auch Abbie drehte sich immer wieder um, als suchte sie etwas. Katharine war übermannt von Mitgefühl. Abbie schien so verwundbar zu sein. Was hätte sie dafür gegeben, selbst das Ziel dieser Feindseligkeit zu sein, damit nicht ihre Tochter das Opfer sein mußte.

Abbie ließ sich ihre inneren Qualen nicht anmerken, als sie gelassen und lächelnd eine der Auszeichnungen des Abends überreichte, während ihre Mutter zusah.

Als Katharine von jemandem sanft am Arm gerüttelt wurde, fuhr sie zusammen.

«Tut mir leid, Katharine», sagte ihr Nachbar, der Leiter von ABN Europa. «Ich hatte das Gefühl, Sie hätten nicht bemerkt, daß Sie gleich an der Reihe sind. Die Nominierungen werden gleich vorgelesen. Viel Glück.»

Das Scheinwerferlicht auf dem Podium war auf den Vorsitzenden der Jury gerichtet. «Die Wettbewerbsteilnehmer waren in diesem Jahr allesamt außergewöhnlich stark», sagte er, «aber ich freue mich, Ihnen mitteilen zu dürfen, daß die Wahl einstimmig war. Der Gewinner der ITAC-Auszeichnung für das Lebenswerk ist», er machte eine wirkungsvolle Pause, «eine Frau, deren Auftreten und Sachverstand jedem einzelnen Bericht, den sie präsentiert, Glaubwürdigkeit verleiht.»

Ihr Nachbar stubste Katharine schon in die Seite.

«Meine Damen und Herren, Miss Katharine Sexton.»

Im Saal brach aufrichtige Freude aus. Die Wahl wurde von all ihren Kollegen begrüßt, und die Kameras fingen eine glückliche Tochter ein, die die stehenden Ovationen anführte.

Als Katharine auf dem Weg zurück zu ihrem Tisch bei Abbie vorbeiging und die bronzene Statuette präsentierte, flüsterte sie ihrer Tochter zu: «Eines Tages gehört sie dir.»

Die Freude, die sich auf Abbies Gesicht widerspiegelte, hätte jeden Chefredakteur auf der Suche nach einer Titelseite entzückt, aber den Kameras entging dieses Bild.

Mutter und Tochter zogen sich zurück, sobald es die Etikette erlaubte, und da Katharine nichts gegessen hatte, bestellte sie ein Champignon-Omelett beim Zimmerservice.

«Wir müssen überlegen, wer dein Peiniger sein könnte», sagte sie, während sie ihr Kleid auszog und in einen Bademantel schlüpfte.

«Du kannst mir glauben, daß ich in vielen schlaflosen Nächten immer wieder darüber nachgedacht habe», sagte Abbie. «Es muß jemand sein, der mich gut kennt, und an manchen Tagen habe ich wirklich jeden um mich herum verdächtigt. Anscheinend kann er immer an mich herankommen, sogar hier. Ich kann mich nicht verstecken. Wahrscheinlich hat er diesen Friseur engagiert.»

Katharine ging zum Fenster und blickte hinaus auf die glitzernde Skyline. «Ich sage es nicht gern, und dir wird es auch nicht gefallen, aber mir kommt nur eine Person immer wieder in den Sinn. Jemand, der alles über dich weiß. Wo du bist, welche Telefonnummern du gerade hast, wo du wohnst und mit wem du zu Mittag ißt. Matt Nicolaides.»

Abbie lachte laut auf. «Mum, er hat mehr zu verlieren als ich, wenn ich zusammenbreche. Dahinter steckt keine Logik. Welches Motiv könnte er haben?»

«Motive beruhen nicht immer auf Logik, jedenfalls nicht, wenn er von dir besessen ist. Wer weiß schon, warum solche Leute so etwas tun? Du kannst nicht leugnen, daß er der einzige ist, der so viel über dein Tun weiß wie du selbst.»

«Aber Matt hat mich immer auf ganzer Linie unterstützt, hat mich zu Dingen überredet, selbst wenn ich es nicht wollte», erwiderte Abbie. «Er hat vorgeschlagen, daß ich zu Empfängen gehe, um zu sehen und gesehen zu werden, hat auf Interviews bestanden, wenn ich keine Lust hatte. Er setzt sich pausenlos für mein Image ein. So verhält sich wohl kaum jemand, der will, daß ich scheitere.» Sie lehnte sich zurück; die Erschöpfung drohte sie zu übermannen.

«Noch etwas spricht für ihn», fuhr sie müde fort. «Toshiba und seine Mitarbeiter haben alle, die an der Sendung in New York mitwirken, auf Herz und Nieren überprüft – und das schloß auch Matt und sein Personal in Chicago und New York ein. Ihnen allen wurde Unbedenklichkeit bescheinigt.»

«Nun, dagegen kann ich nichts sagen, aber wer immer dahintersteckt, weiß verdammt viel über dich, mehr kann ich dazu nicht sagen. Ich wünschte, ich hätte eher von dieser grauenvollen Geschichte erfahren.»

«Und ich wollte dir unbedingt davon erzählen. Deswegen hatte ich mich mit dir zum Mittagessen verabredet. Es war zu schade, daß du absagen mußtest.»

«Ich habe nicht abgesagt. Es war genau andersherum. Ich habe eine halbe Stunde lang im Restaurant gewartet, bis mir klar wurde, daß du nicht kommst. Ich war ungeheuer wütend. Ich dachte, es wäre dir ja recht spät eingefallen, mich zu versetzen. Und die Krönung war dann, daß man mir sagte, du wärst einkaufen gegangen.»

«Ich bin nur einkaufen gegangen, weil ...» Sie hielt inne. «Das ist merkwürdig. Wir mußten alle Aufnahmen verschieben, damit ich mich mit dir treffen konnte, und gerade bevor ich gehen wollte, erhielt ich die Nachricht, daß du nicht kommen könntest. Ich war wütend und sauer auf dich, weil ich dir gesagt hatte, daß ich mit dir über diesen Irren reden wollte. Und als du dann nicht mehr anriefst, war ich so verletzt.»

«Man hat uns reingelegt», sagte Katharine. «Und wer auch immer wollte, daß wir uns in den Haaren liegen, hatte Erfolg. Wer profitiert denn davon?»

«Ich weiß es nicht. Matt mit Sicherheit nicht, obwohl er der Ansicht ist, daß dein Sender alles tun würde, um uns übers Ohr zu hauen.»

«Wir können unangenehm werden, das gebe ich zu. Aber was mich betrifft, niemals unfair.»

«So wie ich es bei dieser Sache mit Steve Stone gewesen sein soll?»

Ein besorgter Ausdruck huschte über Katharines Gesicht, aber Abbie ließ sich nicht aufhalten.

«Jetzt hörst du dir aber endlich mal meine Seite der Geschichte an.»

Sie erklärte detailliert, was sie veranlaßt hatte, in die *Disco 2000* zu gehen, und was genau in dem Club und anschließend passiert war.

«Du siehst also, ich hatte nichts damit zu tun, daß Steve eure Sendung abgesagt hat.»

Katharine nahm es zur Kenntnis und sagte dann langsam: «Es stimmt, wir wußten nur, was der Agent uns gesagt hatte, und ich wollte ihn nicht nach dir fragen, weil er alles tun wollte, um es wiedergutzumachen. Zu dem Zeitpunkt war ich so darauf aus, Steve vor die Kamera zu bekommen. Aber warum sollte er sich eine solch elende Lüge einfallen lassen? Ich kenne ihn seit Jahren.»

«Ich weiß es nicht. Vielleicht hatte Steve ursprünglich einen Rückzieher gemacht, weil seinem Partner etwas zugestoßen war und er bei ihm sein wollte. Wir hatten damals über solche Situationen gesprochen und darüber, daß er sofort kommen würde, wenn ihn ein nahestehender Mensch braucht.»

«Du könntest recht haben», sagte Katharine. «Aber welchen Grund er auch hatte, es tut mir sehr leid, daß ich an dir gezweifelt und dem Agenten eher geglaubt habe als dir.»

«Ich danke dir», sagte Abbie leise. «Wir waren wohl so sehr dieser gereizten Stimmung ausgesetzt, daß wir fast alles geglaubt hätten. Das Problem dabei ist, daß man am Ende niemandem mehr vertraut.»

«Hast du das Gefühl, daß du mir jetzt vertrauen kannst?»

«Natürlich.» Abbie kämpfte gegen die Tränen an. «Irgendwie bin ich fast froh, daß mein Kleid zerfetzt wurde. Ich glaube, sonst würden wir wahrscheinlich nicht hier zusammensitzen und endlich über alles reden. Mir tut es schrecklich leid, was alles zwischen uns passiert ist.»

Einen Moment lang sah Katharine wieder die Tochter vor sich, die sie als Kind gekannt hatte: sanft, liebenswürdig und mutig genug, um ihre Verwundbarkeit zu zeigen.

«Wir haben so viel nachzuholen, Abbie. So viele verpaßte Augenblicke, so viele vergessene Erinnerungen. Es ist meine Schuld. Ich hätte mehr für dich dasein, mehr für die Verbesserung unserer Beziehung tun können ... nein, müssen. Ich habe zuviel Energie in die falschen Prioritäten gesteckt. Das weiß ich jetzt.»

Abbie biß sich auf die Lippe. «Nein, ich muß zugeben, daß es nicht immer an dir lag. Ich habe dich absichtlich manchmal mißverstanden. Das war mies von mir.»

Katharine war dankbar, daß Abbie einen Teil der Verantwortung für ihre Probleme übernahm, daher überlegte sie genau, was sie sagte. So oft war sie in der Vergangenheit falsch verstanden worden. «Ich wollte mich in den vergangenen Monaten so oft bei dir melden. Aber ich habe davor zurückgeschreckt, da wir – seit deiner Teenagerzeit – nie die besten Freunde waren.»

Abbie nickte. «Ich hatte wohl einfach manchmal das Gefühl, daß du nicht verstehst, was ich durchmache.»

«Hm, ich dachte schon, daß ich dich verstehe, aber das habe ich dir anscheinend nicht gezeigt. Die viele Arbeit war auch nicht gerade hilfreich, und wenn ich mal etwas wiedergutmachen wollte, kam es irgendwie nicht richtig heraus, und schon hatten wir uns wieder mißverstanden.»

«Ich wußte, daß du mir die Hand reichen wolltest», sagte Abbie, «aber ich war so wütend auf dich, über einen so langen Zeitraum. Ich dachte wohl, daß ich nicht wichtig genug für dich war. Mich von dir zurückzuziehen war die einzige Möglichkeit, wie ich dich bestrafen konnte.»

«Abbie, wenn du den Eindruck hattest, daß du nicht der wichtigste Mensch in meinem Leben warst, dann nehme ich dir deine Reaktion nicht übel. Wenn es dich irgendwie tröstet: Ich habe mich selbst bestraft, glaub mir.»

Abbie umarmte ihre Mutter. «O Mum, es gab Zeiten, da habe ich dich so sehr vermißt.»

Katharine erwiderte die Umarmung und küßte ihre Tochter. «Ich dich auch», sagte sie mit tränenerstickter Stimme. «Von jetzt an wirst du keinem Problem mehr allein gegenüberstehen. Einen einzigen Vorteil hatte dieser ganze Wahnsinn. Er hat mir gezeigt, wo meine Prioritäten liegen. Ich werde versuchen, aus meinem Vertrag herauszukommen. Ich will meinen Job kündigen.»

Abbie sah sie entgeistert an. «Was redest du da für einen Unsinn? Du bist immer noch die Beste, du solltest nicht aufhören. Warum willst du das? Wegen uns?»

«Nun, größtenteils. Ich dachte, wenn ich als Moderatorin aufhöre, würdest du mich nicht mehr als Rivalin in der Fernsehbranche betrachten, sondern wieder als Mutter. Aber ich habe die Entscheidung auch getroffen, weil der Sender mir eine Schönheitsoperation vorgeschrieben hatte.»

«Die haben dir das vorgeschrieben?» Abbie war perplex.

Katharine nickte. «‹Katharina die Große› übt nicht einmal mehr die Kontrolle über ihren eigenen Körper aus.»

«Ich verstehe ja, daß du dir so etwas nicht gern sagen läßt, aber ist das so schlimm? Jeder, den man heutzutage trifft, scheint irgend etwas an sich machen zu lassen.»

«Darum geht es nicht, Abbie. Mir hätten ein paar Verschönerungen hier und da wahrscheinlich nichts ausgemacht. Aber dies war nicht meine Entscheidung. Weder der Zeitpunkt noch alles andere.»

«Ich muß allerdings sagen, du siehst großartig aus. Was es auch gekostet hat …»

«Viel.»

«… was du auch durchgemacht hast …»

«Viel.»

«Es war es wert. Man wird dich für meine Schwester halten.»

Ja, das ist ja das Problem, dachte Katharine.

«Warum bist du dann nicht einfach gegangen, wenn du so dagegen warst?»

«Ich konnte es mir nicht leisten.»

«Aber du verdienst seit Jahren gutes Geld. Du müßtest in Geld schwimmen.»

«Tja.» Katharine lachte verbittert. «Das ist noch ein Bereich in meinem Leben, dem ich nicht genügend Aufmerksamkeit geschenkt habe. Ich bin betrogen worden, Abbie.» Mit wenigen Worten erzählte sie ihrer Tochter, wie David Crozier ihr Kapital verspekuliert hatte. «Lerne aus meinen Fehlern, Abbie. Behalte die Kontrolle über dein Leben.» Sie ging zu dem Frisiertisch und setzte sich.

«Theoretisch klingt das sehr gut», sagte Abbie, während Katharine großzügig eine Creme auf Gesicht und Hals auftrug, um ihr Make-up zu entfernen. «Aber ich habe keine Kontrolle darüber, was der ‹Fan aller Fans› als nächstes tun wird.»

«Das könntest du aber», Katharine drehte sich um und schaute sie an. «Anstatt darauf zu warten, daß er wieder zuschlägt, jagen wir ihn.»

«Wie sollen wir das anstellen? Ich will ja nicht pessimistisch klingen, aber wenn Toshiba und die Sicherheitsleute vom Sender ihn bisher nicht aufgespürt haben, welche Chance hätten wir denn?»

«Wir könnten versuchen zu ergründen, was er plant!»

«Wie?»

«In einer Hinsicht habe ich Toshiba und dem Sicherheitsdienst etwas voraus», sagte Katharine. «Ich bin eine Frau. Ich wette, ich kann dir dabei helfen, dich an Einzelheiten dieser ganzen Geschichte zu erinnern, die du vergessen hast. Und wenn es sich um einen Amokläufer in meinem Sender handelt, dann kann ich doch wohl am besten helfen?»

«In Ordnung, ich bin einverstanden», sagte Abbie.

«Also, nehmen wir den Friseur. Erzähl mir noch einmal alles von Anfang an, als du die Tür deiner Suite geöffnet hast und ihn dort stehen sahst.»

Sorgfältig ging Katharine alles mit Abbie durch und stellte dabei ihre Fragen so geschickt wie sonst nur bei ihren zurückhaltendsten Interviewpartnern. Auf diese Art entlockte sie Abbie präzise Informationen zum Äußeren des Friseurs und den wenigen Worten, die er von sich gegeben hatte.

Katharine dehnte sich müde. «Mir fällt nichts Besonderes auf, noch nicht.» Sie gähnte und lockerte den Träger ihres BHs über der Schulter. «Gott, bin ich müde.»

Abbie richtete sich auf. «Mach das noch mal.»

«Was?»

«Was du da gerade mit deinem BH gemacht hast.»

Katharine zupfte noch einmal an dem Träger. «Das hier?»

«Das ist es. Der Friseur machte das auch. Das ist doch eine sehr weibliche Geste, oder?»

«Vielleicht ist er ein Transvestit.»

«Aber welcher Transvestit rückt instinktiv seinen BH-Träger zurecht, mit einer solch natürlichen Geste?» fragte Abbie aufgeregt. «Das macht man nur, wenn man diese blöden Dinger jahrelang getragen hat.»

Katharine sah sie zweifelnd an.

«Verstehst du denn nicht, Mum? Wir sind die ganze Zeit davon ausgegangen, daß der ‹Fan aller Fans› ein Mann ist. Und wenn es sich um eine Frau handelt? Das ergibt alles viel mehr Sinn.»

«Aber was ist mit dem Kondom?»

«Wenn man sein Geschlecht nicht verraten will, macht man vielleicht so etwas. Es war ja kein echtes Sperma, sondern nur ein Spermien abtötendes Gel, es könnte also eine Frau gewesen sein. Toshiba hatte darauf auch schon hingewiesen.»

«Dann denk nach, wer es sein könnte. Wen hast du so verärgert, daß sie es dir nicht verzeiht?»

Abbie zögerte nur eine Sekunde lang. «Die naheliegende Person ist Blanche Casey. Man hatte sie ziemlich vor den Kopf gestoßen, als ich nach New York ging.»

«Aber sie ist im Moment nicht in London», sagte Katharine.

«Sie könnte die Friseurin engagiert haben.»

«Das wäre riskant», erwiderte Katharine. «Sie würde sich dadurch sehr verwundbar machen. Außerdem läuft es für Blanche im Moment sehr gut. Warum sollte sie sich damit abgeben? Nein, je mehr ich darüber nachdenke, komme ich zu dem Schluß, daß der Friseur, wenn es denn eine Frau ist, dein ‹Fan aller Fans› sein muß. Das ist ein und dieselbe Person.»

«Wenn ich nach Hause komme, gehe ich die Akten des Sicherheitsdienstes mit den Angestellten von Globe noch einmal durch. Ich müßte jemanden entdecken, der wie der Friseur aussieht. Und ich denke, wir sollten Toshiba davon erzählen. Wie spät ist es jetzt in New York?»

Aber als Abbie ihn anrief, war er nicht allzu beeindruckt. «Sie gründen Ihre Vermutung auf einer sehr dürftigen Prämisse», sagte er. «Solange es keine eindeutigen Beweise gibt, ziehe ich keine Schlüsse, obwohl ich Ihnen darin zustimme, daß es einen Zusammenhang zwischen der Person, die diese Nachrichten schreibt, und dem falschen Friseur geben muß. Die Meldung von Ihrem mutwillig zerstörten Kleid wurde hier in allen Nachrichtensendungen verbreitet», fuhr er fort. «Ich fürchte also, Ihnen stehen schwierige Zeiten bevor, wenn Sie zurückkommen. Ich bin sicher, ich brauche Sie beide nicht daran zu erinnern, daß absolutes Schweigen zu diesem Zeitpunkt unsere beste Waffe ist.»

«Genau.»

«Morgen werden Sie am Kennedy Airport von unseren Leuten erwartet und nach Hause begleitet.»

Abbie gab noch einmal ihre Ankunftszeit durch und legte auf. Dann traf sie Vorbereitungen, um ins Bett zu gehen.

«Wir müssen uns überwinden und alle bösen Erinnerungen auf den Tisch legen», meinte Katharine leise. «Wir müssen über George reden.»

Abbie fuhr zusammen. «Ich nehme an, du hast recht.»

Es wurde nicht so schmerzhaft, wie sie es befürchtet hatten. Sie begannen damit, die Umstände zu vergleichen, unter denen sie sich kennengelernt hatten. Daß die Begegnungen so ähnlich abgelaufen waren, überraschte sie nicht. George hatte sich auf dieselbe Weise an beide herangemacht. Er war sehr einfallsreich gewesen, um sie davon zu überzeugen, die Beziehung geheimzuhalten. Mutter und Tochter vermieden allerdings, über das heikle Thema zu sprechen, wie er sie ins Bett gelockt hatte. Das war ein Thema, über das sie wahrscheinlich nie miteinander reden konnten.

«Ich wünschte, wir könnten es ihm irgendwie heimzahlen», meinte Abbie schließlich.

«Sehr gern. Das Problem ist, was wir auch machen, wir müssen sehr vorsichtig sein. Dieser Wolf im Schafspelz», sie lächelte gequält, «könnte uns ein Leben lang erpressen.»

Abbie erschrak. «Daran hab ich noch gar nicht gedacht.»

Sie schwiegen einen Augenblick, bis ein kleines Grinsen auf Katharines Gesicht erschien. «Abbie, was liebt er über alles?»

«Einfach: seinen Penis.»

«Genau.» Katharine sah ihre Tochter kurz an. «Er ist gut, oder?»

«Einzigartig.»

Sie lächelten beide.

«Ich hab mal einen Wissenschaftler interviewt», sagte Katharine, «der mir – leider nicht vor laufender Kamera – erzählte, daß er die Einnahme von neuartigen Tabletten gegen Bluthochdruck abgebrochen hatte, weil sie katastrophale Auswirkungen auf sein Liebesleben hatten. Es war eine Wahl zwischen dem Tod und der Scham, wie er es nannte, denn sie hatten ihn impotent gemacht.»

Abbies Augen leuchteten auf. «Meinst du, das funktioniert bei jedem?»

«Ziemlich drastisch sogar, wie mir der Wissenschaftler sagte.»

«Aber nicht für immer, hoffe ich. Ich meine, sosehr ich George diesen Katzenjammer und eine erzwungene Abstinenz auch wünsche, daß er *nie* mehr kann, wünsche ich ihm nicht.»

«Ich auch nicht», sagte Katharine. «Nein, es gibt anscheinend überhaupt keine Nebenwirkungen – außer einer vorübergehenden Impotenz. Mein braver Apotheker wird mir schon die richtige Dosis geben.»

«Wie stellen wir es an, daß George seine Medizin auch einnimmt?»

«Die Tabletten wirken für unsere Absichten am besten, wenn sie zerkleinert werden und schnell in die Blutbahn gelangen. In Champagner, zum Beispiel. Wir müssen nur sicherstellen, daß er ein, zwei Gläser trinkt, und wenn er denkt, er wäre startklar, dann merkt er ... daß er es nicht ist.»

«Würde das nicht bedeuten, mit ihm schlafen zu müssen? Das könnte ich nicht ertragen.»

«Wir müssen nicht wirklich zur Tat schreiten – kann er dann ja sowieso nicht mehr. Wir lassen ihn nur in dem Glauben, daß wir es wollen.»

«Aber du hast dich so mit ihm gestritten, wie willst du da ein Rendezvous arrangieren?»

«Mit Schmeicheleien klappt das schon. Er ist ja sehr eitel, wie du weißt. Ich erzähle, daß ich ihn so vermisse, daß alles egal ist, wenn ich ihn nur sehen kann, blablabla. Ich glaube auch, daß er denkt, ich könnte ihm noch nützen, um seinem Hotel Auftrieb zu geben. Es läuft nämlich immer noch nicht gut. Du könntest es natürlich auch, aber die ITAC-Auszeichnung und die ganze Publicity wirken sich vielleicht zu meinen Gunsten aus. Sein Ego hat ebenso unter dem Flop bei der Hoteleröffnung gelitten wie seine Brieftasche. Jedenfalls ist es einen Versuch wert, oder?»

«Und ob», sagte Abbie. «Und ich glaube, wir könnten es tatsächlich schaffen.» Sie lachte und sagte dann nachdenklich: «Aber da ist noch ein Problem. Er hat sicher die Berichterstattungen über die Preisverleihung gesehen. Wir sehen auf den Fotos ziemlich vertraut aus. Wird er nicht davon ausgehen, daß wir über ihn geredet haben?»

«Nicht, wenn wir ihm sagen, daß es nur für die Kameras inszeniert war. Daß ich anscheinend zu ihm zurück will, läßt ihn sicher glauben, daß wir noch auf Kriegsfuß miteinander stehen.»

«Meinst du, daß er uns glaubt?»

«Warum sollte er nicht? Sein Ego ist ja bekanntlich riesig. Er wird nicht nachhaken. Wichtig bei alldem ist, Abbie, sehr verständnisvoll zu reagieren, wenn er keinen hochkriegt.»

«Wo bleibt der Spaß dabei? Ich würde viel lieber meine Schadenfreude zeigen.»

«Versuch, es zu verbergen. Wir sollten beide Mitgefühl zum Ausdruck bringen, aber gewürzt mit einer kleinen spitzen Bemerkung. Er wird ja auch nicht jünger, also könnte ich so etwas sagen wie: ‹Schatz, in deinem Alter muß man auf so etwas gefaßt sein.›»

«Ja», meinte Abbie, der die Vorstellung immer mehr gefiel. «Ich könnte ihm über die Stirn streichen und etwas Ähnliches sagen, daß ich gehört hätte, dieses Problem trete bei Männern seines Alters häufiger auf.»

«Das müßte genügen. Er vermutet dann vielleicht, daß wir

unter einer Decke stecken, aber wie sollte er das beweisen? Und das, meine liebe Tochter, wird unsere Rache sein. Ich rufe ihn an, sobald ich zurück bin. Wenn ich mit ihm fertig bin, wird er wahrscheinlich verzweifelt versuchen, seine Männlichkeit bei dir unter Beweis zu stellen.»

Katharine streckte ihre Hand aus. «Bist du dabei?»

«Mit dem größten Vergnügen.»

Sie gaben sich die Hand und besiegelten den Handel.

14. KAPITEL

Am Kennedy Airport drängte sich Abbie lächelnd durch die Meute rufender, knipsender Pressefotografen und an unzähligen Übertragungswagen mit ihren Satellitenschüsseln vorbei. Toshibas Bodyguards geleiteten sie rasch auf den Vorplatz und zur Limousine, während sie nur nett auszusehen hatte. Katharine erschien ein paar Minuten später und wurde ebenso belagert. Getrennt trafen sie bei ihrer Wohnung in der Fifth Avenue ein, wo Toshibas Leute die Presse vom Eingang fernhielten.

Obwohl auf den Titelseiten über die Zerstörung von Abbies Kleid berichtet worden war, konnten die Journalisten die Story nicht weiter ausschlachten. Globe war mit Anfragen nach Interviews überhäuft worden, aber alle dringenden Bitten waren von der Presseabteilung mit der Standardantwort abgewehrt worden, daß der Vorfall von der britischen Polizei untersucht würde. Bis weitere Erkenntnisse vorlägen, würden keine Erklärungen mehr abgegeben werden.

Da die Medien keine neue Nahrung und nicht einmal eine Äußerung von Abbie bekamen, entschieden sie, lediglich die Geschichten zu bringen, die schon in den britischen Zeitungen gestanden hatten. Der Vorfall wurde einem «zerstörungswütigen Engländer» zugeschrieben. Ein wagemutiges Sensationsblatt hatte eine Belohnung für Hinweise auf den geheimnisvollen Friseur ausgesetzt, aber bisher waren keine Reaktionen zu vermelden.

Abbie war sehr erleichtert, daß es in dem Büro von *Tonight* keine undichte Stelle gegeben hatte. Die Angestellten von ABN waren zu einer Notstandsbesprechung zitiert worden, bei der Jeri-Ann darauf hinwies, wie wichtig Verschwiegenheit für einen erfolgreichen Abschluß der Ermittlungen war.

Bisher war niemand aus der Reihe getanzt. Die Journalisten wußten nichts von dem Kondom oder dem Zusammenhang zwischen den Vorfällen in New York und London.

Der Empfang, der Abbie von ihren Kollegen und besonders von Ed Dantry bereitet wurde, gab ihr neuen Auftrieb. Niemand konnte sich entsinnen, daß der Chef jemals einem Mitarbeiter einen solch üppigen Korb voller Rosen geschickt hatte, wie er sich nun auf Abbies Schreibtisch breitmachte.

Am Dienstag morgen ging sie gerade das Skript der Woche durch, als ihre Assistentin ihr leise zurief: «Abbie, Leitung drei. Dein Mister Wonderful.»

Ihre erste Reaktion war, den Anruf von George abzulehnen, aber sie hatte einen Pakt mit ihrer Mutter geschlossen. Sie maßregelte sich für ihre Feigheit und nahm angespannt den Hörer ab.

George war bester Laune. «Liebling, du hast bei der Feier großartig ausgesehen. Ich hab das Foto in der Zeitung gesehen, das Kleid war toll, es zeigte jede einzelne deiner süßen Kurven.»

Trotz der besten Vorsätze ließ seine vertraute tiefe Stimme sie erschauern.

«Hast du mich vermißt?» fuhr er fort, ohne auf eine Antwort zu warten. «Wann hast du Zeit? Heute abend, hoffe ich. Ich habe große Pläne für uns geschmiedet, und glaub mir», er kicherte leise, «damit meine ich nicht das Essen. Liebling, ich kann's kaum abwarten, dich in die Finger zu bekommen. Kannst du dich freimachen? Ich würde gern gleich vorbeikommen, um dich dort herauszuholen.»

Seine Worte sprudelten hervor, ohne daß er ihr Gelegenheit gab zu antworten. War er schon immer so egozentrisch gewesen?

Abbie blieb schweigsam, während er weiterplauderte. Die Rache war um so süßer, wenn er sich eine noch tiefere Grube grub. Abbie schloß die Augen. Als wenn er neben ihr läge, so deutlich spürte sie seine Stärke, seinen Atem, seine Hände, die ihren Körper zum Leben erweckten. Wenn es doch nur so leicht wäre, diese elektrisierenden Spannungen zwischen ihnen abzuschalten.

Sie war wütend über sich selbst. Wie konnte sie auf diese Art an ihn denken nach alldem, was er ihnen angetan hatte? Sie hörte wie betäubt zu, während er ausführte, welche Spielchen sie spielen würden, wie er sie immer wieder zur Ekstase bringen würde. Er beherrschte die Kunst der Verführung am Telefon perfekt, und langsam wich ihre Entschlossenheit.

«O Abbie, Liebling, ich will dich. Ich brauche dich.»

Wenn er alles gestehen, um Vergebung bitten, allen anderen Frauen entsagen und ewige Treue schwören würde, vielleicht …

«Du bist die einzige Frau für mich», sagte er gerade.

Das brachte sie abrupt in die Realität zurück.

Die einzige Frau? Lügner. Wie gern hätte sie ihm das Wort entgegengeschrien.

Nun, da sie die Wahrheit über ihn kannte, merkte sie, wie er sich mit jedem Wort selbst verriet. Sie hatte gehofft, daß er sie wegen ihrer Persönlichkeit oder ihres Sinns für Humor aufregend fand. Aber nein, er war lediglich von der sexuellen Seite ihrer Beziehung besessen und vermißte einfach nur ihren Körper. Wie lächerlich.

Schließlich bemerkte er ihre Schweigsamkeit.

«Liebling? Bist du noch dran?»

«Ja, bin ich», sagte sie frostig.

«Was ist los? Bist du sauer auf mich? Du weißt, ich konnte nicht zum Flughafen kommen, weil …»

«Nein, ich bin nicht sauer, nur etwas müde. Schatz, ich komme um sechs und bringe einen herrlichen Champagner mit, den ich für dich in London gekauft habe. Krug, 89er Jahrgang, das soll einer der besten überhaupt sein.»

Nach dem Telefonat war Abbie immer noch angespannt. Sie nahm den Hörer wieder ab und wählte die Nummer ihrer Mutter.

«Mum, ich dachte mir, du wüßtest gern, daß ich jetzt an der Reihe bin.» Sie hörte Katharines Kichern und fühlte sich sofort wieder besser.

«Was hab ich dir gesagt? Der Mann ist wie Knete in unseren Händen – in mehrerer Hinsicht.»

Abbie lächelte immer noch, als sie sorgfältig überlegte, welches Kleid sie an diesem Abend für George tragen sollte.

Viel später, als eine leere Champagnerflasche kopfüber im silbernen Kübel lag, legte Abbie ihre Hand auf den Türknauf und wollte gerade das Schlafzimmer von George verlassen, als sie sich noch einmal mit einem besorgten Gesichtsausdruck umdrehte.

«Liebling, es tut mir leid, aber ich muß zurück. Ich habe morgen einen ganz frühen Termin.»

George lag mit geschlossenen Augen auf den weißen Leinenkissen.

Abbie warf einen Blick auf die leere Flasche und unterdrückte ihre Belustigung. Bisher stimmten die Ereignisse genau mit dem überein, was drei Tage zuvor auch geschehen war. Ihre Mutter hatte zu George gesagt: «Du mußtest damit rechnen, Schatz. Wir werden ja alle nicht jünger. Da passiert so etwas eben.» Daraufhin, so Katharine, hatte er wütend erwidert: «Mir nicht» und sein Gesicht im Kissen vergraben.

Nun atmete Abbie tief durch und sagte den tödlichen Satz, den sie so oft geübt hatte: «Mach dir keine Sorgen, Schatz, ich habe gehört, daß dieses Problem bei Männern in deinem Alter häufig auftritt.»

George riß die Augen auf. «Red keinen Quatsch, ich bin im besten Mannesalter.»

Abbie wandte sich schnell ab, damit er ihr entzücktes Lächeln nicht sehen konnte. «Ich melde mich bald», rief sie noch fröhlich über die Schulter zurück, bevor sie sein Penthouse verließ.

George rief sie einige Tage später an.

«Dieses Problem, das ich da neulich hatte … Ich war wohl einfach nur müde. Und ich trinke mit Sicherheit nie wieder Champagner. Liebling, ich möchte mir dir feiern. Hast du später noch Zeit?»

«Das wird schwierig werden.»

«Versuch es. Ich sehne mich so nach dir.»

«George», sagte sie barsch, «es hat keinen Sinn, dir etwas vorzumachen. Ich weiß, daß du eine Affäre mit meiner Mutter hattest.» Sie hörte, wie er erschrocken die Luft anhielt.

«Schatz, das ist vorbei. Ich kann dir alles erklären.»

«Das war bis vor kurzem nicht vorbei, oder? Du hast dich mit uns beiden getroffen, hast dieselben Versprechen gegeben, dieselben Worte gesagt und jede einzelne Sekunde deines Doppelspiels genossen. Ob du das alles erklären kannst, möchte ich bezweifeln.»

«Hör mal, das war schwierig. Als ich dich kennengelernt hatte, wollte ich mit ihr Schluß machen, aber ich wollte sie nicht verletzen.»

«Betrachten wir diese überaus sensible Haltung doch mal näher, ja? Seit Weihnachten hatten wir beide ein Verhältnis. In der Zeit hast du auch mit meiner Mutter geschlafen. Wie lang genau wolltest du denn warten, um mit ihr Schluß zu machen? Sechs Monate? Ein Jahr?» Sie gab ihm keine Gelegenheit zu antworten. Es war herrlich, seine Gefühle so unter Kontrolle zu haben. «George, hör mir gut zu», sagte sie eisig und mit der Betonung auf jedem einzelnen Wort. «Ich werde dich nie wiedersehen.»

Ein Schweigen folgte, und dann lachte George. «Das nehme ich dir nicht übel. Euch beiden nicht. Aber, Mensch, hat mir die ganze Sache einen Spaß bereitet! Und du mußt zugeben, du hast auch davon profitiert. Du bist jetzt eine viel bessere Liebhaberin als vorher.»

Abbie knallte den Hörer auf. Der Mistkerl hatte auch noch recht. Zum Teufel mit ihm.

Auf dem Paket der ersten Postlieferung am Morgen stand «Privat und vertraulich», aber das ignorierte die persönliche Assistentin von Ed Dantry. Sie war auch nicht überrascht, als sie darin eine Videokassette ohne Aufkleber entdeckte. Eine ihrer Pflichten war es, Sitzungen zu organisieren, in denen unter Ausschluß der Öffentlichkeit Videofilme angeschaut wurden, die nie in der Hauptsendezeit gesendet werden konnten.

Aber der Inhalt des Begleitschreibens rief bei der Assistentin, die sonst nicht so leicht aus der Ruhe zu bringen war, einen besorgten Schauer hervor. Normalerweise gab sie anonyme Post gleich an den Sicherheitsdienst weiter, aber seit dem Vorfall mit dem zerfetzten Kleid in London hatte ihr Chef die Anweisung erteilt, daß alles, was nur im entferntesten verdächtig wirkte und Abbie Lomax betreffen könnte, ihm persönlich vorgelegt werden sollte.

Er war auf dem Weg ins Büro. Weil sie nur ungern überrascht wurde, hatte sie ein Frühwarnsystem eingerichtet, das sie in dem Moment benachrichtigte, in dem er das Gebäude betrat. Es funktionierte so gut, daß er ihr den Spitznamen «Radar» nach der Figur in der Serie M*A*S*H gegeben hatte. Sie stand an der Tür, als Ed Dantry hereinstürmte.

Wie viele Männer mit großem Einfluß verabscheute Dantry es, auch nur eine Sekunde zu vergeuden. Die Atmosphäre war sofort wie elektrisiert, scheinbar durchdrungen von seiner außerordentlichen Energie.

«Sagen Sie meinem 9-Uhr-Termin, daß es später wird, und verbinden Sie mich mit der Werbung. Wir haben große Probleme.»

«Ich schlage vor, daß Sie sich dies vorher ansehen», sagte sie und reichte ihm den Brief. «Sie möchten dem vielleicht Vorrang einräumen.»

Als er in sein Büro ging und dabei den Brief las, folgte sie ihm mit dem Video in der Hand.

«Heilige Scheiße. Was hat das zu bedeuten?»

«Nun, hier ist das Video, das mit dem Brief kam. Soll ich es einlegen?»

«Ja, und schaffen Sie sofort Dempsey hierher. Und die Anwälte.»

Dantry drückte auf die Fernbedienung, und der riesige Flachbildschirm des Fernsehers flackerte auf.

Abbie wurde an diesem Freitag nachmittag aus der Konferenz herausgerufen, um Matts Anruf entgegenzunehmen. Der Sicherheitsbeamte, der auf dem Flur Wache hielt, hob die Augenbrauen.

«Nein, Luke. Nur ein Anruf. Ich gehe nicht weg», meinte Abbie zu ihm.

Wenn Matt sie störte, mußte es sich um einen Notfall handeln, denn in die letzte große Besprechung vor der Sendung war das ganze Team einbezogen, und sie wurde als die wichtigste der ganzen Woche angesehen.

«Ich hab einen Anruf von ganz oben bekommen», sagte Matt. «Er will uns jetzt sehen, sofort.»

«Was ist los?»

«Keine Ahnung. Es kann sich nicht um den Vertrag handeln, nicht zu diesem Zeitpunkt. Normalerweise spreche ich erst alles mit jemand anderem durch.»

«Was könnte sonst dahinterstecken?»

«Ärger.» Matt beunruhigte Abbie nur ungern, aber er wußte, daß es Unheil bedeutete, wenn Ed Dantry einen Agenten und seinen Star ohne Vorankündigung in seine heilige Stätte zitierte. Er machte mit Abbie aus, daß er sie in ihrem Büro abholte, damit sie zusammen hoch in den 38. Stock gehen konnten.

Finstere Mienen begrüßten sie, als sie in Dantrys palastartiges Büro geführt wurden. Abbie zögerte auf der Türschwelle. Sie wurden nicht willkommen geheißen, und diese ernste Begrüßung ohne die kleinste Andeutung eines Lächelns entsprach so gar nicht Dantrys üblicher überschwenglicher Art. Abbie war verunsichert. Was hatte sie aus der Position des Lieblings des Senders herauskatapultiert? Es hatte den Anschein, als würde sie einer der berüchtigten Tiraden Dantrys ausgesetzt werden. Was, in Gottes Namen, hatte sie getan?

«Abbie, vielen Dank, daß Sie gekommen sind. Bitte setzen Sie sich. Unser Senioranwalt», er wies auf eine große Gestalt in der Ecke, «hat auf dieser Vorgehensweise bestanden.» Er zuckte entschuldigend mit der Schulter. «Man hat mir geraten, daß wir nichts sagen, bis wir uns dieses Video angesehen haben.»

Verwirrt beobachtete Abbie, wie Dantry das Videogerät einschaltete. Der eben noch schwarze Bildschirm zeigte nun eine Pariser Wohnung, die in Wirklichkeit in der Bostoner Hafengegend gefilmt worden war. Sie entspannte sich. Obwohl es Jahre her war, daß Abbie den Film das letzte Mal gesehen hatte, erkannte sie ihn sofort. Meine Güte, regten die sich etwa darüber so auf?

Der Film war als Studentenproduktion für die Abschlußprüfung ihres Kunstseminars entstanden und hatte eine Goldmedaille gewonnen. Besonderen Beifall hatten die stimmungsvollen Eröffnungssequenzen und die Aufnahmen des hohen Raumes mit den *Fin-de-siècle*-Möbeln und den Textiltapeten erhalten. Der Regisseur war ihr damaliger Freund Ben Kempinski gewesen, der davon geträumt hatte, die amerikanische Antwort auf das italienische Filmgenie Michelangelo Antonioni zu werden; Ben hatte immer Stunden hinter dem Projektor verbracht, um die Themen des Kinomeisters zu analysieren – oftmals, wenn er eigentlich etwas anderes hätte lernen sollen.

Dieser letzte Film vor dem Abschluß sollte Bens Meisterwerk werden; er hatte gegenüber dem kleinen Produktionsteam geprahlt, daß ihre Arbeit – wie Steven Spielbergs erste Versuche, die die Aufmerksamkeit eines bedeutenden Filmstudios erregt hatten – auch Geschichte schreiben könnte.

Der halbstündige Film beschrieb das Leben einer sinnlichen, wollüstigen Kurtisane, gespielt von Abbie, die für die Dauer des Films sehr spärlich bekleidet war. Eine Sequenz zeigte sie und einen Liebhaber bei einem vorgetäuschten Liebesspiel. Sie nahm weniger als eine Minute in dem halbstündigen Film ein. Ben hatte behauptet, es sei von wesentlicher Bedeutung, daß seine Hauptfigur in dieser Szene nackt sei, um die Integrität der Story zu wahren. Er hatte versprochen, nur eine Kopie dieses Film anzufertigen, die er sicher aufbewahren und nur mit ihrer Zustimmung benutzen wollte. Der einzige Mensch, der außer ihm den Film sehen würde, wäre sein Prüfer. Schließlich hatten sie einen Kompromiß geschlossen. Abbie würde einen winzigen hautfarbenen Slip und ein hautfarbenes Band tragen, um damit ihren Busen zu bedecken.

Ben hatte sie mit seiner Begeisterung angesteckt, und sie hatte die Filmerfahrung genossen. Er hatte sein Wort gehalten und sie nicht gebeten, etwas Anstößiges zu tun. Die Liebesszene hatte er mit Feingefühl gedreht, indem er ihre augenscheinliche Nacktheit mit dem Körper des anderen Schauspielers verdeckte. Das Ergebnis war geschmackvoll, sinnträchtig und ansprechend gewesen.

Jetzt kommt's, dachte sie und war sich bewußt, daß Matt neben ihr unruhig auf seinem Stuhl hin und her rutschte. Das mußte der Grund für das ganze Theater sein.

Die Kamera verweilte auf der schlanken Gestalt von Abbie, die ausgestreckt auf einem Himmelbett lag. Ihr Körper zeichnete sich unter einem Satinlaken ab, ein einladendes Lächeln lag auf ihren Lippen, und mit einer Handbewegung forderte sie einen nackten Mann im Vordergrund auf, zu ihr zu kommen.

Aber was war das? Abbie setzte sich auf, erstaunt sah sie, wie sich die Szene im Film entwickelte. Der muskulöse junge Mann begann, den Körper der Frau mit der Zunge zu streicheln. Zuerst die Brustwarzen und dann immer weiter abwärts. Abbies Verlegenheit wurde zu entsetztem Unglauben, als die Kamera auf eine Vulva schwenkte, die den gesamten Bildschirm füllte.

Der nackte Mann fuhr mit seinem langsamen, sinnlichen Liebesspiel mit dem empfänglichen Frauenkörper auf dem Bett fort.

Abbie begegnete dem Blick des Leiters des Sicherheitsdienstes, auf dessen Gesicht ganz offenkundiger Genuß zu erkennen war. Dempsey starrte sie mit einer Unverschämtheit an, die ihr einen kalten Schauer über den Rücken laufen ließ.

«Das bin ich nicht.» Ihre Stimme überschlug sich vor Empörung. «Ich hab keine Ahnung, wer das ist, aber ich bin es mit Sicherheit nicht.»

Keiner der Männer sagte etwas. Ihre Blicke waren starr auf den Bildschirm gerichtet.

Der Kopf des Schauspielers verdeckte größtenteils das Gesicht der Frau. Sein Mund glitt langsam den weiblichen Körper hinunter, dann verschaffte sie ihm den gleichen Genuß, wobei ihr Gesicht von der Kamera abgewandt war. Mann, das sieht tatsächlich aus wie mein Körper, dachte Abbie nervös. Sie versuchte, Matts Blick zu begegnen, aber seine Augen waren auf das Bild fixiert.

Matt sah schon die Schlagzeilen. All die Jahre, die er schon diesen Beruf ausübte, hatte er sich um die Darstellung unangenehmer Fakten kümmern müssen. Er verabscheute die Beschreibung «Tatsachenverdreher» und sah sich eher als Medienpsychologe, der eine vorteilhafte Erklärung für die negativsten Informationen über seinen Klienten abgeben konnte. Eine Abtreibung wurde zur Entfernung eines Weisheitszahnes, und eine Auszeit, die der Entgiftung oder einem Drogenentzug diente, wurde zu einer Suche nach dem spirituellen Sinn des Lebens.

Matt hatte Abbies Potential bereits erkannt, als sie auf dem kleinen Bildschirm in Chicago erschienen war, aber während der ersten Verhandlungen für den Job in New York hatte man ihn nicht darüber im Zweifel gelassen, daß sie ihre große Chance aufgrund der verwandtschaftlichen Beziehung zu Katharine Sexton erhalten hatte.

Und sie war gut. In einer von Niedertracht geprägten Zeit hatte sie von Anfang an die Gunst der Zuschauer erobert, zumal sie als das anständige, aber schöne Mädchen von nebenan verkauft wurde. Keine gerichtlichen Verfahren, nicht einmal wegen eines Verstoßes gegen die Straßenverkehrsordnung. Eine Nation, die an gefallene Helden gewöhnt war, freute sich, daß Abbie – wie ihre Mutter – anscheinend keine dunklen Seiten zu verbergen hatte. Sie schnupfte auf Partys kein Kokain, schlief nicht wahllos mit irgendwelchen Männern und brauchte auch keinen Alkohol, um die Anspannung ihres nervenaufreibenden Jobs zu ertragen. Noch besser war, aus Matts Perspektive, daß die Presse sie liebte. Okay, es wurde viel über die Fehde mit ihrer Mutter geschrieben, aber die meisten schienen auf Abbies Seite zu stehen. Und es wirkte sich positiv auf die Einschaltquoten aus.

Aber mit einem Mann, der nicht ihr Ehemann war, im Bett gefilmt zu werden und ihm einen zu blasen? Selbst in dieser von Sensationen geplagten Zeit würden die Zuschauer scharenweise abtrünnig werden. Die Auswirkungen würden um so heftiger sein, als die Fans sich betrogen fühlen mußten. Sie würden denken, daß ihr ganzes Image ein reines Täuschungsmanöver gewesen war. Matt wußte genau, daß keine andere Nation so schnell wie Amerika provinziell werden und sich auf ein hohes moralisches Roß setzen konnte. Würde sich irgend jemand von Bedeutung bereit erklären, von Abbie interviewt zu werden, wenn dieses Video erst einmal an die Öffentlichkeit gelangte?

Er sah in Gedanken schon, wie sein Kontostand in die Tiefe raste und er nach Chicago und zu seinem langweiligen Familienleben zurückkehrte, wenn sein wichtigster Klient die Show verlor. Abbie wehrte sich gegen die Behauptung, daß sie die nackte Frau auf dem Bildschirm sein sollte. Mann, es sah aber verdammt danach aus.

Dantrys Gesichtsausdruck verriet Matt genau, aus welcher Richtung der Wind wehte. Den Sender in Verrufenheit zu bringen war die größte aller Sünden. Doch trotzdem war Matt noch nicht bereit, das Unmögliche zu denken: daß der Sender Abbies Vertrag beenden könnte.

Abbie tat ihm leid. Sie hätte zweifellos eine große Karriere vor sich gehabt. Aber Ed Dantry war einer der unbarmherzigsten Unternehmer in der Fernsehbranche. Er leitete eine Fernsehanstalt mit einem Milliardenumsatz. Ja, Abbies Show war ein Volltreffer. Aber sie lief gerade mal eine Stunde pro Woche – eine Bagatelle in Eds Gesamtwerk. Abbie war gut, und daß sie die Tochter von Katharina der Großen war, hatte eine tolle Publicity eingebracht. Aber diese Geschichten waren jetzt alle genügend ausgeschlachtet worden, und da draußen gab es noch Tausende hoffnungsvoller Talente.

Er könnte keinen Einspruch erheben, wenn sie sich auf die Verwerflichkeitsklausel beriefen. Aber er würde sich verdammt noch mal für Abbie ins Zeug legen, bevor er sie abschrieb. Das war er ihr schuldig.

«Halten Sie den Film an. Sofort.» Abbies Stimme wurde lauter. «Ich sage Ihnen noch einmal, daß ich das nicht bin. Ich will davon nichts mehr sehen.»

«Sie behaupten, daß es gefälscht ist?» Dantrys Gesichtsausdruck war schwer zu deuten. Abbie war eine der wenigen Glücklichen auf seiner Gehaltsliste, die noch nie seine dunklen Charakterzüge erleben durften. Da sie die Honorarverhandlungen anderen überließ, hatte sie bisher mit ihm nur in einer von Schmeicheleien, Begeisterung und Charme geprägten Atmosphäre – wie aufgesetzt es auch sein mochte – zu tun gehabt.

«Genau das behaupte ich.»

«Lassen Sie mich eines klarstellen. Diese Person auf dem Bett sind Sie, richtig?» Abbie nickte. «Aber Sie machen nicht dieses pornographische Zeugs.»

«Sicher nicht.»

Dantry orderte Chuck Dempsey mit einem Fingerschnippen: «Spulen Sie zurück zu der Szene, wo sie ihm einen bläst. Ja, das. Halten Sie das Bild an.»

Auf dem Bildschirm flackerte das Bild einer Frau, die sich über den Körper des Mannes beugte und ihn durch Fellatio befriedigte. Ihr Gesicht war durch die Haare verdeckt. Einige Sekunden lang starrten sie alle auf das statische Bild.

«Das sieht verdammt nach Ihnen aus», meinte Dantry schließlich.

«Ja, vielleicht. Aber ich bin es nicht. Die haben offensichtlich ein Double benutzt.» Obwohl Abbie sich bemühte, ruhig zu wirken, spürte sie Tränen der Frustration aufsteigen. Ihre Worte wurden von allen angezweifelt und – so wie er schaute – auch von Matt. Warum hatte er nichts zu ihrer Verteidigung gesagt?

«Ed, Sie müssen mir glauben. Das Video ist gefälscht. Ja, ich habe als Studentin an einem künstlerischen Film für unsere Abschlußprüfung am College mitgewirkt, und der Anfang ist auch echt, aber die Sexszenen wurden im nachhinein eingefügt.»

Chuck Dempsey grinste noch immer so höhnisch.

«Wenn Sie das zurückspulen, sehen Sie, daß ich zunächst unter einem Laken liege. Dann setze ich mich auf, und man sieht meinen nackten Rücken. Als diese Szene gedreht wurde, war mein Busen bedeckt, und ich hatte einen Slip an. Aber bei der nächsten Einstellung ist die Frau vollkommen nackt. Ab da wurde alles hinzugefügt. Die ursprüngliche Szene war ziemlich unschuldig und dauerte vielleicht dreißig oder vierzig Sekunden. Da war nichts von diesem minutenlangen Dreck. Meine Rolle sah lediglich vor, daß ich unter einem Laken zu liegen habe. Ich hab nichts Anzügliches gemacht.»

«Das sah für mich ganz schön anzüglich aus», sagte Dempsey.

Der Sarkasmus in seiner Stimme traf Abbie hart, und sie bemühte sich, ihre Wut im Zaum zu halten. Sie konnte hier nicht gewinnen, wenn sie die Kontrolle verlor. Einen kurzen Moment lang wollte sie um ein Gespräch unter vier Augen mit Matt bitten, aber sie verwarf den Gedanken sofort wieder. Das würde man als Zeichen der Schuld deuten.

«Haben Sie auch nur eine Sekunde lang mein Gesicht gesehen? Sie sehen lediglich eine Frau, die mir ähnlich ist. Ihre Haare verdecken immer das Gesicht, wenn sie nicht gerade von hinten gefilmt wird.»

Niemand sagte etwas.

«Ich habe nicht die Angewohnheit zu lügen», sie war stolz darauf, daß ihre Stimme nicht zitterte, «und ich möchte Sie bitten, mir zu glauben.»

Das Schweigen wurde nur durch vereinzeltes Räuspern und unruhiges Rutschen auf den Stühlen unterbrochen. Schließlich sagte Matt etwas. «Wer hat Ihnen das geschickt, Ed?»

Der Anwalt antwortete. «Es war dieser Verrückte, der Abbie seit Monaten verfolgt. Der ‹Fan aller Fans›.»

O mein Gott, dachte Abbie, nicht schon wieder. «Verfolgen ist das richtige Wort», sagte sie totenbleich. «Sagt Ihnen das denn nicht alles?» Sie wandte sich an Dantry. «Ich verstehe nicht, wie Sie in Frage stellen können, was ich Ihnen über ein widerliches Video erzähle, das Ihnen anonym von jemandem zugeschickt wurde, der ganz offensichtlich krank im Kopf ist.»

Wieder ergriff der Anwalt das Wort. «Wir haben das Video überprüfen lassen, gleich nachdem wir es das erste Mal sahen.»

Dantry nickte. «Stimmt, und es gibt keinen Hinweis darauf, daß es gefälscht ist. Wenn es eine Fälschung ist, dann wären zwei unterschiedliche Einstellungen zu erkennen gewesen, und wir wissen alle, wie schwierig es ist, eine Übereinstimmung hinzukriegen. Aber es ist perfekt. Auf dem Video ist alles genau gleich. Wir haben die Farbabstufungen und das Filmmaterial untersucht. Wir haben verglichen, wie das Bettzeug liegt, wie die Laken gefaltet waren – alles Dinge, die nur trainierte Profis erkennen würden. Unser Mann im Labor konnte keine Unvereinbarkeit ausmachen.»

«Ihr Mann irrt sich.» Abbie donnerte mit der Faust auf die Armlehne. «Ich sage es Ihnen noch einmal, das pornographische Zeugs in dem Film ist gefälscht. Natürlich kann man die Schnitte und Übergänge nicht sehen, weil es eine Kopie ist. Wahrscheinlich die zweite, vielleicht auch die dritte Generation. Wer weiß. Um das Video richtig zu untersuchen, müßte man es mit der Masterkopie vergleichen.»

«Das wissen wir», meinte Dantry abweisend. «Das haben wir berücksichtigt, aber unser Mann ist zu neunzig Prozent überzeugt, daß dieses Video echt ist.»

Die abgebrühten Veteranen von Globe kannten jeden einzelnen Kameratrick, den es gab. Sie wußten, wie man Orte,

Menschen und Dialoge in einem Film austauschte, und wenn sie den Film auf all diese Techniken hin überprüft hatten und immer noch überzeugt waren, daß es keine Fälschung war, dann hatte Abbie die Schlacht wohl verloren.

Sie machte sich keine Illusionen darüber, was es bedeutete, wenn sie die Mächtigen in diesem Raum nicht davon überzeugen konnte, daß sie diese pornographischen Szenen nicht gedreht hatte. Sie kämpfte um ihre Karriere.

«Ich habe keine Ahnung, was hier vor sich geht», meinte sie knapp. «Vielleicht hat der Regisseur an demselben Tag noch mit einer Frau weitergefilmt, die mir ähnlich war, nachdem ich gegangen war. Ich würde so etwas nie machen, und das wußte er.»

Dantry stand auf, nahm einen Brief von seinem Schreibtisch und gab ihn Abbie. «Nun, das hat ein Profi gemacht, aber dieser Verrückte will es wissen. Wir haben tatsächlich großen Ärger.»

Der Anwalt flüsterte Matt zu: «Ich fürchte, die Beweise, die gegen Ihre Klientin sprechen, sind erdrückend.»

«Hier ist eine Kopie für Sie, Matt», sagte Dantry. «Chuck läßt das Original gerade auf Fingerabdrücke untersuchen, und Toshiba wurde auch eingeschaltet.»

Abbie las den Brief mit wachsender Sorge.

«Dies ist vom Fan aller Fans. Abbie Lomax ist ein Pornostar. Hier ist mein Beweis. Ich habe eidliche Zeugenerklärungen, die bezeugen, daß dieser Film nicht gefälscht ist. Wenn sie die folgende Erklärung nicht am kommenden Sonntag in ihrer Sendung verliest, werde ich Montag mittag Kopien des Filmes an alle Medien der Stadt verschicken: ‹Ich habe mich entschlossen, meine Arbeit für das Fernsehen aufzugeben, weil ich zu vielen Menschen geschadet habe. Sie wissen, wer sie sind, und ich entschuldige mich von ganzem Herzen bei ihnen. Dies ist mein letzter Auftritt, und ich werde unter keinen Umständen weitere Erklärungen abgeben.›»

«Das ist eine Unverschämtheit. Das ist Erpressung. Ich werde darauf nicht eingehen.» Abbie hielt es nicht mehr auf dem Stuhl, sie rannte auf und ab.

«So wie ich es sehe, Abbie, haben wir keine Wahl», meinte Dantry schroff. «Niemandem von uns gefällt es, wenn uns die Pistole auf die Brust gesetzt wird, aber dies ist nicht der Moment, um zu pokern. Ich muß Sie nicht daran erinnern, daß es Freitag nachmittag ist, und wir haben eine Sendung für Sonntag vorzubereiten.»

Abbie überkam unbändiger Zorn. Keiner dieser Mistkerle hatte auch nur die Möglichkeit in Betracht gezogen, daß sie recht haben könnte. Sie starrte ihn wütend an. «Ed, sehen Sie denn nicht, daß dieser Irre all die Monate genau darauf hingearbeitet hat? Er, oder sie, will meine Karriere zerstören. Und Sie wollen einfach dasitzen und es zulassen?»

«Natürlich nicht, Abbie. Wir tun dies alles, um Ihre Karriere zu *retten*. Wir müssen auf diesen Verrückten eingehen, um uns Zeit zu verschaffen und ihn auszuräuchern. Bitte, sehen Sie das von unserer Warte aus.» Zum ersten Mal zeigte Ed Dantry Anzeichen von Menschlichkeit. «Unsere Loyalität ist Ihnen sicher. Aber ich kann nicht leugnen, daß wir die Sache von einer anderen Perspektive aus betrachten müssen. Sie können uns vielleicht davon überzeugen, daß sie an keinem Pornofilm mitgewirkt haben, aber die Werbekunden ... Das ist ein ganz anderer Menschenschlag. Sie verlangen ‹Keine Schweinereien, keine Skandale›, und sie glauben, wo es Rauch gibt, da ist auch das Feuer nicht weit. Und wenn dieser Spinner an die Öffentlichkeit geht ... Ich muß Ihnen nicht erzählen, wie viele Einnahmen wir dann verlieren. Das würde das Ende für Ihre Show bedeuten, weil wir sie nicht mehr finanzieren könnten. Verstehen Sie unser Problem? Deshalb müssen wir uns im Moment darauf einlassen.» Er machte eine kurze Pause. «Was meinen Sie dazu, Abbie?»

Wenn sie beharrlich blieb, würden sie ihr die Show wegnehmen. Wenn sie scheinbar darauf einging, könnte sie zumindest Zeit gewinnen. Was auch passierte, sie würde auf keinen Fall vor laufender Kamera kündigen.

Sie sagte vorsichtig: «Ich habe wohl keine andere Wahl.»

Dantry lächelte erleichtert. «Gut. Außerhalb dieses Zimmers redet niemand über das Video. Verstanden?» Er stand auf. «Das wäre also geklärt.»

Nachdem Abbie und Matt gegangen waren, wandte er sich an die anderen.

«So wie ich die Sache sehe, können wir in der Angelegenheit nur gewinnen», sagte er. «Wir werden kostenlose Publicity im Wert von Millionen bekommen, sobald die Aasgeier herausgefunden haben, was hinter dieser kleinen Ansprache steckt. Und seien wir ehrlich: Anschließend ist Abbies Ruf als Miss Sauberfrau zerstört. Okay, dann müssen wir sie eben gehen lassen.»

«Das regeln wir mit der Verwerflichkeitsklausel», warf der Anwalt rasch ein.

Dantry nickte. «Dann holen wir uns jemand anderen. Abbie hat die Zuschauer herangeholt und ihre Aufgabe erledigt. Wo ich gerade daran denke, rufen Sie doch den Agenten von ... Wie hieß sie doch gleich?» Er schnippte mit den Fingern. «... von Blanche Casey an. Mal sehen, wie sehr sie an ihrem Sender hängt.»

Katharine war entsetzt, als sie von dem gefälschten Video hörte.

«Mum, du kannst dir nicht vorstellen, wie grauenhaft das war. Es war so unangenehm, in demselben Raum zu sitzen wie diese Männer, die sich im Geiste die Lippen leckten und was weiß ich, was sonst noch, während diese Nackte in dem Film herumhüpfte. Sie sah wirklich aus wie ich, und sie war splitterfasernackt. Man konnte jede anatomische Einzelheit erkennen. In der Originalfassung konnte man rein gar nichts sehen, es war sehr dezent.»

«Da bin ich mir sicher. Ich erinnere mich, wie ungern du deinen Körper gezeigt hast, als du klein warst.»

«Das Video, das an den Sender geschickt wurde, ist nicht das von Ben.» Abbies blassem Gesicht waren die Strapazen der vergangenen Stunden anzusehen.

Toshiba hatte zu ihr gesagt, es sei Zeitverschwendung, das Videogeschäft, das die Fälschung erstellt hatte, ausfindig machen zu wollen. Nach letzten Zählungen existierten sechstausend solcher Läden, und dazu gehörten nur diejenigen, die Steuern bezahlten. Außerdem, so fügte er hinzu, konnte es in ganz Amerika gemacht worden sein. Wahrscheinlich war auch, daß der Verdächtige einen falschen Namen benutzt und in bar bezahlt hatte.

Abbie gab die Kopie des Briefes ihrer Mutter, auf deren Gesicht sich wachsende Empörung abzeichnete, während sie ihn las. «Und Dantry schenkt dem Beachtung?»

«Er hat mir nicht gerade den Eindruck vermittelt, als stünde er auf meiner Seite.»

«Ich glaub es einfach nicht. Der Mann muß seine eigene Logik haben. Niemand geht auf so eine Erpressung ein. Das geht nicht. Wenn man darauf eingeht, würden wir bald von jedem dahergelaufenen Irren regiert werden.» Sie warf den Brief auf den Tisch. «Und Matt war einverstanden, daß du das machst?»

«Er glaubt, wir hätten keine Alternative. Aber Mum, ich kenne Dantry. Wenn die Presse von dem Video erfährt, bin ich draußen, und die kommen mir mit der Verwerflichkeitsklausel. Und dann holen die sich jemand anderen, der die Sendung macht.»

«Was unternimmt Toshiba, um diesen ‹Fan aller Fans› aufzuspüren?»

«Er glaubt, daß wir uns vielleicht irren, daß es keine Frau, sondern Ben Kempinski ist. Aber ich weiß, daß Ben mir so etwas nicht antun würde, und das habe ich Toshiba auch erzählt. Er ist nicht so ein Mensch, der mich verängstigen oder erpressen würde.»

«Die Leute ändern sich», sagte Katharine behutsam. «Wann hast du ihn das letzte Mal gesehen?»

«Seit dem College nicht mehr.»

«Nach jenem letzten Streit?»

«Ja. Er war durcheinander, weil ich wollte, daß wir es eine Zeitlang ruhiger angehen lassen. Du weißt ja, wie das ist, wenn man einen neuen Job bekommt, und damals war es besonders aufregend, als ich bei Globe in Boston das Praktikum machte.» Abbie war deutlich mitgenommen. «Als ich das letzte Mal mit ihm sprach, sagte er, es wäre schwierig für ihn, nicht mehr Teil einer Partnerschaft zu sein, aber ich hab permanent gearbeitet, auch an Wochenenden und Feiertagen. Und als ich nach Chicago versetzt wurde, hatte ich einfach keine Zeit für ihn, und allmählich haben wir uns auseinandergelebt.» Sie zuckte mit den Schultern. «So etwas läßt sich manchmal nicht vermeiden, aber das heißt nicht, daß er mir schaden würde.»

Katharines wacher Blick ließ nicht von ihr ab. «Könnte er einen Groll gegen dich hegen?»

«Ich wüßte nicht, warum. Wir waren jung. Trennungen kommen vor.»

Ihre Mutter stand auf. «Nun, er wird die Masterkopie haben, und wenn wir die bekommen, können wir zumindest beweisen, daß du die Wahrheit gesagt hast.»

«Toshiba versucht, ihn über das College ausfindig zu machen. Ich soll mich an möglichst viele Einzelheiten über ihn, seine Familie, Freunde, einfach an alles erinnern. Und er überprüft die drei anderen, die bei der Produktion des Films geholfen haben.» Abbie biß sich auf die Lippen. «Wenn Toshiba nicht schnell irgend etwas findet, muß ich Sonntag abend einen Narren aus mir machen. Ich habe nicht einmal mehr zwei Tage. Aber Mum, ich gebe nicht auf, bevor ich mich nicht mit Händen und Füßen gewehrt habe.»

Es war nach zehn Uhr, aber die beängstigenden Ereignisse des Tages hatte ihren Adrenalinspiegel in die Höhe schießen lassen. Katharine und Abbie waren sich einig, daß sie keinen Schlaf finden würden, bis sie nicht Neuigkeiten von Toshiba über seinen Besuch in Boston hätten. Katharine schlug vor, zu Abbie zu fahren und den Inhalt ihrer Kartons aus der Collegezeit zu durchsuchen; vielleicht fanden sie dort irgendeinen Hinweis. Sie machte den Vorschlag eher, um ihre Tochter zu beschäftigen, als in der Hoffnung, etwas Hilfreiches zu finden.

Katharine betrachtete das Durcheinander von Tagebüchern, Erinnerungsstücken und Fotos, die die Vergangenheit ihrer Tochter beinhalteten. Es glich der Unordnung in Abbies Schlafzimmer.

«Also, wir müssen logisch vorgehen», sagte sie. «Laß uns zuerst die Tagebücher durchgehen. Ich nehme an, wir brauchen uns um nichts kümmern, was zeitlich vor den Filmaufnahmen lag.»

Abbies Tagebücher waren spärlich gefüllt und enthielten nur kurze Einträge über Geburtstage, außerdem rätselhafte Notizen, die inzwischen nicht einmal mehr ihr verständlich waren.

Ihre Mutter öffnete einen kleinen Schmuckkasten. «Von wem hast du die?» fragte sie und hielt die Nadel einer Studentinnen-Verbindung in die Höhe.

Abbie dachte einen Moment nach, schüttelte aber dann den Kopf. «Nein, es ist mir peinlich, aber ich weiß es nicht mehr. Es war eine tolle Zeit am College, aber seitdem sind so viele aufregende Dinge passiert, daß die Erinnerungen daran verblaßt sind. Der Film war die letzte große Sache, die ich mit Ben zusammen erlebt habe. Wir haben achtzehn Stunden täglich gearbeitet, und wir alle hatten viele verschiedene Aufgaben, da gab es keine Zeit für eigenwillige Egoisten. Aber Ben war von dem Ergebnis begeistert. Oh, schau mal, ich habe ein Foto von ihm gefunden, das am Ende der Videoaufnahmen gemacht wurde. Gott, sieht er müde aus. Das waren wir alle auch wirklich.»

Ein junger Ben Kempinski lächelte sie an. Selbst auf diesem kleinen Bild konnte man sehen, daß er viele der charakteristischen Züge seiner slawischen Vorfahren geerbt hatte. Schwarze Haarsträhnen fielen über seine Stirn; er hatte hohe Wangenknochen, einen breiten Kiefer, anscheinend perfekte Zähne, aber eine leicht unförmige Nase.

«Dieses Bild wurde ein paar Monate, nachdem er sich die Nase beim Football gebrochen hatte, aufgenommen», sagte Abbie. «Sieht er etwa aus wie ein Mann, der besessen ist? Oder boshaft? Er ist einfach nicht so ein Mensch. Welchen Grund hätte er? Er könnte einfach zum Telefonhörer greifen und mit mir reden. Mich kann nichts davon überzeugen, daß er für irgend etwas von alldem verantwortlich sein soll.»

Toshiba rief an, um mitzuteilen, daß das College ihm ein Foto und Kempinskis letzte mitgeteilte Adresse gegeben hätte. Ben war umgezogen, von Boston nach ... Chicago. Toshiba befand sich auf dem Weg dorthin. Ben hatte in derselben Stadt wie sie gewohnt und sich nicht gemeldet? Das war merkwürdig.

«Ich glaube, wir haben heute alles getan, was wir können», sagte Katharine. «Laß uns in meine Wohnung zurückfahren und versuchen, ein wenig zu schlafen.»

Abbie willigte zögernd ein. Es war nach Mitternacht; Toshiba würde in dieser Nacht kaum noch etwas in Erfahrung bringen können.

Es war später Vormittag, als der erwartete Anruf von Toshiba endlich kam.

«Unser Hauptverdächtiger kommt nicht in Frage.»

«Ich wußte es», sagte Abbie triumphierend. «Es hätte Ben überhaupt nicht ähnlich gesehen. Er hat es geleugnet, richtig?»

«Ben Kempinski ist tot», sagte der Detektiv.

Katharine streckte ihre Hand aus, als sie Abbies schockiertes Gesicht sah.

«O Gott, wie schrecklich.» Sie wandte sich ihrer Mutter zu. «Ben ist tot.» Katharine ging an den Nebenanschluß und hörte zu, als Abbie fragte, was passiert sei.

«Er ist mit dem Auto verunglückt.»

«Der arme Ben. Er war so alt wie ich. Ich kann nicht glauben, daß er tot sein soll.»

«Ich habe mit einigen Bekannten bei der Polizei gesprochen, auch mit dem Pathologen, der die Todesursache untersuchte.» Toshiba sprach energisch und in einem sachlichen Tonfall. Die Erfahrung bei der Polizei hatte ihn seit langem gelehrt, daß Mitgefühl selten geeignet war, um mit Trauernden zu reden. Es konnte leicht eine Flut von Gefühlen auslösen, so daß der Gesprächspartner keine Informationen mehr aufnehmen konnte. «Es scheint Hinweise auf Selbstmord zu geben.»

«Selbstmord? Das kann nicht sein. Dafür war Ben nicht der Typ», sagte Abbie. «Er war so talentiert, hatte so viel, für das es sich zu leben lohnte. Warum sollte er sich das Leben nehmen? Es muß ein Unfall gewesen sein.»

«Sie könnten recht haben. Es gab keinen Brief. Aber die Reifenspuren lassen annehmen, daß er direkt gegen einen Baum gefahren ist. Er hat nicht versucht auszuweichen.»

«Aber das ist eine so unordentliche Art, ein Leben zu beenden. Ben war so präzise, so peinlich genau. Ich glaube nicht, daß er so etwas getan haben könnte. Was ist mit seinen Freunden, was sagen die?»

«Er hatte anscheinend keine Freunde, jedenfalls konnte ich

keine ausfindig machen. Aber seine Nachbarn haben gesagt, er habe unter Depressionen gelitten, keine Arbeit gehabt und sei drogenabhängig gewesen. Bei der Autopsie wurde eine beträchtliche Menge Kokain in seinem Blut gefunden.»

«Gott, wie grauenvoll. Welch eine Verschwendung. Wenn ich doch nur mit ihm in Kontakt geblieben wäre. Ich wünschte, er hätte sich bei mir gemeldet, ich hätte vielleicht helfen können.»

«Ich bezweifle, daß Sie viel hätten ausrichten können. Selbst seine Eltern konnten ihm nicht helfen. Ich habe sie ausfindig gemacht, und sie sagten, daß sie ihn die letzten Jahre vor seinem Tod nicht mehr gesehen haben, seit er mit einer Frau zusammengezogen ist.»

Katharine legte leise den Hörer wieder auf, ging durchs Zimmer und legte einen tröstenden Arm um Abbies Schulter.

Abbie konnte hören, daß Toshiba in seinem Notizbuch blätterte.

«Sie heißt Cheryl Haskell. Kennen Sie sie?»

«Ja», schrie Abbie überrascht auf, «das heißt, ich kannte sie. Sie verbrachte am College viel Zeit mit uns, obwohl ich nicht das Gefühl hatte, daß sie Ben anschließend so nahestand. Haben Sie mit ihr gesprochen?»

«Noch nicht, aber das würde ich gern. Sie und Kempinski hatten eine Wohnung in Elm Drive, aber sie ist nach der Beerdigung verschwunden und wurde seitdem nicht mehr gesehen.»

«Sie hatte auch mit dem Video zu tun», sagte Abbie. «Cheryl war das Mädchen für alles, hat Kaffee gemacht, Botengänge übernommen und so.»

«Was wissen Sie über sie?»

«Sie war keine Studentin. Sie hatte zeitweise in der College-Cafeteria gekellnert, und da sie immer an unserem Tisch servierte, lernten wir sie ganz gut kennen. Nach einer Weile tauchte sie auch auf Partys und bei Football-Spielen auf. Alle wußten, daß sie etwas für Ben übrighatte, und ich habe ihn immer mit seiner treuen Verehrerin aufgezogen. Aber wir hatten das Gefühl, daß er eher Mitleid mit ihr hatte. Er fand, sie hatte nicht die gleichen Privilegien wie wir. Das dachten wir wahrscheinlich alle. Deshalb haben wir sie auch in alles einbezogen. Tagsüber machte sie eine Ausbildung auf einer Schule für Friseure und Kosmetikerinnen.» Noch während sie das sagte, begegnete sie dem erstaunten Blick ihrer Mutter.

«Der Friseur.»

Sie sprachen die Worte gleichzeitig aus, und Abbie sprudelte aufgeregt los: «Erinnern Sie sich an unsere Theorie, daß der Friseur in London eine Frau gewesen sei? Vielleicht war sie es.»

Abbies Begeisterung ebbte plötzlich wieder ab. «Nein, ich hätte sie erkannt. Das kann nicht Cheryl gewesen sein. Sie war dicker und kleiner als die Person, die mich frisiert hat. Und ihre Gesichtsfarbe war auch ganz anders. Cheryl hatte immer einen recht rosigen Teint.»

«Man kann sein Aussehen verändern, Miss Lomax, und dies ist die heißeste Spur, die wir haben, obwohl ich nicht weiß, wie sie als ‹Fan aller Fans› all die Sachen hätte machen können, ohne daß Sie sie entlarvten, und bis wir sie nicht gefunden haben, haben wir keine Antwort darauf. Sie scheint sich leider in Luft aufgelöst zu haben.»

Eine Information, die Toshiba einem Bewohner von Cheryls früherem Wohnhaus entlocken konnte, war, daß sie Ben immer gedrängt hatte, nach New York zu gehen, um Geld für seine Filme aufzutreiben. Sie war überzeugt gewesen, daß Ben ein genialer Filmemacher war. «Der Nachbar meint, sie wäre für ihn durchs Feuer gegangen. Irgend etwas setzte ihm zu, und er ließ es an ihr aus. Er war ein Schwein, aber sie hat sich nie beklagt. Nicht einmal.»

«Glauben Sie mir, in meiner Umgebung ist niemand, der

auch nur im entferntesten so aussieht wie Cheryl.» Abbie war eisern. «Ich versteh es nicht. Wenn sie letztendlich den Mann bekommen hat, warum sollte sie mich hassen?»

«Ich habe schon öfters gesagt, daß der ‹Fan aller Fans› Handlungen begeht, die so unerklärlich sind, daß es etwas Persönliches sein muß», lautete Toshibas Antwort. «Diese Leute handeln irrational und ohne Logik. Cheryl Haskell ist die Hauptverdächtige. Ihr Ärger, Miss Lomax, begann kurz nach Bens Tod, und das führt uns direkt zu dieser Frau.»

Abbie hatte gehofft, daß sich herausstellen würde, ihr Peiniger sei ein verwirrter Fremder, ein Außenseiter in einer einsamen Einzimmerwohnung, der sich auf ein Gesicht im Fernsehen fixiert hatte. Einerseits war es erleichternd, daß der Schatten, der sie seit Monaten verfolgte, nun ein Gesicht bekommen hatte. Aber andererseits war der Gedanke erschreckend, daß es sich um jemanden handelte, den sie kannte, jemanden aus ihrer Vergangenheit, jemanden, mit dem sie gelacht, Spaß gehabt und unendlich viel Kaffee getrunken hatte. Und die ganze Zeit über war Cheryl, wenn sie es denn wirklich war, von Neid und Abneigung zerfressen gewesen und hatte Abbie so sehr gehaßt, daß sie eine Schere genommen und das Kleid ihrer «Rivalin» zerschlitzt hatte. Abbie überkam ein Schauer. Wenn Cheryl ihr die Schuld für Bens Tod gab, wozu war sie dann noch fähig?

«Wir versuchen noch immer, das verunglückte Auto auf dem Foto, das man Ihnen zugeschickt hat, zu identifizieren», fuhr Toshiba fort. «Ich verwette den Gehaltsscheck des nächsten Monats darauf, daß es Kempinskis Auto war.»

Abbie lauschte den beruhigenden Geräuschen, die Katharine beim Hantieren in der Küche machte, und lächelte sogar ein wenig. Es war so ungewöhnlich. Die Samstage waren normalerweise sehr hektisch, aber sie und Jeri-Ann hatten abgemacht, über Fax zusammenzuarbeiten. Toshiba hatte betont, wie wichtig es sei, dem Büro fernzubleiben. Gott sei Dank konnte sie zu ihrer Mutter. Sie fühlte sich in dieser angenehmen Wohnung viel sicherer, insbesondere, da permanent ein Wachmann draußen seinen Dienst versah.

Die Stimmung zwischen ihnen war nun so entspannt, daß sie ihre Mutter heute morgen ganz spontan umarmt hatte. Sie hatte dies als Kind oft getan, und Abbie war überrascht, wie natürlich ihr diese Geste noch erschien. Katharine hatte sich anscheinend gefreut und die Umarmung herzlich erwidert. Es schien, als hätten sie die Uhr zurückgedreht, alle zwischenzeitlichen Mißverständnisse, Probleme und Streitereien ausgelöscht und könnten nun über alles reden.

Außer über George. Nachdem sie ihren erniedrigenden Plan durchgeführt hatten (wovon sie niemandem, nicht einmal Jeri-Ann, etwas erzählt hatte), erwähnten sie ihn nicht mehr.

Abbie seufzte. Er war ein Mistkerl, aber auch wenn sie es nur sehr ungern zugab, so vermißte sie doch seine Spontaneität, die Art, mit der er sie ohne Vorwarnung in eines seiner Hotels entführt hatte, wenn sie es am wenigsten erwartet hatte. Sie errötete; es war ein solches Klischee, daß Frauen unzuverlässige Schurken bevorzugten. Sie hoffte, daß sie aus dieser verheerenden Katastrophe lernen würde und reif genug geworden war, um Männer wie Robert zu schätzen. Wie es ihm wohl in seinem neuen Job gefiel?

Katharines Handy klingelte in der Küche. Es war Freddie. Den Hauptanschluß hielten sie frei, falls Toshiba anrufen sollte.

«Freddie, es ist lieb, daß du helfen willst, aber im Moment kümmert sich dieser Experte um alles. Ja, sie hält sich sehr gut, danke.»

«Ich bin sicher, daß du ihr auch eine große Hilfe bist, und das ist toll von dir, Liebling, besonders nach allem, was zwischen euch vorgefallen ist.» Freddie klang besorgt.

Katharine klemmte das Telefon zwischen Ohr und Schulter und nippte nachdenklich an ihrem Kaffee. «Es ist erstaunlich, aber all das scheint der Vergangenheit anzugehören. Diese Sache hat unsere Aufmerksamkeit auf etwas anderes gelenkt als uns selbst. Rate mal, was heute morgen passiert ist. Abbie hat mich tatsächlich umarmt. Ich war so überwältigt.» Ihre Stimme stockte. «Ist es nicht albern? Was andere Leute für selbstverständlich halten, rührt mich dermaßen.»

«Du klingst mitgenommen. Soll ich vorbeikommen?»

«Nein, nein, mir geht's gut», sagte sie leise. Freddie und sie hatten sich in letzter Zeit kaum gesehen, und sie wollte ihre Beziehung nicht auffrischen. «Ich bin nur glücklich, daß Abbie und ich wieder auf dem richtigen Weg sind. Wir warten darauf, daß Toshiba anruft, und dann melde ich mich wieder bei dir.»

Die Klingel von Matts Wohnung schellte viermal.

Er riß die Tür auf, nahm die junge Frau stürmisch in die Arme und stieß die Tür mit dem Fuß zu. Er liebkoste ihren schlanken Hals und machte sich an den Knöpfen ihrer tadellos sitzenden Jacke zu schaffen.

«Oh, Kleines. Danke, daß du gekommen bist. Laß mich alles vergessen.»

Abbie kam in die Küche und wedelte triumphierend mit einem Foto. «Schau mal, was ich gefunden habe: ein Foto von allen, die bei Bens Film mitgewirkt haben. Dies hier ist Cheryl Haskell. Ich muß das sofort an Toshiba faxen.»

Katharine nahm das Foto in die Hand und betrachtete eingehend das Gesicht der Frau, die sie stark verdächtigten, Abbies Peiniger zu sein. «Hier sieht sie nicht gerade so aus wie eine Frau, die man als attraktiv bezeichnen würde, oder?» meinte sie. «Das würde die Eifersucht bestätigen, die Vorstellung, daß sie nicht mit dir konkurrieren konnte.»

«Wahrscheinlich.» Abbie starrte ins Leere. «Weißt du, was das Schlimmste ist, Mum? Ich bekomme eine Gänsehaut, wenn ich daran denke, daß ich sie vielleicht jeden Tag sehe. Mit ihr rede. Sie anlächle. Ich müßte sie doch aber erkennen, oder?»

«Nun, wenn du dir Fotos von mir ansiehst, dann sah ich vor ein paar Jahren auch noch ganz anders aus. Man kann viel machen, um sein Aussehen zu verändern, und ich bin sicher, daß eine ausgebildete Kosmetikerin besonders viele Möglichkeiten kennt.» Katharine schaute noch einmal auf das Bild mit der lächelnden Cheryl. «Sie sieht auf diesem Foto etwas rundlich aus. Fünfzehn oder zwanzig Pfund weniger, und schon würde sich ihre ganze Erscheinung, besonders das Gesicht, verändern. Sie könnte eine andere Haarfarbe haben und diesen rosigen Teint, von dem du gesprochen hast, überschminken. Ich habe gesehen, daß bei uns in der Maske dafür so ein grünes Puder benutzt wird. Und mit hohen Absätzen würde sie größer wirken. Sie könnte sogar die Klangfarbe ihrer Stimme verändern. Margaret Thatcher hat ihre um zwei Oktaven gesenkt.»

Abbie nickte nachdenklich.

«Du hast diese Cheryl seit Jahren nicht gesehen», fuhr Katharine fort. «Es ist durchaus möglich, daß sie heute so anders aussieht und klingt, daß selbst du sie nicht erkennen würdest. Und genau darauf war sie ja aus. Ich bin sicher, wir sind auf der richtigen Spur.»

«Es scheint mir so drastisch zu sein», meinte Abbie. «Ich habe Cheryl nichts getan. Ich habe zu Ben keinen Kontakt gehabt, seit wir das College verlassen haben. Ich verstehe nicht, wieso sie mir die Schuld für seinen Tod geben kann.»

«So ein schmerzlicher endgültiger Verlust kann alles mögliche auslösen.»

«Hm, aber wenn wir sie nicht bald ausspielen, ist meine Karriere im Eimer. Ich nehme an, ich könnte nicht mal mehr zurück zu irgendeinem kleinen Sender in der Pampa gehen.» Abbie war verzweifelt. «Ich muß beweisen, daß das Video eine Fälschung ist, Mum. Und mir bleibt nur noch so wenig Zeit. Es ist hoffnungslos.»

«Nein, ist es nicht» sagte Katharine energisch. «Mir schwirrt da eine Idee im Kopf herum», sie klopfte sich auf die Stirn und stand auf. «Zeit für eine Dosis Koffein. Ich setze das Wasser auf, und du holst dein Adreßbuch und das Faxgerät hierher.»

Nachdem Katharine ihnen beiden eine Tasse frisch zubereiteten Kaffee eingeschenkt hatte, setzte sie sich in den Sessel am Fenster und sah ihre Tochter mit verschränkten Armen an.

«Diese ... Person wird nicht gewinnen. Weißt du, was wir tun werden?» Sie ergriff die Hände ihrer Tochter. «Wir werden sie mit vereinter Kraft bekämpfen. Wir haben eine ganze Waffenkammer zur Verfügung. Frag dich doch mal, warum wir an der Spitze stehen. Ich sage dir, warum. Weil wir Kämpfernaturen sind. Wir fürchten uns nicht vor dem Wettstreit, wir fürchten uns nicht vor der Kritik, und wir verbringen unser ganzes Leben damit, besser sein zu wollen als alle anderen. Und weißt du, was unsere beste Waffe ist? Unsere schlauen Köpfe. Du kannst mir nicht erzählen, daß zwei Frauen wie wir nicht jemanden bekämpfen können, dessen Handlungen von Bosheit und unangebrachtem Groll geleitet werden und der auf die feigste Art, nämlich anomym, Rache nehmen will.» Sie machte eine Pause. Abbie erkannte den typischen kampflustigen Gesichtsausdruck ihrer Mutter. «Sie weiß nicht, was sie ausgelöst hat. Wir beide haben mit dem Rückschlag noch nicht begonnen, das geht jetzt erst richtig los.»

Was für eine tolle Frau! Abbie hatte ihre Mutter noch nie stärker bewundert als in diesem Moment, und ihr Optimismus kam wieder zum Vorschein.

«Wenn man so in die Ecke gedrängt wird, ist es am besten, als erster anzugreifen.»

«Was meinst du damit?»

«Je mehr ich darüber nachdenke, um so mehr bin ich der Ansicht, daß du nicht tun solltest, was Dantry von dir verlangt. Entschuldige dich nicht. Verabschiede dich nicht vor laufender Kamera von deiner Karriere.»

«Ich weiß nicht, wie ich das vermeiden könnte. Welche Alternative habe ich denn?»

«Ich hätte da einen Vorschlag.»

Abbie hörte mit wachsender Begeisterung zu, während ihre Mutter ihren Plan in groben Zügen darlegte.

«Mein Gott», sagte sie, «das ist ganz schön nervenaufreibend. Glaubst du, daß es funktionieren könnte?»

«Nun, wir müssen alles bis ins Detail vorausplanen, und ... ja, es ist riskant. Du hast vielleicht nicht in allen beziehungsweise wahrscheinlich in keinem Moment die volle Kontrolle über alles, also mußt du immer auf der Hut sein, aber mit ein bißchen Glück könnte es klappen. Bist du dazu bereit?»

Abbie zögerte keine Sekunde. «Absolut. Ich hab mich dafür gehaßt, daß ich mich zurückgelehnt habe und mich von Dantry überrumpeln ließ. Er wird nur dafür bezahlt, daß er sich um die Einnahmen kümmert. Ich kann nicht darauf vertrauen, daß er an meine Karriere denkt.»

«Genau», sagte Katharine.

«Mensch, Mum, ich bin so froh, daß du auf meiner Seite stehst.»

«Besser jetzt als nie.»

Sie machten sich daran, die Einzelheiten des Plans auszuarbeiten, den Zeitablauf zu organisieren, unbrauchbare Ideen zu verwerfen und an anderen herumzutüfteln. «Wir müssen uns das Bewußtsein dieser Frau und die Art, wie sie Ben verehrt hat, zunutze machen, um sie auszuspielen», sagte Katharine.

Sie wurden von einem Anruf von Toshiba unterbrochen, der kurz vor dem Abflug zurück nach New York war. Er sagte, daß seine Leute alle Studenten überprüft hätten, die an der Filmproduktion beteiligt gewesen waren, aber keiner von ihnen hatte irgendwelche brauchbaren Informationen gehabt. Sie hatten wasserdichte Alibis für die Zeit der Londonreise und für alle anderen Vorfälle. Niemand hatte eine Ahnung, was aus Bens Originalkassette des Films geworden war.

Aber eine wesentliche Information war ihm doch zu Ohren gekommen. Eine Nachbarin hatte ihm gesagt, daß Cheryl drei Tage nach Bens Beerdigung nach New York gereist war. Bevor sie abgefahren war, hatte sie der Nachbarin ihre wertvolle Kamelie gegeben, die Lieblingsblume ihres Geliebten, so daß die Frau davon ausgegangen war, daß sie nicht mehr zurückkommen würde.

«Mr. Toshiba, Sie sind jeden einzelnen Cent Ihrer Rechnung wert.»

Es war das einzige Mal, daß Abbie ihn lachen hörte.

«Damit ist noch ein Stück des Puzzles an seinem Platz», sagte sie zu Katharine und machte sich wieder an die Arbeit. Zwischendurch ging Abbie einmal in der Wohnung umher und sammelte Briefe zusammen, die Katharine mit einem farbigen Band zusammenschnürte.

Nach einer langen Nacht, endlosen Telefonaten und der Einforderung von fast unmöglichen Gefälligkeiten schien der Plan schließlich durchführbar zu sein.

15. KAPITEL Es war Sonntag morgen, und in den Büros von *Here and Now* bei ABN versuchte Katharine, sich nach einer hitzigen Redaktionskonferenz mit Mike wieder zu beruhigen. Sie hatte ihm alles erzählt, und er war voller Mitgefühl für ihre Tochter gewesen – bis zu dem Moment, in dem sie ihm gestand, daß sie den exklusiven Mittelteil der Sendung der nächsten Woche weggegeben hatte.

Sein qualvolles Brüllen war auf dem ganzen Flur zu hören. Als er endlich wieder reden konnte, sagte er mit Nachdruck: «Du hattest nicht das Recht dazu.»

«Es war meine Idee und mein Kontakt.»

«Ja, aber du arbeitest für ABN und nicht für Globe.»

«Hör mal, es tut mir leid, Mike. Diese Person scheint zu allem fähig. Ihr Vorgehen wird immer extremer. Abbie könnte sich in Lebensgefahr befinden.»

«Aber sie wird doch beschützt.» Mike rückte keinen Zoll von seiner Position ab.

«Du weißt nicht, womit wir es hier zu tun haben. Die Frau scheint nach Belieben irgendwo aufzutauchen. Sie weiß über alles Bescheid, was Abbie macht. Wir haben die Sicherheitsmaßnahmen verstärkt, aber sie schlüpft immer noch durch das Netz. Dies war der einzige Weg, der mir einfiel, wie wir Abbie in der noch verbleibenden Zeit helfen können. Vertrau mir, Mike, ich mach es wieder gut bei dir.»

«Wie kannst du so sicher sein, daß es auch funktioniert?»

«Ich kann es nicht.»

Jetzt war Showtime.

Matt saß im Publikum; er hatte versprochen, in ihrer – wie er dachte – letzten Sendung bei ihr zu sein. Ed Dantry hatte deutlich gemacht, daß Abbie erledigt wäre, wenn etwas über das Pornovideo zu den Medien durchdringen würde. Aus Matts Sicht bestand nicht die geringste Hoffnung, daß es ein Geheimnis bleiben würde. Bevor sie auf das Set gegangen war, hatte er sie umarmt, ihre Hand gedrückt und ihr so überschwenglich Glück gewünscht, daß sie ihn besorgt angesehen hatte.

Eine Stunde bevor die Kennmelodie den Beginn von *Tonight* ankündigte, saß Abbie, in eine rosafarbene Schürze eingehüllt, im Schminkraum. Sie blickte ihr Spiegelbild an und war erfreut, wie ruhig sie wirkte, obwohl sie vor Nervosität einen ausgetrockneten Mund hatte.

«Ich denke, wir legen heute etwas mehr Rouge auf.» Brenda war wie üblich pragmatisch eingestellt, als sie sich – mit Körben und Bürsten, Kosmetika und Lockenwicklern herumhantierend – daranmachte, alle Anzeichen von Streß aus Abbies Gesicht verschwinden zu lassen.

«Brooke», rief sie ihrer Assistentin zu. «Hast du das Rouge Nummer 9 bei dir?»

Die junge Kollegin wühlte in ihrem Kasten und brachte es herüber.

«Ich habe gerade etwas Zeit», sagte sie. «Kann ich irgendwie helfen?»

«Klar. Ich könnte gut einen Kräutertee vertragen.»

«Was ist mit Ihnen, Miss Lomax?»

«Nein, danke», erwiderte Abbie abwesend. Sie sah auf die Uhr. Der Helikopter mußte mittlerweile abgeflogen sein. Zumindest waren die Wetterbedingungen auf ihrer Seite. Dennoch, es würde sicher knapp werden.

Sie ging den Ablauf der Sendung in Gedanken durch. Die Übergänge standen wie immer auf dem Prompter, aber sie lernte sie lieber fast auswendig. In Chicago war das Gerät einmal ausgefallen, und sie hatte nie diese schrecklichen Sekunden vergessen. Sie würde sich nie wieder vollkommen auf so eine Maschine verlassen. Die ersten beiden Interviews waren früher am Nachmittag aufgezeichnet worden. Ihre Produzentin hatte darauf bestanden, daß Abbie nicht in der Verfassung sei, an diesem Abend drei Live-Interviews zu führen; Abbie war dankbar, daß sie Jeri-Ann auf ihrer Seite hatte.

«Das wär's», sagte Brenda, «du bist fertig.» Sie berührte kurz Abbies Schulter. «Abbie, wir alle wissen, was du durchmachst, und es tut uns so leid, und ich wünschte von ganzem Herzen, ich könnte ...» Sie war nicht in der Lage weiterzureden, sie war den Tränen nahe.

Abbie tätschelte ihre Hand. «Ich weiß, Brenda», sagte sie, «ich weiß.»

Die Anspannung auf der Galerie steckte alle auf dem Set an, auch diejenigen, die in das bevorstehende Drama nicht eingeweiht waren. Eine erwartungsvolle Stimmung herrschte, größer als die übliche Hektik im Vorfeld der Show.

Oben auf der Galerie klingelte erneut das externe Telefon.

Jeri-Ann lauschte ein paar Sekunden und vergrub dann ihr Gesicht in den Händen. «O Gott», sagte sie ins Leere. «Was zum Teufel kann denn heute abend sonst noch schiefgehen?»

Während der ersten Werbepause rannte sie über das Set zu Abbie, die noch einmal ihre Notizen durchging. Zeit für Feingefühl gab es nicht.

«Wir haben ein Problem. Ich glaube nicht, daß McLeod es schafft.»

«Was? Ich glaub's nicht.» Abbie versuchte, den Anflug von Panik in den Griff zu bekommen. Dies war die einzige mögliche Panne, die sie und ihre Mutter nicht einkalkuliert hatten. Er war für den Plan von entscheidender Bedeutung. Was konnte sie tun, wenn er nicht auftauchte?

Jeri-Ann sagte beruhigend: «Es tut mir leid, aber so etwas

kommt vor. Mach dir keine Sorgen. Wir graben das Helliwell-Interview aus, falls er es nicht schaffen sollte. Mach dich auf einen anderen Übergang gefaßt.»

«Wo ist McLeod?»

«Der idiotische Fahrer ist zu einem falschen Landeplatz gefahren, und unser Mann hat ein Taxi genommen, aber sie stecken im Verkehr fest.»

Martin McLeod war Amerikas neueste Literaturikone. Der 28jährige stand seit zehn Wochen auf der Bestsellerliste der *New York Times*. Er sprach die Leser mit der Art an, wie er den Humor, das Leben und die Ansichten der jungen Leute widerspiegelte. Durch seine Geschichte war Katharine auf die Idee gekommen, Cheryl eine Falle zu stellen.

Katharine hatte ihn vor sechs Jahren interviewt, als er sein Erstlingswerk veröffentlicht hatte. Sie war eine der wenigen, die wußten, daß seine sogenannte «kreative Blockade» auf eine Heroinsucht zurückzuführen war. Sie hatte den Kontakt zu ihm aufrechterhalten und ihn mit einem herausragenden Drogenexperten bekannt gemacht, der ihm schließlich dabei helfen konnte, seine Sucht zu überwinden. Für ihre Bemühungen hatte sie eine Ausgabe seines hochgelobten zweiten Romans, für den ein Filmstudio Millionen geboten hatte, mit einer persönlichen Widmung erhalten: «Ohne Ihre Hilfe wäre dieses Buch nie geschrieben worden. Ihr dankbarer Freund Martin.»

Zuerst war McLeod eisern dabei geblieben, daß er seine frühere Drogensucht auf keinen Fall an die Öffentlichkeit bringen wollte. «Das würde meine Glaubwürdigkeit zerstören», ließ er Katharine von seinem Zufluchtsort in Cape Cod wissen. «Ich hätte Ihnen gern geholfen. Aber mein Verlag wäre entsetzt, und ich glaube, meine Familie möchte auch nicht, daß ich es tue.»

Katharine war eine Klasse für sich, wenn es darum ging, zögerliche Stars zu überreden, in die Sendung zu kommen.

Sie hatte schon mit weitaus schwierigeren Fällen als Martin McLeod zu tun gehabt, und als sie ihn darauf hinwies, daß dieses offene Geständnis seine Leserschaft um ein Zehnfaches vergrößern würde, verlagerten sich seine Interessen auf die Frage, ob ihn denn dann auch seine Geliebte im Helikopter begleiten könne oder nicht.

Und nach all diesen Anstrengungen sah es so aus, als würde er nicht rechtzeitig ins Studio kommen.

Über Abbies Knopf im Ohr drang die ewig ruhige Stimme des Aufnahmeleiters. «Vierzig Sekunden … neununddreißig … achtunddreißig …»

Das Helliwell-Interview war schon eingelegt und wartete auf die Aufmerksamkeit des Bildregisseurs. Der Star war ins Studio gekommen, um ein Interview aufzuzeichnen, mit dem er seinen neuen Film promoten wollte und das erst am folgenden Sonntag gesendet werden sollte. Die Produzentin würde sich bei seinem Filmverleih entschuldigen müssen, daß sie die Aufzeichnung eine Woche früher als versprochen gesendet hatten.

Auf dem Prompter erschien ein neuer Übergang, und Jeri-Ann teilte Abbie mit, daß das Interview mit Martin McLeod nun endgültig gekippt wurde.

Die Gelegenheit, Cheryl Haskell eine Fall zu stellen, entglitt ihr.

«… einunddreißig … dreißig …»

Denk nach. Denk nach.

Jeri-Ann unterbrach ihren inneren Aufruhr. «Ich hab Matt auf dem laufenden gehalten. Abbie, ich bedaure, daß du in dieser Situation bist, aber mach das Beste draus, Kleine. Wir stehen hinter dir.» Sie biß sich auf die Lippe. «Das ist ein verdammt beschissener Abgang für dich. Dantry ist wirklich ein preisgekröntes Schwein.»

Abbie lächelte ihre Freundin an und war ihr für ihre Unterstützung dankbar. In ihrem Kopf wirbelten die Gedanken umher, bis ihr Katharines Worte wieder einfielen: «Sei auf alles gefaßt.» Ja, aber gehörte dazu auch, daß der entscheidende Gast nicht auftauchte?

«... sechsundzwanzig ... fünfundzwanzig ...»

Denk nach. Denk nach.

Ihre Mutter hatte sie ermahnt, daß sie tun sollte, was am besten war und was ihr Instinkt ihr sagte. Nun, eine Möglichkeit ...

Sie hatte keine Zeit für Feinheiten. Keine Zeit, um mit ihrer Produzentin Rücksprache zu halten oder um den Regisseur, den Bildregisseur oder die Leute direkt am Set zu warnen. Niemand von ihnen hatte eine Ahnung, was sie in den nächsten Sekunden zu tun gedachte; all ihre peinlich genauen Vorbereitungen waren für die Katz. Aber sie mußte es tun. Ihre Karriere wäre heute abend beendet, wenn sie es nicht tat. Und sie müßte schnell sein, denn der Kameramann rechnete damit, daß er während der Aufzeichnung ausschalten konnte.

Während die letzten Sekunden der Erkennungsmelodie der Cola-light-Werbung vergingen, rief sie sich die Schlüsselworte in Erinnerung, die sie benutzen wollte, atmete tief durch und war bereit.

Auf der Galerie murmelte der Regisseur dem Bildregisseur zu: «Achtung, Kamera eins auf Abbie, Prompter los und ... Abbie.»

Der Aufnahmeleiter gab ihr das Signal, und sie wandte sich an die Kamera in der Mitte, deren rote Lampe zeigte, daß dies die laufende Kamera war.

«Meine Damen und Herren, wir wollten Ihnen ein Interview zeigen, das ich heute nachmittag mit Brad Helliwell geführt habe, aber ich habe mich dagegen entschieden. Heute abend steht meine Karriere auf dem Spiel, vielleicht auch mein Leben, also dachte ich mir, ich erzähle Ihnen davon. Keiner von den Menschen, die diese Sendung produzieren, weiß etwas davon, daß ich hier über meine privaten Probleme reden will. Aber ich habe mich entschlossen, mich Ihnen anzuvertrauen, weil ich Ihre Hilfe brauche.»

Es dauerte einen Moment, bis der Regisseur registrierte, daß die Worte, die aus Abbies Mund kamen, nicht mit der Einleitung auf dem Prompter übereinstimmten. «Sie hält sich nicht an das Skript», schrie er seine Kollegen wütend an. Und Abbie brüllte er zu: «Was zum Henker hast du vor?»

Abbie ignorierte die gellenden Mißklänge, die sie über den Knopf im Ohr erreichten, und sprach ruhig weiter. Sie wollte sich nur auf eine Sache konzentrieren: die Aufmerksamkeit der Zuschauer zu Hause zu behalten. Es kam selten vor, daß man im Fernsehen mitten im Satz abgewürgt wurde, aber ihre Story mußte alle fesseln.

Als Nachrichtenreporterin in Chicago hatte sie oft improvisieren und eine anschauliche Zusammenfassung eines Vorfalls, den sie gerade miterlebt hatte, geben müssen. Keine Proben, keine Zeit für Notizen, sondern nur geradewegs in die Kamera, manchmal sogar mit ungekämmten Haaren und nur mit einer Spur von Lippenstift. Und wenn ihre Worte nicht dramatisch oder aufregend genug gewesen waren, mußte sie nachher eine Standpauke ihres Chefs über sich ergehen lassen.

«Ich stehe ordentlich unter Beschuß des Regisseurs da oben.» Abbie wies zur Galerie. «Sie wollen wissen, warum ich mich nicht an das Skript halte.»

Sie nahm den kleinen Knopf aus dem Ohr und ließ ihn über die Schulter hängen. Dann richtete sie ihren Blick direkt in die schwarze Linse. Sie vergaß das Publikum, ihre Kollegen, die Millionen vor ihren Bildschirmen. Sie sprach einzig und allein mit Cheryl Haskell.

Das Telefon neben ihr klingelte schrill.

«Das ignorieren wir, ja?» Abbie zeigte ihr strahlendstes Lächeln.

Sie nahm den Hörer ab und legte ihn auf den Tisch. Nun bestand überhaupt keine Verbindung mehr zwischen ihr und dem Kontrollraum. Wenn sie jetzt ausgeschaltet wurde, war sie ohnehin erledigt.

Da oben sah der Regisseur hilflos zur Produzentin. «Soll ich den Stecker ziehen?» fragte er sie.

In dem Moment klingelte das Telefon. Ed Dantrys wutschnaubendes Protestgeschrei war auf der gesamten Galerie zu hören.

«Ich will, daß sie vom Bildschirm verschwindet. Sofort!» befahl er.

Alle sahen zu ihrer unmittelbaren Vorgesetzten, Jeri-Ann Hagerty, und waren bereit, ihren Anweisungen sofort Folge zu leisten. Während sie zögerte, rief ein atemloser Redakteur: «Martin McLeod ist im Gebäude.»

«Bringt ihn schnell zu Abbie», entschied Jeri-Ann und stand auf. «Ich komm nach unten.»

Abbies Gesicht war angespannt, als sie all ihren Mut zusammennahm, um den Millionen Zuschauern ihr Geheimnis zu erzählen. «Ich werde erpreßt. Es existiert ein Pornofilm, in dem ich die Hauptrolle spiele.»

Schockiertes Aufatmen im Studiopublikum.

Abbie hob instinktiv die Hand. «Es ist nicht so, wie Sie denken. Dieser Film ist eine Fälschung, aber leider eine solch gelungene, daß es für mich schwer werden wird, es zu beweisen.»

Die Zuschauer im Publikum waren mucksmäuschenstill. Sie hatte sie. Man würde sie da oben jetzt nicht abstellen.

Jeri-Ann eilte zum Podium und scheuchte einen unsicheren Martin McLeod ins Scheinwerferlicht, das Abbie umgab. Er ging zögernd die Stufen hinauf und streckte unsicher seine Hand aus.

Überrascht begrüßte sie ihn. «Oh, Sie haben es geschafft», sagte sie mit einem Lächeln. Sie wandte sich ans Publikum.

«Meine Damen und Herren, der Pulitzerpreis-Gewinner, Martin McLeod.»

Der Schriftsteller setzte sich in den Gastsessel.

«Hören Sie nicht auf, Abbie. Ich möchte mehr über diesen Pornofilm wissen, und ich bin mir sicher, die Leute hier sind auch schon ganz gespannt.»

Donnernder Applaus bestätigte ihn. Das sollte einige Bücher über den Ladentisch gehen lassen, dachte McLeod. Es würde dem Verkauf jedenfalls keinen Dienst erweisen, wenn er sich jetzt in den Vordergrund drängte. Dies war gutes Fernsehen, es würde sich günstig auf ihn auswirken.

«Der Film wurde an meinen Chef geschickt, Martin, können Sie sich das vorstellen?» sagte Abbie. «Das Problem ist, daß einige Szenen aus einem Film stammen, bei dem ich einem Freund damals am College geholfen habe. Er ist so gut mit gefälschten Versatzstücken durchsetzt, daß nicht einmal unsere Techniker die Verbindungsstellen auf der Kopie ausmachen konnten. Niemand wird mir glauben, daß nicht ich es bin, die sich da auf dem Bett vergnügt.»

McLeod lehnte sich in seinem Sessel zurück. «Nun, Abbie, ich würde Ihnen gern dabei helfen, Ihre Story zu erzählen. Ich werde wohl Ihre Rolle einnehmen und Sie interviewen.» Er wandte sich der Kamera zu. «Dies ist echt. Bleiben Sie dran.»

Zu Abbie sagte er: «Erzählen Sie uns von dem Mann, der den College-Film gemacht hat.»

Ben Kempinski wurde für das amerikanische Publikum lebendig. Abbie beschrieb den jungen Mann, den sie geliebt hatte, der sein Talent vergeudet, seine Familie und schließlich auch sein Leben wegen seiner Drogensucht aufgegeben hatte.

«Das ist auch der Grund für meinen Besuch in der Sendung heute abend», erzählte McLeod den Zuschauern. «Ich wollte meinen Lesern und ihren Eltern sagen, daß mir fast das gleiche passiert wäre. Ich nannte es ‹schriftstellerische Blockade›, aber es war lediglich eine Tarnung für meine Heroinsucht. Ich hätte leicht so enden können wie Ben.»

Abbie warf ihm einen herzlichen Blick zu. «Ich bin Ihnen sehr dankbar.»

Dann griff sie, wie sie es vereinbart hatten, in eine Schublade des mit Leder überzogenen Schreibtisches und holte ein Bündel Briefe hervor, das mit einem hellblauen Band zusammengeschnürt war.

«Diese Briefe enthalten Bens geheimste Gedanken darüber, was für ihn in seinem Leben wichtig war, seine Visionen, seine Pläne für die Zukunft und für die Kinder, die er haben wollte.» Sie hielt die Briefe in die Höhe. «Dies ist sein Andenken, und ich habe das Privileg, es in Ehren zu halten. Ich bewahre die Briefe immer in meiner Garderobe auf, um mich daran zu erinnern, wie zerbrechlich das Leben sein kann. Dies hat mich in den letzten Monaten mit gewaltiger Kraft heimgesucht. Ich wurde einem psychologischen Terror ausgesetzt von jemandem, der mir die Schuld an Bens Tod gibt.»

«Warum sollten Sie daran schuld sein?» fragte McLeod.

«Weil mein Peiniger denkt, daß Ben heute noch am Leben wäre, wenn ich nicht so gefühllos gewesen wäre. Dieser Mensch rächt sich also an mir auf die einzige ihm mögliche Weise: indem er mir mein Leben zur Hölle macht. Nur mit dem Ziel, mich zugrunde zu richten.»

«Haben Sie eine Ahnung, wer es sein könnte?»

«Nein, das ist eben das Problem. Aber die Anweisungen, die dem Video beigelegt waren, sind ziemlich deutlich. Diese Sendung sollte meine letzte sein. Er verlangt, daß ich mich nicht nur von dieser Show, sondern von meiner gesamten Fernsehkarriere verabschiede.» Sie sah direkt in die Kamera. «Und ich soll mich für das entschuldigen, was ich Ben angetan habe. Wenn ich auf irgendeine Weise Schuld an seinem Tod trage, dann tut es mir aufrichtig leid.»

Abbie stand langsam auf, um der Kamera Zeit zu geben, ihr zu folgen.

«Aber wissen Sie was? Ich werde mich nicht verabschieden. Ich werde meine Arbeit nicht aufgeben – nicht, solange Sie, meine Zuschauer, mich hier noch sehen wollen.»

Tosender Applaus kam im Studio auf, als sich die Zuschauer erhoben. McLeod stand ebenfalls auf, lächelte herzlich und stimmte in die Rufe, das Trampeln und das Getose ein.

Abbie stand regungslos auf dem Podium; das Scheinwerferlicht schien auf ihr tränenüberströmtes Gesicht.

«Danke. Das war alles, was ich wissen mußte.»

In der Telefonzentrale blinkten unzählige Lampen, während Hunderte von Zuschauern den Sender mit Glückwünschen bombardierten.

«Sie hat mir meine vergeudete Jugend, meine vergebenen Chancen vor Augen geführt.»

«Abbie war brillant.»

«Das war eine tolle Sendung.»

«Sie können stolz auf sie sein.»

Sie erwarb nicht nur die Anerkennung der Gesellschaft Amerikanischer Feministen, sondern auch der Vereinigung der «Töchter der Pilgerväter». Die Zustimmungsquote lag bei 97,4 Prozent, dem besten Ergebnis, das der Sender je erzielt hatte.

Angesichts dieser Statistik stellte sich Ed Dantry in der Öffentlichkeit voll hinter Abbie, lobte ihre mutige Haltung und wurde am nächsten Morgen mit den Worten zitiert: «Ich bin vollkommen überzeugt, daß es sich bei dem Video um eine Fälschung handelt. Wir haben die ganze Zeit hinter ihr gestanden.»

«Ziemlich weit hinter ihr», meinte Katharine sarkastisch, als sie das las.

Katharine eilte gleich nach ihrer Show hinüber in die Studios von Globe, um bei ihrer Tochter zu sein. Sie kam gerade rechtzeitig, um zu sehen, wie Abbie von einer erfreuten Jeri-Ann umarmt wurde und sich anscheinend das gesamte Produktionsteam von Kameramännern, Beleuchtungsingenieuren, Maskenbildnern, Garderobisten, Bühnenarbeitern und das Redaktionsteam um sie drängte. Ihr wachsamer Bodyguard war an ihrer Seite.

Als Katharine sich ihren Weg durch das weitläufige Studio bahnte, erkannte man sie und machte dieser seltenen Besucherin des Konkurrenzsenders Platz. Sie legte die Arme um Abbie und sagte: «Gut gemacht. Ich bin stolz auf dich.» Applaus schallte ihnen entgegen, und Katharine flüsterte Abbie zu: «Denk dran, wir müssen unseren Abgang so öffentlich machen wie nur möglich.»

Abbies Nicken war kaum wahrnehmbar. Zu den anderen sagte sie: «Ich werde mich mit Katharine davonmachen und die größte Flasche Champagner köpfen, die wir auftreiben können.»

Draußen auf dem Bürgersteig warteten viele aus dem Studiopublikum auf ein Autogramm, und sie waren sichtlich erfreut, zwei Stars auf einmal zu erwischen. Die Blitzlichter prasselten wie eine Discobeleuchtung auf sie ein, und Applaus folgte den beiden Frauen, als der Fahrer der Limousine aus dem Auto sprang und sie in den schicken schwarzen Wagen geleitete, während Abbies Bodyguard auf dem Beifahrersitz Platz nahm.

Abbie lehnte sich erschöpft in die Ledersitze zurück und schaute Katharine an. «War das öffentlich genug?»

Katharine nickte. «Sind die Briefe in deiner Schublade?»

«Ja, sicher verschlossen.»

«Du mußt ja fast verrückt geworden sein, als Martin nicht aufgetaucht ist. Ohne ihn wäre es viel schwerer geworden, die Geschichten über Drogenmißbrauch zu bringen.»

«Erinnere mich bloß nicht daran. So etwas möchte ich nie wieder durchmachen. Gott sei Dank gefiel es den Zuschauern. Jeri-Ann hätte auch dran glauben müssen.»

«Du hättest es gar nicht besser machen können, Abbie», sagte ihre Mutter. «Deine Spontaneität war vielleicht viel wirksamer.»

Der Fahrer folgte ihren Anweisungen, fuhr einmal um den Block und setzte sie dann wieder am Hintereingang des Studios ab. Dort empfing sie ein überraschter Sicherheitsbeamter mit den Worten: «Haben Sie etwas vergessen, Miss Lomax? Soll ich es Ihnen holen?»

«Nein, ist schon gut, Charlie.»

Abbie und Katharine, gefolgt von dem Bodyguard, nahmen den Lastenaufzug hinunter in das nun ruhige Studio im Keller und gingen dann die kleine Treppe hinauf auf die Galerie, wo Abbies Sendung produziert wurde. Eine halbe Stunde war es erst her, daß ihr Gesicht von Millionen von Menschen im ganzen Land gesehen wurde. Nun war der Strom für die Klimaanlage, die Schalter, die Skalen, Zähler und Knöpfe abgeschaltet, und alles lag verlassen im Halbdunkel. Überall lagen herrenlose Skripts, und Dutzende von halbvollen Plastikbechern mit Cola light, Kaffee und Wasser standen herum. Ansonsten deuteten nur die Stifte und die gelben Notizzettel auf dem Pult auf die vorangegangene Hektik in diesem Raum.

In dem schwachen Schimmer eines Überwachungsmonitors entdeckten sie den vertrauenerweckenden breiten Rükken Toshibas, der auf dem Boden hockte und durch die Glasscheibe der schalldichten Tür nicht zu sehen war. Sie hockten sich neben ihn. Der Bodyguard nahm seine Position am Ende des Korridors ein.

«Die Leitung funktioniert gut», flüsterte Abbie und zeigte auf einen Monitor, der das Innere ihrer Garderobe zeigte. Die Kamera, ausgestattet mit einer Nachtlicht-Linse, war an der Wand und mit einem Verlängerungsarm oben an der Decke installiert worden.

Katharine sah, daß die Kamera die Tür und einen Großteil des Raumes einfing – einschließlich des Spiegels und der unzähligen Schminkutensilien und Parfums, die unaufgeräumt auf dem Tisch lagen.

Abbie fummelte an der Kameraeinstellung herum, bis sie eine Kommode erfaßt hatte, die in die Arbeitsfläche integriert war. «Wenn sich irgend etwas regt, mach das hier an», wies sie ihre Mutter an und zeigte auf einen Kippschalter auf dem Pult.

Katharine nickte. «Ich bin bereit.»

Von da an saßen die drei schweigend in der stickigen, heißen Galerie, starrten auf den kleinen Monitor und warteten darauf, daß sich in der Garderobe etwas tat. Noch nie war die Zeit so langsam verronnen.

«Ich bin nicht sicher, ob ich noch lange so sitzen kann.» Katharine massierte ihre verkrampften Beine. «Meine Waden tun höllisch weh.»

«Es sind schon fast zwei Stunden vergangen», flüsterte Abbie Toshiba zu. «Glauben Sie, daß noch etwas passiert?»

Toshiba schaute auf die Uhr. «Lassen Sie uns noch eine Viertelstunde warten.»

Abbie kamen allmählich Zweifel. Würde die Falle zuschnappen? Am Küchentisch zu sitzen, die Bezahlung von Technikern zu regeln, die eine Kamera in ihrer Garderobe installieren sollten, und einen skeptischen Toshiba zu überzeugen, daß es funktionieren würde, war dagegen eine leichte Übung gewesen.

Toshiba griff nach Abbies Arm und zeigte auf den Monitor. Die Tür der Garderobe wurde langsam geöffnet.

Sie starrten gebannt auf die Mattscheibe.

Eine undeutliche Gestalt kam ins Bild. Die Gestalt trug einen Anorak und hatte die Kapuze ins Gesicht gezogen, so daß man nicht erkennen konnte, ob es sich um einen Mann oder eine Frau handelte. Die Person hielt inne, bevor sie die Tür schloß, und schien abzuwarten. Eine halbe Minute lang stand die Gestalt regungslos da.

Die Betrachter wagten kaum zu atmen, obwohl sicher nicht die Gefahr bestand, daß der Eindringling Geräusche, die von der Galerie kamen, wahrnehmen konnte.

Eine behandschuhte Hand näherte sich mit einem Schlüssel der Schublade.

Katharine griff nach dem Arm ihrer Tochter. «Woher kommt dieser Schlüssel?» zischte sie.

Abbie zuckte mit der Schulter, ohne den Blick vom Monitor abzuwenden.

Langsam wurde die Schublade geöffnet, und die Hand durchstöberte vorsichtig den Inhalt. Abbies Kalender und offenbar eine Akte wurden herausgenommen. Dann hielt die Hand das Bündel mit «Bens Briefen» in der Hand, die Abbie vor laufenden Kameras gezeigt hatte.

Abbie zeigte aufgeregt auf den Stromschalter, woraufhin Katharine energisch mit einem Griff Tausende Kilowatt Elektrizität aktivierte.

Die Garderobe wurde unmittelbar mit gleißend hellem Licht durchflutet, und die automatische Blende in der Kamera schnappte klickend zu. Während sich die Linse auf die neuen Lichtverhältnisse einstellte, wurde der Bildschirm schwarz. Voller Angst, daß die Kamera ausgefallen sein könnte, hielten sie den Atem an, aber Sekunden später war das Bild wieder da.

Die Gestalt hatte sich aufgeschreckt herumgedreht und dabei die Kapuze verschoben. Nun war die Linse direkt auf die Person gerichtet.

«Schnell, eine Nahaufnahme», zischte Katharine.

Abbie drückte auf die Fernbedienung, um den Zoom der Kamera in der Garderobe in Gang zu setzen. Ohne den Blick vom Monitor abzuwenden, lehnte Abbie sich vor, um die Wand mit den Monitoren über dem Pult des Bildregisseurs einzuschalten. Unzählige kleine Bildschirme flackerten auf.

Abbie starrte schockiert und ungläubig auf das Gesicht, das erschrocken in die Kamera schaute und das eine Reihe von Monitoren nach der anderen füllte.

Erneut beherrschte die unter der Kapuze verborgene Gestalt den Bildschirm – dieses Mal jedoch auf dem riesigen Fernseher in Katharines Wohnung, als sie diesen Augenblick des Triumphes am nächsten Tag noch einmal durchlebten. Toshiba war zu der Manöverkritik gebeten worden, und Matt wurde jeden Moment erwartet.

Nachdem sie es sich angeschaut hatten, wandte sich der Detektiv an die beiden Frauen.

«Ich muß Ihnen ein Kompliment machen, Sie haben die Profis um Längen geschlagen.»

«Nein, nein, Mr. Toshiba», entgegnete Abbie rasch, «das war Teamarbeit.»

Katharine nickte. «Ja, ohne die Informationen über Cheryls Besessenheit von Ben hätte es nicht funktioniert, und das haben Sie in Erfahrung gebracht. Erst dadurch hatten wir die Idee, wie wir ihr eine Falle stellen konnten.»

Sie saßen in Katharines Wohnzimmer – nach einem späten Frühstück und vielen Stunden Schlaf. Toshiba hatte eine Kopie des Videobandes mit den Aufnahmen in der Garderobe mitgenommen, und das Bild ihrer Peinigerin flackerte auf dem Bildschirm.

«Sie wird Sie nicht mehr belästigen», versicherte Toshiba. Cheryl Marylou Haskell war zur Zeit in Polizeigewahrsam, wo sie bis zur gerichtlichen Anhörung im nächsten Monat bleiben würde. Die Hinterlegung einer Kaution war abgelehnt worden. «Ich hab eine Zeitlang mit ihr reden können, bevor die Polizei sie mitgenommen hat. Sie erzählte mir, daß

Ben Kempinski permanent über Sie geredet und Sie beide zu Cheryls Ungunsten miteinander verglichen hat. Sie, Abbie, waren die perfekte Frau, und Cheryl war diejenige, die er benutzt hat. Er konnte keinen Sex mit ihr haben, wenn er nicht ein Video von Ihnen sah. Zuerst bestand dieses Video aus Zusammenschnitten Ihrer Reportagen in Chicago. Später brauchte er dann einen stärkeren Reiz und kramte seinen Studentenfilm aus. Dieser enthielt zusätzliche, unanständige Szenen, die er am gleichen Tag mit einer Frau gedreht hatte, die die gleiche Figur und Haarfarbe hatte. Er wollte eine ganze Pornoversion daraus machen. Aber er fing mit dem Drogenkonsum an und kam nie über diese Version von fünfzehn Minuten hinaus.»

«Die arme Frau, sie tut mir leid.» Abbie ließ sich in die Kissen sacken. «Ich hätte nie gedacht, daß ich das einmal sagen würde.»

«Jemand mit einem gesunden Menschenverstand hätte den Kerl verlassen, anstatt über dich herzufallen», sagte Katharine.

«Was hat das bei ihr ausgelöst? Bens Tod?» fragte Abbie.

«Ich nehme an, es hat schon davor angefangen.»

Während Toshiba seine Notizen durchblätterte, erzählte er ihnen, daß der Wendepunkt durch einen Brief herbeigeführt worden sein mußte, den Ben an Abbie gerichtet zu Globe geschickt hatte, während sie in Südfrankreich war. «Er bat Sie, ihn einem Fernsehproduzenten bei Ihrem Sender vorzustellen, und als er von dem Studio den Standardbrief ‹Ich erinnere mich› erhielt, sah er es als eine Abfuhr an. Danach stieg sein Drogenkonsum, und das verursachte seinen tödlichen Unfall. Cheryl Haskell glaubt, daß er sich umbringen wollte. Da ich den Unfallbericht gelesen habe, neige ich zu der gleichen Ansicht.»

«O Gott, wie schrecklich», sagte Abbie. «Ich wußte nichts von diesem Brief.» Sie sah ihre Mutter an. «Wenn ich doch nur den Kontakt zu ihm aufrechterhalten hätte. Dann wäre er vielleicht noch am Leben.»

«Da bin ich aber ganz anderer Meinung», sagte Katharine. «Du kannst nicht die Verantwortung für das Leben eines anderen übernehmen. Mein Gott, er hatte alle Möglichkeiten, das Aussehen, das Talent, die Bildung, einfach alles. Es war sein Fehler, daß er es nicht genutzt hat, nicht deiner.» Sie wandte sich an Toshiba. «Ich kann verstehen, daß Abbie die Frau nicht wiedererkannt hat. Sie muß ... was weiß ich ... fünfundzwanzig Pfund abgenommen haben, vielleicht auch mehr. Und mit diesen kurzen blonden Haaren wirkt ihr Gesicht ganz anders.» Katharine schaltete das Video ab, und die Mattscheibe wurde schwarz.

Abbie nickte. «Sie hatte dunkle, glatte Haare, als sie als Friseur verkleidet war. Außerdem muß sie Kontaktlinsen getragen haben, denn als sie in meiner Hotelsuite war, hatte sie, das kann ich beschwören, braune Augen. Sie ist eine gute Schauspielerin und eine sehr fähige Maskenbildnerin. Aber ich verstehe nicht, wie sie nach London kommen konnte, ohne daß man sie hier im Studio vermißt hat. Sie haben jeden Schritt der Mitarbeiter überprüft.»

«Ich habe noch einmal in meinen Notizen nachgeschaut», erwiderte Toshiba. «Sie hat sich mit einem verstauchten Handgelenk krank gemeldet. Aber sie hatte ein Attest, und das haben wir akzeptiert. Natürlich gehe ich jetzt davon aus, daß es gefälscht war. Das ist eine der Angelegenheiten, die von der Polizei überprüft werden müssen.»

«Ich verstehe nicht, woher sie sicher sein konnte, daß ich in die *Disco 2000* gehen würde. Und wie zum Teufel ist sie an meine private Telefonnummer gekommen? Woher wußte sie, wo wir Mrs. Stern untergebracht hatten?»

«Sie gehörte zu deinem engsten Umfeld», erklärte Katharine ihr. «Sie hat im Studio gearbeitet, direkt vor deiner Nase, und sie hatte Zugang zu deiner Garderobe.»

«Aber sie hatte nie Zugang zu solchen Informationen. Nur sehr wenige hatten das, und sie gehörte nicht dazu», meinte Abbie entschieden.

«Dann gibt es nur eine Erklärung», sagte Toshiba. «Sie muß einen Komplizen gehabt haben.»

«Aber wen?»

«Ich weiß es nicht. Noch nicht.»

Es klingelte, und der Portier kündigte Matt an.

«Welch eine Erleichterung», sagte er freudig, als er die Wohnung betrat. «Ich habe gehört, ihr habt sie geschnappt. Wer ist es?»

«Sie heißt Cheryl Haskell.»

«Nie gehört.»

«Kannst du auch nicht», sagte Abbie. «Sie hat im Studio gearbeitet. Du hast sie nie kennengelernt.»

«Habt ihr herausgefunden, warum sie all das getan hat?»

«Das ist alles Geschichte, sie kannte mich vom College.»

«Und hegt seitdem einen Groll gegen dich?» Er schüttelte den Kopf. «Was es doch für Irre gibt. Wo ist sie jetzt?»

«In Polizeigewahrsam.»

«Glückwunsch, Mr. Toshiba. Sie haben gesagt, daß Sie es schaffen, und Sie haben recht behalten.»

«Ich fürchte, Sie beglückwünschen den Falschen. Miss Lomax und ihre Mutter haben ihr die Falle gestellt.»

«Welche Falle?»

«Diese hier.» Katharine nahm die Fernbedienung und spulte das Video zurück.

«Das ist es, Matt», sagte Abbie. «Schau dir das an. Sie dreht sich gleich um, die Kapuze rutscht herunter, und man erkennt genau ihr Gesicht. Da kommt es.»

Matt schnappte nach Luft, und Abbie wandte sich ihm besorgt zu. «Matt? Alles in Ordnung?»

Er war wie gelähmt. Mit leichenblassem Gesicht starrte er auf den Bildschirm; ihre Frage registrierte er nicht.

Sie griff nach seinem Arm und zupfte ihn am Ärmel. «Matt. Was zum Teufel ist los?»

Katharine schaltete das Video aus. «Hol ihm etwas Wasser, er sieht furchtbar aus.»

«Nein, laß», sagte Matt. Er holte ein Taschentuch hervor und wischte sich über die Stirn.

Toshiba sah ihn streng an. «Sie kennen diese Frau.» Das war keine Frage.

Matt nickte und zeigte auf die mittlerweile schwarze Mattscheibe. «Ja, sie arbeitet freiberuflich als Friseurin und geht zu den Leuten ins Haus. Aber sie hat nichts mit deinem Verfolger zu tun. Sie kann das alles nicht getan haben. Da liegt ein Irrtum vor.»

«Warum ist sie dann in meine Garderobe eingebrochen und hat versucht, diese Briefe zu klauen?» wollte Abbie wissen.

«Ich ... ich weiß es nicht», stammelte Matt. Er starrte von einem zum anderen. «Ihr habt die falsche Person, ich sag es euch. Ich meine ... sie heißt nicht Cheryl.»

«Doch. Ihr richtiger Name ist Cheryl Haskell», sagte Abbie. «Aber als sie sich bei uns den Job in der Maske verschaffte, hat sie ihn in Brooke Adams geändert.»

Matt schien in sich zusammenzusacken, während er diese Information aufnahm. «Mein Gott.» Er verbarg das Gesicht in den Händen. «Was hab ich nur getan?»

«Wovon redest du?» fragte Abbie verwirrt.

«Ich bin ein solcher Idiot gewesen. Sie hat mich die ganze Zeit nur benutzt ...»

«Matt, würdest du bitte erklären, was du damit meinst?»

«O Abbie, es tut mir so leid.»

«Ich hab keine Ahnung, wovon du redest», rief Abbie nun verärgert.

Matt schaute auf, sein Gesicht spiegelte sein Elend wider. «Ich habe sie kennengelernt, kurz nachdem ich nach New

York gezogen bin. Wir haben seit Monaten ein Verhältnis. So muß sie an all die Informationen über dich herangekommen sein.»

Toshiba nickte zufrieden. Dies war das letzte noch fehlende Teil des Puzzles.

Matt stöhnte. «Ich wurde so dermaßen reingelegt. Sie war wirklich clever, das muß man ihr lassen. Sie hat mich nie etwas gefragt, was dich betraf, Abbie. Sie schien an der Fernsehbranche überhaupt nicht interessiert zu sein, und gerade das gefiel mir an ihr.» Er stöhnte erneut auf. «Ich war so verrückt nach ihr. Ich hab ihr den Flug nach London bezahlt, nur damit ich ein paar Stunden mit ihr verbringen konnte. O Abbie, ich bin schuld, daß sie an dich herankam. Ich kann mich nur entschuldigen.» Seine Stimme erstarb.

Katharine und Abbie waren wie betäubt, sahen sich an und schauten dann zu dem in sich zusammengesackten Matt. Das Schweigen wurde schließlich von Abbie gebrochen.

«Du bist nicht der erste, der sich von einem gutaussehenden Gesicht und einem manipulierenden Charakter hintergehen lassen hat.» Sie und Katharine sahen sich kurz an. «Wir wurden alle von ihr zum Narren gehalten, Matt. Sie hat neben mir gesessen, meine Nägel lackiert, mein Gott, und mein Make-up gemacht. Sie hat mich angelächelt. Mir wird übel, wenn ich daran denke.»

Matt schien ihr nicht zuzuhören. «Ich weiß genau, daß ich ihr nie etwas erzählt habe», fuhr er fort und redete fast wie mit sich selbst. «Aber sie hatte weiß Gott oft genug freien Zugang zu meiner Wohnung. Sie muß sich in meinen Computer gehackt haben, meinen Terminkalender durchwühlt haben, alles.» Er starrte seine Klientin an und entschuldigte sich ein weiteres Mal niedergeschlagen.

«Ich mache dir keine Vorwürfe, Matt», sagte Abbie. «Wirklich nicht. Du kannst nichts dafür.»

«Was wird mit ihr geschehen?» fragte Katharine.

«Man wird ein psychiatrisches Gutachten erstellen», antwortete Toshiba. «Dann wird die Polizei entscheiden, ob ein Strafverfahren eingeleitet wird oder ob dies als Fall von verminderter Straffähigkeit anzusehen ist.»

«Ich bestehe nicht auf einer Anzeige», sagte Abbie, «und ich glaube nicht, daß der Sender daran interessiert ist, vor Gericht zu gehen.»

«Nein, meiner Meinung nach wird sie wahrscheinlich in eine psychiatrische Klinik eingewiesen werden.»

Matt schreckte plötzlich auf. «Angela muß doch von alldem nichts erfahren, oder?»

«Das können wir noch nicht sagen», meinte Toshiba zu ihm. «Sie werden vielleicht als Zeuge auftreten müssen.»

«O mein Gott, das wird sie mir nie verzeihen.»

16. KAPITEL

Ed Dantry ging um seinen Schreibtisch herum und begrüßte Abbie mit offenen Armen.

«Abbiiiee, mein kleiner Star. Ich wußte, Ihnen fällt etwas ein. Was habe ich gerade gesagt?» Er nickte einem verlegen aussehenden Dempsey zu, der gerade eine Standpauke für seine Unfähigkeit in Sachen Sicherheit des Senders über sich ergehen lassen mußte. «Sehen Sie sich diese ganze Publicity an.» Dantry wies auf seinen Schreibtisch und den Stapel Nachrichten, die voll von Stories über ihre Peinigerin und die Benutzung eines Abbie-Doubles in einem Pornofilm waren. «Auf zwanzig Titelseiten wird der Sender erwähnt. Das ist unbezahlbar. Von jetzt an rollen wir Ihnen den roten Teppich aus. Was immer Sie wollen, Sie haben es. Ein Interview mit dem Papst in Rom? Sofort. Mehr Vorankündigungen? Sie haben mein Wort darauf.»

Abbie sah sich sein Gekasper gleichgültig an. Schließlich gab sie ein leises «Danke» von sich, während sie kaum in der Lage war, ihre Wut im Zaum zu halten. Arschloch, dachte sie. Nur öliges Gegrinse und blasierte Selbstgefälligkeit. Keine Andeutung einer Entschuldigung. Kein Wort des Bedauerns darüber, daß er einen Fehler von solch gewaltigem und katastrophalem Ausmaß gemacht hatte.

Ein angewiderter Mitarbeiter der Presseabteilung hatte ihr den Entwurf von Dantrys Erklärung zugesteckt, die vor der Sendung am Sonntag aufgesetzt worden war und in der er erklärte, daß er «sich auf die Verwerflichkeitsklausel berief», um ihren Vertrag zu beenden.

Du kannst dich noch so sehr an der Publicity ergötzen, meine Loyalität bekommst du nicht mehr, ebensowenig wie meinen Respekt oder gar Dankbarkeit.

Sie drehte sich um und ging zur Tür.

«Hey, wo gehen Sie hin?» fragte ein verwirrter Dantry. «Wir haben eisgekühlten Champagner bereitgestellt.»

Abbie drehte sich langsam um. «Tut mir leid, ich habe eine dringende Verabredung. Mit meiner Mutter.»

Sam Wolfe hatte selten so betroffen ausgesehen. Seinen kahlen Kopf hatte er zur Seite geneigt, und auf seinem Gesicht lag ein sorgenvoller Ausdruck.

«Katie», seine Stimme sank um eine Oktave, «wenn ich doch nur gewußt hätte, was Sie und Abbie durchmachen, dann hätte ich alles getan, um Ihnen zu helfen. Sie wissen doch, daß ich immer für Sie da bin.»

Katharine sah ihn kühl an, während er nun mit einem Lächeln auf den Lippen die Zeitungen auf seinem Schreibtisch durchblätterte. «Diese Publicity ist Gold wert. Sie sind bestimmt überglücklich.»

Sie zuckte mit den Schultern. Sie hatte fast zehn Jahre für ihn gearbeitet, und er hatte trotzdem keine Ahnung, was sie dachte und fühlte.

Sam setzte sich neben sie auf das Ledersofa und ergriff ihre Hand. «Also, was kann ich für Sie tun? Mehr Vorankündigungen? Größeres Budget? Dies ist die Gelegenheit, darum zu bitten», kicherte er.

Sie schwieg und entzog ihm ihre Hand. Dies war der Mann, der keine Bedenken gehabt hatte, ihre Einwände abzuweisen und ihr die Anordnung zu geben, eine Schönheitsoperation vornehmen zu lassen. Ja, sie hätte kündigen können, aber ihr betrügerischer Steuerberater hatte das vermasselt. Sam Wolfe und David Crozier waren in ihrem Bewußtsein nun auf ewig miteinander verbunden.

«Es gibt nur eines, was ich von Ihnen will», sagte sie und sprach bewußt leise, so daß er sich demütig nach vorne beugen mußte. «Ich will aus meinem Vertrag heraus. Heute.»

Er schreckte zurück. «Katie, was ist los? Sind Sie krank?»

Sie hob die Stimme. «Ich hab mich noch nie besser gefühlt.»

«Wechseln Sie zu Fenton TV?» fragte er schroff.

«Ich gehe nirgends hin. Ich will raus. Ganz und gar.»

«Was soll das? Sie sind ganz oben. Warum wollen Sie aufhören?»

«Weil ich selbst über mein Leben bestimmen will. Ich. Nicht Sie.»

Er rieb sich über die Stirn. «Wir wollen nichts überstürzen. Lassen Sie mich das mit Buzz klären. Mehr Geld ist kein Problem.»

«Sam, Sie verstehen mich nicht. Es geht nicht um Geld, es geht um Freiheit.»

Seine Jovialität verschwand, und er verkniff den Mund, bis seine Lippen fast nicht mehr zu sehen waren. «Wenn Sie gehen, verklage ich Sie.»

Aha, dies war der wahre Sam Wolfe. Hatte ja nicht lang gedauert.

Katharine nahm ihre Aktentasche und ging zur Tür. Sie drehte sich mit einem Lächeln auf den Lippen zu ihm um. «Tun Sie das.»

Mutter und Tochter trafen sich in der Stadt in einer Sektbar, wo Abbie eine Flasche erlesenen Champagner bestellt hatte.

«Wie lief's bei dir?» fragte Abbie ihre Mutter, als sich Katharine an den kleinen Marmortisch setzte. «Dieser triumphierende Blick sagt schon einiges.» Sie nickte dem Kellner zu, der beide Gläser füllte.

«Ich wünschte, du wärst dabeigewesen», jubelte Katharine, «du hättest dich köstlich amüsiert. Ich hab meinen Text perfekt beherrscht, und Sam spielte seine Rolle, als wenn wir es geprobt hätten. Er hat tatsächlich gesagt, daß er mich verklagen würde, wenn ich ginge.»

«Wunderbar, genau was du wolltest.»

«Er ist so leicht zu durchschauen. Nachdem er das gesagt hatte, weißt du, was ich dann gemacht habe? Ich bin gelassen zur Tür geschlendert, hab mich umgedreht, eine Sekunde gewartet und ihn dann abgeschossen. ‹Tun Sie das›, hab ich gesagt und bin gegangen.»

Abbie kicherte. «Er hat also keine Ahnung von dem Vergleich, der in bezug auf die Verleumdungsklage geschlossen wurde?»

«Anscheinend nicht», antwortete ihre Mutter strahlend.

«Hast du es Brad und Verity erzählt? Immerhin war es ihre Villa, die als Hintergrund diente, als diese Aasgeier die Fotos von uns machten, als wir ‹engumschlungen in der Sonne› lagen.»

«Das scheint alles so lang her zu sein, oder?» sagte Katharine. «So viel ist in der Zwischenzeit passiert, so viel hat sich geändert. Aber um deine Frage zu beantworten, ja, ich habe es ihnen erzählt, und sie haben uns eingeladen, es mit ihnen in diesem Sommer in der Villa zu feiern.»

Abbie freute sich riesig. «Großartig. Die Geschichte wird wahrscheinlich morgen bekannt. Einen Gewinn von sieben Millionen Dollar, steuerfrei, kann man nicht geheimhalten.»

«Wie gern würde ich Sams Gesicht sehen, wenn er merkt, daß ich ihn und seinen Sender nicht brauche.»

«Die armen Teufel beim *Planet* fühlen sich heute bestimmt miserabel.»

«Nun, ich hoffe, das lehrt sie, ihre Informationen etwas besser zu überprüfen. Ich habe gehört, der Chefredakteur macht den Abgang. Dies war seine dritte Klage, die er zu verantworten hatte. Er wird wahrscheinlich nie erfahren, wie dankbar ich ihm bin. Durch ihn bin ich aus dem Schneider und kann entscheiden, was ich machen will.»

«Und was willst du machen?»

«Von nun an werde ich mein eigener Chef sein. Ich baue

mir meine eigene Produktionsfirma auf. Ich hab sogar schon einen Namen: ‹Double X Films›.»

Abbie schaltete schnell. «Aha, das X in SeXton und LomaX. Nicht schlecht. Ich freue mich für dich, Mum.»

Katharine zog ihre schwarze Leinenjacke aus. «Nina steckt auch etwas Geld in das Unternehmen, aber zuerst machen sie und ich eine Kunstreise nach Venedig. Was ist mit dir? Was ist passiert, als du bei Dantry warst?»

«Genau, wie du vorhergesagt hast», lächelte Abbie. «Er säuselte mir die Ohren voll, aber nein, keine Entschuldigung, kein ‹es tut mir leid, daß ich Sie in den Dreck geworfen habe›, nichts dergleichen. Er glaubt, mit Geld kann er alle Probleme lösen.»

«Das denken sie alle», sagte Katharine. «Obwohl», sagte sie mit einem Lächeln, «manchmal kann man es auch.»

«Ich könnte alles haben, er würde alles für mich tun. Du kannst ihn dir vorstellen, oder? Er war so baff, als ich sagte, daß ich gehen müßte, um dich zu treffen. Er konnte es gar nicht fassen.»

«Kann ich mir denken.» Katharine nahm einen Schluck Champagner. «Wann hast du deinen Termin mit Fenton TV?»

«Um sechs, in der Wohnung. Sie meinten, es wäre besser, sich an einem ungestörten Ort zu treffen.»

Katharine nickte. «Du kannst nicht erwarten, daß sich Ted Fenton mit einem potentiellen Mitarbeiter sehen läßt, bevor er unterschrieben hat. Aber wenn der große Häuptling kommt, dann hast du den neuen Job als Moderatorin sicher in der Tasche.»

«Ich hoffe es. Es wird eine Herausforderung werden, in der Woche zu senden.»

«Aber du schaffst es. Und das wissen sie; ich hoffe also, daß Matt hart kämpft. Er führt die Vertragsverhandlungen, oder?»

«Ja, obwohl er mir eine offizielle Kündigung geschickt hat. Er hat das Gefühl, mich im Stich gelassen zu haben, aber ich habe den Brief zerrissen. Er hat sicher schon genug Ärger mit Angela. Ich glaube nicht, daß sie ihn verläßt, aber sie läßt ihn sicher dafür bezahlen.»

«Ihre Ehe scheint stark genug zu sein, um damit fertig zu werden. Hey, ich hoffe, dein Vertrag läßt dir etwas Freiraum, um ab und zu für ‹Double X› zu arbeiten. Ich hab schon mit der BBC verhandelt, um ihnen eventuell Berichte für ihre Nachrichtensendungen zu liefern.»

Abbie war beeindruckt. «Du verlierst keine Zeit.»

Katharine lächelte und spielte mit ihrem Glas. Auf Abbies Wink hin füllte der Kellner ihre Gläser auf.

Abbie hob das Glas. «Einen Toast auf die Freiheit.»

Sie stießen miteinander an.

«Und auf die ‹Gespielinnen›», meinte Katharine mit einem schelmischen Funkeln in den Augen.

«Und auf den *National Planet*.»

«Weißt du was?» meinte Katharine. «Nina hat gehört, daß George überhaupt keinen Champagner mehr trinkt. Der rührt das Zeugs nicht mehr an. Er glaubt, es schadet seiner Gesundheit.»

Dies löste bei ihnen beiden ein solch schallendes Gelächter aus, daß sich die anderen Gäste in der Bar nach ihnen umdrehten.

Katharine fügte leiser hinzu: «Man sagt, er läßt sich in Monaco nieder. Und», sie betonte das Wort, «er stellt einen Antrag auf Einbürgerung.»

«Wozu, zum Teufel?»

«Bei George kann es sich nur um Geld oder Sex drehen. In diesem Fall wohl beides. Anscheinend glaubt er, es macht ihn zu einem besseren Gemahl für eine der Prinzessinnen.»

Abbie schüttelte den Kopf. «Mann, da sind wir ja noch mal gut davongekommen.»

«Meine Männer kommen alle recht schnell über mich hinweg», sagte Katharine mit einer ausladenden Handbewegung. «Freddie hat auch nicht lange getrauert. Ich habe gestern ein Foto von ihm auf dem Harlequin Ball gesehen. Rate mal, mit wem er da war. Mit niemand Geringerem als unserer lieben Freundin Blanche Casey.»

«Das tut mir leid», sagte Abbie. «Er ist viel zu gut für sie. Ich hoffe, er findet es recht schnell heraus.»

«Apropos Exliebhaber, hast du in letzter Zeit mit Robert gesprochen?»

Abbie wühlte in ihrer Handtasche und holte einen Zettel mit dem Briefkopf von USTV hervor.

Katharine überflog das Geschriebene rasch. «Hört sich gut an. Er hätte nicht geschrieben, wenn er noch sauer wäre.»

«Er sagt nichts von Bedeutung, Mum, nur wie es ihn freut, daß bei mir wieder alles in Ordnung ist.»

«Warum rufst du ihn nicht an?»

Abbie dachte kurz nach. «Ich glaube, das werde ich tun.»

«Du nimmst meinen Rat an?»

«Mhm.»

«Halt mich fest», sagte Katharine und legte die Hände vors Gesicht. «Mir wird schwarz vor Augen.»

Abbie lächelte ihre Mutter spitzbübisch an. Katharine lehnte sich zurück und genoß den Augenblick. Sie hatte das sichere und sehr schöne Gefühl, daß die vertrauensvollere, ehrlichere und glücklichere Bindung zwischen ihnen von Dauer sein würde. Sie und Abbie würden eine Einheit und doch unabhängig voneinander sein, Mutter und Tochter, und doch auch Gleichberechtigte.

Aber am besten war, daß sie Freundinnen sein würden.